國家人權委員會

廖福特 ◆ 著

謝辭

　　本書有關南韓、泰國、馬來西亞、菲律賓等國家之國家人權委員會之論述，在撰寫過程中，曾經承蒙中央研究院人文社會科學研究中心亞太區域研究專題中心補助研究計畫經費。

謹此向

　　中央研究院人文社會科學研究中心亞太區域研究專題中心

　　致上作者誠摯之感謝。

"Stairway to Heaven" 的羽化

　　對我而言，人權包括研究、社運、諮詢三個領域，而國家人權委員會這個議題正是涵蓋此三個領域之典型。

　　我在1999年拿到博士學位回到國內，當時民間團體開始積極推動設立國家人權委員會，並且籌組國家人權委員會推動聯盟，我恭逢其盛，亦參與民間版法案之草擬及推動活動，扮演人權社運者之角色。後來在2000年台灣首次政黨輪替，陳水扁先生當選總統，並宣示成立國家人委員會之人權政策，而我亦因緣際會地擔任總統府人權諮詢委員會及行政院人權保障推動小組之成員，扮演人權諮詢者之角色，其中相當重要的議題之一就是設立國家人權委員會，不過很可惜地，在民進黨執政的八年期間，設立國家人權委員會之理想未能實踐。2008年再度政黨輪替，國民黨執政，但是馬英九總統並未將設立國家人權委員會列入其施政重點，因而民間團體再次組成國家人權委員會推動聯盟，而我也再次參與此人權運動，重新審視民間版國家人權委員會法草案，並再次進行民間的運動，然而是否會設立國家人權委員會，依然難以預知。

　　2006年總統府人權諮詢委員會解散之後，我逐步卸下人權諮詢之工作，但是卻突然驚覺幾年來社運及諮詢工作之後，卻無法在國家人權委員會此議題提供人權研究之成果，而幾年的人權運動及國家人權政策，竟然是立基於如此貧瘠的研究基礎之上，於是我立下心願，希望能撰寫一本有關國家人權

委員會之專書，以供台灣設立國家人權委員會之借鏡，然而主觀的心願，卻常受客觀環境之干擾，幾年來我像是不停喊著「狼來了」的小孩，卻不見專書之出版，因而本書之出版也是我從「欺騙」中解脫吧！

不知為何，幾年撰寫過程中，「Stairway to Heaven」這首歌多次迴盪在我的腦海中，或許我就像是歌詞中那位女士的掙扎，年輕時構築的理想，在尚未實踐前，轉化為內心的辯證，無論如何，本書出版是我的羽化，我真誠的面對自我辯論，將我的研究結果呈現，也期待諸位之批判與建議。

不過過程中不是孤單的，不論是社運、諮詢、研究的過程，都有許多朋友為伴，也才能延續熱情，而我要特別感謝陳隆志教授、黃默教授、黃文雄先生，在國家人權委員會此議題的社運、諮詢、研究過程中，因為你們的提攜，我才能成長，雖然你們與我父親同輩，卻包容我沒大沒小地隨意大放厥詞。請容許我以本書懷念多年來我們所共同懷抱之理想，也期待我們所共同堅持之理想能盡快在台灣實踐。

廖福特

2010.12.23

目次

第一章　聯合國之推動與實踐

　　有些人可能會認為實在沒有充分的理由建立專門保護及促進人權的國家機構，因為這樣的理念只是浪費國家資源，國家內只要有獨立的司法機制及民主的議會選舉就足以確保不至於產生侵犯人權的行為。但是遺憾的是歷史的歷程及教訓卻是恰好相反的，以某種方式與行政機關及司法裁判的責任分離的人權專門機制，可以獨特之方式推動該國發展出尊重人權及基本自由之文化。[1]

　　為了確實實踐人權需要建立保護及促進人權之國家基礎設施，最近幾年來許多國家建立了正式的人權機構，[2]儘管這些機構在各國有很大之差別，但是他們有共同之宗旨，因此他們被統稱為保護及促進人權之國家機構。[3]而所謂國家人權機構的概念更具體地涉及到其職責被專門確定為促進及保障人權的機構。[4]

　　大多數的國家人權機構是1980年以後設立的，這種趨勢是受到聯合國的積極鼓勵。而陳水扁前總統2000年在其首次就職演說中也提到，「我們希望實現聯合國長期所推動的主張，在台灣設立獨立運作的國家人權委員會」，[5]同時設立國家人權委員會是諸多人權立國政策中優先推行的。[6]確實

1　United Nations, *Fact Sheet No. 19, National Institutions for the Promotion and Protection of Human Rights* (Centre for Human Rights, 1994), p. 6.

2　參見廖福特，〈各國設立國家人權委員會之情形〉，《人權雜誌》，2002年秋季號，7至11頁。Kamal Hossain, Leonard F. M. Besselink, Haile Selassie Gebre Selassie and Edmond Völker (eds.), *Human Rights Commissions and Ombudsman Offices National Experience throughout the World* (Kluwer Law International, 2000). Victor Ayeni, Linda Reif and Hayden Thomas, *Strengthening Ombudsman and Human Rights Institutions in Commonwealth Small and Island States The Caribbean Experience* (Commonwealth Secretariat, 2000). OSCE Human Dimension, *Ombudsman and Human Rights Protection Institutions in OSCE Participating States* (OSCE Human Dimension, 1998). Human Rights Watch, *Protectors or Pretenders? Government Human Rights Commissions in Africa* (Human Rights Watch, 2001). South Asia Human Rights Documentation Centre, *National Human Rights Institutions in the Asia Pacific Region* (South Asia Human Rights Documentation Centre, 1998).

3　United Nations, Fact Sheet No. 19, supra no. 1, p. 1.

4　*Ibid.*, p.3.

5　陳水扁，〈台灣站起來-迎接向上提升的新時代〉，2000年05月20日。

6　陳水扁總統出席「國家人權委員會與人權的促進與保障」國際研討會開幕典禮致詞，

台灣需要獨立運作的國家人權委員會，而國家人權委員會亦是聯合國長期所推動的主張，然而究竟聯合國是如何推動設立國家人權委員會之主張國內比較缺乏完整之論述，而此牽涉幾個議題，例如為什麼聯合國要推動國家人權委員會之設立？從什麼時候聯合國開始積極推動國家人權委員會？建立了什麼準則？有哪些機關在推動？透過什麼方式推動？是否建立國家人權委員會之組織？等等，以下將集中於這些議題，以論述聯合國對國家人權委員會之推動及實踐。

壹、建立準則

　　聯合國於1945年成立，在聯合國之促進國際人權方面，憲章中對於個人基本權利特別加以規定，以期提高個人在國際法上之地位。而憲章中關於人權的條款共有7條，分別為：

1. 我聯合國人民國茲決心……重申基本人權，人格尊嚴與價值，以及男女……平等權利之信念……。[7]
2. 聯合國之宗旨為：……三、促成國際合作，且不分種族、性別、語言或宗教，增進並激勵對於全體人類之人權及基本自由之尊重。[8]
3. 大會應發動研究，並作成建議：……（丑）以促進經濟、社會、文化、教育及衛生各部門之國際合作，且不分種族、性別、語言或宗教，助成全體人類之人權及基本自由之實現……。[9]
4. 為造成國際間以尊重人民平等權利及自決原則為根據之和平友好關係所必要之安定及福利條件起見，聯合國應促進：……（寅）全體人類之人權及基本自由之普遍尊重與遵守，不分種族、性別、語言或宗教。[10]
5. ……經濟暨社會理事會為增進全體人類之人權及基本自由之尊重及維護

2001年01月02日。
7　聯合國憲章前言。
8　聯合國憲章第一條。
9　聯合國憲章第十三條。
10 聯合國憲章第五十五條。

起見，得作成建議案，……。[11]

6. 經濟暨社會理事會應設……以提倡人權為目的之委員會。[12]

7. ……託管制度之基本目的應為：……（寅）不分種族、性別、語言或宗教，提倡全體人類之人權及基本自由之尊重，並激發世界人民互相維繫之意識。[13]

　　聯合國亦發表了許多有關人權保障的宣言及決議，並且進一步將其轉化為國際條約，而有關人權保障的文件之數目恐怕超過國際法之其他領域，此可顯現聯合國對人權保障之重視，聯合國將諸多國際人權文件歸類為國際人權法典、兒童權利、婦女權利、難民及庇護等共十七種類型，其中「世界人權宣言」（Universal Declaration of Human Rights）、「公民及政治權利國際公約」（International Covenant on Civil and Political Rights）及「經濟、社會及文化權國際公約」（International Covenant on Economic, Social and Cultural Rights）三份重要人權文件被定義為「國際人權法典」（International Bill of Rights），[14]其表明聯合國認為此三份文件為國際上最基礎、最重要之人權基準，其中「世界人權宣言」宣示了人權保障之理念及範疇，而另兩個公約則分別規範了自由權及社會權之重要性及保障範圍，因此「國際人權法典」為國際人權的最基本理念及要求，亦是聯合國最盼望各國達到之人權基準。

　　而國際人權標準則有賴各國國內實踐，因而聯合國一方面積極從事於國際人權立法工作，另一方面則鼓勵各國設立國家人權委員會。然而各國際人權條約必需要在各國實踐才具備實質意義，而國內實踐人權保障除了建立獨立的司法，制定並實施人權保障及救濟之法律及建立與加強民主制度之處，相當重要的是建立促進及保障人權之國家基礎架構，因此近幾年來有許多國家建立了以保障人權作為其職志之機構，而這些機構被統稱為「國家人權機構」（National Human Rights Institution）。[15]以下即論述聯合國針對國家人

---

11 聯合國憲章第六十二條。

12 聯合國憲章第六十八條。

13 聯合國憲章第七十六條。

14 United Nations, The International Bill of Human Rights, Fact Sheet No. 2 (Rev. 1) (Centre for Human Rights, 2002), p. 17.余寬賜，《從國際人權法、國際人道法及國際刑法研究個人的國際法地位》，國立編譯館，2002年11月，16至27頁。

15 High Commissioner for Human Rights/Centre for Human Rights, Professional Training Series

權機制所建立之準則及其內容。

一、初步準則

　　國家人權機構的問題首先是1946年在經濟及社會理事會（Economic and Social Council，經社理事會）中討論的，比大會宣布「世界人權宣言」還早了兩年。1946年經社理事會第二屆會議請各會員國，「考慮宜否於各該國內設立資料組及地方性之人權委員會並與之合作以便推進人權委員會之工作」。[16]在1960年時有一項決議又重提此事，該決議確認國家機構在促進和保護人權方面可發揮重要作用，該決議請各國政府鼓勵這類機構的組成和延續，並將一切有關資料提交祕書長。[17]這一進程目前還在繼續，祕書長定期將收到的資料匯交人權委員會、聯合國大會和各國。

　　由於人權領域制定標準的工作在1960年代和1970年代迅速發展，關於國家機構的探討越來越集中於一點，這些機構可通過哪些途徑來協助國際標準的切實執行。人權委員會在1978年決定組織一次研討會，以便除其他外，擬訂國家機構的結構與職能準則。因此1978年9月在日內瓦舉行了關於促進和保護人權的國家機構和地方機構的研討會，[18]會上通過了一組準則，這些準則建議國家機構的職能應包括下列各項：

1. 作為該國政府和人民的人權信息來源；
2. 協助引導輿論，並促進人權意識和對人權的尊重；
3. 就全國範圍內可能存在的並且也是政府請其關注的事態進行審議，討論並提出建議；
4. 就政府請其關注的有關人權事務的任何問題提供諮詢；
5. 對有關促進人權的立法現狀、司法決定和行政安排加以研究並密切注意，並就此編寫以及向有關當局提交報告；
6. 擔負政府可能交付給它們的與該國加入的國際人權文書所規定的國家責

No. 4 National Human Rights Institutions for the Protection and Promotion of Human Rights, (United Nations, 1995), p. 17.

16 Economic and Social Council Resolution 2/9 of 21 June 1946, section 5.

17 Economic and Social Council Resolution 772 B (XXX) of 25 July 1960.

18 ST/HR/SER.A/2 and Add.1

任有關的任何其他工作。[19]

　　關於這類機構的結構，1978年的準則建議應該包括下列重點[20]：

1. 在它們的組成上反映該國各個階層，從而使全民均能參與人權事務的決策進程；
2. 保持經常性運作，使公眾的任何一員或任何公共當局都能即時與它們接觸；
3. 在適當情況下，由地方或區域諮詢機構協助它們履行職能。

　　這些準則隨後得到聯合國人權委員會（Commission on Human Rights）及聯合國大會（General Assembly）的核可。聯合國大會請各國採取適當的步驟，在尚未建立促進和保護人權的國家機構的國家建立這樣的機構，並請祕書長就現有國家機構提交一份詳盡的報告。[21]

　　在整個1980年代，聯合國繼續對這一問題積極關注，秘書長編寫了一系列報告提交大會。而在此一時期許多國家機構是由聯合國人權事務中心（Human Rights Centre）的支持下建立的。

二、巴黎原則

　　聯合國人權委員會在1990年要求舉行一次研討會，由從事促進和保護人權工作的國家機構與區域機構參加。研討會的宗旨是審議國家機構與聯合國及其專門機構等國際組織的合作模式，並探討提高國家機構效能的途徑。據此關於促進和保護人權的國家機構的第一次國際研討會於1991年10月7至9日在巴黎舉行。[22]會議的結論為建立「關於國家促進及保護人權機構的地位及職權之原則」（Principles relating to the status and functioning of

---

19 See Aurn Kumar Palai, *National Human Rights Commission of India Formation, Functioning and Future Prospects* (Khama Publisher, 1998), pp. 36-37.

20 United Nations, *Fact Sheet No. 19*, supra no. 1, p. 2.

21 See Birgit Lindsnaes and Lone Lindholt, "National Human rights Institutions: Standard-setting and Achievements," in Birgit Lindsnaes, Lone Lindholt and Kristine Yigen (eds.), *National Human Rights Institutions Articles and Working Papers* (The Danish Centre for Human Rights, 2000), pp. 5-6.

22 E/CN.4/1992/43 and Add.1.

national institutions for protection and promotion of human rights），即通稱之「巴黎原則」（Paris Principles）。「巴黎原則」後來得到聯合國人權委員會第1992/54號決議核可，其後又經聯合國大會1993年12月20日第48/134號決議核可。

　　「巴黎原則」之內容主要分為四個部分，即（1）權限與職責；（2）組成和獨立性與多元化的保障；（3）業務方法；（4）具有準司法權的人權機構的地位。

　　在權限與職責方面，「巴黎原則」認為應賦予國家人權機構「促進」和「保護」人權的權限，同時應賦予國家機構盡可能廣泛的授權，這種授權應在憲法和法律中有明確規定，並具體規定其組成和權限範圍。「巴黎原則」認為一個國家人權機構應具有以下職責[23]：

1. 應有關當局的要求，或通過行使其在不需向上級請示逕行聽審案件的權利，在諮詢基礎上，就有關促進和保護人權的任何事項，向政府、議會和任何其他主管機構提出意見、建議、提議和報告，並可決定予以公布。這些意見、建議、提議和報告以及該國家機構的任何特權應與以下領域有關係：（i）目的在於維持和擴大保護人權的任何立法和行政規定以及有關司法組織的規定；為此，國家機構應審查現行的立法和行政規定，以及法案和提案，並提出它認為合適的建議，以確保這些規定符合人權的基本原則；必要時，它應建議通過新的立法，修正現行的立法以及通過或修正行政措施；（ii）它決定處理的任何侵犯人權的情況；（iii）就人權問題的一般國家情況和比較具體的事項編寫報告；（iv）提請政府注意國內任何地區人權遭受侵犯的情況，建議政府主動採取結束這種情況的行動，並視情況需要對政府要採取的立場和作出的反應提出意見；

2. 促進並確保國家的立法規章和慣例與該國所加入的國際人權文書協調，及其有效執行；

3. 鼓勵批准上述文書或加入這些文書並確保其執行；

4. 對各國按照其各自條約義務要向聯合國機構和委員會以及向區域機構提

---

23 United Nations, *Fact Sheet No. 19*, supra no. 1, p. 8.

交的報告作出貢獻,必要時在對國家獨立性給予應有尊重的情況下,表示對問題的意見;

5. 與聯合國和聯合國系統內的任何其他組織、各區域機構以及別國主管促進和保護人權領域工作的國家機構進行合作;

6. 協助制定人權問題教學方案和研究方案並參加這些方案在學校、大學和專業團體中的執行;

7. 宣傳人權和反對各種形式的歧視特別是種族歧視的工作,尤其是通過宣傳和教育來提高公眾認識以及利用所有新聞機構。

　　其次,在組成和獨立性與多元化的保障方面,「巴黎原則」強調三個重點。[24](1)人員之任命方式必須確定及且具備代表性,「巴黎原則」認為國家人權機構的組成及其成員的任命,不論是通過選舉產生還是通過其他方式產生,必須按照一定程序予以確定,這一程序應提供一切必要保障,以確保參與促進和保護人權的社會力量的多元代表性。「巴黎原則」認為國家人權機構之人員可以考慮以下人選:(a)負責人權和反種族歧視的非政府組織、工會、有關的社會和專業組織,例如律師、醫生、新聞記者和著名科學家協會;(b)哲學家或宗教思想家;(c)大學教師及合格的專家;(d)議員;(e)政府部門人員,但是如果包括他們,則他們只能以顧問身分參加討論。(2)「巴黎原則」強調應給予國家人權機構充足的經費,使其能順利開展活動的基礎結構,使其有充分之工作人員和辦公房舍,同時獨立於政府之外,而不受可能影響其獨立性的財政控制。(3)「巴黎原則」認為,為了確保國家人權機構成員任期的穩定,對他們的任命應通過一項正式法令來實行,這種法令應規定明確的任務期限。

　　第三,在業務方法方面,「巴黎原則」認為國家機構應該具備以下之職權:

1. 根據其成員或任何請願人的提議,自由審議屬於其權限範圍內的任何問題,不論這些問題是由政府提出,還是該機構無須向上級機構請示而自行處理的;

---

[24] See High Commissioner for Human Rights/Centre for Human Rights, *Professional Training Series No. 4*, pp. 11-12.

2. 為評估屬於其權限範圍內的情況，聽取任何人的陳述和獲得任何必要的
   資料及文件；

3. 特別是為了廣為公布其意見和建議，直接或通過任何新聞機構公諸輿
   論；

4. 定期並於必要時，經正式召集後召開有全體成員出席的會議；

5. 必要時建立成員工作小組，並設立地方或地區分機構，協助國家機構履
   行任務；

6. 與負責和促進保護人權的其他機構保持協商，特別是與監察專員、調解
   人和類似機構保持協商；

7. 鑑於在開展國家機構工作的過程中非政府組織所發揮的根本作用，應與
   專門促進和保護人權、從事經濟和社會發展與消除種族主義、保護特別
   易受傷害群體，例如兒童、移徙工人、難民、身心殘疾者，或致力於專
   門領域的非政府組織合作。[25]

第四，有關具有準司法權的人權機構的地位，「巴黎原則」認為可以授
權一國家人權機構負責受理和審議有關個別案件的申訴。而具有準司法權的
國家人權機構的職務可根據下列原則：

1. 通過調解，或在法律規定的限度內，通過有約束力的決定，或必要時在
   保持機密的基礎上，求得滿意的解決；

2. 告訴提出請願一方其權利，特別是他可以利用的補救辦法，並促使他利
   用這種辦法；

3. 在法律規定的限度內，受理任何申訴或請願，或將它轉交任何其他主管
   當局；

4. 向主管當局提出建議，尤其是對法律、規章和行政慣例提出修正或改革
   意見，特別是如果它們已使為維護其權利提出請願的人遇到困難時。

而很明顯地一個國家人權委員會的職責是有相當大部分是與國際人權

---

25 See Ravi Nair, "Benchmarks for Establishing a National Human Rights Commission: The
Indian and Indonesian Experience in Perspective," paper presented to *International Conference
on National Human Rights Commission: Promoting and Protecting Human Rights*, Department
of Political Science, Soochow University, Taiwan, January 2-4, 2001, pp. 1-2.

有關的。[26]巴黎原則乃是討論國家人權委員會之最重要基礎，[27]而這些準則亦成為聯合國協助各國成立國家人權委員會之重要標準，然而聯合國不僅建立有關國家人權機構之準則，亦努力推動在許多國家建立國家人權機構，以下將聯合國之推動過程及內容分為三個部分論述之，分別論證聯合國主要機關，聯合國監督個別人權條約之機制及各國際及區域國家人權機制組織如何推動國家人權機制之發展。

貳、聯合國主要機關之推動

誠如前聯合國秘書長Kofi A. Annan所言，在國家層級建立強而有力之國家人權機制，可以長期永續地使人權得到保障及強化，因此在每一國家設立及強化國家人權機制以實踐國際人權標準，乃是聯合國之主要目標。自從聯合國大會在1993年通過巴黎原則之後，各國成立國家人權委員會之數目便不斷增加，[28]聯合國高級人權專員（United Nations High Commissioner for Human Rights）是聯合國中提倡國家人權機制之重要機關，因為聯合國高級人權專員本來就是1993年世界人權會議的重要產物之一，因此促進國家人權委員會之設立及強化乃是聯合國高級人權專員的重要工作之一。[29]

而聯合國高級人權專員辦公室認為，國家人權機制在將國際人權規範

---

26 See Brice Dickson, "The Contribution of Human Rights Commissions to the Protection of Human Rights," *Public Law*, [2003] Summer, p. 276. Tom Hadden, "The Role of a National Human Rights Commission in the Protection of Human Rights" in Kamal Hossain, Leonard F. M. Besselink, Haile Selassie Gebre Selassie and Edmond Völker (eds.), *Human Rights Commissions and Ombudsman Offices National Experience throughout the World* (Kluwer Law International, 2000), p. 793.

27 International Council on Human Rights Policy, *Performance and Legitimacy: National Human rights Institutions* (International Council on Human Rights Policy, 2000), p. 2. Human Rights Watch, *Protectors or Pretenders? Government Human Rights Commissions in Africa* (Human Rights Watch, 2001), p. 11.

28 Office of the High Commissioner for Human Rights, National Institutions Programmes, Europe, Central Asia and the Caucasus Regions National Institutions Regional Activities update, September 2003, p. 1.

29 Office of the High Commissioner for Human Rights, *The Office of the High Commissioner for Human Rights Booklet* (Office of the High Commissioner for Human Rights, 2002), p. 11.

轉化為內國法律、政策及實踐，以確保人權在各國國內得到保障，扮演著非常重要之角色，因此聯合國高級人權專員認為設立及強化國家人權機制乃是其重要目標之一。聯合國高級人權專員主要透過兩種方式協助各國成立及加強國家人權機制，一者是諮詢服務（advisory service），另一種是技術合作（technical co-operation）。[30]

聯合國於1995年創設「聯合國人權領域技術合作計劃」（United Nations Technical Cooperation Programme in the Field of Human Rights），此計劃之宗旨為提供協助以建立各國國內及區域國際人權機制，而其內涵則著重於：（1）將國際人權標準引進於國內法律及政策；（2）建立或強化國家人權機制，以促進及保障人權與法治民主；（3）形成國家提昇及保障人權之行動計劃；（4）加強人權教育及培訓；（5）促進人權文化。而其經費來自於「人權領域自願合作基金」（Voluntary Fund for Technical Cooperation in the Field of Human Rights）。

而在諮詢服務方面，聯合國高級人權專員特別任命一位「國家機制特別顧問」（Special Advisor on National Institutions），而此國家機制特別顧問提供幾項諮詢服務，（1）從比較法觀點提供設立一國家人權機制之合適憲法及法律架構模式；（2）國家人權機制之本質、功能、權力及責任；（3）協助各國家人權機制建立接受申訴之制度及資料庫；（4）設計有效之管理結構；（5）提供人權訊息及文件；（6）舉辦國際及區域國家人權機制會議以鼓勵及分享各國之經驗[31]。

國家機制特別顧問曾經向亞美尼亞、孟加拉、布隆地、蒙古、尼泊爾、巴勒斯坦、厄瓜多、伊索比亞、斐濟、德國、約旦、肯亞、賴比瑞亞、馬來西亞、巴布亞新幾內亞、盧安達、獅子山、南韓、泰國、受爾蘭及英國

---

30 有關諮詢服務及技術合作之詳細內涵，請參閱United Nations, *Advisory Services and Technical Cooperation in the Field of Human Rights, Fact Sheet No. 3 (Rev. 1)* (Centre for Human Rights, 2002).

31 Report of the Secretary-General, National institutions for the promotion and protection of Human rights, A/54/336, 9 September 1999, paragraph 7. United Nations, *Fact Sheet No. 3 (Rev. 1)*, supra no. 30, pp. 13-14. Paulo Sergio Pinherio and David Carlos Baluarte, "The Role of National Human rights Institutions in State Strategies," Background Paper to the Human Rights Development Report 2000, p. 9.

等國家[32]提供諮詢意見，國家機制特別顧問亦多次參與區域及國際會議。現任之國家人權機制特別顧問是Brian Burdekin，其為前任澳洲人權委員會之委員，而聯合國高級人權專員辦公室亦在其活動及課程分部（Activities and Programmes Branch）之下成立一「國家人權機制小組」（National Institutions Team）以提供諮詢服務。此小組包括其主任Mr. Orest Nowosad在內共有五位成員，而此小組最主要之功能有四，包括對於各國設立國家人權委員會提供資訊、建議及協助，對於已設立之國家人權委員會提供支持及協助，舉行遍及全世界之有關國家人權委員會之會議及人員訓練，提供國際之非政府組織有關國家人權委員會之資訊。

聯合國高級人權專員辦公室認為，國家人權機制逐漸被認為是在各國國內有效確保國際人權標準實踐之重要機制[33]。而「巴黎原則」則是其所有有關國家人權機制之準繩，聯合國高級人權專員辦公室甚至認為如果一個國家人權委員會沒有處理個人申訴之權責的話，是不能被認為是合適之國家人權委員會。[34]前任聯合國高級人權專員Mary Robinson女士亦認為，「國家人權機制可作為政府與民間團體之橋樑」[35]，「國家人權機制可以作為監督及確保實踐國際人權之機制」[36]，因此「一個獨立有效之國家人權機制可以扮演非常重要之角色」[37]，聯合國高級人權專員「強烈支持各國設立國家人權機制及其區域組織」[38]，同時「國家人權機制不只是對於開發中國家是個有價值之資源，對於所謂的已開發國家亦然。」[39]

聯合國人權委員會（Commission on Human Rights）對國家人權機制之重視可分為兩部分，一者是其一般決議，人權委員會每年都會針對國家人權機制作成一般決議，此決議可能包括以下內容：（1）再次確認建立符合巴黎

---

32 Ibid., paragraph 9.
33 Report the United Nations High Commissioner for Human Rights, A/52/36, 29 October 1997, paragraph 33.
34 International Council on Human Rights Policy, supra no. 27, p. 72.
35 Address by Mary Robinson to the International Co-ordinating Committee, Geneva 18 April 2000.
36 Speech by Mary Robinson at National Human Rights Workshop, Surabaya, 22 November 2000.
37 Address by Mary Robinson to the International Co-ordinating Committee, Geneva, 18 April 2001.
38 Ibid.
39 Ibid.

原則規範之有效、獨立及多元的國家人權機制是非常重要的；（2）鼓勵各國設立或強化國家人權機制，以符合「維也納宣言及行動計劃」；（3）確認國家人權機制對於促進及確保所有人權之不可分離及互為作用，扮演非常重要之角色。同時國家人權機制對於傳播人權訊息及文件，提昇人權教育，有相當貢獻；（4）要求各國設立國家人權機制時應符合巴黎原則，並保障各種類型之人權；（5）要求聯合國祕書長及高級人權專員透過各種資源，協助各國設立及強化國家人權機制。[40]

　　人權委員會對國家人權機制的重視亦表現在其特別報告中，而此特別報告分為針對特別議題及特定國家兩種類型。就特別議題而言，例如在人權與極度貧窮問題上，人權委員會之報告便認為，「聯合國發展計劃（UNDP）乃是發展一個以人權保障為基礎架構，而消除貧窮建立實質人性發展之工作，……而策略之一即是強化國家人權機制」[41]，因此人權委員會認為應該在國家人權機制中設立社會專家（social experts），其可為國家人權機制之獨立部門[42]。就特定國家而言，人權委員會在訪視蘇丹後其報告建議蘇丹應設立一獨立自主之國家人權機制，且應符合巴黎原則之規範[43]。針對葉門而言，人權委員會之報告認為，葉門之最高國家人權委員會（Supreme National Committee on Human Rights）因其成員組成問題，不能被認為是獨立之機構，因此人權委員會認為葉門應該設立一真正獨立之國家人權機制，可以審理個人申訴進行獨立調查，同時聯合國高級人權專員辦公室應該在其技術協助計劃中幫助葉門成立一個真正獨立之國家人權機制[44]。同樣地人權委員會認為高棉雖然在行政部門有高棉人權委員會（Cambodian Human Rights Committee）之設立，但是其並不符合巴黎原則之規定，因此人權委員會認為高棉應繼續努力設立一符合巴黎原則之國家人權機制[45]。

---

40 Commission on Human Rights resolution 1999/72, E/CN.41 RES/1999/72, 28 April 1999.

41 Commission on Human Rights, Economic, Social and Cultural Rights, Human Rights and Extreme Poverty, Report Submitted by Ms. A-M. Lizin, independent expert, pursuant to Commission resolution 1998/25, E/CN.4/1999/48, 29 January 1999, paragraph 47.

42 *Ibid.*, paragraph 110.

43 E/CN.4/2000/63/Add.1, 3 March 2000, paragraph 141.

44 E/CN.4/1999/62/Add.1, 22 December 1998, paragraphs 42 and 44.

45 E/CN.4 /2001/103, 24 January 2001, paragraph 89.

　　聯合國經濟及社會理事會（Economic and Social Council）則是每年均針對國家人權機制作成決議，而通常其內容只有2項訴求，一者是要求聯合國祕書長繼續協助使各國國家人權機制能在人權委員會開會時舉行會議，另一者是要求祕書長就既有資源及聯合國人權領域技術合作志願基金，提供各國及區域國家人權機制會議之必要協助[46]。

　　聯合國大會（General Assembly）則是每兩年針對國家人權機制作成決議，而其決議內容可能包括下列事項：（1）再次確認發展一符合巴黎原則，且是有效、獨立及多元化之國家人權機制是非常重要的。而國家人權機制可以成為傳播人權文件及訊息之重要機制。（2）鼓勵聯合國各會員國依維也納宣言及行動計劃設立或強化其國家人權機制，同時此國家人權機制可依國際人權標準阻止各種違反人權之事項，而各國國家人權機制可彼此交換訊息及經驗，使國家人權機制更加具備實效性。（3）要求聯合國祕書長及高級人權專員持續透過諮詢服務、技術協助及聯合國人權領域技術合作志願基金協助各國國家人權機制及其區域組織之設立及強化[47]。

參、人權條約監督機關之推動

　　聯合國監督個別人權條約之機關（treaty bodies）亦對國家人權機制相當重視，例如經濟、社會及文化權委員會（Committee on Economic, Social and Cultural Rights）即完成「第10號一般評論」（General Comment No. 10），其中認為設立國家人權機制乃是實踐經濟、社會及文化權之重要方法之一，而國家人權機制可以成為促進及確保所有人權之不可分性及彼此依存之重要角色，但是很可惜的是此種角色卻未被賦予、忽視或不重視，因此國家人權機制之任務亦應及於經濟、社會及文化權之保障。[48]經濟、社會及文化權委員

---

46 See, for example, Economic and Social Council decision 1998/258. E/DEC/ 1998/258, 30 July 1998.

47 See, for Example, General Assembly, resolution 52/128, A/RES/52/128,26 February 1998.

48 Barbara von Tigerstrom, "Implementing Economic, Social and Cultural Rights: The Role of National Human Rights Institutions," in Isfahan Merali and Valerie Oosterveld (eds.), *Giving Meaning to Economic, Social and Cultural Rights* (University of Pennsylvania Press, 2001), p. 142.

會乃要求各會員國應使國家人權機制之職權及於經濟、社會及文化權,並在
各國提出報告時將國家人權機制之相關職權及活動詳細說明之。經濟、社會
及文化權委員會並且認為國家人權機制在經濟、社會及文化權保障方面可作
到下列事項:(1)檢討現行法律、行政命令及立法草案是否符合經濟、社
會及文化權國際公約之規定;(2)針對特定群體或一般大眾進行教育,以
進一步瞭解經濟、社會及文化權之內涵;(3)對政府及相關單位提供諮詢
意見或進行調查;(4)建立衡量是否實踐經濟、社會及文化權利國際公約
之國家準則;(5)對國家整體或特定區域進行是否實踐特定經濟、社會及
文化權之研究及調查;(6)監督權利之實踐,並對政府部門及民間社會提
出報告;(7)對於有關經濟、社會及文化權之申訴進行調查。[49]

　　而在審查Sudan[50]、Kyrgyzstan[51]、Mongolia[52]及Bulgaria[53]等國家之報告
時,經濟、社會及文化權委員會便建議這些國家應儘快依據巴黎原則設立國
家人權機制。另外,在審查香港[54]及比利時[55]之報告時,則批評兩者缺乏依
據巴黎原則設立之獨立國家人權機制,因此經濟、社會及文化權委員會要求
二者依據巴黎原則及第10號一般評論設立國家人權機制。

　　兒童權利委員會(Committee on the Rights of the Child)在審查Egypt[56]、
Tajikistan[57]及Saudi Arabia[58]等國家之報告時,亦鼓勵這些國家設立國家人權
機制。

　　消除種族歧視委員會(Committee on the Elimination of Racial
Discrimination)則作成「第十七號一般建議」(General Recommendation
XVⅡ),其中認為有必要鼓勵各國設立國家人權機制,以實踐「消除所有
種族歧視國際公約」(International Convention on the Elimination of All Forms

---

49 The role of national human rights institutions in the protection of human rights, 03/12/98.E/
　　C.12/ 1998/25, CESCR General Comment 10.
50 E/C. 12/1/Add. 48, 1 September 2000.
51 E/C. 12/1/Add. 49, 1 September 2000.
52 E/C. 12/1/Add.47, 1 September 2000.
53 E/C. 12/1/Add.37, 8 December 1999.
54 12/01/58. E/C.12/1/Add.58.
55 E/C.12/1/Add.54, 1 December 2000.
56 CRC/c/15/Add.145, 26 January 2001.
57 CRC/c/15/Add.136, 16 October 2000.
58 CRC/c/15/Add.148, 26 January 2001.

of Racial Discrimination），因此建議各國依據巴黎原則設立國家人權機制，並實踐下列事項：（1）促進「消除所有種族歧視國際公約」第5條所規定之享有人權不受歧視；（2）檢視政府有關保障反歧視之政策；（3）監督立法實踐「消除所有種族歧視國際公約」條款之規範；（4）教育民眾國家對「消除所有種族歧視國際公約」之義務；（5）協助政府準備報告提出於消除種族歧視委員會。其次，針對已設立國家人權機制者，其建議此國家人權機制可協助撰寫報告，並參加國家與消除種族歧視委員會之對話[59]。而消除種族歧視委員會亦建議Germany[60]、Cyprus[61]、South Korea[62]、Azerbaijan[63]等國家應考慮設立國家人權機制。

肆、國際會議

　　1993年在維也納舉行之世界人權會議（World Conference on Human Rights），發布了維也納宣言及行動計劃（Vienna Declaration and Programme of Action），其中呼籲各國政府、聯合國及國際組織應加強設立及強化國家人權機制之資源，以維持法治、民主及人權[64]。世界人權會議再次確認國家人權機制對促進及保護人權之重要及建設角色，特別是其對有權機關之諮詢權能，對違反人權事件之救濟，傳播人權訊息及人權教育之貢獻[65]。而世界人權會議亦要求各國強化其國家人權機制，因為其是促進及保障人權之重要角色[66]。世界人權會議亦建議聯合國加強其協助各國建立及強化國家人權機制之活動，以符合各國之需求[67]。其亦鼓勵各國家人權機制應加強合作，特別是交換訊息及經驗，並與區域組織及聯合國合作[68]。因此世界人權會議強

---

59 A/48/18
60 CERD/c/304/Add. 24, 23April 1997.
61 CERD/c/304/Add.56, 10 February 1999.
62 CERD/c/304/Add.65, 7 April 1999.
63 CERD/c/304/Add.75, 12 April 2001.
64 Vienna Declaration and Programme of Action, A/CONE.157/23, 12 July 1993, I paragraph 34.
65 *Ibid.*, I paragraph 36.
66 *Ibid.*, II paragraph 83.
67 *Ibid.*, II paragraph 84.
68 *Ibid.*, II paragraph 85.

烈建議各國家人權機制應在聯合國人權中心（Centre for Human Rights）協助下定期聚會，以分享經驗並尋求改進機制之方式及內容[69]。自從1993年世界人權會議之後國家人權委員會無論是在國家、區域及國際人權領域都扮演更重要及積極之角色，他們對於立法、行政及司法機關都有所協助。[70]

2001年9月國際反種族歧視會議（World Conference against Racism, Racial Discrimination, Xenophobia, and Related Intolerance）在南非德班舉行，而之前已有各區域之準備會議進行，例如歐洲反種族主義會議（European Conference against Racism）2000年10月在法國史特拉斯堡舉行，其結論要求各歐洲國家應該設立獨立專門之國家反種族歧視機制，而對已設立機制之國家則希望能提供必要之資源、職權及能力，以確保其有效運作[71]。同時歐洲反種族主義委員會（European Commission against Racism and Intolerance, ECRI）亦訂定第二號一般政策建議（General Policy Recommendation No. 2）作為此專門機制之設立及職權準則。而歐洲理事會（Council of Europe）之部長會議亦作成一政治宣言，其中要求各國設立獨立專門之國家人權機制，以建立國家政策及行動計劃消除種族歧視[72]。

美洲區域會議則於2000年12月在智利聖地牙哥舉行，其結論認為「國家人權機制對於反種族主義及種族歧視是非常重要的，因此再次確認設立國家人權機制是必要的，同時國家人權機制應與民間社會作最大之合作，以促進及保障人權[73]。」所以其要求各國應採取行動確保國家人權制度之成員可以充分反應其國家之種族多樣性，而且種族主義之受害者可以充分參與國家人權機制之運作[74]，同時其要求各國應支持使國家人權機制有消除種族歧視之職權[75]，使國家人權機制可以接受申訴、進行調查、仲裁案件或將案件送交

---

69 *Ibid.*, II paragraph 86.

70 Commonwealth Secretariat, *Best Practice for National Human Rights Institutions* (Commonwealth Secretariat, 2001), p. 3.

71 General Conclusions of the European Conference against Racism, paragraph 21.

72 Political Declaration adopted by Ministers of Council of Europe Member States on Friday 13 October 2000 at the Concluding session of the European Conference against Racism.

73 Declaration and Plan of Action, Regional Conference of the Americas in preparation for the World Conference against Racism, paragraph 69.

74 *Ibid.*, paragraph 196.

75 *Ibid.*, paragraph 197.

適當司法機關以採取必要之行動[76]。

　　非洲區域會議於2001年1月在達卡舉行，其結論亦認為國家人權機制可以透過人權教育培訓及阻止違反人權事件之方式保障人權，特別是消除所有形式之種族歧視[77]。所以其結論希望聯合國高級人權專員辦公室繼續支持各非洲國家設立國家人權機制，並提供重要諮詢服務[78]，同時其希望聯合國高級人權專員辦公室與國家人權機制合作，透過定期諮詢及研究以蒐集及維持各種文化之科技及教育素材，以消除種族主義[79]。

　　亞洲區域會議則於2001年2月在伊朗德黑蘭舉行，同權的亞洲國家代表也認為國家人權機制對於反種族主義是非常重要的，因此其要求如果沒有設立之國家有必要儘快設立，而對於已設立之國家而言應彼此作最大之合作，且此合作基礎應有法律明文規定，且此合作是對政府當局及一般社會大眾均是有益的[80]。因此其要求各國設立並加強國家人權機制以消除種族歧視問題，並協助其管轄權內各種種族歧視之被害人[81]。當然其亦要求各國國家人權機制應彼此合作達到消除種族歧視之境界[82]。其亦希望聯合國高級人權專員與各國國家人權機制合作，舉行世界文化會議，促進文化之交流與瞭解，以避免種族歧視[83]。

　　而世界反種族歧視會議之第一次籌備會議亦表明，國家人權機制在確保實踐國內及國際人權標準可扮演非常重要之角色[84]。但是其認為一個有效之國家人權機制應符合以下準則：（1）國家人權機制之成員必需充分代表其人口結構，且可自行決定各種事項之優先順序[85]。（2）國家人權機制應是

---

76 *Ibid.*, paragraph 198.

77 Declaration and Recommendations for a Programme of Action, African Regional Preparatory Conference for the World conference against Racism, paragraph A. 23.

78 *Ibid.*, paragraph A. 24.

79 *Ibid.*, paragraph B. 20.

80 Declaration and Plan of Action, Asian Preparatory Meeting for the World Conference against Racism, Remedies, paragraph 52.

81 *Ibid.*, plan of action, paragraph 6.

82 *Ibid.*, plan of action, paragraph 29.

83 *Ibid.*, plan of action, paragraph 36.

84 Preparatory Committee, First Session, Geneva, 1-5 May 2000, A/CONF.189/pc.1/10, paragraph 45.

85 *Ibid.*, paragraph 46.

獨立及公平的，並且有相當方式確保其可信賴性及獨立性[86]。（3）其必須有廣泛之職權及必要資源，以確保其有效實踐工作[87]。（4）國家人權機制很難在非民主體系中有效施行其職權。（5）其可以觀察及監督其自己設定之人權標準是否實踐。（6）其必需有其能見度及親近性，且是不需費用或很少之費用，並從事於公眾教育之工作。（7）國家人權機制與法院必需明確區別之，且國家人權機制可以作為法院判決意見不同之建議。（8）其可以主動調查人權違反事件，並提供必要協助[88]。

更重要的是國際上已有6次國家人權委員會之國際會議（International Workshop on National Institutions for the Promotion and Protection of Human Rights），其中第2次國際會議於1993年在突尼斯舉行，第3次國際會議於1995年在菲律賓馬尼拉舉行，第4次於1997年在墨西哥Merida舉行，第5次於2000年在摩洛哥之Rabat舉行，第6次於2002年在丹麥Copenhagen及瑞典之Lund舉行。

此種國際會議乃是由各國國家人權機制代表出席，可說是非常重要的有關國家人權機制之會議。而在馬尼拉舉行之第三次國際會議則發表了「馬尼拉宣言」，其中表示「國家人權機制有助於提昇對公民、政治、經濟、社會及文化權之普世性及不可分性之尊重，特別是以確保國家立法符合國際義務及確保權利享有不受歧視之方式為之[89]。」「國家人權機構再次確認他們確保他們的地位及責任符合巴黎原則之決心，這是必要的，因為只有國家人權機構是獨立的、多元的，並依憲法或法律設立之，才可能達到最大效能及信賴[90]。」另外，在摩洛哥Rabat舉行之第5次國際會議亦發表了Rabat宣言，其中呼籲還沒有設立國家人權機制之國家，應以符合巴黎原則之方式設立國家人權機制，以強化人權保障及法治[91]。他們希望國家人權機制，可以獨立地

---

86 *Ibid.*

87 *Ibid.*

88 *Ibid.*, paragraph 47.

89 E/CN.4/1996/81, 28 July 1995. Report of the third International Workshop in National Institutions for the Promotion and Protection of Human Rights.

90 *Ibid.*

91 The Rabat Declaration, paragraph 2.

參與聯合國人權委員會（Commission on Human Rights）之各項活動[92]，同時他們認為國家人權機制在消除歧視及種族主義、保障婦女及兒童權利、消除貧窮以充分享有經濟、社會及文化權可扮演非常重要之角色[93]。

伍、建立區域及國際機制

　　在聯合國的協助之下已有許多區域國家人權委員會組織之形成例如在非洲比較特別的是非洲人權及民族權憲章（African Charter on Human and Peoples' Rights）第26條規定：「本憲章之當事國應允許設立並改善負責促進及保護本憲章所保障之權利及自由之國家機構。」而雖然Human Rights Watch懷疑這些國家人權委員會究竟是人權保護者（protector）或是偽裝者（pretender），[94]事實上非洲有許多國家設立了國家人權委員會，因而有非洲國家人權機構協調委員會（African Coordinating Committee of National Institutions）之產生。非洲人權及民族權委員會（African Commission on Human and Peoples' Rights）認為，國家人權機構所提出之人權報告乃是有關各國人權狀況之重要資訊來源，因此應鼓勵各國國家人權委員會提出人權報告。[95]在非洲已舉辦過多次國家人權委員會之國際會議。

　　而在其他區域方面，美洲本來有伊比諾美洲國家人權機構聯盟（Ibero-American Federation of Organizations）之成立，後來則形成美洲國家人權機構網絡（Network of National Institutions for the Promotion and Protection of Human Rights in the Americas），同樣地美洲國家人權機構網絡認為國家人權機構對於此區域建立及促進和平及人權文化是扮演著非常重要之角色。[96]

---

92 *Ibid.*, paragraph 3.

93 *Ibid.*, paragraphs 5-7.

94 Human Rights Watch, *Protectors or Pretenders? Government Human Rights Commissions in Africa* (Human Rights Watch, 2001).

95 See Report of the Retreat of Members of the African Commission on Human and Peoples' Rights (ACHPR) 24-26 September 2003, Addis Ababa, Ethiopia.

96 See Conclusions from the Second General Assembly of the Network of National Institutions for the Promotion and Protection of Human Rights in the Americas, San Jose, Costa Rica, 26-27 March 2003.

　　歐洲本來有地中海促進及保護人權國家機構（Mediterranean National Institutions for the Promotion and Protection of Human Rights）之成立，後來則形成歐洲國家人權機構協調團體（European Coordinating Group of National Human Rights Institutions），歐洲國家人權機構協調團體亦曾舉辦過多次國際會議。

　　而亞太國家人權機構論壇（Asia Pacific Forum of National Human Rights Institutions）應是與台灣最可能有直接關係的，1996年時澳洲、紐西蘭、印度、印尼等國家決定設立一亞太國家人權機構論壇，如同其「拉剌其亞宣言」（Larrakia Declaration）所示，此論壇之宗旨是（1）協助此區域之國家成立國家人權委員會；（2）拓展各國家人權委員會彼此間之支持、合作及共同活動；（3）歡迎本區域中符合巴黎原則之獨立的國家人權委員會加入成為會員；（4）鼓勵各國政府及非政府人權組織以觀察員之名義參加本論壇之會議。[97]而亞太國家人權機構論壇之會員數目已由剛成立之六個成長為現今之十二個，其中包括澳洲、紐西蘭、印度、印尼、斐濟、馬來西亞、蒙古、尼伯爾、菲律賓、南韓、斯里蘭卡及泰國。

　　依據亞太國家人權機構論壇憲章（Constitution of the Asia Pacific Forum of National Human Rights Institutions）第11條之規定，亞太國家人權機構論壇之會員分為三種，即完整會員（Full Member）、備位會員（Candidate Member）及副會員（Associate Member）。而所謂完整會員指的是亞太國家人權機構論壇執行委員（Forum Councillor）所認定符合巴黎原則之國家人權機構，備位會員指的是某一已申請會員資格，而理論上此申請者可以實踐巴黎原則，但是現在尚未實踐之，而且只有些許缺失而已，同時此申請者必須承諾將以積極作為實踐巴黎原則，而當備位會員完全實踐巴黎原則之後可以申請為完整會員。所謂副會員是指現在尚未符合巴黎原則之申請者，而且其無法在合理期間內實踐巴黎原則。同樣地是否同意備位會員及副會員之入會亦是由亞太國家人權機構論壇執行委員決定。而執行委員則是由每一個國家人權機構指派一人擔任之，因此現在有12個執行委員，但是因為亞太國家人

---

97 See Fort Fu-Te Liao, "Establishing a National Human Rights Commission in Taiwan: the Role of NGOs and Challenges Ahead," 2 *Asia-Pacific Journal of Human Rights and the Law* 2 (2001) 105-106.

權機構論壇是依據澳洲公司法所設立之有限公司，必須至少有兩位執行委員是澳洲籍，因此亞太國家人權機構論壇實際上13位執行委員，但是澳洲兩位執行委員中有一位無投票權。

　　亞太國家人權機構論壇已舉行過多次年會。亞太國家人權機構論壇也成立了三個網絡，分別是調查人員網絡（Investigators Network）、資深行政人員網絡（Senior Executive Officers Network）及阻止人口販賣網絡（Trafficking Network）。

　　除了區域之國家人權委員會組織之外，聯合國亦協助成立「國家人權機制國際協調委員會」（International Co-ordinating Committee of National Human Rights Institutions for the Protection and Promotion of Human Rights, ICC）。1993年12月第二次國家人權機構國際會議在突尼斯（Tunis）舉行，會中參與代表向聯合國人權委員會建議，「應採取適當措施以確保國家人權機制可以有權利且是立於一特別地位，以積極參與聯合國人權體系之活動。[98]」而人權委員會則對此意見表示歡迎，並認為此「國家人權機制之國際協調委員會」應與聯合國人權中心合作，舉辦會議並協助各國國家人權機制實踐聯合國有關國家人權機制之決議及建議。[99]在聯合國人權委員會第54會期，國家人權機制被允許發表，並且以獨立之「國家機制」（National Institutions）之名稱參加之，有別於各國國家代表，於是有18個國家人權機制在聯合國人權委員會討論國家機制時各擁有7分鐘之發言權。而原則上國家人權機制國際協調委員會的開會時間是與聯合國人權委員會年度會議及每兩年舉辦一次之國家人權機構國際會議之時間配合的。

　　此國際協調委員會之目的乃是促進各國在符合巴黎原則之情形下設立或強化其國家人權機制。[100]國際協調委員會由歐洲、非洲、美洲及亞太地區等4個區域各選出4個國家人權機制代表，總共16個代表組成之，並由16個代表互選主席及副主席。目前的成員有非洲的模里西斯（Mauritius）、摩洛

---

98 E/CN.4/1994/45, 23 December 1993, Report of the second International Workshop on National Institutions for the Promotion and Protection of Human Rights, paragraph 78.

99 Commission on Human Rights, E/CN.4/RES/1994/54, 4 March 1994, paragraph 7.

100 See Rules of Procedures of the International Co-ordinating Committee of National Human Rights Institutions for the Protection and Promotion of Human Rights, Preamble.

哥（Morocco）、奈及利亞及烏干達，美洲的加拿大、哥倫比亞、哥斯達黎加及墨西哥，亞太區域有澳洲、斐濟、菲律賓及尼泊爾，而歐洲有丹麥、法國、希臘及瑞典，他們的任期為兩年，[101]而主席由摩洛哥擔任，副主席由墨西哥擔任，任期為一年。[102]另外由上述4個區域各一名國家人權機制代表共4人組成「審核委員會」（Accreditation Commission），以審核是否准允加入國際協調委員會。加入國際協調委員會之資格有二，第一，此一國家人權機制必需符合巴黎原則之規範。第二，每一國家只能有一國家人權機制可以成為具有投票權之會員。[103]而國際協調委員會亦得與其他包括國際監察使組織及非政府組織之人權團體合作，並給予他們在各種區域會議觀察員之資格。[104]國際協調委員會之主席則可在諮詢其他會員之後，給予非國際協調委員會會員之國家人權機構或任何人及機構觀察員之身分。

　　「國家人權機構國際協調委員會」程序規則（Rule of Procedure）之前言及第三條明確指出，「國家人權機構國際協調委員會」乃是由符合「巴黎原則」之國家人權機構所組成，只有符合「巴黎原則」之國家人權機構才有資格成為「國家人權機構國際協調委員會」之成員，因此「巴黎原則」成為「國家人權機構國際協調委員會」判斷國家人權機構之重要準則，「國家人權機構國際協調委員會」進一步將各國之國家人權機構依是否符合「巴黎原則」，而將其會員區分為四個等級：A級會員是符合「巴黎原則」；A(R)級是給予會員資格，但是尚未完全符合「巴黎原則」，不過不嚴重；B級是給予觀察員資格，不完全符合「巴黎原則」；C級是不符合「巴黎原則」之國家人權機構。

　　由上述可見國際上對「巴黎原則」之重視，如果台灣要設立國家人權機構，同時希望此國家人權機構不只是我們自己的「自我想像」，同時也能經得起國際準則之檢驗或是能參與國際上既有之國家人權機構組織的話，很顯然地「巴黎原則」應該是我們必須重視的準則。

---

101 *Ibid.*, Clause 5.
102 *Ibid.*, Clause 6.
103 *Ibid.*, Clause 3.
104 *Ibid.*, Clause 7 (b).

第二章　國家人權機構之理想與類型

　　傳統想法認為國家內部只要有獨立的司法機制及民主的議會選舉就足以確保不會產生侵犯人權的行為，因此可能有人認為實在沒有充分的理由建立專門保護及促進人權的國家機構，因為這樣的理念只是浪費國家資源。其認為透過權力分立及司法救濟兩種途徑，一方面可以由國會監督行政權，以避免行政濫權，同時透過司法審查機制，以避免國會專斷，而司法救濟可作為人權救濟之管道。但是權力分立及司法救濟比較著重防弊之效用，其結果不必然是積極的，然而一般人權的理念包括促進及保障，即包括積極推動之概念，這是傳統思考不夠著重之部分，於是聯合國認為，遺憾的是歷史的過程及教訓卻是與上述思考恰好相反的，而以某種方式與行政機關及司法裁判的責任分離的人權專門機制，可以獨特之方式推動該國發展出尊重人權及基本自由之文化。[1]因此對於聯合國而言，國家人權機構之思考核心不是要不要設立的問題，重點是要如何設立及其內容為何，而從國際發展趨勢觀之亦是如此。

　　曾有論者指出，過去幾十年來全球致力於強化人權中最具成效的發展之一就是國家人權機構（National Human Rights Institution）的角色越來越重要。[2]然而有諸多有關國家人權機構之議題必須釐清。以下首先論述聯合國（United Nations）有關國家人權機構之理想，因為創設國家人權機構是聯合國長期以來之理想，國家人權機構之發展具有相當之國際性，討論有關設立國家人權機構無法忽略聯合國所建構之理想，如此才能瞭解國際發展之實況，同時探索台灣應如何設立國家人權機構才能符合國際標準。其次，現在各國已有非常多國家人權機構之設立，因而有必要從比較法觀點瞭解這些國家人權機構之設立情形，以便分析各國實踐國際準則之情況，同時將各國之國家人權機構類型化，分析各種類型國家人權機構實踐國際標準與理想之區別。

---

1 United Nations, *Fact Sheet No. 19, National Institutions for the Promotion and Protection of Human Rights* (Centre for Human Rights, 1994), p. 6.
2 Bertrand G. Ramcharan, "Introduction," in Bertrand G. Ramcharan (ed.), *The Protection Role of National Human Rights Institutions* (Martinus Nijhoff Publishers, 2005), p. vii.

壹、理想

聯合國雖然認為國家人權機構的理念尚未完全發展完備，但是至少可以認定國家人權機構是指「一個國家依據其憲法、法律或命令所設立之機制，而此機制之職權特定為促進及保障人權。」[3]然而有許多國家設立國家人權機構可能只是希望其扮演「偽裝者」（pretender）[4]、「紙老虎」（paper tiger）[5]或是「稻草人」（straw man）[6]之角色，如果國家人權機構確實發揮其功能的話，其可作為要求政府實踐國內及國際準則、提供民主討論論壇增進人權意識、救濟人權受害人之機制，但是國家人權機構也可能只是獨裁政權壓制或粉飾其人權傷害之工具。[7]因此有必要先確認聯合國已建構之有關理想，如此或可幫助吾人找尋探討各國設立國家人權機構之依據。

就設立國家人權機構之理想而言，聯合國最主要認為國家人權機構是實踐國際人權條約的重要機制，因為各國雖然已加入或批准部分人權條約，但是仍然有賴各國確實實踐，如果沒有同時建構實踐人權之機制，那麼人權條約很難在國內實施。[8]然而人權之實踐卻與政府之角色有關，政府可能是人權之迫害者，因此傳統上以各國政府為代表之國際組織架構，不一定適合適用於人權議題上，聯合國多年來希望每個國家設立國家人權機構，成為各國在人權議題上與國際組織、區域組織及各國國家人權機構之聯繫及實踐機關，因而在人權議題上特別形成除了各國政府之外的獨立聯繫組織。

聯合國各機關，包括聯合國大會（General Assembly）、人權委員會（Commission on Human Rights）、高級人權專員辦公室（Office of High

---

3 United Nations, *Professional Training Series No. 4 National Human Rights Institutions* (Centre for Human Rights, 1995), p. 6.

4 See Human Rights Watch, *Protectors or Pretenders? Government Human Rights Commissions in Africa* (Human Rights Watch, 2001).

5 Philip S. Robertson Jr., "Setting the Facts Straight: the Critical Role of the NHRC in a Labor Solidarity Campaign," (2003) *Thailand Human Rights Journal* 145, 146.

6 South Asia Human Rights Documentation Centre, *National Human Rights Institutions in the Asia Pacific Region* (South Asia Human Rights Documentation Centre, 1998), p. 2.

7 C. Raj Kumar, "National Human Rights Institutions: Good Governance Perspectives on Institutionalization of Human Rights," (2003) 19 *Am. U. Int'l L. Rev.* 259, 266.

8 大英國協秘書處，《國家人權機構最佳作法》，大英國協秘書處，2001年，頁4。

Commissioner for Human Rights）等，都已認可國家人權機構在促進及保護人權層面扮演非常重要之角色。[9]聯合國各機關認為國家人權機構至少可以扮演三種重要的角色。

第一，保護者之角色（Protector）：阻止違反人權事件之發生並實踐國際人權標準，例如聯合國大會認為國家人權機制可依國際人權標準阻止各種違反人權之事項，[10]人權委員會認為國家人權機構對於促進及確保所有人權之不可分離及互為作用，扮演非常重要之角色。[11]而聯合國秘書長Kofi A. Annan認為，在國家層級建立強而有力之國家人權機制，可以長期永續地使人權得到保障及強化，[12]高級人權專員辦公室認為，國家人權機構在將國際人權規範轉化為內國法律、政策及實踐，以確保人權在各國國內得到保障，扮演著非常重要之角色。[13]其亦認為，國家人權機構逐漸被認為是在各國國內有效確保國際人權標準實踐之重要機構，[14]國家人權機構可以作為監督及確保實踐國際人權之機構。[15]高級人權專員辦公室甚至認為如果一個國家人權委員會沒有處理個人申訴之權責的話，是不能被認為是合適之國家人權委員會。

第二，促進者之角色（Promoter）：從事人權教育並建立人權文化，人權委員會認為各國國家人權機構可彼此交換訊息及經驗，使國家人權機構更加具備實效性。[16]國家人權機構對於傳播人權訊息及文件，提昇人權教育，有相當貢獻。[17]

---

9 Canadian Human Rights Foundation and Philippine Commission on Human Rights, *National Human Rights Institutions at Work Regional Workshop in Economic, Social and Cultural Rights* (Canadian Human Rights Foundation and Philippine Commission on Human Rights, 2000), p. 1.

10 See, for Example, General Assembly, Resolution 52/128, A/RES/52/128, 26 February 1998.

11 Commission on Human Rights, Resolution 1999/72, E/CN.41 RES/1999/72, 28 April 1999.

12 Office of the High Commissioner for Human Rights, National Institutions Programmes, Europe, Central Asia and the Caucasus Regions National Institutions Regional Activities update, September 2003, p. 1.

13 Office of the High Commissioner for Human Rights, *The Office of the High Commissioner for Human Rights Booklet* (Office of the High Commissioner for Human Rights, 2002), p. 11.

14 Report of the United Nations High Commissioner for Human Rights, A/52/36, 29 October 1997, paragraph 33.

15 Speech by Mary Robinson at National Human Rights Workshop, Surabaya, 22 November 2000.

16 See, for Example, General Assembly, resolution 52/128, A/RES/52/128, 26 February 1998.

17 Commission on Human Rights resolution 1999/72, E/CN.41 RES/1999/72, 28 April 1999.

　　第三，橋樑之角色（Bridge）：作為民間團體、國家、區域組織及國家組織之橋樑，例如前任聯合國人權高級專員Mary Robinson女士認為，「國家人權機構可作為政府與民間團體之橋樑」，因此「一個獨立有效之國家人權機構可以扮演非常重要之角色」，聯合國高級人權專員「強烈支持各國設立國家人權機構及其區域組織」，同時「國家人權機構不只是對於開發中國家是個有價值之資源，對於所謂的已開發國家亦然。」[18]

貳、類型分析　

　　「巴黎原則」並沒有要求各國要建構哪一種類型之國家人權機構，也就是各國可自由選擇國家人權機構之類型，同樣地1993年所舉行的世界人權會議（World Conference on Human Rights）也認為，各國有權依其國家之需要選擇在其國內設立國家人權機構之模式，[19]因此可以預期有不同類型國家人權機構之設立，當然也有必要進一步對各國實踐情形作深入之探討。

　　全世界最早設立國家人權機構之國家為法國，其在1947年設立國家人權諮詢委員會（Commission Nationale Consultative des Droits de l'Homme; National Consultative Commission of Human Rights），[20]其後歷經將近六十年之發展，現今已有將近一百個國家人權機構之設立。[21]不過要將這麼多的國家人權機構歸類並不是一件容易的事，連聯合國本身都認為要將世界上現有國家人權機構類型化是困難的。[22]

　　雖然要將國家人權機構類型化是困難的，不過已有學者嘗試進行此項困難之工作，例如聯合國人權中心（Human Rights Centre）將國家人權機構

---

18 Address by Mary Robinson to the International Co-ordinating Committee, Geneva, 18 April 2001. See also Mary Robison, *A Voice for Human Rights* (University of Pennsylvania Press, 2006), p. 285.

19 See Vienna Declaration and Programme of Action, Part I, para. 36.

20 Stephen Livingstone and Rachel Murray, "The Effectiveness of National Human Rights Institutions," in Simon Halliday and Patrick Schmidt (eds.), *Human Rights Brought Home: Socio-Legal Perspectives on Human Rights in the National Context* (Hart Publishing, 2004), p. 137.

21 詳情請參見本書附錄。

22 United Nations, *Professional Training Series No. 4*, supra no. 3, p. 7.

分為三類：人權委員會（human rights commissions）、專職機構（specialized institutions）、監察使（the ombudsman），[23]但是其忽略了其他不同類型，例如諮詢委員會及國家研究機構作為國家人權機構。而Orest Nowosad則是將國家人權機構分為委員會（commission）、監察使（ombudsman）、人權機構（institute）三類，[24]然而同樣地此分類忽略了專職機構及諮詢委員會等類型。

Morten Kjaru則是將國家人權機構分為五種類型：諮詢委員會（consultative commission）、具有司法職權之委員會（commissions with judicial competence）、具有司法及監察職權之委員會（commission with judicial and ombudsman competence）、國家人權中心（national human rights centres）、國家人權監察使（national human rights ombudsman）。[25]國際人權政策委員會（International Council on Human Rights Policy）亦將國家人權機構區分為五類：國家人權委員會（national commission on human rights）、國家人權諮詢委員會（national advisory commission on human rights）、國家反歧視委員會（national anti-discrimination commission）、監察使（An Ombudsman）、公民保護官（A Defensor del Pueblo）。[26]雖然兩者之歸類有些許差異，不過已呈現國家人權機構之主要類型，但是筆者認為應該作更詳細之分析，特別是國家人權機構之模式已形成不同區域或國家主導之不同模式，因此有必要以上述分類為基礎作更細部化之類型分析，同時探究每一模式所形成之擴展作用，另外並進一步針對某些國家比較有代表性之國家人權機構作基礎分析，例如其組織及職權，同時探究其法律依據及權力分立情形。

因而本章依據國家人權機構之職權內涵及區域發展為基準，將各國國

23 Ibid., pp. 7-9.
24 Orest Nowosad, "Protection Role of National Human Rights Institutions," in Bertrand G. Ramcharan (ed.), *The Protection Role of National Human Rights Institutions* (Martinus Nijhoff Publishers, 2005), pp. 183-184.
25 Morten Kjarum, *National Human Rights Institutions. Implementing Human Rights* (Danish Institute for Human Rights, 2003), p. 8.
26 International Council on Human Rights Policy, *Performance and Legitimacy: national human rights institutions* (International Council on Human Rights, 2000), p. 4.

家人權機構歸類為以下五種類型：一、諮詢委員會：法國模式；二、人權中心：北歐／德國模式；三、單一職權委員會：不易歸類；四、人權監察使：伊比利半島及東歐模式；五、獨立人權委員會：與監察使分離，並探究其法律依據、職權、組織、權力分立等內涵。

一、人權諮詢委員會：法國模式

　　人權諮詢委員會模式可說是最早形成之國家人權機構模式，因為法國的國家人權諮詢委員會乃是全世界第一個國家人權機構。法國總理於1947年3月27日以行政命令（The constitutive decree of the National Consultative Commission of Human Rights）設立國家人權諮詢委員會，其一開始之名稱為Consultative Commission of International Law，後來才改成稱為Consultative Commission of Human Rights，但是此人權諮詢委員會沈寂了許多年，一直到1984年法國總理才再以行政命令設立國家人權諮詢委員會，因此法國現今之國家人權諮詢委員會事實上是1984年以後才成熟的。法國現今之國家人權諮詢委員會之主要法律依據是1984年之行政命令（Decree No. 84-72 of January 30th 1984），其後並歷經1993年及1999年兩次修正。

　　國家人權諮詢委員會之職責是透過建議之方式協助總理及各部長各種與人權及人道行動有關之事務，同時其應協助政府與民間團體在人權及人道行動領域之對話，並於必要時協助法國準備向國際人權機構提出之報告。[27]同時國家人權諮詢委員會得針對種族歧視、批准國際人權條約、人權教育、人權資訊等提出建議，並頒發「法蘭西共和國人權獎——自由、平等、博愛」（Human Rights Prize of the French Republic - Liberty, Equality, Fraternity）。

　　國家人權諮詢委員會剛開始有10位委員，其中包括外交官、法官、律師及學者，而國際人權界知名的Rene Cassin則擔任主席之職務。但是現今國家人權諮詢委員會之成員包括人權團體成員、工會成員、人權專家、法國之國際人權機構委員、國會議員代表及監察使，同時其包括總理及各部長之代表，但是總理及各部長之代表只有討論權沒有投票權。人權團體成員、工會

---

27 Article 1 of the constitutive decree of the National Consultative Commission of Human Rights.

成員、人權專家由總理任命，法國之國際人權機構委員、國會議員及監察使依其任期參與之，兩位國會議員由兩院議長推薦任命之。[28]但是行政命令中並未明確規定委員之人數，實際上其包括119個組織及成員。[29]國家人權諮詢委員會設主任委員一名及副主任委員兩名，[30]由總理於人權團體成員、工會成員、人權專家等委員中任命之。[31]國家人權諮詢委員會之預算編列於總理辦公室之預算中。[32]而因為此人權委員會只扮演諮詢之角色，因此其不牽涉既有權力分立之變動。

　　而法國之國家人權諮詢委員會模式則是影響過去是法國殖民地之國家，例如摩納哥（Morocco）於1990年設立人權諮詢委員會（Human Rights Advisory Council）。甚至希臘亦採取此模式，希臘在1998年以Law No. 2667/1998於總理之下設立國家人權委員會。而盧森堡亦設立人權諮詢委員會。

　　但是如果我們以上述聯合國之理想及準則檢視的話，其實人權諮詢委員會模式只能扮演促進者之角色，因為其可以提供人權諮詢意見，但是其無法扮演保護者之角色，因為其根本無法接受申訴，也無法進行調查，至於其可否扮演橋樑之角色都值得懷疑，因為人權諮詢委員會是否作為民間團體及政府之間，或是國家與國際組織間之橋樑或是溝通管道，必須其職權中明訂並具體實踐之，但是人權諮詢委員會模式通常只是規範其職權為提供諮詢意見，但是提供意見不必然能扮演橋樑之角色。

　　其次，人權諮詢委員會模式之職權範圍並無法包括「巴黎原則」所稱之全部，因此其只能實踐其部分職權，當然人權諮詢委員會模式是不會有準司法權的，因為其根本沒有調查之職權。再者，此模式大都只要以命令之方式便可成立，但是一個只依行政命令成立之國家人權機構是否符合法治要求，其實是有相當疑慮的。而因為人權諮詢委員會模式只是扮演諮詢者之角色，所有並沒有牽動權力分立之情形，當然也不會有國家以憲法規範此人權諮詢

28 Article 2 of the constitutive decree of the National Consultative Commission of Human Rights.
29 Morten Kjarum, supra no. 25, p. 8.
30 Article 4 of the constitutive decree of the National Consultative Commission of Human Rights.
31 Article 5 of the constitutive decree of the National Consultative Commission of Human Rights.
32 Article 7 of the constitutive decree of the National Consultative Commission of Human Rights.

委員會，也就沒有修憲與否之問題。

二、人權中心：北歐／德國模式

　　丹麥、挪威及德國等國家以設立人權研究中心之方式建立其國家人權機構。[33]例如丹麥之丹麥人權研究所（Danish Institute for Human Rights），其為丹麥國際研究及人權中心（Danish Centre for International Studies and Human Rights）之一部分，丹麥於2002年通過Act No. 411 of 06/06/2002作為丹麥國際研究及人權中心及丹麥人權研究所之法律基礎。[34]此法律確認丹麥國際研究及人權中心是一獨立及自主之機構，[35]並從2003年1月1日開始施行。[36]而丹麥人權研究所之職責為人權研究、建議國會及政府之人權義務、人權教育、促進平等消除歧視、提供人權資訊、協助國內人權團體之合作、支持及加強北歐及國際人權合作等。[37]

　　丹麥人權研究所有十三位董事，一位由職員中選任，四位由Copenhagen及Aarhus大學校長選任，兩位由Danish Rectors' Conference選任，六位由Council for Human Rights選任，[38]而所稱之Council for Human Rights乃是指由志工團體、政府部門、人權研究者及其他有興趣之團體或個人組合而成之組織，[39]可說是人權聯合會。

　　不過重要的改變是後來丹麥人權研究所亦被賦予接受個人申訴及調查權，也就是說丹麥人權研究所由單純的人權促進者角色，轉換為更積極地人權保護者角色。歐洲聯盟（European Union）於2000年頒布2000/43/EC指令（directive），此指令一般稱為種族平等指令，其要求各歐盟會員國必須指定一機關或機構負責促進平等對待不同種族或族群，於是丹麥國會於

---

33 另兩個北歐國家則有不同之情形，瑞典是設立Swedish Ombudsman against Ethnic Discrimination及Swedish Disability Ombudsman，此可歸類為單一職權委員會模式。而芬蘭尚未成立國家人權機構。

34 Morten Kjaerum, supra no. 25, p. 27.

35 Section 3 of Act No. 411 of 06/06/2002.

36 Section 12 of Act No. 411 of 06/06/2002.

37 Section 2 of Act No. 411 of 06/06/2002.

38 Section 7 of Act No. 411 of 06/06/2002.

39 Section 7 of Act No. 411 of 06/06/2002.

2003年5月通過Act No. 374以實踐歐盟上述指令，其中賦予丹麥人權研究所有權接受除了勞工部分以外之個人申訴，並進行調查，於是丹麥人權研究所於其內部設立申訴委員會（Complaint Committee），負責相關職權之行使。[40]丹麥國會亦於2004年3月通過Act No. 40以修改Act on Prohibition against Discrimination in Respect of Employment，其中更加賦予丹麥人權研究所有權接受僱用事件中之種族或族群歧視。[41]因而丹麥人權研究所成為調查是否有種族歧視之國家人權機構，而其調查權範圍比較接近以下所討論的單一職權委員會，但是在其他職權部分則是全面性的。而丹麥亦已有監察使之設立，因此丹麥人權研究所之發展趨勢是與監察使分離的，如果其職權再次擴大的話，其實其本質是越來越趨向與監察使分離之人權委員會模式。

　　而挪威是在Oslo大學設立挪威人權中心（Norwegian Centre for Human Rights）作為其國家人權機構。德國則是設立了德國人權研究所（German Institute for Human Rights, DIMR）作為其國家人權機構。德國國會於2001年3月8日通過設立德國人權研究所之法律（Statute of the registered association German Institute for Human Rights），德國人權研究所設於舊柏林圍牆旁，選擇此地方代表德國人權研究所希望對於防止人權侵犯及提醒人權議題之決心。[42]德國人權研究所為一政治獨立組織，[43]而其職權包括收集人權資訊及資料、研究、政治諮詢、人權教育、國際合作及促進人權對話及合作等。[44]其經費來自於會費、國家預算及私人捐獻。德國人權研究所有九位委員，三位來自於人權專家、兩位為記者、三位來自於熟悉國際組織、科學及媒體之專家、一位是有聯邦政府所指定之人。[45]

　　以上各國之人權研究所主要扮演促進者及橋樑之角色，但是其無法扮演保護者之角色，其以一般法律之方式而設立之，但是其所扮演之角色毋寧是比較接近研究者及教育者，因此亦不牽動既有權力分立之變動。

　　誠如上述，人權高級專員辦公室甚至認為，一個國家人權委員會沒有

---

40 Morten Kjaerum, supra no. 25, p. 32.
41 Ibid., p. 33.
42 German Institute for Human Rights, Annual Report 2002, p. 9.
43 Article 3 of the Statute of the registered association German Institute for Human Rights.
44 Article 2 of the Statute of the registered association German Institute for Human Rights.
45 Article 8 of the Statute of the registered association German Institute for Human Rights.

處理個人申訴之權責的話，不能被認為是合適之國家人權委員會，或許是這樣的理念促使丹麥國家人權機構之轉型，因此丹麥人權研究所之轉變必須注意，即本來單純的人權研究機構，也可能轉換為比較積極的人權監督者及保護者，進而轉換其國家人權機構之角色，或許此轉變可能影響其他北歐國家及德國。

三、人權監察使：伊比利半島及東歐模式

以監察使作為國家人權機構可以稱為伊比利半島模式，例如西班牙1978年憲法第54條規定設立監察使（Defensor del Pueblo），其後國會並於1981年通過監察使組織法（Organic Act 3/1981），監察使由國會任命，任期五年，其職權為監督行政機關之行為。[46]而葡萄牙也於1991年通過Law nr. 9/91，以設立監察使（Provedor de Justica），其中第2條規定其職權是監督各級行政機關之行政行為，但是如果與個人權利有關的話，亦可監督私人間之行為。[47]

因為過去西班牙及葡萄牙殖民地之影響，幾乎所有中南美洲國家都是採用此模式，[48]例如阿根廷[49]及哥倫比亞，[50]比較特別的是墨西哥及宏都拉斯，這兩個國家設立了國家人權委員會（National Human Rights Commission;

---

46 See Articles 1 and 2 of the Organic Act 3/1981. Juan Vint? Castells, "The Ombudsman and Parliamentary Committees on Human Rights in Spain," in Kamal Hossain, Leonard F. M. Besselink, Halie Selassie Gebre Selassie and Edmond Vŏlker (eds.), *Human Rights Commissions and Ombudsman Offices National Experience Throughout the World* (Kluwer Law International, 2000), pp. 394-395.

47 參閱盧瓦特 (Danald C. Rowalt)，〈西歐監察制度之沿革與發展〉，收錄於黃越欽主編，《國際監察組織一九九四年研討會論文集》，頁235至236。

48 Gonzalo Elizondo and Irene Aguilar, "The Ombudsman Institution in Latin America: Minimum Standards for its Existence," in Birgit Lindsnaes, Lone Lindholt and Kristine Yigen (eds.), *National Human Rights Institutions Articles and Working Papers* (Danish Centre for Human Rights, 2000), pp. 209-210.

49 Louis Maiorano, "The Ombudsman Institution in Argentina," in Kamal Hossain, Leonard F. M. Besselink, Halie Selassie Gebre Selassie and Edmond Vŏlker (eds.), *Human Rights Commissions and Ombudsman Offices National Experience Throughout the World* (Kluwer Law International, 2000), pp. 233-246.

50 Jose F. Castro Caycedo, "The Defender of the Public of Columbia," in Kamal Hossain, Leonard F. M. Besselink, Halie Selassie Gebre Selassie and Edmond Vŏlker (eds.), *Human Rights Commissions and Ombudsman Offices National Experience Throughout the World* (Kluwer Law International, 2000), pp. 289-298.

Comisionado Nacional de los Derechos Humanos）。[51]而東帝汶（Timor-Leste）亦因為過去葡萄牙殖民地之影響，也是以同樣模式設立國家人權機構，並稱之為Provedor for Human Rights and Justice of Timor-Leste。[52]

　　另外有所謂東歐模式，其以人權委員之名稱呼其國家人權機構，但是本質上並沒有差別，亦是以監察使之模式建立國家人權機構，因為其本質亦是監督行政機關是否違反人權。以波蘭為例，波蘭憲法明文設立民權保護委員（The Commissioner for Civil Rights Protection），波蘭憲法第208條規定民權保護委員應保障人民憲法及其他法律所規定之權利及自由，而民權保護委員之職權及其行使方式依法律規定。同時其憲法第80條亦規定人民得就公部門侵犯權利或自由向民權保護委員尋求協助。後來波蘭國會通過Act of 15 July 1987 on the Commissioner for Civil Rights Protection作為規範民權保護委員之法律依據，但是在職權方面只是重申波蘭憲法第208條之規定。

　　其他東歐及前蘇聯國家例如俄羅斯、匈牙利、塔什干及烏茲別克等亦採用此模式，[53]其中俄羅斯稱為Commissioner on Human Rights in the Russian Federation，匈牙利稱為Parliamentary Commissioner on the Rights of National and Ethnic Minorities，斯洛維尼亞稱為Human Rights Ombudsman，[54]塔什干稱為Commissioner for Human Rights，而烏茲別克稱為Authorized Person of the Oliy Majlis of the Republic of Uzbekistan for Human Rights。[55]

---

51 See Jose Luis Soberanes Fernandez, "The Protection Role of the Mexican Human Rights Commission," in Bertrand G. Ramcharan (ed.), *The Protection Role of National Human Rights Institutions* (Martinus Nijhoff Publishers, 2005), pp. 43-56. International Council on Human Rights Policy, *Performance and Legitimacy: national human rights institutions* (International Council on Human Rights, 2000), pp. 37-56.

52 Sebastiao Dias Ximenes, "The Background, Structure, Functions and Perspective of the NHRC of Timor-Leste," paper presented to Conference on NHRIs in the Asia-Pacific, Taiwan Foundation for Democracy and Taiwanese Society of International Law, Taipei, 22 and 23 October 2005.

53 有關東歐國家設立國家人權機構之情形，亦請參閱吳志光，〈新興民主國家憲政經驗借鏡─以東歐民主轉型國家的人權保障機制為例〉，論文發表於第五屆「憲法解釋之理論與實務」學術研討會，中研院法律學研究所籌備處，2005年12月16日及17日，頁18。

54 Ivan Bizjak, "The Human Rights Ombudsman of Slovenia," in Kamal Hossain, Leonard F. M. Besselink, Halie Selassie Gebre Selassie and Edmond Völker (eds.), *Human Rights Commissions and Ombudsman Offices National Experience Throughout the World* (Kluwer Law International, 2000), pp. 373-392.

55 有關東歐及拉丁美洲設立人權監察使之進一步論述，請參閱Linda C. Reif, "Building

　　而上述國家之共同特徵是比較晚設立監察使，既使是西班牙也是1980年代以後，而東歐國家則是1990年代之後，也就是說這些國家是希望設立監察使以追尋過去國際上設立監察機構之模式，並在其後因為國家人權機構理念之逐漸成熟，進一步將監察使認定為國家人權機構，不過其職權只有監督行政機關，而不包括「巴黎原則」所明列之其他國家人權機構應有之職權，於是有人將其稱為是「監察使與人權申訴之混合型」（The Hybrid Ombudsman/Human Rights Complaints Model），[56]或是「混合型人權監察使」（Hybrid Human Rights Ombudsman），[57]而當然以監察使作為國家人權機構之權利分立原則是與傳統監察使一樣的。

　　從聯合國期待國家人權機構扮演保護者、促進者及橋樑之角色觀之，人權監察使所扮演之角色主要是保護者，而且著重於對於行政機關之監督，其他兩個角色扮演是比較缺乏的。而在權限與職責方面，人權監察使之特色具備準司法權，但是相對地聯合國所期待的有關提出人權諮詢意見、促進並確保國家的法律、命令及慣例符合國際人權條約之規範、針對國家基於條約義務必需向聯合國機構、委員會及區域機構提交之人權報告時提出意見、協助制定人權教學方案及研究、宣傳人權及反對各種形式的歧視等職權，則是比較沒有完整兼顧。

四、單一職權委員會：不易歸類

　　有許多國家之國家人權機構只有單一職責，而且大部分是有關消除種族歧視，不過有些國家已有將各專職委員會整合之趨勢。這種模式包括不同區域之國家，因此很難歸類是哪一個國家或是區域發展出來之模式。

　　例如加拿大國會於1977年通過人權法案（Human Rights Act）設立了人

Democratic Institutions: The Role of National Human Rights Institutions in Good Governance and Human Rights Protection," (2000) 13 *Harv. Hum. Rts. J.* 1, 39-60.

56 Peter Vedel Kessing, "Implementation of the Western Ombudsman Model in Countries in Democratic Transition," in Birgit Lindsnaes, Lone Lindholt and Kristine Yigen (eds.), *National Human Rights Institutions Articles and Working Papers* (Danish Centre for Human Rights, 2000), p. 131.

57 Linda C. Reif, supra no. 55, p. 13.

權委員會（Human Rights Commission），[58]1998年加拿大國會再次修改人權法案，此人權法案保護任何在加拿大生活的人不受各機關之歧視，[59]依據人權法案，雇用人或提供服務者如在聯邦司法管轄權之下而歧視他人乃是違反法律的。[60]

　　加拿大人權委員會之職責為：(a)促使大眾瞭解人權法案；(b)從事或協助有關人權法案之研究；(c)與各地方委員會合作以建立共通之政策及措施；(d)執行與地方委員會之協議；(e)考量任何與人權有關之建議；(f)執行任何可能送交至法務部長的有關人權議題，並做成報告；(g)評論任何有關人權法案之規則或國會之授權命令；(h)以適當方法減低或抑止歧視行為。

　　加拿大人權委員會由主席、副主席及三到六位委員組成之。其中主席及副主席為全職，委員可為全職或兼職，全職人員之任職最長為七年，兼職任職最長為三年。其人員均由加拿大總督（Governor in Council）任命之。在保障方面，只要各成員行為端正（good behavior）即可繼續任職，但總督得經國會同意後免去成員之職務，其次，各委員得連選連任。再者，委員應受薪水及執行職務所需之旅行及生活費用。

　　此專業委員會的最大特色是能接受申述並行使調查權，個人或團體認為有上述歧視情況發生得向人權委員會申訴，申請人並可委由代理人提出。人權委員會並得主動調查是否有上述歧視情況發生。個人或團體認為有上述歧視情況發生得向人權委員會申訴，申請人並可委由代理人提出。人權委員會並得主動調查是否有上述歧視情況發生。受理申訴案後，人權委員會得進行和解程序，如雙方和解並得到人權委員會認可，則此案終結。如未和解，人權委員會得命一調查委員調查事實，此調查委員得向聯邦法院申請搜索票，而於合理時間進入並搜索任何調查所需之機構。調查委員會並得要求任何私

---

58 Michelle Falardeau Ramsy, "Canadian Human Rights Commission," in Kamal Hossain, Leonard F. M. Besselink, Halie Selassie Gebre Selassie and Edmond Völker (eds.), *Human Rights Commissions and Ombudsman Offices National Experience Throughout the World* (Kluwer Law International, 2000), p. 453.
59 包括(a)聯邦機構及企業；(b)郵局；(c)公營銀行；(d)航空公司；(e)電視台及廣播電台；(f)跨州之通訊及電話公司；(g)跨州之巴士及鐵路運輸事業；(h)其他聯邦管理之工業。
60 這些原因包括：(a)種族；(b)膚色；(c)出身；(d)宗教；(e)年齡；(f)性別(包含懷孕及有子女負擔)；(g)婚姻狀況；(h)家庭情形；(i)身心障礙(包含依賴酒精及藥物)；(j)假釋犯；(k)性傾向。

人機構提出或有關之書籍或文件，或取得副本。調查委員應向人權委員會提出調查報告。[61]

對於各申訴案，如經和解，則可由雙方當事人或人權委員會向聯邦法院申請強制執行命令。如未有和解，而人權委員會認為無證據顯示有歧視之情形，則應駁回申訴案。相反地，如人權委員會調查認為有違反人權之情形，則可向申訴案送交人權審判庭（Human Rights Tribunal）[62]審理之。

人權審判庭只能受理由人權委員會送交之申訴案，於收到申訴案後，主席得指派一人或三人小組調查事實，但亦得指派一人進行和解。如無和解，則人權審判庭繼續審理程序，其得聽取雙方當事人之言詞辯論，證人之證詞。如果人權審判庭認定申訴無理由，則應駁回申訴案。如果人權審判庭認定申訴有理由，可為下列判決：(a)要求當事人除去其歧視行為或防止相同或類似情形之發生，其方法應與人權委員會諮商，並包括採用特別計畫及安排；(b)當事人以最快速度提供被害人權利、機會及特權以為救濟；(c)當事人賠償被害人所有薪資；(d)賠償被害人取得其他物品、服務、設施或住宅等之實用；(e)賠償不超過兩萬加拿大幣之精神慰撫金。如果對人權審判庭之判決不服時，可上訴至聯邦法院為司法審查之程序，如聯邦法院不同意人權審判庭之判決可發回重審之，如同意則案件確定。

因此在加拿大有關歧視議題是由一獨立之委員會專職負責，而且此委員會具有準司法權，同時設立專業之法庭審理這些案件，但是此委員會之決定及人權審判庭之判決並非最終的，依然得以作進一步之司法訴訟，因而其並沒有影響既有司法權作為最終決定者之角色。

亦有一些歐洲國家採用單一職權委員會之模式，例如荷蘭設立Equal Treatment Commission，瑞士成立Federal Commission against Racism。而瑞

---

61 Gerard Savard, "Complaint Handling at the Canadian Human Rights Commission," in Kamal Hossain, Leonard F. M. Besselink, Halie Selassie Gebre Selassie and Edmond Völker (eds.), Human Rights Commissions and Ombudsman Offices National Experience Throughout the World (Kluwer Law International, 2000), pp. 459-510.

62 人權審判庭最多包含十五位成員，並設有主席及副主席，其成員由總督任命之。主席及副主席必須為具十年以上資歷之執業律師，其他成員應為人權之專家或具有經驗、興趣並關心人權者，其成員之選任應考量各區域之代表性。另外，如果人權審判庭案件過多時，總督得任命臨時成員，其任期為三年。另一方面，主席及副主席之任期最多為七年，其他成員之任期最多為五年。主席及副主席為專職，其他成員可為全職或兼職。

典則是分別成立Swedish Ombudsman against Ethnic Discrimination及Swedish Disability Ombudsman，類似地英國則是分別設立Commission for Racial Equality、[63]Disability Rights Commission及Equal Opportunities Commission。[64] 不過這些國家並沒有特別的人權審判庭之建立。

　　而英國之發展可能成為其他歐洲國家借鏡之模式，英國已開始思考是否將幾個專職之委員會整合為一國家人權委員會，其可能稱為Commission on Equality and Human Rights，[65]而英國會採取此模式應該與大英國協國家（British Commonwealth）之發展有關，因為一方面大英國協中已有一些國家採取獨立人權委員會之模式，例如斐濟、[66]印度、[67]迦納、[68]奈及利亞[69]

---

63 Christopher Boothman, "The Commission of Racial Equality," in Kamal Hossain, Leonard F. M. Besselink, Halie Selassie Gebre Selassie and Edmond Vőlker (eds.), *Human Rights Commissions and Ombudsman Offices National Experience Throughout the World* (Kluwer Law International, 2000), pp. 691-732. Tom Hadden, "The Role of a National Commission in the Protection of Human Rights," in Kamal Hossain, Leonard F. M. Besselink, Halie Selassie Gebre Selassie and Edmond Vőlker (eds.), *Human Rights Commissions and Ombudsman Offices National Experience Throughout the World* (Kluwer Law International, 2000), p. 794.

64 Stephen C. Neff and Eric Avebury, "Human Rights Mechanisms in the United Kingdom," in Kamal Hossain, Leonard F. M. Besselink, Halie Selassie Gebre Selassie and Edmond Vőlker (eds.), *Human Rights Commissions and Ombudsman Offices National Experience Throughout the World* (Kluwer Law International, 2000), pp. 675-677.

65 See Joint Committee on Human Rights (House of Lords and House of Commons), Sixth Report, Session 2002-03.

66 See Shaista Shameem, "The Protection Role of the Fiji Human Rights Commission," in Bertrand G. Ramcharan (ed.), *The Protection Role of National Human Rights Institutions* (Martinus Nijhoff Publishers, 2005), pp. 43-56.

67 A. S. Annand, "The Protection Role of the Indian Human Rights Commission," in Bertrand G. Ramcharan (ed.), *The Protection Role of National Human Rights Institutions* (Martinus Nijhoff Publishers, 2005), pp. 87-106. Vijayashri Sripati, "India's National Human Rights Commission: Strengths and Weakness," in Birgit Lindsnaes, Lone Lindholt and Kristine Yigen (eds.), *National Human Rights Institutions Articles and Working Papers* (Danish Centre for Human Rights, 2000), pp. 149-168.

68 Kofi Quashigah, "The Ghana Commission on Human Rights and Administrative Justice," in Birgit Lindsnaes, Lone Lindholt and Kristine Yigen (eds.), *National Human Rights Institutions Articles and Working Papers* (Danish Centre for Human Rights, 2000), pp. 199-208.

69 Muhammed Tabiu, "National Huamn Rights Commission of Nigeria," in Kamal Hossain, Leonard F. M. Besselink, Halie Selassie Gebre Selassie and Edmond Vőlker (eds.), *Human Rights Commissions and Ombudsman Offices National Experience Throughout the World* (Kluwer Law International, 2000), pp. 553-560.

及馬來西亞[70]等。而另一方面大英國協其他國家，例如澳洲及紐西蘭，則是逐步將單一職權委員會擴展為全面性之人權委員會。澳洲於1986年通過Human Rights and Equal Opportunities Commission Act，並成立人權及平等機會委員會（Human Rights and Equal Opportunities Commission），[71]其本來之職權專注於消除種族歧視，後來則擴大至性別、年齡及殘障等因素之歧視，甚至擴大至全面性之人權教育。[72]紐西蘭則是早在1977年即通過Human Rights Commission Act 1977，並於1978年設立人權委員會（Human Rights Commission），其本來職權只有消除歧視而已，但是經過1993年及2001年兩次修正，紐西蘭人權委員會已成為一負責全面性人權議題之人權委員會，[73]而紐西蘭兩次修正人權法之目的則是希望能完整地符合聯合國之「巴黎原則」。同時值得注意的是，在成立國家人權委員會之前澳洲及紐西蘭均已有監察使設立，[74]因此其發展情形是使單一職權委員會轉換為全面性之人權委員會，同時是與監察使分離的，也就是採用以下我們所要討論的與監察使分離的獨立人權委員會模式。

英國其實已在北愛爾蘭成立了北愛爾蘭人權委員會（Northern Ireland Human Rights Commission），[75]而且北愛爾蘭人權委員會被認定是英國現今

---

70 Dato' Siew Kioh Choo, "The Background, Structure, Functions and Perspective of the NHRC of Malaysia," paper presented to Conference on NHRIs in the Asia-Pacific, Taiwan Foundation for Democracy and Taiwanese Society of International Law, Taipei, 22 and 23 October 2005.

71 John von Doussa, "The Protection Role of the Australian Human Rights Commission," in Bertrand G. Ramcharan (ed.), *The Protection Role of National Human Rights Institutions* (Martinus Nijhoff Publishers, 2005), pp. 4-5.

72 Brian Burdekin, "Human Rights Commissions," in Kamal Hossain, Leonard F. M. Besselink, Halie Selassie Gebre Selassie and Edmond Vőlker (eds.), *Human Rights Commissions and Ombudsman Offices National Experience Throughout the World* (Kluwer Law International, 2000), p. 831.

73 See Article 5 of Human Rights Act 2001.

74 參閱尤金‧畢格諾夫斯基（Biganovsky），〈澳洲暨太平洋地區監察使論壇〉，收錄於黃越欽主編，《國際監察組織一九九四年研討會論文集》，頁36至37。

75 參見廖福特，〈北愛爾蘭人權委員會及愛爾蘭國家人權委員會〉，《新世紀智庫論壇》，第9期，2000年4月，頁75。Brice Dickson, "The Protection Role of the Northern Ireland Human Rights Commission," in Bertrand G. Ramcharan (ed.), *The Protection Role of National Human Rights Institutions* (Martinus Nijhoff Publishers, 2005), pp. 135-154. Stephen Livingstone, "Academic Viewpoint: The Northern Ireland Human Rights Commission," (1999) 22 Fordham Int'l L. J. 1465.

之國家人權機構，但是其實實質上其為地區人權機構，而非「國家」人權機構，而蘇格蘭（Scotland）亦在討論是否設立人權委員會。[76]如上所述英國已成立了Equal Opportunities Commission，而構思中之Commission on Equality and Human Rights將可能取代北愛爾蘭人權委員會，成為英國之國家人權機構，但是其本質則是增加原來Equal Opportunities Commission之職權，使其成為一全面性之人權委員會，因此在英國設立之發展情形是由地方人權委員會而進展至全國性人權委員會，由專業性人權委員會改造為全面性人權委員會。不過英國此發展尚未完成，是否成功尚待繼續觀察。

　　單一職權委員會可以同時扮演促進者、保護者及橋樑之角色，此部分似乎符合聯合國之期待，但是其核心問題是職權太過單一，誠如「巴黎原則」指出，各國不僅應賦予國家人權機構「促進」和「保護」人權的權限，同時應賦予國家機構盡可能廣泛的授權，單一職權委員會固然可以針對特定人權，特別是反種族歧視，有相當得促進及保障之正面效應，但是很顯然地人權領域不只是反歧視而已，亦應涵蓋其他領域，如果針對單一權利都設立特定之委員會，那麼將會有非常多委員會之成立，其彼此間之聯繫協調，恐會產生諸多紛擾，基於此吾人亦可發現各國由單一職權委員會模式轉向獨立人權委員會之趨勢。

五、獨立人權委員會：與監察使分離

　　設立獨立且與監察使分離之國家人權委員會可說是國際上另一項重要之發展，而其與單一職權委員會的最大不同是獨立人權委員會所肩負之人權職責不限於反歧視而已，而是擴及於所有層面之人權，其認為人權事項包括國際人權條約、憲法及法律所保障之權利，這些權利之實踐都是獨立人權委員會之職責。已有許多國家選擇此一模式，例如澳洲、紐西蘭、斐濟、菲律

---

76 Scottish Executive Justice Department, *The Scottish Human Rights Commission Consultation Paper* (Scottish Executive Justice Department, 2002).

賓、[77]馬來西亞、泰國、印度、[78]印尼、[79]尼泊爾、[80]斯理蘭卡、[81]南韓、蒙古、[82]愛爾蘭、迦納、[83]烏甘達、[84]南非[85]等國家，這些國家包括已開發及未開發國家，同時涵蓋歐洲、非洲及亞洲各國家，特別是在亞太區域，幾乎所有國家人權機構都是採用之模式，以下以愛爾蘭、泰國及南韓為例，作進一步之論述。

（一）愛爾蘭

愛爾蘭於1980年通過1980年監察使法（The Ombudsman Act, 1980），並於1984年正式設立監察使，其職權與其他各國之監察使一樣，即主動或因人

---

77 Purificacion C. V. Quinumbing, "The Protection Role of the Philippines Human Rights Commission," in Bertrand G. Ramcharan (ed.), *The Protection Role of National Human Rights Institutions* (Martinus Nijhoff Publishers, 2005), pp. 155-164. South Asia Human Rights Documentation Centre, supra no. 6, Chapter 6 The Philippine Human Rights Commission.

78 South Asia Human Rights Documentation Centre, supra no. 6, Chapter 3 National Human Rights Commission of India. Vijayashri Sripati, "India's National Human Rights Commission: A Shackled Commission?," (2000) 18 B. U. Int'l L. J. 1.

79 South Asia Human Rights Documentation Centre, supra no. 6, Chapter 4 A Critique of the National Human Rights Commission of Indonesia. International Council on Human Rights Policy, *Performance and Legitimacy: national human rights institutions* (International Council on Human Rights, 2000), pp. 21-36.

80 Nayan Bahadur, "The Protection Role of the Nepalese Human Rights Commission," in Bertrand G. Ramcharan (ed.), *The Protection Role of National Human Rights Institutions* (Martinus Nijhoff Publishers, 2005), pp. 117-134.

81 South Asia Human Rights Documentation Centre, supra no. 6, Chapter 7 National Human Rights Commission for Sri Lanka.

82 National Human Rights Commission of Mongolia, Annual Activity Report 2004-2005, presented to Tenth Annual Meeting of the Asia Pacific Forum of National Human Rights Institutions, 24-26 August 2005, Ulaanbaatar, Mongolia.

83 Anna Bossman, "The Protection Role of the Ghana Human Rights Commission," in Bertrand G. Ramcharan (ed.), *The Protection Role of National Human Rights Institutions* (Martinus Nijhoff Publishers, 2005), pp. 57-86. International Council on Human Rights Policy, *Performance and Legitimacy: national human rights institutions* (International Council on Human Rights, 2000), pp. 9-20.

84 Margaret Sekaggya, "The Protection Role of the Uganda Human Rights Commission," in Bertrand G. Ramcharan (ed.), *The Protection Role of National Human Rights Institutions* (Martinus Nijhoff Publishers, 2005), pp. 165-178.

85 N. Barney Pityana, "The South African Human Rights Commission," in Kamal Hossain, Leonard F. M. Besselink, Halie Selassie Gebre Selassie and Edmond Vőlker (eds.), *Human Rights Commissions and Ombudsman Offices National Experience Throughout the World* (Kluwer Law International, 2000), pp. 627-638.

民請求而調查行政機關之行政行為是否有不當或違法。愛爾蘭在設立監察史時並沒有修改憲法。

　　北愛爾蘭問題一直是近代愛爾蘭及英國爭議之核心，而數十年的衝突在1998年4月有了轉變的楔機，1998年4月10日愛爾蘭共和國與英國簽訂貝爾發斯特協議（Belfast Agreement，一般又稱為Good Friday Agreement），此協議乃是由多方協商之結果，並希望藉由此協議提供一個全新出發的歷史楔機。貝爾發斯特協議要求英國及愛爾蘭分別設立人權委員會，於是英國成立北愛爾蘭人權委員會，而愛爾蘭政府亦承諾設立國家人權委員會，愛爾蘭政府並沒有提出修憲草案，而只是單獨提出人權委員會法草案，其認為此一人權委員會之設立並未牽動憲法之修改，只要直接以制定新法之方式成立即可，於是愛爾蘭政府於1999年2月向國會提出人權委員會法草案，愛爾蘭於2000年通過人權委員會法（Human Rights Commission Act 2000），其中第4條明訂人權委員會應依本法獨立行使職權。人權委員會為永久存續之法人組織，具有印信，並得為訴訟上當事人。具有取得及處分土地或土地上權利之能力；亦可取得及處分其他任何財產。亦即愛爾蘭國家人權委員會是一獨立之機關。

　　人權委員會法第8條規定人權委員會掌理下列事項：1.隨時檢討國內相關法規是否足夠且有效得以保障人權。2.於審查相關人權立法議案時，應各部會首長之請求，提供職務上相關連之見解。3.向國內或國際組織或機構，諮詢有關人權領域內之資訊或專門知識。4.主動或應政府請求，提供有關加強國內人權保障及確保人權之建議。5.對可提升人權認識及注意其重要性之研究或教育活動，應給予資金贊助或協助，或委託辦理相關研究或教育活動。6.依據本法第9條規定進行調查工作。7.委員會應定期以適當方式公告或出版案件調查之結果。8.向高等法院或最高法院申請，給予任何人有關得利用法院訴訟程序以維護其人權之諮商。9.採取任何必要之措施，以建立及實現多方會談所達成維護權利與機會平等之共識。10.依據本法第10條規定提供需要者相關之協助。[86]11.依據本法第11條規定辦理相關程序。[87]

　　人權委員會法第5條亦規定，人權委員委員會由一位主席及八個委員所

---

86 第10條有關人權訴訟案件之法律扶助。
87 第11條有關國家人權委員會得提起聲請法律是否違憲之職權。

組成。人權委員會之委員，其中女性不得少於四人；男性亦不得少於四人。人權委員會之委員由政府任命之。人權委員必須具備相關經歷、資格、訓練或專門知識，得以適時提供政府有關人權委員會行使職權之建議。委員之任期，每一屆以五年為限。人權委員得連任，以一次為限。

（二）南韓

南韓於1993年通過Basic Law Governing Administrative Regulations and Civil Petition Affairs，並於1994年成立監察使，其職權為監督行政機關之行為。[88]而南韓並沒有以修改憲法之方式成立監察使。

同樣地南韓在成立國家人權委員會時也沒有修改憲法，南韓另外於2001年通過國家人權委員會法（The National Human Rights Commission Act 2001），國家人權委員法第3條確認國家人權委員會獨立行使職權。國家人權委員會之職權與上述愛爾蘭國家人權委員會相當類似，包括隨時檢討國內相關法規是否足夠且有效，得以保障人權、調查及救濟人權違反事件、調查及救濟歧視事件、調查人權狀況、人權教育、對各類型人權違反提出建議並尋求救濟原則、加入及實踐國際人權條約、與人權組織合作、與國際及各國人權組織交換訊息及合作、其他必要促進及保護人權之措施等。[89]

南韓國家人權委員會共有十一位委員，其中主任委員及三位委員為專任，其餘為兼任。擔任國家人權委員會委員必須具備人權之專業知識或經驗，並能公平且獨立地執行職權。十一位委員中有四位由總統提名、四位由國會選任、三位由最高法院院長提名，分別兼顧行政、立法及司法之權力，最後由總統任命之。[90]

（三）泰國

泰國於1997年通過新憲法，其被稱為是「人民憲法」（People's Constitution），[91]此憲法分別設立監察使及國家人權委員會。依據泰國憲法

---

88 See Article 15 of the Civil Petitions Treatment Act.
89 See Article 19 of the National Human Rights Commission Act 2001.
90 See Article 5 of the National Human Rights Commission Act 2001.
91 The Office of the National Human Rights Commission of Thailand, *The National Human*

第197條及監察使法（The Ombudsman Act, B.E. 2542）第16條規定，監察使之職權是監督各級行政機關之行為。

　　泰國憲法之第八部分規範國家人權委員會，只有兩個條文。其中第199條規定，國家人權委員會包括一位主席及十位委員，由國王經國會之建議於具備人權之學識及經驗之人中選任之，人權委員之資格、選任等細節由法律定之。人權委員之任期為六年，不得連任。第200條則規定國家人權委員會之職權，包括：檢討法律是否違反人權或是符合泰國之國際人權條約義務、建議國會及行政機關以促進及保護人權、提倡人權教育研究與資訊、向國會呈遞年度報告、撰寫國家年度人權報告、其他法定職權。其同時明訂國家人權委員會有權力要求任何人出席作證或是提供文件及證據。[92]

　　而泰國於1999年通過國家人權委員會法（National Human Rights Commission Act B.E. 2542 (1999)），[93]但是直到2001年7月才正式成立國家人權委員會。國家人權委員會法第15條進一步細部規劃國家人權委員會之職權，包括：1.促進對於本國及國際人權原則之尊重與落實；2.針對違反人權、或不遵守泰國簽署有關人權之國際條約之故意、過失行為進行調查並提出報告，並提出適當救濟方案，命為故意或過失行為之人實行之。如未依委員會提案執行時，委員會應向國會報告，以採取進一步之措施；3.向國會及國務院，就如何修訂法律、規則提出擬策與建議，以促進、保障人權；4.促進有關人權之教育、研究及知識傳布；5.促進政府機構、私人組織，與其他人權組織之合作與協調；6.評估本國人權情勢，備置年度報告，送交國會及國務院，並向社會大眾公開；7.就委員會之業務推行狀況進行評估，並備置年度報告，送交國會；8.就泰國應如何履行促進、保障人權之國際條約，向國務院及國會提出建議；9.指定小組委員會以執行委員會委託之職務；10.依

Rights Commission of Thailand (Office of the National Human Rights Commission of Thailand, 2001), p. 1. Chris Baker, "Human Rights Thai Democracy," (2003) *Thailand Human Rights Journal* 5, 5.

92 Choochai Supawongse, "Preface," (2003) *Thailand Human Rights Journal* 1, 2.

93 The Office of the National Human Rights Commission of Thailand, *National Human Rights Commission Act B.E. 2542*(1999) (Office of the National Human Rights Commission of Thailand, 2004).

據本法規定執行其他業務，或實施法律賦予委員之權責。[94]泰國國家人權委員會於是認定自己不只是人權捍衛者，也是社會學習人權的促進者。[95]

（四）評析

　　仔細檢視獨立人權委員會之發展可以發現，此模式其實完全依照「巴黎原則」而建構其職權，也就是說其涵蓋聯合國所期待的保護者、促進者及橋樑三種角色，而在職權部分其亦將「巴黎原則」所稱之職權範疇完全涵蓋，同時包括準司法權部分，可說是完全實踐「巴黎原則」。獨立人權委員之發展表示國家人權機構與監察使之區隔，而且已於多數國家實踐。

　　或許吾人可進一步由四個層面說明獨立人權委員會之特色。首先有關主動或被動，傳統上著重於人權救濟，也就是說當發生人權侵害事件之後，透過司法與監察機制救濟與填補人權傷害，而人權監察使模式其實也是著重於此，其處於被動之地位，如果沒有個人之申訴或陳情，其實人權監察使不會主動從事人權救濟之工作。但是「巴黎原則」進一步強調人權教育與宣傳之重要性，而上述愛爾蘭、馬來西亞及泰國等採用獨立人權委員會模式之國家人權機構，亦是兼顧此項職權，希冀以主動之方式促進人權意識之扎根。

　　其次，同樣地由事前或事後救濟觀點觀之，亦可得到相同之論述，人權監察使模式扮演事後救濟之角色，然而獨立人權委員會則可扮演事前檢視各種法律草案是否侵犯人權之角色，使人權侵犯法案在立法過程中便可被提出討論，而不是立法完成後，或是甚至施行多年之後，才審查是否有侵犯人權之餘，或許釋字603號有關換發身分證是否可以要求按指紋，可以作為例證，戶籍法第8條在1997年修正，但是大法官於2005年才解釋其侵犯個人資訊隱私權，因而認定違憲。如果台灣有一獨立人權委員會模式之國家人權機構，那麼在修改戶籍法當時或許就可提出侵犯人權之疑義，而不是等到要實施之時，才提起是否違憲之爭議，相對地有更多法律是施行之後，才確認其

---

94 Surasee Kosolnavin, "The Background, Structure, Functions and Perspective of the NHRC of Thailand," paper presented to Conference on NHRIs in the Asia-Pacific, Taiwan Foundation for Democracy and Taiwanese Society of International Law, Taipei, 22 and 23 October 2005, p. 38.
95 Saneh Chamarik, "The Role of the National Human Rights Commission of Thailand," (2003) *Thailand Human Rights Journal* 11, 15.

有違憲，但是事實上人權已受傷害。而獨立人權委員會則可在立法或修法過程中，從人權觀點提出其意見，如此比較可以將人權保障提前，同時避免造成人權之傷害。同時獨立人權委員會亦可於事後協助被害人，甚至自行調查個案，或是參與司法程序，亦扮演事後人權救濟之角色，同時兼顧人權之事前及事後救濟。

第三，就單一或全面之觀點言之，採用單一職權委員會之模式，會使人權實踐過於狹隘，而如果針對不同人權議題分別設立不同之人權委員會，將會導致多數機制協調困難，從人權保障一致性而言，並不是很好的抉擇。而從以上各國採用獨立人權委員會模式之國家人權機構觀之，其職權均包含不同面向人權，不論是第一代人權或是第二代人權，甚至是第三代人權，此亦是聯合國及國際人權所強調的，不論是公民、政治、經濟、社會或文化權，均是彼此依賴互動的，因此國家人權機構應該兼顧這些權利，而從各國經驗觀之，獨立人權委員會模式之國家人權機構可以善盡此職責。

第四，從國際或國內面向觀之，「巴黎原則」強調國家人權機構不只是應該與國內之人權團體及機構合作，亦應與其他國家人權機構、區域國際人權組織及國際人權組織合作，也就是應該包含國際與國內面向。理論上不論採用哪一種模式，都可以建構國內及國際人權聯繫及合作網絡，但是有所區別的是聯繫及合作本質為何，人權諮詢委員會及人權中心模式著重於人權理念之交換，因為其並未扮演保護者之角色，而單一職權委員會及人權監察使模式，則是受限於職權範圍之狹隘及事後救濟者之角色，因此都只包含一部分而已，但是獨立人權委員會卻可兼顧促進者及保護者，亦包括事前及事後救濟之角色，因而其所建構之國內外人權聯繫及合作網絡是全面的。

或許會有人質疑要國家人權機構扮演多重角色及兼顧多項職權，恐是其無法負擔的，但是對於人權促進及保障而言，其本質即是如此，包含不同面向之權利及不同層面之合作，此亦為國家人權機構所應面對的，而且是必然會存在的難題。誠如「巴黎原則」所強調的，國家人權機構如要有效運作，必須著重其獨立性及專業性，而獨立性包括財政之獨立及充分與成員之保障，專業性則是有關以何機制及標準選任成員，及成員多寡與素質。因而如果國家人權機構有充分之人事及財政，其可擔負相當之責任，足以實踐促進及保障人權之工作。

六、小結

歷經將近六十年之發展，現今已約有將近一百個國家人權機構之設立。很顯然地採用哪一種模式之國家人權機構會影響其組織、職權、法律依據及權力分立情形。上述五種國家人權機構之模式均是聯合國所認可的，不過要抉擇採用哪一種模式其實有必要思考設立國家人權機構之理想及準則，也就是說雖然上述五種模式均是聯合國所認可之國家人權機構之態樣，但是五種模式之間還是應該比較其優缺點，並提供尚未成立國家人權機構國家作為參考。

如上所述聯合國期待國家人權機構同時扮演保護者、促進者及橋樑之三重角色。如果是諮詢委員會之模式，那麼只是扮演諮詢者之角色，或許可以成為人權之促進者，但是無法成為人權之保護者。而人權中心基本上是一研究者，亦是扮演促進者之角色。一個專職人權委員會、人權監察使及獨立國家人權委員會才能扮演保護者之角色，然而一個專職人權委員會又面臨職權過於狹隘之困境，或許其可更專業，但是也陷入將人權限縮於反歧視之部分而已。而人權監察使其實與監察使是一樣的，其只監督行政機關之行為，但是卻沒有負擔「巴黎原則」所期待之其他職權，恐怕是有所缺憾。因而或許設立一個獨立國家人權委員會才是比較能夠完整實踐「巴黎原則」理想之模式。

第三章　南韓國家人權委員會

　　南韓（Republic of Korea）長久以來即為台灣對比之對象，無論是政治、經濟、社會或文化領域均是如此，然而法律層面之論述相對而言是比較少的，南韓政府認為在2001年成立南韓國家人權委員會（National Human Rights Commission of the Republic of Korea），代表著南韓人將以與過去不同眼光看待人權議題。[1]而南韓國家人權委員會本身也認為，國家人權委員會之設立，表示韓國人終於瞭解人權之重要，並以人權觀點看待政府政策及社會議題。[2]而南韓國家人權委員會亦被評為亞洲最佳模範國家人權機構。[3]由此可見南韓國家人權委員會之成立，是南韓人權發展的重要關鍵，相當值得吾人深入分析之，以下先於第壹部分分析南韓設立國家人權委員會之前之國家基礎架構，其中包括南韓之民主憲政發展、國際突破及政黨輪替。然後在第貳部分分析南韓設立國家人權委員會之原因、類型及法律基礎等議題。第參部分則研究南韓國家人權委員會之組織結構，第肆部分探究南韓國家人權委員會之職權，同時在第貳部分至第肆部分以「巴黎原則」之內容分析南韓國家人權委員會是否符合國際規範。第伍部分則是作總結。

壹、國家基礎架構

　　以下論述將區分為三個時間點，分別探討南韓在民主憲政、國際突破、人權政策三個層面之發展情形，以作為討論南韓國家人權委員會之基礎論述。

1　See Korean Overseas Information Service, *Democracy in Korea* (Korean Overseas Information Service, 2006), p. 36.
2　Kim Chaug-Guk, "Foreword," in National Human Rights Commission of the Republic of Korea, *Annual Report 2000* (National Human Rights Commission of the Republic of Korea, 2004), p. 1.
3　柳南榮，〈人權機構與國際交流—大韓民國國家人權委員會之經驗〉，財團法人二二八事件紀念基金會，「2008第一屆台韓人權論壇」，2008年10月4日，68頁。

一、邁向民主憲政

二次大戰後，根據1943年美、英、中聯合宣言，決定讓朝鮮自由獨立。1947年12月12日根據聯合國大會的決議，在聯合國韓國委員團的監管下，欲通過朝鮮半島的全民選舉成立政府，但是北韓的淪陷，使得選舉僅能在南韓舉行，於是1948年5月10日，選出國會議員198名，組成國會，著手制憲。同年南韓制定了屬於自己的「大韓民國憲法」，7月20日舉行總統選舉，李承晚當選為南韓第一任總統，揭開第一共和的序幕，翻開韓國憲政史上的第一頁。南韓在聯合國的監督下，在1948年獨立建國。[4]

但是1948年制憲並沒有為南韓帶來民主體制，反而歷經四十年的軍事統治，1960年「四月革命」迫使李承晚下台，尹潽善成為總統，形成第二共和，但是1961年朴正熙發動政變，成立第三共和，並於1962年公布第三共和憲法，後來在1972年再次修改憲法，朴正熙連任總統，是為第四共和，直到1979年10月朴正熙被刺殺。當時崔圭夏繼任為總統，後來發生知名的「光州事件」，全斗煥發起「雙十二政變」，反對黨領袖金大中被以內亂罪名義判處死刑，1980年9月全斗煥成為總統，1981年再次修憲，是為第五共和。1988年盧泰愚成為總統，是為第六共和。[5]自此以後南韓才奠定邁向民主及國際之基礎，也是設立國家人權委員會之礎石。其中比較重要的是南韓憲政上之權利分立情形及人權保障範疇，以下分別探討之。

（一）三權分立

自1948年以來，南韓在憲政體制方面屢有變異，一共進行九次憲法修改，第九次修改於1987年10月29日經過國民投票通過，即現行的韓國憲法。[6]憲法並未規範監察及考試機關，可說是三權分立之憲法。依此憲法，

4　同上註，65頁。

5　有關南韓民主化過程，可參閱簡江作，《韓國歷史與現代韓國》，台灣商務印書館，2005年，208至213頁。楊以彬，〈南韓民主化過程之簡析—以Huntington民主化理論為分析觀點〉，《人文與社會學報》，第一卷第九期，2006年12月，317至321頁。森山茂德著、吳明上譯，《韓國現代政治》，五南圖書，2005年，87至88頁。

6　See Korean Overseas Information Service, *Democracy in Korea* (Korean Overseas Information Service, 2006), pp. 6-7. Korean Information Service, Facts about Korea (2nd revised ed., Korean Information Service, 2000), pp. 26-29.

南韓立法權歸屬於一院制之國會，名稱為國民大會（National Assembly）。

　　而行政權則有總統，但是並無副總統之設立，同時設有總理（Prime Ministers），由總統提名，經由國民大會同意，總理協助總統，並領導各部會，部會首長由總理建議，總統任命之，並同時成立國務院（State Council），總統為主席，總理為副主席，各部會首長為成員。同時憲法規定得設立資政諮詢委員會（Advisory Council of Elder Statesmen）、國家安全委員會（National Security Council）、民主及和平統一諮詢委員會（Advisory Council on Democracy and Peaceful Unification）、國家經濟諮詢委員會（National Economic Advisory Council）。

　　在司法權部分，除了一般法院之外，南韓設立了憲法法院，以保護憲法及保障公民的基本權利，憲法法院建立於1988年9月，是憲法體制的一個重要部分，憲法法院負責解釋憲法、審查各種法規是否符合憲法、審理彈劾案及解散政黨案。憲法法院由9名法官組成，法官任期為6年。[7]比較特別的是，行政命令、規程、處分是否違法或違憲，由最高法院在審判中決定之。

　　憲法亦規範選舉管理委員會（Election Management Committee），作為舉辦各種選舉及公民複決之憲法機關，同時負責處理各政黨有關之行政事務。憲法第九章特別規定有關經濟之基本國策，其包括經濟管理、自然資源、農業、土地、漁牧業、消費者保護、國際貿易、禁止國有化、創新及標準化等。

（二）憲法人權條款

　　大韓民國的第一部憲法於1948年7月17日通過，韓國在追求民主的發展中歷經政治動亂，韓國憲法先後經9次修改，最後一次修憲為1987年10月27日。現行憲法共分為十章：總綱、公民的權利和義務、國會、行政、法院、憲法法院、選舉管理、地方政府、經濟和修改憲法。

　　南韓憲法規定自由民主之憲政秩序，其序言闡明「進一步加強基本自由與民主秩序」，第二章規範國民之權利及義務，憲法第10條指出：「憲法確

7　See Constitutional Court, *The Constitutional Court of the Republic of Korea* (Constitutional Court, 2005), p. 10.

保所有公民作為人的價值和尊嚴，以及追求幸福的權利。國家有責任確認和確保個人擁有基本及不可侵犯的人權」。憲法賦予了個人自由權及社會權，這已成為民主國家的準則。在自由權部分包括：法律面前人人平等，人身自由及人格完整，罪刑法定及禁止溯及既往、居住及遷徙自由、職業自由、隱私權、秘密通訊自由、良心自由、宗教自由，言論及結社自由，學習及藝術自由、財產權、選舉權、請願權、服公職權、公平審判、國家賠償等。而在社會權部分，包括受教育權、工作權、組織工會權、勞工集體談判及集體行動權、社會福利、環境權、舒適住家、婚姻及家庭權等。同時憲法第37條規定權利之概括條款，以保障未列舉之自由及權利。而在國民義務部分，則是規範納稅及服兵役之義務。

二、加入國際社會

　　二次大戰之後，長期冷戰對抗之下，南韓被視為西方集團一員，1970年代以來，南韓的外交政策重點是促進朝鮮半島的獨立與統一。1980年代以後，南韓一直加強與盟國的關係，並積極參加國際組織，1990年代初，東歐與蘇聯發生巨變結束了冷戰，南韓就順應形勢積極推行「北方外交」的政策，因此與蘇聯及中國在內的大部分社會主義國家在短期內便修復了關係，使南韓的外交成為真正的全球外交。南韓於1991年9月成為聯合國之會員國，這是其與國際組織互動之重要分水嶺。1991年12月，南北韓雙方簽署了和解、互不侵犯、交流與合作的基本協議，並發表了朝鮮半島非核化聯合聲明，奠定了南北韓和平共處的基礎。

　　但是從加入國際人權條約[8]之角度觀之，其實南韓在其成為聯合國會員國之前，便參與國際人權體系，南韓早在1978年便批准「消除所有形式種族歧視國際公約」（International Convention on the Elimination of All Forms of Racial Discrimination），在1984年批准「消除對婦女一切形式歧視公約」（Convention on the Elimination of all Forms of Discrimination against Women），1990年加入「公民及政治權利國際公約」（International Covenant on Civil

---

8　此處所指之國際人權條約只包括聯合國所形成之國際人權法典及核心國際人權條約。

and Political Rights）與「經濟、社會及文化權利國際公約」（International Covenant on Economic, Social and Cultural Rights），並同時加入「公民及政治權利國際公約任擇議定書」（Optional Protocol to the International Covenant on Civil and Political Rights），使得南韓人民得以向人權事務委員會（Human Rights Committee）提出個人申訴。1990年批准「兒童權利公約」（Convention on the Rights of the Child），這些人權涵蓋了最基礎的國際人權法典，[9]也包括了最具普世性的三個人權條約，[10]更值得注意的是這是南韓還沒有成為聯合國會員國之前，就參與之國際人權條約。

　　在1991年成為聯合國會員國及2001年創設國家人權委員會的十年之間，南韓只有在1995年加入「禁止酷刑及其他殘忍、不人道或有辱人格的待遇或處罰公約」（Convention against Torture and Other Cruel, Inhuman or Degrading Treatment or Punishment）。

　　2001年國家人權委員會成立之後至今，南韓沒有批准或加入任何國際人權條約，因而仍有一些國際人權條約是南韓尚未加入的，[11]不過這些人權條約都是比較新的條約。這亦引發一個重要議題，即為何南韓國家人權委員會之成立，並沒有促使南韓加入更多國家人權條約？此部分將於後續討論南韓國家人權委員會職權時，再作進一步之探討。

9　參見廖福特，〈國際人權法典─建構普世人權範疇〉，《月旦法學教室》，第54期，2007年4月，88至100頁。

10　參見廖福特，〈最具普世性的三個人權條約─種族、婦女及兒童〉，《月旦法學教室》，第56期，2007年6月，56至69頁。

11　其中包括「保障所有移民勞工及其家庭國際公約」（International Convention on the Protection of the Rights of All Migrant Workers and Members of Their Families）、「保障身心障礙者權利及尊嚴國際公約」（International Convention on the Protection and Promotion of the Rights and Dignity of Persons with Disabilities）及「保障所有人不被強迫失蹤國際公約」（International Convention for the Protection of All Persons from Enforced Disappearance）、「公民及政治權利公約第二任擇議定書」（Second Optional Protocol to the International Covenant on Civil and Political Rights）、「消除對婦女一切形式歧視公約任擇議定書」（Optional Protocol to the Convention on the Elimination of all Forms of Discrimination against Women）、「禁止酷刑及其他殘忍、不人道或有辱人格的待遇或處罰公約任擇議定書」（Optional Protocol to the Convention against Torture and Cruel Inhuman or Degrading Treatment or Punishment）、「身心障礙者權利國際公約任擇議定書」（Optional Protocol to the International Convention on the Rights of Persons with Disabilities）。

三、政黨輪替，人權政策

南韓的民主轉型開始於1987年，1988年盧泰愚成為總統，但是盧泰愚是軍人出身，1990年2月盧泰愚的民主正義黨與在野的統一民主黨（黨魁為金泳三）及新民主共和黨（黨魁為金鍾泌）合併，成立民主自由黨，並孤立金大中領導之平和民主黨，1992年總統選舉，金泳三擊敗金大中，成為南韓1961年來第一位文人總統，但是嚴格來說，並未歷經政黨輪替。1997年南韓身陷亞洲金融危機中，1997年12月金大中當選總統，1998年2月正式就任，開啟了南韓之政黨輪替，2002年12月盧武炫當選總統，金大中及盧武炫都身陷朝小野大之困境。

如上所述，金大中曾經被以內亂罪之名判處死刑，後來流放美國，其於1983年在美國設立在美韓國人權問題研究所，並擔任Robert Kennedy人權委員會顧問，於1987年獲美國George Meany人權獎及北美韓國人權聯合組織人權獎，也因為他多年在野反對運動，金大中多次成為諾貝爾和平獎候選人，2000年因為南北韓會談，金大中獲頒諾貝爾和平獎。金大中被視為民主與人權之捍衛者，而在1997年競選總統過程中，金大中公開承諾若是其當選，將會為南韓建立一個國家人權機構。而因為曾經被判處死刑，金大中亦致力於廢除死刑。

貳、創設國家人權委員會

以下分別從歷史過程、類型模式及法律規範三個面向，探討南韓如何設立國家人權委員會。

一、歷史過程

南韓創設國家人權委員會之原因，應可歸功於其民主化及國際化，民主化使得南韓1987年憲法比較完整地保障基本人權，國際化使得南韓逐步進入國際人權體系，進而思索如何符合國際人權潮流，但是這些基礎必須進一步在國內深植，也才能形成設立國家人權委員會之基礎，而推動設立國家人

委員會則是民間團體及政黨輪替後之執政者，經其鼓吹之後，得到國會之同意，最終得以設立之。因此設立國家人權委員會是國內與國際之互動，也是民間團體、政府及國會之三角互動。[12]

　　設立國家人權委員會之構思，其實是起源於民間團體，但是南韓並非在1987年民主化之後，便有成立國家人權委員會之構思，而是在國際上比較重視國家人權委員會此議題之後，也才影響南韓人權團體呼籲成立國家人權委員會。在南韓第一次有建立一個國家人權機構的構想，起源於1993年7月南韓有一些人權團體參加在維也納舉辦的世界人權會議（World Conference on Human Rights），其發布了維也納宣言及行動計劃（Vienna Declaration and Programme of Action），其中呼籲各國政府、聯合國及國際組織應加強設立及強化國家人權機制之資源，以維持法治、民主及人權。[13]世界人權會議再次確認國家人權機制對促進及保護人權之重要及建設角色，特別是其對有權機關之諮詢權能，對違反人權事件之救濟，傳播人權訊息及人權教育之貢獻。[14]因而這些南韓人權團體乃要求政府應依據「巴黎原則」設立一個獨立的人權機構，以維護人權，於是人權團體藉由各種國內及國際會議倡導此理念。[15]對於人權團體而言，其目標是期待將國際人權之期待及標準帶進南韓，進而實踐之。於是有29個民間團體成立了「非政府組織對於人權立法及成立國家人權機構聯合促進委員會」（Joint Promotional Council of Non-Governmental Organizations for Legislation of Human Rights Act and Establishment of National Human Rights Institution），[16]做為推動之聯合機制。[17]

---

12 南韓國家人權委員會認為，南韓設立國家人權委員會之動力來自於人民對民主及改善人權之渴望、人權團體之持續努力、南韓政府之決心、國際社會之關注。See National Human Rights Commission of the Republic of Korea, *Annual Report* 2002 （National Human Rights Commission of the Republic of Korea, 2003）, p. 3.

13 Vienna Declaration and Programme of Action, A/CONE.157/23, 12 July 1993, I paragraph 34. 相關論述請參閱廖福特，〈世界人權會議創設人權高級專員之評析〉，《台灣國際研究季刊》，第4卷第2期，2008年夏季號，3至7頁。

14 Vienna Declaration and Programme of Action, I paragraph 36.

15 National Human Rights Commission of the Republic of Korea, Annual Report 2002 (National Human Rights Commission of the Republic of Korea, 2003), p. 6.

16 National Human Rights Commission of the Republic of Korea, *Report on Main Activities in 2002 & Plan in 2003* (National Human Rights Commission of the Republic of Korea, 2003), p. 6.

17 而民間團體之推動也得到國際人權監督機制之關切，例如消除種族歧視委員會在1996年即表達對於南韓有意設立國家人權委員會之關心。See Committee on the Elimination of

　　但是民間團體的訴求，必須進入實際的憲政體制中實踐。雖然南韓政府自稱，從1993年聯合國人權委員會（Commission on Human Rights）決議建議各國設立國家人權委員會之後，南韓政府即採取實質措施，希望能促使國家人權委員會法案之形成。[18]不過事實上設立國家人權委員會這個理念似乎沒有得到當時的金泳三總統之青睞，至少金泳三總統在其任期內從來沒有提出任何設立國家人權委員會之法案，而必須等到南韓政黨輪替之後，設立國家人權委員會之人權政策才得以實踐。如上所述，南韓的民主轉型始於1987年，但是民主轉型不代表理解國家人權委員會之理念，而必須有更深入著重人權之政策，也才能在既有民主憲政體制中納入設立國家人權委員會之理念。

　　在1997年12月的總統大選中，金大中公開承諾若是其當選，將會為南韓建立一個國家人權機構，在其順利贏得大選之後，果真將通過國家人權委員會組織法及建立國家人權委員會作為其施政的百大目標之一。1998年新內閣任命後，於4月時由當時的法務部長籌組「國家人權諮詢委員會工作小組」，並且在9月提出草案，[19]在10月舉辦國家人權委員會組織法的公聽會。但是行政部門有設立國家人權委員會之意願，不必然就代表其有足夠之相關知識或是真誠之意願，當時的草案內容是將國家人權委員會定位在法務部之下，且與法務部有密切相關的機構，南韓政府預想其所建立的國家人權委員會是一個法律規範下的法人組織（corporate body），不僅執行力應受法務部的監督控制，亦無獨立調查權能。

　　因而國際特赦組織（Amnesty International）在1998年只是表示歡迎南韓有意設立國家人權委員會，並提供原則性建議，[20]但是在1999年寫信給金大中總統及當時的法務部長時，即批判此一組織規範未達民主國家的國際水準，不斷呼籲韓國應建立一個完全獨立於司法及其他國家部會的人權委員

Racial Discrimination, Concluding Observations of the Committee on the Elimination of Racial Discrimination: Republic of Korea, 24 September 1996, paragraph 4.

18 CESCR, Reply to List of Issues: Republic of Korea, 20 April 2001.

19 Ibid.

20 Amnesty International, South Korea: Proposed Standards for a National Human Rights Commission, AI Index: ASA 25/16/98, 10 May 1998.

會，要求韓國政府尊重人權組織的專業建議。[21]而消除婦女歧視委員會也在1998年建議南韓加速設立國家人權委員會之腳步。[22]

南韓的非政府組織亦強烈反對此一草案，認為不僅遠低於國際人權機構水準且與「巴黎原則」不符，於是前述民間團體所組織之「非政府組織對於人權立法及成立國家人權機構聯合促進委員會」，乃改為「非政府組織對於國家人權機構內容聯合行動委員會」（Joint Action Council of Non-Governmental Organizations for Proper Materialization of National Human Rights Institution），[23]以強調法案內容之重要性，並同時自行提出草案，非政府組織與政府雖就草案進行協商，但彼此之間意見鴻溝過大，協商依然破裂。

後來南韓政府決定修改草案，以符合國際準則，同時在2001年4月，當時的執政黨「新千年民主黨」（Millennium Democratic Party）將修正過的草案提出於國民大會，此時則是面臨朝小野大之問題，其實金大中於1998年執政時即面臨此局面，因此金大中與金鍾泌結盟，並聯合其他政黨，[24]進而取得國會過半數之優勢，2000年國會改選之後，金大中以類似之方法，與其他政黨結盟，使得聯合執政者超過國會半數，[25]直到當時執政的「新千年民主黨」於2001年年底分裂，而國家人權委員會法案則是在執政黨分裂前的2001

---

21 Amnesty International, South Korea: Human Rights Commission must be independent, AI Index: ASA 25/014/99, 18 February 1999.

22 Committee on the Elimination of Discrimination Against Women, Concluding observations of the Committee on the Elimination of Discrimination Against Women: Republic of Korea, A/53/38/Rev. 1, 10 July 1998, paragraph 373.

23 National Human Rights Commission of the Republic of Korea, *Annual Report* 2002 (National Human Rights Commission of the Republic of Korea, 2003), p. 8. 甚至有部分人權運動者在1999年至2001間進行過兩次絕食抗議，參見Lim Tae Hoon, "Global Spotlight on Republic of Korea," in The Asian NGOs Network on National Institutions (ANNI), *2008 Report on the Performance and Establishment of National Human Rights Institutions in Asia* (ANNI, 2008), p. 151.

24 See Byung-Kook Kim, "The Politics of Crisis and a Crisis of Politics: The Presidency of Kim Dae-Jung," in Kongdan Oh (ed.), *Korea Briefing 1997-1999 Challenges and Change at the Turn of the Century* (East Gate Book, 2000), p. 38.

25 南韓國會共有270席議員，2000年國會選舉結果，執政的新千年民主黨得到115席，其後有四位親近金大中之無黨籍國會議員加入新千年民主黨，使得新千年民主黨之席次增為119席，另外自由民主聯合當選17席，後來金大中又與自由民主聯合結盟，使得執政聯盟之席次共有136席，而當時最大在野黨韓國家黨則有133席，無黨籍1席，因此執政聯盟勉強過半數。

年5月，在國會以些微票數通過。即使是設立人權委員會的法案，在國會審查過程中亦是充滿政治運作，無法避免政治上朝野政黨之對抗。另一方面，非政府組織認為國家人權委員會的職權被大幅縮減，因此「非政府組織對於國家人權機構內容聯合行動委員會」依然對通過之法案作強力批判，並認為他們的努力只得到一半勝利。[26]

國家人權委員會法（National Human Rights Commission Act 2001）[27]於2001年5月24日通過，並且在2001年11月25日正式施行。然而不只國家人權委員會法案通過遭到許多的阻礙，就連在半年籌備期間也有許多的衝突。因為這乃是史無前例的國家機關，南韓政府必須對這獨立且獨特的國家人權機構有一定的認識。

2001年8月1日，南韓政府正式任命Kim Chang-Guk律師為國家人權委員會主席。8月20日南韓政府發布指令（Directive No.420）成立「國家人權委員會組織及計畫小組」（Preparation & Planning Team for Establishment of National Human Right Commission），距離11月25日正式成立只有三個月時間。[28]組織及計畫小組成員聚集研究國家人權委員會法草案及其他強行規定，並且規劃成立秘書處。但是人權委員的任命卻受到許多阻礙而一再延遲，一直到10月9日，離正式施行40天前，受總統任命的十一位委員方得順利產生。

國家人權委員會法施行細則（Enforcement Decree）的通過並不比國家人權委員會法本身順利，因為政府對於人事管理及任用意見紛歧，其內部的施行規則一直延宕下來，一直到2002年2月初，由秘書處的被任命人Choi Yeong-Ae積極幹旋協調之下才正式定案。[29]秘書處剛設立時只有Choi Yeong-Ae一人，直到2002年4月初職員才被聘任齊全，秘書處方能開始正常運作。

---

26 National Human Rights Commission of the Republic of Korea, Annual Report 2002 (National Human Rights Commission of the Republic of Korea, 2003), p. 7.

27 Act No. 6481, 24 May 2001.

28 National Human Rights Commission of the Republic of Korea, Annual Report 2002 (National Human Rights Commission of the Republic of Korea, 2003), p. 8.

29 Ibid., p. 9.

二、類型模式

依據國家人權機構之職權內涵及區域發展為基準，吾人可以將各國國家人權機構歸類為以下五種類型：（一）諮詢委員會：法國模式、（二）人權中心：北歐／德國模式、（三）單一職權委員會：不易歸類、（四）人權監察使：伊比利半島及東歐模式、（五）獨立人權委員會：與監察使分離。[30]

而其中設立獨立且與監察使分離之國家人權委員會可說是國際上一項重要發展，獨立人權委員會與單一職權委員會的最大不同是獨立人權委員會所肩負之人權職責不限於反歧視而已，而是擴及於所有層面之人權，其認為人權事項包括國際人權條約、憲法及法律所保障之權利，這些權利之實踐都是獨立人權委員會之職責，已有許多國家選擇此一模式。

南韓在1993年12月通過行政管理及公民請願基本法（Basic Law Governing Administrative Regulations and Civil Petition Affairs），並於1994年4月成立監察使（Ombudsman of Korea），監察使為獨立之行政機關，由一位主任監察使、三位專職監察使及六位兼任監察使組成之。[31]

雖然已有監察使之設立，對於南韓而言，亞太區域各國之發展趨勢會影響其決定，在此區域中幾乎所有國家人權機構都是採用獨立人權委員會之模式，[32]南韓國家人權委員會在2001年成立，在此之前亞太區域已有澳洲、紐西蘭、菲律賓、印尼、泰國等國家成立國家人權機構，而且這些國家都是採用獨立人權委員會之模式，[33]因此南韓亦接受此模式，形成監察使與國家人

---

30 參見廖福特，〈創設國家人權機構—理想、類型及憲改〉，收錄於湯德宗、廖福特主編，《憲法解釋之理論與實務第五輯》，中央研究院法律學研究所籌備處，2007年3月，185頁。

31 See Ombudsman of Korea, *The Ombudsman of Korea Annual Report 2004* (Ombudsman of Korea, 2005), pp. 8-9.

32 See Australian Human Rights Centre and Human Rights Institute of the International Bar Association, "National Human Rights Institutions: An Overview of the Asia Pacific Region," (2000) *International Journal on Minority and Group Rights* 7, 207, 218-219.

33 除了東帝汶受葡萄牙影響而成立了Provedor之外，其他亞太區域之國家都稱為國家人權委員會。See Brian Burdekin, National Human Rights Institutions in the Asia-Pacific Region (Martinus Nijhoff Publishers, 2007), pp. 8-9. Sebastiao Dias Ximenes, "The Background, Structure, Functions and Perspective of the NHRC of Timor-Leste," paper presented to Conference on NHRIs in the Asia-Pacific, Taiwan Foundation for Democracy and Taiwanese Society of International Law, Taipei, 22 and 23 October 2005.

權委員會並存之結果。而國家人權委員會法第3條則是明確地規範國家人權委員會獨立行使職權，以確認其為獨立機關之地位。

　　南韓國家人權委員會非常強調國家人權機制之國際性，其認為雖然各國之國家人權機制是由各國依其國內法所設立的，但是國家人權機制之藍圖是國際人權法，[34]設立國家人權委員會不只是設立了一國家機關而已，更重要的是其是全球歷史時刻之下的專職人權機制，[35]而南韓國家人權委員會甚至自稱為「準國際機制」（quasi-international institution），[36]其認為設立國家人權委員會有幾項重要意涵：第一，是將國際人權架構國內法化；第二，其是獨立於行政、立法、司法之外的國家機關；第三，其扮演監督人權及防止人權侵犯之角色；第四，其扮演提倡人權之角色。[37]這正表明南韓國家人權委員會強調其是人權專職機關，更是獨立人權機關，而且其以國際人權標準為準則，充分顯示其獨立性及國際性。

三、法律基礎

　　聯合國認為國家人權機構是指「一個國家依據其憲法、法律或命令所設立之機制，而此機制之職權特定為促進及保障人權。」而此定義除了確認國家人權機構之職權是特定為促進及保障人權之外，其亦認為各國設立國家人權機構可能透過憲法、法律或命令等不同層級之法律規範方式。然而從一個國家人權機構之獨立性觀之，很明顯地以行政命令方式設立之國家人權機構，無法達到獨立自主之要求，因為其太受行政權之掌控，而且隨時有可能遭遇解散之命運，因此完全無法達到獨立自主之目的。因而如果要確保一個國家人權機構之獨立性，最好是使其有憲法地位，如此才能確保其永續存在，同時釐清其權責。退而次之，至少必須以法律規範一個國家人權機構之地位、組織、職權等，以維持其獨立性。

---

34 National Human Rights Commission of the Republic of Korea, Annual Report 2002 (National Human Rights Commission of the Republic of Korea, 2003), p. 3.
35 Ibid., p. 10.
36 柳南榮，前引註3，65頁。
37 National Human Rights Commission of the Republic of Korea, supra no. 34, p. 10.

　　南韓於1948年5月制定新憲法，是一個成文憲法國家，[38]其後歷經九次憲法修改，因此對於南韓而言，修憲並非絕對陌生之事。但是就設立國家人權委員會而言，南韓並沒有思考是否修憲之問題，而是以普通法律之方式創設國家人權委員會，也就是說雖然南韓是成文憲法國家，但是南韓並沒有選擇修憲之途徑，或是說其認為不需要修憲，而用一般法律規定，便可以成立國家人權委員會。

　　或許這是基於兩項原因，第一項原因是國際上絕大多數國家並沒有採用修憲之方式以創設國家人權委員會，在大英國協方面，雖然有部分國家，例如南非、迦納、烏干達、馬拉威等，以憲法規定其國家人權機構之地位，但是其他國家並沒有如此做。而在亞太區域部分亦是如此，雖然菲律賓及泰國在制定新憲法時，特別規定國家人權機構之地位，但是其他國家都是以法律之方式為之。如果我們進一步觀察其他區域，吾人可發現只有少數國家以憲法規範之，這些國家包括匈牙利、波蘭、斯諾伐尼亞（Slovenia）等東歐國家，然而無論是大英國協、亞太區域或是東歐新興民主國家，以上以憲法規範國家人權機構之國家，其共同特質是國家經歷民主化變動並制定新憲法。或許認為在經歷民主激烈轉型之國家才會以憲法規範其國家人權機構之說法是太過誇大的，但是事實上就實際憲政發展經驗觀之，似乎還沒有一個未歷經民主轉型之國家是以憲法規範國家人權機構之地位及職權。或許是因為此國際發展背景之影響，南韓並沒有採用修憲之方式設立國家人權委員會。

　　第二項原因恐怕是南韓修憲過於困難，如上所述南韓經歷了長久的軍事政權，直到1987年才民主化，可說是歷經民主轉型之國家，理論上應會在憲法中思考是否設立國家人權機構，但是國家人權機構理念在1990年代之後才逐漸成熟，而南韓在1987年之後不曾修改憲法，其中重要原因是嚴格的憲法修改程序，其必須經由國民大會超過半數議員或是由總統發起，並公告二十天以上，國民大會應在公告後六十天內決定，以超過三分之二多數同意通過之。國民大會通過三十天內，應將此修憲案交由公民複決，以有國民大會投票權之公民半數以上參與，同時參與投票者半數以上同意通過之。此憲法修

---

[38] 或是稱為法典化憲法國家，也就是說有一部明文憲法。參見林子儀、葉俊榮、黃昭元、張文貞，《憲法權利分立》，學林出版，2003年，7頁。

改程序不僅要歷經國民大會及公民複決，更重要的是要非常高之門檻，因此要為了設立國家人權委員會而修憲，當是非常重大之工程，也因此南韓與諸多國家一樣，只以立法方式設立國家人權委員會，而聯合國所強調的透過法律規範而使國家人權機構達成其獨立性，亦是強調應以憲法或法律為之，因此南韓以法律創設其國家人權委員會，應是符合法治之要求，亦可能符合透過法律規範而達成其獨立性。

　　於此值得附帶一提的是，即使以法律規範已可達到法治之要求，但是南韓國家人權委員會還是期待未來能有修憲之機會，以使其有憲法地位，如此更能確保其獨立性。[39]

　　消除種族歧視委員會（Committee on the Elimination of Racial Discrimination）認為南韓成立國家人權委員會是正面發展，同時滿意國家人權委員會之情況。[40]人權事務委員會（Human Rights Committee）也認為南韓成立國家人權委員會是正面發展，同時認為南韓國家人權委員會符合「巴黎原則」之標準。[41]另外亞太國家人權機構論壇及國家人權機構國際協調委員會在審查會員資格時，都認為南韓國家人權委員會符合「巴黎原則」，這些都是相當正面的評價，然而南韓國家人權委員會是否完全符合「巴黎原則」之規劃，必須進一步作詳細之分析，因此以下即從組織結構及職權內涵兩大面向，探討南韓國家人權委員會之細節，並分析其是否符合國際規範。

參、組織結構

　　從組織結構評估一個國家人權機構是否具備獨立性時，其牽涉此機構之人事結構及經費來源，而人事結構有關任命人為何？其程序為何？被任命人

---

39 National Human Rights Commission of the Republic of Korea, Annual Report 2003 (National Human Rights Commission of the Republic of Korea, 2004), p. 155.

40 Committee on the Elimination of Racial Discrimination, Concluding observation of the Committee on the Elimination of Racial Discrimination: Republic of Korea, CERD/C/63/CO/9, 10 December 2003, paragraph 3.

41 Human Rights Committee, Concluding Observations of the Human Rights Committee: Republic of Korea, CCPR/C/KOR/CO/3, 28 November 2006, paragraph 3.

之資格條件？是否有任期保障？是否有必要之豁免權？是否有解職之法定要件？等等議題。而在經費來源則是牽涉國家人權機構是否有獨立或是充足之預算，以進行其工作，同時維持其獨立性。[42]以下即分析這些議題。

一、委員會之保護

南韓國家人權委員會法特別規定對於國家人權委員會之保障，其中包括對於國家人權委員會之保障，其規定任何人不得使用國家人權委員會之名稱，或是相似之名稱，[43]以避免其他團體使用相同或是類似之名稱，而造成混淆，同時也確保國家委員會之特質及尊崇。

另一方面國家人權委員會法也保障國家人權委員會之委員及職員，其規定任何人不得假冒為國家人權委員會之委員或職員，[44]如果違反此規定，得處以兩年以下有期徒刑，或科七百萬韓圜以下之罰金。[45]任何人在國家人權委員會委員或職員執行職務時對其攻擊或威脅，或是妨礙其執行職務，或是威脅其辭職，得處五年以下有期徒刑，或科三千萬韓圜以下之罰金。[46]同樣地這些規定對於國家人權委員會委員及職員地位之確保，有相當正面之貢獻。

這些保障規定是其他國家顯少見到的，可以說是非常完善之構思，也相當值得其他國家人權機構參考。

二、人事結構

「巴黎原則」強調一個國家人權機構「組成及獨立性與多元化保障」之重要性，而其認為應有幾個重點：（一）任命程序；（二）成員之代表性；

---

42 See International Council on Human Rights Policy and Office of the United Nations High Commissioner for Human Rights, *Assessing the Effectiveness of National Human Rights Institutions* (International Council on Human Rights Policy and Office of the United Nations High Commissioner for Human Rights, 2005), pp. 11-16.

43 National Human Rights Commission Act, Art. 53.

44 National Human Rights Commission Act, Art. 51.

45 National Human Rights Commission Act, Art. 58.

46 National Human Rights Commission Act, Art. 56.

（三）任期穩定；（四）解職要件；（五）豁免權。[47]以下即從這些面向探究南韓國家人權委員會之人事結構。

（一）任命程序

「巴黎原則」認為，國家人權機構的組成及其成員的任命，不論是經由選舉產生還是透過其他方式產生，必須按照一定程序予以確定，這一程序應提供一切必要保障，也就是說其強調應以法律明訂國家人權機構成員之任命程序。

南韓國家人權委員會法對於委員之任命程序有清楚之規範，其規定國家人權委員會由十一位委員組成，[48]在十一位委員中，一位為主任委員，三位為專職委員，七位兼職委員。關於委員的產生方式，四位委員（包括兩位專職委員）是由國民大會遴選產生，四位由總統提名，三位由最高法院院長（Chief Justice of the Supreme Court）提名，十一位委員最後皆須經過總統的任命程序，而主任委員應由總統由所有委員當中選任。

從委員數目觀之，其人數在亞太區域僅次於印尼及馬來西亞，[49]因此應該不是太大問題。然而其核心問題是十一位委員會中只有四位專任，七位是兼任，因此實質上完整投入國家人權委員會工作之委員人數並不多，如此也會影響工作成果。

從選任程序觀之，南韓是採用與其他國家不同之方式，[50]十一位委員分別由行政、立法及司法部門遴選或提名，即國家三個主要權力分立機制都參與委員之選任過程，其原因可能是國家人權委員會與行政、立法及司法三個部門均有互動，[51]而且國家人權委員會是獨立於三權分立之外的獨立機關，因此由憲法三權分立的三個部門均參與，此方式或可平衡三權之權力分立。

---

47 Paris Principles, Composition and guarantees of independence and pluralism.

48 National Human Rights Commission Act, Art. 7 (1)

49 See Brian Burdekin, National Human Rights Institutions in the Asia-Pacific Region (Martinus Nijhoff Publishers, 2007), p. 52. 廖福特，〈馬來西亞國家人權委員會之研究〉，《臺北大學法學論叢》，第66期，2008年6月，77至137頁。

50 其他國家任命國家人權委員會之方式，包括由行政權或立法權完全掌握，或是由行政及立法權兩者參與，但是不會有司法權之參與。

51 詳情請參閱後續對於南韓國家人權委員會職權之探討。

　　不過問題是選任委員之過程是否嚴謹，例如國際特赦組織建議，南韓國家人權委員會委員之選任過程應公平且透明。[52]南亞人權資料中心（South Asia Human Rights Document Centre）也認為，南韓在選任國家人權委員會委員時，過程不夠透明，亦無徵詢意見之過程。[53]這攸關委員是否能完善實行其職權，因為一方面委員必須形式上符合積極與消極資格，如果沒有仔細之審查，恐怕難以完整認定。另一方面更重要的是對於委員人選之實質檢視，特別是其是否真正對於人權有所承諾，如果沒有多方面之意見匯集，可能是由政治觀點判斷之。

　　就委員之層級觀之，國家人權委員會法規定，委員會主任委員及專職委員為政務官（public official in political service），[54]可說是非常高之層級，應有足夠之保障。不過問題是國家人權委員會法沒有規範兼職委員之層級，因而形成委員有不同之層級，也使得兼職委員難以定位。

（二）成員之代表性

　　「巴黎原則」強調，國家人權機構應確保參與促進和保護人權的公民社會力量的多元代表性。[55]因此其認為國家人權機構之成員可以從以下幾個方向求才，並藉由這些成員之參與，建立有效合作的力量，「巴黎原則」所建議之成員包括：(a)負責人權及對抗種族歧視的非政府組織及工會；(b)有關的社會及專業組織人士，例如律師、醫生、新聞記者和著名科學家；(c)哲學家或宗教思想流派之成員；(d)大學教師及合格的專家；(e)議會議員；(f)政府部門之公務員，不過「巴黎原則」強調，如果公務員擔任委員的話，應該只能以顧問身分參加討論。[56]因而其實「巴黎原則」所強調的是，國家人權機構之成員應該是多元的，同時納入人權社運者、專業人士、人權專家、民意代表等社會不同階層之人才。

---

[52] Amnesty International, South Korea: Making the National Human Rights Commission autonomous and effective, AI Index: ASA 25/004/2002, 24 April 2002.
[53] South Asia Human Rights Documentation Centre, Human Rights Feature, 105/04, 20 September 2004.
[54] National Human Rights Commission Act, Art. 5.
[55] Ibid.
[56] Paris Principles, Composition and guarantees of independence and pluralism, point 3.

　　南韓國家人權委員會法則同時規範委員之積極資格與消極資格，就積極資格而言，委員必須具備人權的專業知識及經驗，同時公平且獨立地行使保障及促進人權之職責。[57]同時為了求取性別平衡，國家人權委員會法也特別規定，十一位委員會中必須至少四位為女性。

　　就消極資格而言，委員不得為非南韓國民、公務員、政黨黨員、公職選舉之候選人，如果委員在任職中符合消極資格，應自動離職。[58]同時國家人權委員會法也規範禁止兼職，委員不得同時兼任國民大會議員或是地方議會議員，也不得兼任中央或是地方行政機關之職位，但是公立教育機關不在此限。委員不得成為政黨成員或是參加政黨活動，同時國家人權委員會議亦得自行決定何種法定以外之職位或事務是委員不得參與的。[59]

　　由上述「巴黎原則」所規範的六大類人選觀之，南韓很明顯地排除立法及行政部門之人員成為委員，而國家人權委員會從2001年成立之後至今，共經歷三次任命委員，分別在2001年、2004年及2007年，從實際任命結果觀之，[60]委員背景主要包括法官、律師、學者、人權團體成員等，[61]有其多元性，同時女性委員數目亦符合法定要求。

（三）任期穩定

　　「巴黎原則」認為，如果任期不穩定的話，國家人權機構不可能有真正的獨立性，因此必須確保國家人權機構之任期，同時於法律中明訂，而且在確保成員組成多元性無虞之情形下，其成員或可續任。[62]

---

57 National Human Rights Commission Act, Art. 5 (2).

58 National Human Rights Commission Act, Art. 9.

59 National Human Rights Commission Act, Art. 10.

60 有關國家人權委員會委員之成員及簡歷，可參閱National Human Rights Commission of the Republic of Korea, Annual Report 2002 (National Human Rights Commission of the Republic of Korea, 2003), pp. 164. National Human Rights Commission of the Republic of Korea, Annual Report 2004 (National Human Rights Commission of the Republic of Korea, 2005), pp. 241-243. National Human Rights Commission of the Republic of Korea, *Annual Report 2005* (National Human Rights Commission of the Republic of Korea, 2006), pp. 136-138. National Human Rights Commission of the Republic of Korea, *Annual Report 2004* (National Human Rights Commission of the Republic of Korea, 2005), pp. 241-243.

61 南韓國家人權委員會委員之背景資料可參閱http://www.humanrights.go.kr/english/about_nhrck/commissioners.jsp (visited on 21 October 2008).

62 Paris Principles, Composition and guarantees of independence and pluralism.

南韓國家人權委員會法規定，委員之任期為三年，得連任一次。[63]而在委員任期屆滿或是有缺位時，總統應於三十日內任命繼任之委員，[64]此委員之任期重新起算，[65]因而可以確保委員任期之確定性。

（四）解職要件

「巴黎原則」並沒有規範國家人權機構委員之解職要件，但是聯合國亦已注意此議題，其稱對委員解職之權力與國家人權機構之獨立性息息相關，因此應由法律明訂其要件及有權解職之機構，其亦建議應由國會或是國家相當高層級之機構實行此權力。[66]

南韓國家人權委員會法亦在此方面作完整之規範，為了使國家人權委員會的委員能獨立行使權利，除了任期保障之外，還有其地位也受司法保障，除非宣判重刑之監禁，委員不得被解職。假使因為身心上的障礙，委員有執行職務之困難，經過三分之二以上委員的同意，方得解除其職務。[67]因此委員之解職並非由行政或立法部門之政治力決定，而是必須經由司法判決或委員會之決定方得為之，如此比較可以確保委員獨立行使職權之基礎。

（五）豁免權

同樣地「巴黎原則」並沒有規範國家人權機構委員之豁免權，但是聯合國亦已注意此議題，其稱委員豁免權之賦予亦是確保獨立性之重要法律方式，特別是有權接受個人人權申訴之國家人權機構，國家人權機構委員應可豁免其因執行公務所引發之民刑事責任。[68]

南韓國家人權委員會法似乎比較強調委員之義務，例如其規範禁止洩密義務，國家人權委員會法特別要求，不論是現任或曾任委員、職員、諮詢委員，或是為國家人權委員會實行職權之人，對於其得知或是執行職務所

---

63 National Human Rights Commission Act, Art. 7 (1).
64 此為2005年國家人權委員會法修改後之規定。
65 National Human Rights Commission Act, Art. 7 (2).
66 United Nations, *Professional Training Series No. 4 National Human Rights Institutions* (Centre for Human Rights, 1995), p. 11.
67 National Human Rights Commission Act, Art. 8.
68 Ibid.

知應保密之資訊，均不得洩漏。[69]如果違反此保密義務的話，得處兩年以下有期徒刑。[70]另外本來國家人權委員會法第11條也規定「旋轉門條款」，即國家人權委員會委員在離職兩年內，不得成為中央或地方教育機關以外之公務員，或是參與中央或地方層級之選舉。但是此條文因為被憲法法院宣告違憲，因此在2005年7月刪除之。

　　因而南韓國家人權委員會法缺乏委員豁免權之保障，此部分應是該法不完備之處，也因此國際特赦組織建議，南韓國家人權委員會的委員及職員，應有言論免責權，[71]這應是未來修改國家人權委員會法可以努力之方向。

三、經費獨立或充分

　　「巴黎原則」強調，國家人權機構應具備其能順利開展活動的基礎結構，特別是充足的經費，此一經費的目的是使國家人權機構能擁有自己的工作人員和辦公房舍，以便獨立於政府，不受財政控制，而可能影響其獨立性。[72]國家人權機構經費是否獨立或充分，會影響委員會本身是否能確實實踐其職權，進而完成創設國家人權委員會之理想。以下即針對此二議題分析南韓國家人權委員會所面臨之處境。

（一）經費獨立

　　國家人權委員會法第6條特別規定，當國家人權委員會主席行使有關預算職權時，其應被視為預算及會計法第14條所稱之中央行政機關行政首長。此點的主要影響是國家人權委員會沒有權力直接向國民大會提出預算，而必須與其他中央行政機關一樣地透過總理提出預算，但是南韓之憲法機關，例如憲法法院及選舉委員會等，則可以直接向國民大會提出預算案。因而國家人權委員會在爭取預算的過程中，必須歷經行政部門，也使得行政部門比較有機會以預算管控之名，間接干預國家人權委員會獨立行使職權，因此國家

---

69 National Human Rights Commission Act, Art. 53.

70 National Human Rights Commission Act, Art. 59.

71 Amnesty International, South Korea: Making the National Human Rights Commission autonomous and effective, AI Index: ASA 25/004/2002, 24 April 2002.

72 Paris Principles, Composition and guarantees of independence and pluralism, point 2.

人權委員會希望能修改國家人權委員會法，使其與其他憲法機關一樣能自行提出預算於國民大會，[73]但是至今尚未成功。

（二）經費充分

就經費是否充分而言，2002年國家人權委員會之預算約為190億韓圜（約6億8,000萬台幣），[74]到2005年之預算為204億韓圜（約7億1,000萬台幣），[75]2006年之預算為2,166萬美金（約7億3,000萬台幣），[76]大約每年維持1.5%至4%之預算成長。其經費額度應該不是太差。

四、內部架構

其牽涉幾個議題，第一是委員會之運作情形，第二有關是否有足夠空間及是否設立區域辦公室，第三是委員會是否能聘任其內部人員，是否有足夠預算聘請充分之人數。

首先，有關委員會之運作，「巴黎原則」認為國家人權機構應定期並於必要時經正式召集後召開有全體成員出席的會議。[77]南韓國家人權委員會會議由主任委員擔任主席，而其決議必須由過半數委員通過。而次委員會之決議，則必須有三位委員出席且同意為之。[78]而國家人權委員會法亦規定，除了委員會或次委員會認為必要不公開之外，其所有會議均應公開其結果。[79]因而其運作有相當之制度。

第二，有關空間及區域辦公室，南韓國家人權委員會辦公室位於首爾市

---

73 See National Human Rights Commission of the Republic of Korea, *Annual Report 200*4 (National Human Rights Commission of the Republic of Korea, 2005), pp. 219-220.

74 National Human Rights Commission of the Republic of Korea, *Annual Report 2002* (National Human Rights Commission of the Republic of Korea, 2003), p. 16.

75 National Human Rights Commission of the Republic of Korea, *Annual Report 2005* (National Human Rights Commission of the Republic of Korea, 2006), p. 140.

76 Seok Jun Lee, "The Background, Structure, Functions and Perspective of the NHRC of Korea," paper presented to Conference on NHRIs in the Asia-Pacific, Taiwan Foundation for Democracy and Taiwanese Society of International Law, Taipei, 14 and 15 October 2006, p. 41.

77 Paris Principles, Methods of operation.

78 National Human Rights Commission Act, Art. 13.

79 National Human Rights Commission Act, Art. 14.

政府廣場邊，位處市中心，同時有廣場之開闊空間。而區域辦公室之設立，則是拖延了四年，國家人權委員會在2005年5月在浦山及光州設立了兩個地區辦公室，[80]但是即使已設立兩個地區辦公室，人權團體仍然認為無法對於人權侵害之被害人提供充分之保障，[81]因而國家人權委員會又在2007年7月在大邱設立第三個地區辦公室。[82]短期內似乎沒有增設其他地區辦公室之構思。

　　第三，有關內部成員，「巴黎原則」認為，國家人權機構必要時應建立成員工作小組。[83]對於南韓而言，2005年7月國家人權委員會法修正之後，其明訂國家人權委員會得成立次委員會，包括專任委員委員會（Standing Commissioners Committee）、矯正人權侵犯委員會（Human Rights Violation Rectification Committee）、救濟歧視委員會（Discrimination Remedy Committee）。同時得成立有關性別及身心障礙之特別委員會。[84]國家人權委員會亦得設立諮詢機制，以協助委員會實行其職權，[85]是相當完整之架構。

　　國家人權委員會亦有秘書處之設立，其職責為處理委員會的一般事務，秘書處設有秘書長一職，依照委員會主席之指示處理事務和監督秘書處職員。由於委員會內部人員眾多，其有一定的管理規範，若發生不法情事，則有懲戒小組處理委員會職員違法行為。[86]

　　在2002年年底秘書處有167位成員，但是南韓國家人權委員會認為不足以擔負其職責，[87]到2005年秘書處由超過200位的成員組成，分成五大部門，22個工作小組，一個圖書中心。秘書處的總部設於首爾，執行例行性工

---

80 National Human Rights Commission of the Republic of Korea, Annual Report 2005 (National Human Rights Commission of the Republic of Korea, 2006), pp. 114-115.

81 MINBYUN-Lawyers for a Democratic Society, "South Korea," in Forum-Asia, Performance of National human rights Institutions in Asia 2006: Cooperation with NGOs and Relationship with Governments (Forum-Asia, 2006), p. 61.

82 See http://humanrights.go.kr/english/activities/view_01.jsp (visited on 31 July 2007).

83 Paris Principles, Methods of operation.

84 National Human Rights Commission Act, Art. 12.

85 National Human Rights Commission Act, Art. 15.

86 National Human Rights Commission Act, Art. 17.

87 National Human Rights Commission of the Republic of Korea, *Annual Report 2002* (National Human Rights Commission of the Republic of Korea, 2003), p. 16.

作。

國家人權委員會之問題應是秘書處成員之任命。首先有關秘書長之任命，國家人權委員會法明確規定國家人權委員會設立秘書處，並設置一位秘書長，但是特別的是秘書長之任命程序，是由國家人權委員會主任委員經由內部諮商之後，向總統推薦，最後由總統任命之，[88]然而秘書長之職權是基於國家人權委員會主任委員之指示，管理及監督秘書處所有工作，因此其可能形成矛盾之處，即主任委員其實無法完全掌握秘書長之任命，而秘書長可能因為自認其為總統任命，因而不完全配合主任委員，如果此事發生，對於國家人權委員會將造成極大之傷害，因此應該是國家人權委員會未來應該積極尋求修改國家人權委員會法之處。

其次，有關高階職員之任命，國家人權委員會在等級五以上之高階職員，也是經由國家人權委員會主任委員建議，由總統任命，只有等級六以下之職員，才由國家人權委員會主任委員直接任命。[89]其結果是秘書處成員一部分由總統任命，一部分由委員會任命，顯然委員會無法完全自主，也可能使得秘書處一分為二，而且總統任命之職員位階較高，得以指揮委員會所任命之職員，因而可能秘書長與高階職員形成秘書處之指揮階層，但是卻不完全配合委員會，如此將使委員會失去後盾，因而當然也因是未來改進之重點。

第三，則是事務之劃分，國家人權委員會法也作一般性之區分，如果本法未規定之事項，有關委員會組織事務，由總統命令（Presidential Decree）定之，有關委員會運作之事務，則由委員會內部規程規範之。[90]因此任何有關組織之變動，都必須經由總統命令為之，總統即可支配委員會，進而實質影響委員會之獨立性，其負面影響不言可喻，應該也是未來應該修改的。

非常不幸的是2009年2月南韓公共行政及安全部（Ministry of Administration and Security）通知國家人權委員會，將裁減其30%職員，同時關閉國家人權委員會在浦山、光州及大邱的三個地區辦公室。

此決定引起眾多批評，例如有十六位前國家人權委員會委員認為，此

---

88 National Human Rights Commission Act, Art. 16.
89 National Human Rights Commission Act, Art. 16.
90 National Human Rights Commission Act, Art. 18.

決定將嚴重影響國家人權委員會之運作及獨立性，因此他們希望能面見李明博總統，討論此事項，但是總統辦公室拒絕此請求。而南韓民間社會亦強烈反對此決定，例如有248位法律教授連署，認為南韓政府之決定，將會使南韓人權狀況倒退，同時威脅南韓之法治及民主。[91]區域國際組織亦多所批評，亞太國家人權機構論壇認為此決定將削弱南韓國家人權委員會之有效性及獨立性，因而希望南韓政府重新考量。[92]亞洲監督國家人權機構民間網絡（Asian NGOs Network on National Human Rights Institutions, ANNI）亦提出類似之批判。同樣地其他國家之國家人權委員會，[93]甚至聯合國人權高級專員，[94]也都提出關切。

到2009年3月為止此事尚未確定，但是其已引發行政權干預國家人權委員之疑慮，而其根源則是法律賦予總統有關介入國家人權委員會之組織規劃，因而如果相關規定未加修改，恐怕都有再發生之疑慮，也將嚴重影響國家人權委員會之實效性及獨立性。

肆、職權範疇

「巴黎原則」第一部分即強調國家人權機構之權限與職責，而其內涵包括職權方向、職權法定、職權內涵、權力內涵及行使方式等，以下依序論述之。

91 NHRCK, Pressure Mounts on Korean Government for NHRCK to Retain its Independence, 12 March 2009, available at http://www.humanrights.go.kr/english/activities/view_01.jsp (visited on 25 March 2009).

92 APF, APF Chairperson to the Minister of Foreign Affairs and Trade of Korea concerning the National Human Rights Commission of Korea, 24 March 2009.

93 Joint statement read today by the Rep of Mexican Commission on behalf of 7 NHRIs from Korea, Malaysia, India, New Zealand, Australia, Ireland and Afghanistan, Independence of National Human Rights of Institutions, 22 March 2009.

94 NHRCK, Pressure Mounts on Korean Government for NHRCK to Retain its Independence, supra no. 91.

一、職權方向與職權法定

「巴黎原則」強調，應賦予國家人權機構促進及保護人權的職權，[95]同時應賦予國家人權機構盡可能廣泛之職權，並在創設國家人權機構之憲法或法律明訂其職權範疇。[96]

南韓國家人權委員會法第1條闡明，本法之目的是乃是希冀對於實踐人性尊嚴與價值及確保民主基本秩序，因而藉由設立國家人權委員會，以確保所有人之人權，並且促進人權標準。另外根據南韓國家人權委員會法第19條規定，國家人權委員會應履行下列職責：[97]

1. 調查及研究與人權相關之法令（包括國民大會審查中之法案）、法律制度、政策或措施，並且提出改善建議或意見。
2. 調查及救濟人權侵害情事。
3. 調查及救濟歧視行為。
4. 評估人權狀況。
5. 人權教育及使民眾體認人權。
6. 對於不同類型人權侵害，建議指導原則、評價標準及防止方法。
7. 對於批准及實踐國際人權條約進行研究及建議或提出意見。
8. 與組織及個人合作以從事保障及促進人權之活動。
9. 與人權相關之國際組織以及他國人權機構交流及合作。
10. 其他認定與保障及促進人權有必要之情事。

由此可見國家人權委員會之職權，不僅已有法律明確規範，其包括促進及保護人權，同時也相當廣泛，可說是符合上述「巴黎原則」所稱之「廣泛化」及「法律化」之要求。當然形式上的法律化及廣泛化國家人權委員會並不必然表示必然實踐，因而後續將探討其職權行使之情形。

既然是人權專職機關，人權範疇便影響其職權之範圍，國家人權委員會法第2條規定，本法所稱之人權，包括南韓憲法及法律、南韓已批准之國際

---

95 Paris Principles, Competence and responsibilities, point 1.
96 Ibid, point 2.
97 Republic of Korea Third Periodic Report to the Human Rights Committee, CCPR/C/KOR/2005/3, 21 February 2005, paragraph 8.

人權條約及習慣國際法所保障之權利及自由，包括人性尊嚴及價值。而將習慣國際法納入之優點是如果有南韓尚未加入之人權條約，而且此人權條約可被認為已達習慣國際法之地位時，此時國家人權委員會亦得適用這些人權條約，要求南韓在國內實踐這些人權條約。以上規範可說是相當完整，不僅包括國內憲法及法律規範，同時涵蓋國際人權條約，甚至習慣國際法，相當難能可貴，也符合國內法及國際法之完整規範。

　　比較需要進一步論述的是國家人權委員會有關消除性別歧視之職權，消除婦女歧視委員會在1998年即建議南韓將來設立國家人權委員會，其職權應該包括救濟歧視行為。[98]本來國家人權委員會在設立時便必須負責性別歧視議題，但是性別平等部（Ministry of Gender Equality）之下亦設有促進性別平等委員會（Committee on Gender Equality Promotion），因此兩者職權有所重疊，而因為國家人權委員會法在2005年修正，同時廢除預防及救濟性別歧視法（Gender Discrimination Prevention and Relief Act），因此消除性別歧視之職權，由一般行政機關轉至國家人權委員會。[99]因而南韓自稱國家人權委員會是消除性別歧視的重要機制。[100]

　　兒童權利委員會歡迎南韓設立國家人權委員會，但是認為南韓國家人權委員會並未著重於兒童權利，因此建議南韓國家人權委員會應該至少有一位兒童權利專家擔任委員，或是設立有關兒童權利之次委員會，同時確保兒童得以近用國家人權委員會。[101]

　　而在權利主體部分，國家人權委員會法第4條明確規定，本法適用於南韓所有公民及居住於南韓之外國人。因而南韓國家人權委員會的職權範疇不只是包括本國人而已，亦涵蓋外國人，這是相當完備之規範。

---

98 Committee on the Elimination of Discrimination against Women, Concluding observations of the Committee on the Elimination of Discrimination against Women: Republic of Korea, A/53/38/Rev. 1, 10 July 1998, paragraph 373.

99 Committee on the Elimination of Discrimination against Women, CEDAW/C/KOR/6, July 2006, paragraph 2.3.

100 See Fifth periodic report of Republic of Korea, CEDAW/C/KOR/5, 23 July 2003, p. 11.

101 Committee on the Rights of the Child, Concluding observations: Republic of Korea, 18 March 2003, paragraphs 17-18.

二、職權內涵

如上所述，「巴黎原則」希望各國賦予國家人權機構廣泛之職權，聯合國期待國家人權機構扮演保護者、促進者及橋樑三種角色，而此理念亦反映在「巴黎原則」對於國家人權機構職權之規範，因而以下依此三種不同角色定位探究南韓國家人權委員會之職權內涵及其成果。

（一）橋樑

「巴黎原則」對於國家人權機構扮演橋樑角色有兩個面向之期待，第一是作為其國家與國際人權之橋樑，第二是與各種人權機構及團體合作。

1.參與國際人權條約

在作為國家與國際人權之橋樑部分，「巴黎原則」依各國實踐國際人權條約之不同階段，希望國家人權機構有以下職權。首先，當然是鼓勵其國家批准或加入國際人權條約並確保其執行。其次，當國家批准或加入國際人權條約之後，國家人權機構應促進並確保其國家的法規及慣例符合其所批准或加入之國際人權及其有效執行。第三，當國家批准或加入國際人權條約之後，便有提出人權報告之義務，因此國家人權機構在其國家向國際人權監督機制提出報告過程中，可以有所貢獻，或是提出必要意見。[102]

有關南韓部分，國家人權委員會法特別規定，當南韓各政府機關必須依據國際人權條約準備國家報告時，必須聽取國家人權委員會之意見，[103]而國家人權委員會法第19條所規範之國家人權委員會職權也包括研究及建議或提出意見以達到並履行國際人權條約之情事，因此已有法律明確規範與國際人權條約互動，但是必須注意的是國家人權委員會之職權是「建議」政府在國際人權領域應有何種作為，其意見不具強制性，是否採納仍由政府決定。

然而實際實踐為何呢？就參與國際人權條約而言，南韓國家人權委員會在2002年建議南韓加入「國際刑事法院規約」，[104]此建議得到南韓政府之

---

102 Paris Principles, Competence and responsibilities, point 3.
103 National Human Rights Commission Act, Art. 21.
104 National Human Rights Commission of the Republic of Korea, *Annual Report 2002* (National Human Rights Commission of the Republic of Korea, 2003), p. 30.

採納。[105]國家人權委員會在2003年建議南韓政府應加入「消除對婦女一切形式歧視公約任擇議定書」及「兒童權利公約」的兩個議定書，但是南韓政府至今尚未實踐此工作。國家人權委員會在2005年建議撤回對「兒童權利公約」第21條之保留，[106]但是南韓政府並未採納。國家人權委員會在2006年建議加入「禁止酷刑及其他殘忍、不人道或有辱人格的待遇或處罰公約附加議定書」及國際勞工組織有關禁止強迫勞動之條約，[107]但是同樣地南韓政府並未實踐。

其次，就提出國家人權報告而言，南韓國家人權委員會在2002年針對南韓依據「禁止酷刑公約」及「消除種族歧視公約」所提之報告提出意見，這些建議得到南韓政府之採納。[108]國家人權委員會在2005年南韓準備依據「消除婦女歧視公約」之國家報告時提出建議，[109]其意見得到南韓政府之採納。但是另一方面，國家人權委員會也建議，應該制定特別法，對於國際人權條約監督機制判決南韓敗訴案件中之被害人提供賠償，但是南韓政府並未採納此意見，亦尚未完成此立法。[110]

由此可見南韓政府在提出國家報告時，比較能接受國家人權委員會之意見，但是對於加入國際人權條約部分，則比較消極。究其原因是在國家報告中採納國家人權委員會之意見，其實可以改善其內容，對於政府有積極正面之意義，但是加入國際人權條約則增加國家之義務，因此在國家人權委員會成立之後，南韓政府只加入「國際刑事法院規約」，據筆者所知，當時國際人權團體也發動國際連署，要求南韓加入「國際刑事法院規約」，因此在此議題上，南韓政府承受更大之壓力，或許這才使得南韓決定加入「國際刑事法院規約」，但是實質之結果是國家人權委員會無法促成南韓加入更多國際

105 Ibid.
106 National Human Rights Commission of the Republic of Korea, *Annual Report 2005* (National Human Rights Commission of the Republic of Korea, 2006), pp. 33-34.
107 National Human Rights Commission of the Republic of Korea, *Annual Report 2006* (National Human Rights Commission of the Republic of Korea, 2007), p. 35.
108 National Human Rights Commission of the Republic of Korea, *Annual Report 2002* (National Human Rights Commission of the Republic of Korea, 2003), p. 30.
109 National Human Rights Commission of the Republic of Korea, *Annual Report 2005* (National Human Rights Commission of the Republic of Korea, 2006), pp. 33-34.
110 National Human Rights Commission of the Republic of Korea, *Annual Report 2003* (National Human Rights Commission of the Republic of Korea, 2004), p. 40.

人權條約，其有關國際人權之職權只有部分實踐。

2.人權合作

　　而在與各種人權機構及團體合作部分，「巴黎原則」期盼國家人權機構與聯合國及聯合國系統內的任何其他組織、區域人權機制、其他國家人權機構合作。[111]「巴黎原則」也認為，國家人權機構應與其他可能與促進及保障人權之機構保持聯繫，特別是監察專員、調解人及類似機構等，同時應與非政府組織發展關係，因為非政府組織對人權促進及保障可以發揮根本作用。[112]

　　或許吾人可以從國內合作及國際合作兩個面向觀察之，就國內合作而言，南韓國家人權委員會透過與人權團體之非正式對話與之互動，另外國家人權委員會也建立「支持民間團體計畫」及「公民發展實踐人權計畫」，[113]以協助人權團體，並成為民間團體之伙伴。就國際合作而言，主要包括四個層面，分別為國際人權團體、其他國家之國家人權委員會、亞太國家人權機構論壇、聯合國，可說是相當完整，而此在南韓社會的人權伸張上，扮演了相當重要的角色。[114]比較重要的是南韓國家人權委員會於2004年舉辦第七屆「國家人權機構國際研討會」，當年亞太國家人權機構論壇之年度會議，亦是由南韓國家人權委員會主辦，而其更於2007年成為亞太國家人權機構論壇之主席，[115]也成為國家人權機構國際協調委員會之副主席。[116]

（二）促進者

　　就扮演促進者之角色而言，「巴黎原則」主要著重於兩個層面，一者是針對各種人權狀況提出建議，另一者是人權意識之提升及人權教育之落實。

---

111 Paris Principles, Competence and responsibilities, point 3.

112 Paris Principles, Methods of operation.

113 National Human Rights Commission of the Republic of Korea, Annual Report 2003 (National Human Rights Commission of the Republic of Korea, 2004), p. 111.

114 柳南榮，前引註3，66頁。

115 See http://www.asiapacificforum.net/news/korea-elected-apf-chairperson (visited on 31 July 2007).

116 See http://humanrights.go.kr/english/activities/view_01.jsp (visited on 31 July 2007).

1.人權報告及建議

就針對各種人權狀況提出建議而言,「巴黎原則」認為其可能是被動因應政府、國會或其他國家機關之要求,或是由國家人權機構主動提出。[117]其方式則可只向政府、國會或其他國家機關提出,或是將其意見出版或公布於公眾。[118]其領域則可能是:(1)針對法律制度,提出有關人權保障領域之新法律草案、修法提議,或是修改行政措施;(2)針對違反人權事件提出意見;(3)針對特定或一般人權情況提出報告;(4)提醒政府國內某些區域之人權狀況,並就政府應採取之措施提出意見。[119]

南韓國家人權委員會法也是將其報告分為年度報告及特別報告,年度報告是國家人權委員會一年之活動紀要,包括人權狀況及改進措施。而特別報告則是針對特定事項之報告。國家人權委員會必須將年度報告及特別報告呈送給總統及國民大會,同時除了基於國家安全、保障個人名譽或隱私,或是法定要求而必須保密之外,國家人權委員會也必須將年度報告及特別報告公諸於大眾。[120]

國家人權委員會法第19條賦予國家人權委員會之職權,包括調查及研究和人權方面相關之法令(包括國民大會審查中之法案)、法律上的制度、政策,並且對其建議改善之法或提出意見。國家人權委員會因為其實行職權之必要,得要求各政府機關或是私人組織提供資訊及物件,並得由國家人權委員會提供資訊給各政府機關或是私人組織,而這些政府機關或是私人組織必須儘速提供或接受資訊或物件。[121]另外,國家人權委員會亦得舉行聽證會,並要求各政府機關或是私人組織代表,或是個人,出席聽證會提供相關意見。[122]

(1)人權法律

首先是對各機關之法律諮詢,根據國家人權委員會法第20條規定,如果

---

117 Paris Principles, Methods of operation.
118 Ibid.
119 Paris Principles, Competence and responsibilities, point 3.
120 National Human Rights Commission Act, Art. 29.
121 National Human Rights Commission Act, Art. 22.
122 National Human Rights Commission Act, Art. 23.

相關國家行政機關或地方政府之首長欲制定或修改任何法規，而其所包含之內容對人權的保障及促進可能有所影響時，則應事先告知委員會。其次，國家人權委員會亦得主動諮詢，即當國家人權委員會認為實行職權之必要時，得對國家機關、地方政府，甚至其他公私組織，提出人權相關意見。更重要的是，這些相關機關除非有正當理由之外，必須忠實履行國家人權委員會之意見。[123]

就議題而言，國家人權委員會幾年來最關注的法案是國家安全法及社會保護法，國家人權委員會認為這兩個法律應該廢除，因為國家安全法侵犯人民之思想良心及表達自由，而社會保護法造成一罪兩罰之情形。[124]另外國家人權委員會主動草擬的法案為「禁止歧視法」，[125]以進一步實踐其反歧視之職權。

南韓國家人權委員會在2002年共提出十五項法律建議，其中只有一項不被接受，內容有關北韓難民保護，但是南韓統一部（Ministry of Unification）不接受，有三項部分接受，其餘均被採納。[126]2003年共提出十六項法律建議，其中有三項不被接受，有關勞工、移民及學籍個人資料，有兩項被部分接受，有關公衛與集會結社，其他都被接受。[127]2004年共提出二十一項法律建議，其中有四項不被接受。[128]2005年共提出二十二項法律建議，其中有四項部分接受，但是沒有不被接受之情形。[129]而部分建議也引起國際人權監督機制之關注，例如兒童權利委員會建議南韓政府，應該實踐國家人權委員會有關修改法律，以明確禁止對兒童體罰之建議。[130]2006年共提出

123 National Human Rights Commission Act, Art. 20.

124 National Human Rights Commission of the Republic of Korea, *Annual Report 2004* (National Human Rights Commission of the Republic of Korea, 2005), p. 11.

125 National Human Rights Commission of the Republic of Korea, *Annual Report 2005* (National Human Rights Commission of the Republic of Korea, 2006), pp. 126-127.

126 National Human Rights Commission of the Republic of Korea, *Annual Report 2002* (National Human Rights Commission of the Republic of Korea, 2003), pp. 24-27.

127 National Human Rights Commission of the Republic of Korea, *Annual Report 2003* (National Human Rights Commission of the Republic of Korea, 2004), pp. 19-21.

128 National Human Rights Commission of the Republic of Korea, *Annual Report 2003* (National Human Rights Commission of the Republic of Korea, 2004), pp. 21-24.

129 National Human Rights Commission of the Republic of Korea, *Annual Report 2005* (National Human Rights Commission of the Republic of Korea, 2006), pp. 25-26.

130 Committee on the Rights of the Child, Concluding observations: Republic of Korea, 18 March

十七項法律建議，在當年只有一項被接受，三項部分接受，一項不接受，其餘均在考量中。[131]

　　由此可見國家人權委員會針對法律之建議，有相當高比例都被接受，[132]因此即使法律上只規定國家人權委員會所提的是「建議」，但是實質上有其效力，即以軟性之方式，促使有關人權法律之進步。不過亦有一部分國家人權委員會之建議不被接受，而從國家人權委員會之年度報告中無法得知，相關機關是否基於正當理由而不採納這些意見，這部分有關國家人權委員會法規範是否忠實實踐，另外國家人權委員會亦未說明其是否採取後續行為，或是繼續提出意見，此部分有關人權法律之實質踐行。或許這兩部分應是國家人權委員會未來應該進一步努力的。

（2）人權政策

　　另一方面，國家人權委員會如果認為保障及促進人權之必要時，亦得建議各政府機關或是私人組織改進或是改變特定政策或措施，而各政府機關之首長或是私人組織負責人應尊重並致力於實踐國家人權委員會之建議，如果各政府機關或是私人組織認為無法實踐國家人權委員會之建議時，應以書面通知國家人權委員會無法實踐之理由，而國家人權委員會如果認為必要時，得將其建議或意見及各政府機關或是私人組織之理由合併出版，[133]以公諸於大眾。

　　南韓國家人權委員會在2002年共提出六項政策建議，其中高達四項不被接受，內容有關2002年世界盃足球賽之人權措施、外國勞工及學校管理等。[134]2003年共提出七項政策建議，其中有兩項不被接受，內容有關伊拉

2003, paragraphs 17-18.

[131] National Human Rights Commission of the Republic of Korea, *Annual Report 2006* (National Human Rights Commission of the Republic of Korea, 2007), pp. 28-31.

[132] 有論者認為有幾項原因使得南韓政府必須重視國家人權委員會之建議，第一，政府已警覺到社會越來越重視權利。第二，人權團體積極要求南韓政府實踐國家人權委員會之建議。第三，媒體報導國家人權委員會之建議，使政府有壓力。第四，潘基文成為聯合國秘書長，同時南韓也是人權事務委員會之成員，其增加南韓遵守國際人權條約之壓力。See Lim Tae Hoon, supra no. 23, p. 155.

[133] National Human Rights Commission Act, Art. 25.

[134] National Human Rights Commission of the Republic of Korea, *Annual Report 2002* (National Human Rights Commission of the Republic of Korea, 2003), pp. 28-29.

克戰爭及教師因服兵役而受不利益。[135]2004年共提出六項政策建議，其中有一項不被接受，有關外國人入境應有申訴之機會。[136]

　　同樣地國家人權委員會的人權政策建議，亦有一部分未被採納，從正面觀點觀之，這表示國家人權委員會的許多人權政策建議受到各機關之重視，進而改善各機關之人權措施，但是相對地國家人權委員會並沒有說明各機關為何不採納，或是國家人權委員會是否採取其他措施，或是持續提出建議，使得其所建議之事項得以實踐。

（3）人權狀況及國家人權行動計畫

　　另一方面國家人權委員會也必須調查南韓之人權狀況，於是國家人權委員會與大學及民間團體合作，以進行此工作。例如2002年國家人權委員會針對兒童、老人、身心障礙者、軍人、外籍勞工、雇用歧視等主體及議題進行調查。[137]其後幾年國家人權委員會持續進行人權狀況之調查。不過國家人權委員會並沒有進一步闡明這些調查呈現什麼結果，是否有什麼特別意義，是否可以作為國家人權委員會提出法律或是政策建議之基礎，或是可以作為應採取何種人權教育之基礎等等問題，畢竟任何人權調查應該有結果呈現及後續作為，否則這些調查便沒有太大意義。

　　而因為經濟社會文化權委員會建議南韓應於2006年6月之前提出國家人權行動計畫，此工作亦成為國家人權委員會之重點，國家人權委員會於2006年提出其對國家人權行動計畫之建議。[138]而國家人權委員會所研擬的國家人權行動計畫，甚至成為人權事務委員會在審查個案時的論證理由之一，進而認定南韓沒有替代役，使得許多人無法因為良心或宗教原因而不須服兵役，違反「公民與政治權利公約」第18條第1項之規定。[139]而國家人權委員

---

[135] National Human Rights Commission of the Republic of Korea, *Annual Report 2003* (National Human Rights Commission of the Republic of Korea, 2004), p. 32.

[136] National Human Rights Commission of the Republic of Korea, *Annual Report 2004* (National Human Rights Commission of the Republic of Korea, 2005), p. 26.

[137] National Human Rights Commission of the Republic of Korea, *Annual Report 2002* (National Human Rights Commission of the Republic of Korea, 2003), pp.31-32.

[138] National Human Rights Commission of the Republic of Korea, *Recommendation Proposal on National Action Plans for the Promotion and Protection of Human Rights (NAP)* (National Human Rights Commission of the Republic of Korea, 2006).

[139] Human Rights Committee, Communications Nos. 1321/2004 and 1322/2004: Republic of

會所草擬之國家人權行動計畫或是禁止歧視法案，也成為南韓政府提出國家報告的重要內容。[140]其實國家人權行動計畫是1993年維也納世界人權會議之產物，從此之後聯合國各種人權機制不斷呼籲各國應該建立自己的國家人權行動計畫，但是在亞太區域並沒有很好的實踐情況，因此能夠形成國家人權行動計畫，對於其他國家而言是正面的發展。[141]

　　因為國家人權委員會此部分職權與行政權及立法權有高度互動，[142]而這些互動也可能引發行政權及司法權之敵意，例如盧武炫總統曾經說：「我害怕國家人權委員會。」[143]而國民大會則是聲稱，「國家人權委員會的決定沒有遵循多數民眾之意見，也缺乏國家情操。」[144]其中可以看出，因為從不同角度思索問題，南韓行政及立法部門不一定從人權角度衡量國家人權委員會之作為。不過從另一角度觀之，或許我們可以說，這代表國家人權委員會是獨立之機關，不會受行政權及立法權之左右，同時也可能是國家人權委員會確實發揮其功能，對於行政權及立法權形成影響力。

2.人權教育

　　就提升人權意識及落實人權教育而言，「巴黎原則」強調，國家人權機構可以協助制定人權教學及研究方案，並參加這些方案在學校、大學及專業團體中執行。另外，國家人權機構亦可以通過宣傳、教育、媒體，宣傳人權及反對各種形式歧視特別是種族歧視之的工作，以提高公眾對人權之認識。[145]

　　國家人權委員會法第19條明確規定人權教育是國家人權委員會的重要職

Korea, 23 January 2007, paragraphs 8.4 and 9.

[140] See Republic of Korea, Fourteenth periodic report to the Committee on the Elimination of Racial Discrimination, CERD/C/KOR/14, 18 August 2006, paragraphs 24-27.

[141] 其實馬來西亞國家人權委員會在2002年便形成國家人權行動計畫，參見廖福特，〈馬來西亞國家人權委員會之研究〉，《臺北大學法學論叢》，第66期，2008年6月，117頁。

[142] Republic of Korea Third Periodic Report to the Human Rights Committee, CCPR/C/KOR/2005/3, 21 February 2005, paragraph 5.

[143] Presentation of National Human Rights Commission of the Republic of Korea at the 8th annual meeting of the Asia-Pacific Forum of National Human Rights Institutions, Kathmandu, Nepal, 16 February 2004, p. 2.

[144] Ibid.

[145] Paris Principles, Competence and responsibilities, point 3.

權之一，而國家人權委員會所進行之人權教育包括兩個層面，一者是國家人權委員會本身所進行的，另一者是透過諮詢使得其他國家相關機關進行人權教育。就前者而言，國家人權委員會法特別規定國家人權委員會得設立人權資料中心，並成為國家圖書館之一部分，[146]其更設立人權資訊服務系統。就後者而言，國家人權委員會法特別規定，國家人權委員會得提供建議給教育及人力資源部部長、各大專院校校長、各級政府機關首長、各國家所設立之研究機構、各社會或成人教育機構，以促使人權教育之實踐。[147]

　　而在實踐方面，國家人權委員會籌組人權教師團（human rights instructors team），國家人權委員會也成立了學校人權教育專家委員會，同時構思草擬人權教育法草案。[148]從國家人權委員會成立之後，即不斷舉辦對於檢察官、矯正人員、警察之人權教育，並籌畫及出版人權教材，特別是針對檢察官、矯正人員、警察、軍隊等出版人權手冊。[149]國家人權委員會也製作人權電影、人權童話書、人權漫畫、人權海報及小手冊、甚至製作人權廣告，[150]也舉辦人權演唱會。[151]國家人權委員會也出版《人權》（*Human Rights*）月刊，從2003年8月開始發行。而國家人權委員會所出版之人權教育教材，或是舉辦之人權教育講座及研討會，也成為南韓政府提出國家報告的重要內容。[152]

（三）保護者

　　國家人權機構主要透過其調查權扮演保護者之角色。「巴黎原則」認為，可以授權一國家人權機構負責受理及審議有關個別情況的申訴及請願。

---

146 National Human Rights Commission Act, Art. 27.
147 National Human Rights Commission Act, Art. 26.
148 National Human Rights Commission of the Republic of Korea, *Annual Report 2005* (National Human Rights Commission of the Republic of Korea, 2006), pp. 86-87.
149 National Human Rights Commission of the Republic of Korea, *Annual Report 2002* (National Human Rights Commission of the Republic of Korea, 2003), pp. 92-93.
150 Ibid., pp. 94-97.
151 National Human Rights Commission of the Republic of Korea, *Annual Report 2003* (National Human Rights Commission of the Republic of Korea, 2004), p. 110.
152 Committee against Torture, Consideration of Reports: Republic of Korea, CAT/C/53/Add.2, 14 February 2005, paragraphs 48-49. Republic of Korea Third Periodic Report to the Human Rights Committee, CCPR/C/KOR/2005/3, 21 February 2005, paragraph 125.

提出之主體可以包括個人、個人之代理人、第三人、非政府組織、工會或任何其他代表性組織等。而國家人權機構可以根據以下原則處理這些個案：（1）在法律規定的範圍內，經由調解或和解，達成有拘束力之決定，並求得當事人滿意之解決方案；（2）告知申訴人及請願人其權利，特別是救濟途徑；（3）若非其職權範圍內，將申訴及請願案件，轉送其他權責機關；（4）基於維護申訴人及請願人之權利，對主管當局提出建議，特別是對法律、規章和行政措施提出修正或改革意見。[153]

對於南韓國家人權委員會而言，其透過兩種途徑扮演保護者之角色，第一是參與司法程序，第二是針對個人申訴案件進行調查。以下依序探討之。

1.參與司法程序

所謂參與司法程序，有關國家人權委員會與司法機關之職權互動，首先如果法院或憲法法院繫屬之案件，對於保障及促進人權有重大影響，國家人權委員會得基於法院或憲法法院之請求，或是主動，提供法律意見。其次，如果審判案件與國家人權委員會調查中之案件有關，國家人權委員會亦得基於法院或憲法法院之請求，或是主動，提供有關事實及法律意見。[154]

但是民間團體批評國家人權委員會幾乎完全不重視法院審查中的案件是否與人權有關，因此國家人權委員會並沒有善盡此部分職權。[155]而國家人權委員會的各種出版品都沒有提供此部分之訊息，因此難以判斷國家人權委員會究竟在此部分有何作為，或是形成什麼影響，其實國家人權委員會參與個案的司法程序，一方面可以救濟個別被害人，也可能造成制度之改變，特別是參與憲法法院審理之案件，更可能改善憲政制度對於人權的保障範疇及標準，其實影響力相當大，也是值得國家人權委員會奮戰之地方。

2.個人申訴案件

南韓國家人權委員會法第19條規定，國家人權委員會有調查及救濟人權侵害及歧視之職責。而國家人權委員會法第30條至第50條則是對於個人申訴

---

153 Paris Principles, Additional principles concerning the status of commissions with quasi-jurisdictional competences.
154 National Human Rights Commission Act, Art. 28.
155 Lim Tae Hoon, supra no. 23, p. 154.

及國家人權委員會調查權最更完整之規範，其包括提出申訴案、受理、調查、和解、救濟等程序。

　　就提出申訴案而言，主要包括兩類，一者是人權侵害事件，另一者是歧視事件，無論是哪一種，被害人都可以提起，更重要的是任何人或是組織只要得知有人權侵害或是歧視情事，即使非被害人，亦得提起申訴。如果某人是被限制於拘禁或保護處所的話，此拘禁或保護機關必須提供欲提起申訴人必要之地方、時間及其他便利，而當被限制人要提起申訴時，拘禁或保護機關應立即通知國家人權委員會，並將申訴書送交國家人權委員會，而國家人權委員會亦得基於此，而安排其委員訪視此拘禁或保護處所，並與申訴人訪談。為了保障被拘禁人提出申訴之權利，國家人權委員會法也規定，妨害被拘禁人提出申訴，得科1,000萬韓圜以下之罰金。[156]另外，如果有嚴重人權侵害或是歧視情事，但是卻無人提起申訴，國家人權委員會亦得主動為調查。

　　歧視或是違反平等權事件之對象比較廣泛，甚至包括法人、組織及私人，這是將反歧視作為在私人間實踐之具體作為，是相當正面之發展，畢竟有相當多之歧視行為是發生在私人間。不過人權侵害事件只能針對國家機關、地方政府，或是拘禁或保護機關公務員所為之行為，同時此時權利範疇只限於南韓憲法所保障之權利，不包括國際人權。這不僅是對象之限縮，也是人權範疇之窄化，使得私人間之人權侵犯事件無法進行調查，同時也割裂國際與國內人權之互動，既然一方面國家人權委員會法第2條規定，本法所稱之人權不只包括憲法及法律所保障之範疇，還及於南韓已批准之國際人權條約及習慣國際法，但是卻又在個人申訴人權侵犯時限縮於國內法，其實並不合理，也會逼迫人民必須在國際人權機制再次進行救濟，對於南韓政府及人民都不是正面的。

　　而國家人權委員會法也特別規範，對於提出申訴之人，或是提出證據、提供證詞或物件之人，不得有任何不利益之對待。另外國家人權委員會亦得對於揭發侵犯人權或歧視事件之人，或是提供證據或是物件之人，給予必要

---

156 National Human Rights Commission Act, Art. 61.

之支持或是獎勵。[157]

　　就受理而言，國家人權委員會法規範了諸多條件，如果申訴案非國家人權委員會職權範圍、顯無理由、非被害人提起之案件，而被害人不願意追究、超過一年之案件、案件法院審理中、匿名、國家人權委員會認為不適合調查、當事人撤回案件、同一案件已審理過、申訴目的與法院確定判決矛盾等，都可能因而不受理。而且即使已開始調查程序，國家人權委員會法亦得基於以上理由之一，而為不受理之決定。但是如果國家人權委員會確認申訴人之真意是向其他國家機關申訴的話，得將此申訴案移轉至相關機關。

　　就調查而言，國家人權委員會法賦予國家人權委員會要求申訴人、被申訴人或是相關第三人，出席或是提出證言之權力，國家人權委員會亦得進行實地調查。任何人毀壞、偽造或是改變國家人權委員會法調查中案件之證據，得處以五年以下有期徒刑，或科3,000萬韓圜以下之罰金。[158]

　　國家人權委員會法亦有採取緊急措施之權力，如果國家人權委員會法接到申訴之後，高度認為有侵犯人權或是歧視之可能性，而且可能造成無法回復之傷害時，得要求被申訴人或是機關首長採取緊急措施，這些措施包括：1.提供醫療、食物或衣物；2.參與現場訪視；3.改變限制當事人自由之處所；4.停止可能的侵犯人權或是歧視行為；5.將可能侵犯人權或歧視之公務員調職；6.其他足以保護被害人生命或安全之方法。[159]任何人阻撓這些緊急措施之實踐，得處以一年以下有期徒刑，或科500萬韓圜以下之罰金。[160]

　　就和解而言，國家人權委員會法賦予國家人權委員會設立和解委員會（conciliation committee）之職權，國家人權委員會得任命國家人權委員會委員，或是其他專家擔任和解委員會之委員，而所謂專家之資格，包括具備十年以上人權專業之事實及經驗、十年以上法官、檢察官、軍法官或是律師之資歷、十年以上助理教授以上之資歷，而和解程序由一位國家人權委員會委員及兩位和解委員會委員進行，其得決定停止人權侵害或是歧視行為、賠償被害人之金額或是其他適當之內容以阻止人權侵害或是歧視情事。如果雙方

---

157 National Human Rights Commission Act, Art. 55.

158 National Human Rights Commission Act, Art. 56.

159 National Human Rights Commission Act, Art. 48.

160 National Human Rights Commission Act, Art. 60.

當事人沒有在兩週內，對於和解委員會之決定提出異議，則是為接受和解委員會之決定，而此決定與法院判決有同等法律效力。

　　最後就救濟而言，如果案件非經過和解程序解決的話，國家人權委員會如果認為無證據可證明有人權侵害或是歧視情事，或是與人權侵害或是歧視情事無關，或是無須進一步之救濟措施的話，國家人權委員會得駁回申訴案。但是如果國家人權委員會認為有人權侵害或是歧視情事時，得針對此個案應採取之措施，或是法律規範等制度問題，對於各相關機關提出建議，同時國家人權委員會法也規定，各機關必須尊重國家人權委員會之建議，同時通知國家人權委員會其實踐之結果。

　　另外如果國家人權委員會法發現有刑事犯罪之情形時，得分別向檢察官或是軍事檢察官提出告訴，更重要的是國家人權委員會法亦規定檢察官或是軍事檢察官必須在接到告訴三個月內完成偵查程序，並將結果通知國家人權委員會，如果三個月內不能完成的話，亦需告知國家人權委員會無法完成之理由。

　　而因為調查權之實踐，國家人權委員會也自我認定為「準司法機關」（quasi-judicial organization）。[161]國家人權委員會曾言，國家人權委員會之成長主要奠基於人民對國家人權委員會及人權之瞭解程度之增加。[162]

　　就實際運作而言，國家人權委員會所接到之申訴案件，可說是每年都成長，例如2002年有16,259件，其中有3,593件申訴案，有關人權侵犯占78.8%，以指控拘禁機制、警察及檢察官最多，歧視案件占5.3%，以違反平等權及因社會階層及身心障礙之歧視最多，其他案件占15.9%。[163]不過申訴案中有86%不受理，9.9%駁回，[164]因此其實真正進入調查程序的案件不多。其後幾年案件逐年增加，從2002年到2006年3月，共有19,288件申訴案，[165]

---

161 National Human Rights Commission of the Republic of Korea, *A World of Dignity for All* (National Human Rights Commission of the Republic of Korea, 2006), p. 12.

162 National Human Rights Commission of the Republic of Korea, *Annual Report 2004* (National Human Rights Commission of the Republic of Korea, 2005), p. 11.

163 National Human Rights Commission of the Republic of Korea, *Annual Report 2002* (National Human Rights Commission of the Republic of Korea, 2003), p. 41.

164 Ibid., p. 61.

165 National Human Rights Commission of the Republic of Korea, *A World of Dignity for All* (National Human Rights Commission of the Republic of Korea, 2006), p. 38.

但是同樣地絕大多數案件是不受理或駁回。

　　國家人權委員會彙整在2002年因為人權侵犯申訴案而作成的建議有十五件，因為歧視申訴案所作之建議有八件，其中絕大部分均為各機關所接受。[166]而比較正面的發展是，後來幾年國家人權委員會因為人權侵犯或是歧視申訴案所作之建議，絕大部分均為各機關所接受。國家人權委員會統計前三年（2002-2004年）之184件建議中，只有6項建議未被採納。[167]

　　國家人權委員會亦將其建議分為兩類，包括人權侵害及歧視，而就實例而言，國家人權委員會已經針對非常多類型之人權侵害及歧視案件之個人申訴提出建議，例如在人權侵犯部分，以2006年為例，[168]國家人權委員會處理幾件重要案件，例如有關軍隊士官毆打士兵，國家人權委員會建議這些士官應接受道德教育。有關檢察官虐待被告之案件，國家人權委員會認為此為刑事犯罪，應該另行起訴。有關偵查中公布犯罪嫌疑人資料，國家人權委員會認為嚴重違反無罪推定，因此要求南韓內政部及警政署必須要求其所屬人員遵守，並告知此違反為刑事犯罪。另外，有學校與銀行合作發行兼具學生證及銀行帳戶之卡片，可能使學生個人資料流出而侵犯隱私權，因此國家人權委員會建議必須讓學生有選擇不兼具銀行帳戶之卡片。而南韓衛生福利部基於防止輸血感染愛滋病之理由，將多名愛滋病患之資料提供給南韓紅十字會，但是國家人權委員會認為此舉並無法律依據，侵犯隱私權，因此建議南韓衛生福利部應該尋求立法基礎。

　　而在有關歧視部分，[169]例如南韓鐵路公司只招募女性服務員，並給予較低工資，被國家人權委員會認定為性別歧視。首爾部分地鐵站只有地下一樓有身心障礙者適用之廁所，但是電梯卻無法到達地下一樓，因而國家人權委員會認為此為對身心障礙者之歧視。南韓原來不承認中文學校之證書，因

---

166 National Human Rights Commission of the Republic of Korea, *Annual Report 2002* (National Human Rights Commission of the Republic of Korea, 2003), pp. 62-63, 79-80.

167 National Human Rights Commission of the Republic of Korea, *Our first 3 years & Challenges ahead* (National Human Rights Commission of the Republic of Korea, 2005), p. 11.

168 此部份請參閱National Human Rights Commission of the Republic of Korea, *Annual Report 2006* (National Human Rights Commission of the Republic of Korea, 2007), pp. 52-59.

169 請參閱National Human Rights Commission of the Republic of Korea, *Annual Report* 2006 (National Human Rights Commission of the Republic of Korea, 2007), pp. 64-70.

此中文學校的畢業生必須再做檢定，才能到韓語學校繼續就讀，國家人權委員會認為這是對於個人出身國之歧視。

　　其實從以上之論述可以發現，國家人權委員會法已建構一完整之個人申訴及國家人權委員會調查之制度，而其尚存之問題可能包括以下幾點。首先，人權侵害事件對象及權利範疇過於狹隘，其結果使得多數案件均無法救濟。其次，多數案件都不受理，[170]亦可見受理要件或應放寬，否則其實國家人權委員會只對極少數案件進行調查。第三，在少數調查案件中，國家人權委員會只對其中一部分提出建議，而且有部分建議未被採納，然而國家人權委員會並沒有持續關注後續發展，似乎建議不被採納即無法採取後續監督行為。這些難題應是國家人權委員會未來必須尋求改善的。

伍、結論

　　從創設國家人權委員會觀之，南韓歷經憲政民主、國際突破及政黨輪替，但是其中與設立國家人權委員會應是國際化後與國際人權接軌，其影響國家人權委員會理念之引進及設立獨立於三權分立之外之獨立人權機關。對於台灣而言，我們亦歷經憲政民主及政黨輪替，但是卻無國際突破，也因為無法與國際人權接軌，致使要使國家人權委員會在台灣生根，必須花費相當大之力氣，雖然台灣人權團體極力提倡，政府亦追尋此目標，但是自從2000年陳水扁總統宣示希望設立國家人權委員會，至今已超過七年，依然無法順利設立之，或許不熟悉國際人權之發展是相當重要之原因。另外南韓克服朝小野大之困境，但是台灣卻身陷朝野惡鬥，也是可能原因之一。

　　南韓沒有修憲並只以增定新法律之方式設立國家人權委員會，應是台灣可以借鏡之處。同時南韓在監察使之外，也設立國家人權委員會，使得監察

---

170 南韓民間團體認為影響個人申訴最嚴重的是法院審理中之案件，國家人權委員會即不
　　受理，而且調查速度太慢，即使到2005年已有進步，但是平均每個案件仍須花費104
　　天，其結果可能導致證據之流失。See MINBYUN-Lawyers for a Democratic Society,
　　"South Korea," in Forum-Asia, *Performance of National human Rights Institutions in Asia*
　　2006: Cooperation with NGOs and Relationship with Governments (Forum-Asia, 2006), p.
　　61.

使及國家人權委員會共存，並各司其職，這亦是台灣可以學習的。

在組織結構部分，南韓國家人權委員會法所規定之委員會保障、行政立法司法三權均參與委員之選任、完整的內部結構及區域辦公室等，都是未來台灣可以借鏡的。不過另一方面，其可能之缺失，例如選任委員程序不夠透明、未建立委員諮免權、無法直接向國會提出預算、行政權對於國家人權委員會內部人事之影響等，亦是值得我們警惕的。

在職權部分，南韓國家人權委員會法已完整規範國家人權委員會之職權，其涵蓋了聯合國所期待的橋樑、促進者及保護者三種角色，非常值得台灣省思。然而國家人權委員會各種「柔性權力」，例如對於法律及政策之建議，或是調查人權侵害及歧視事件後之建議，雖然法律已規定各機關必須尊重之，但是建議的本質便是柔性的，依然有部分建議未被採納，因此未來台灣設立國家人權委員會時，應對此部分有所警惕，思考是否應該給予國家人權委員會更強之權力，即使沒有採取此途徑，未來台灣所成立之國家人權委員會，亦必須建構持續監督之機制，不斷地建議各機關進一步促進及保障人權，如此或可將形式柔性權力，轉化為實質剛性權力。

第四章　泰國國家人權委員會

　　任何國家都有其自己實踐國際人權標準之法律機制,但是國家人權委員會可說是新興之人權機制,各國設立國家人權委員會的目的之一便是實踐國際人權,聯合國「巴黎原則」(Paris Principles)亦強調,各國國家人權委員會是此國家實踐國際人權之重要機制,因此應該著重於分析於泰國國家人權委員會(National Human Rights Commission of Thailand)之設立是否符合「巴黎原則」及其在實踐國際人權標準所扮演之角色。

　　以下第壹部分以法律觀點探究泰國之國家架構,其中探討政府架構、憲法人權條款範圍及參加國際人權條約之情形,以便瞭解泰國是在什麼國家架構之下設立國家人權委員會。第貳部分分析泰國創設國家人權委員會之歷程、類型及法律規範。第參部分研究泰國國家人權委員會之組織。第肆部分析論泰國國家人權委員會之職權。同時在第貳至第肆部分以「巴黎原則」之內容為基礎,探討泰國國家人權委員會在法律規範、組織及職權等三個面向是否符合國際規範。最後於第伍部分作總結之論述。

壹、國家架構

　　在討論泰國國家人權委員會之前,應先探究其國家架構,以瞭解泰國國家人權委員會設立之背景,因此以下分析泰國之政府結構、憲法人權條款及參加國際人權條約之情形。

一、國家與政府體制

　　泰國[1]與其他東南亞國家的最大不同國家發展特色是泰國從來沒有受到西方帝國主義之殖民統治,因此只需注意其國家本身之發展歷程。在1836

1　有關泰國1900年至2004年重要大事紀,請參閱李明峻編譯,《東南亞大事紀(1900-2004)》,中央研究院人文社會科學研究中心亞太區域研究專題中心,2006年,191頁至230頁。

年至1932年之間，泰國為君主專政（absolute monarchy）國家，[2]對於泰國而言，或許沒有國王，就沒有泰國，也沒有國家。[3]

　　1932年發生「六二四」軍事政變，[4]在君主政體中創立民主政府的目標之下，建立了第一個君主立憲政權，但是也開啟了軍隊干預政治之先例。[5]當時軍事政變組織將該階段視為過渡時期，認為需要特別的計畫來幫助落實新的政治體系。故其經由選舉及推派代表的方式組成國民大會，制定憲法。而在其後，雖然在1932年到1946年間軍事武裝政變不斷，歷經兩次未遵守憲法規定的政府改組，以及數次武力政變，甚至政壇間以武力解決爭議的方式漸成當時初期民主憲政的特徵之一，但政府領袖及政界精英等仍然堅守該憲政化的理念。

　　在第二次世界大戰之後，泰國在維持議會政治及穩定政權等方面變得更加困難，為了配合當時泰國的政經環境，1946年的憲法將原來的議會由一院制改為二院制，加入類似於美國參議院的上議院機構。

　　在1947至1958年間，曾有七次武裝政變的嘗試，當中分別在1947、1951、1957及1958年間成功政變，並在1949年及1951年有兩次的叛變及一次的軍事政變。但即使有這些武力政變的存在，其並未在軍事領導者及人民之間產生對立，但各政府也從未利用憲法來保護或確保政權，在這四個政權當中，僅有兩次制定新憲，而其他政權則僅只對原憲法進行修訂而已。在權力更迭間，民主的原則及傳統並未在政權轉移及政治爭議上產生多大效用。新憲的制定大多是為了在外觀上取得民眾認可的形象，或為進行鞏固政府權力所需的體系變動。亦或是經由新憲的修訂，好讓新政權再次宣示其對王室的效忠以及國王對於新政權的接受與支持。最重要的是，在這段期間內，政府領導人仍然堅定的相信民主制度對政權而言乃是最可行且最貼近現代發展的。問題在於要如何使新的民主政府能在泰國社會中被接受。

　　1957至1992年間，西方民主理論被批評者認為乃屬外來思想，與泰國社

2　See Chaiyan Rajchagool, *The Rise and Fall of the Thai Absolute Monarchy* (White Lotus, 1994). Kenneth Christie and Denny Roy, *The Politics of Human Rights in East Asia* (Pluto Press, 2001), p. 160.

3　Nieles Mulder, *Inside Thai Society* (Silkworms Books, 2000), p. 110.

4　參見葉明德，《泰國簡史》，暨南國際大學東南亞研究中心，2003年，57頁。

5　參見朱振明，《泰國獨特的君主立憲制國家》，香港城市大學出版社，2006年，87頁。

會並不相容。故在此階段多實行傳統泰國政權的模式——父權專制主義成為主流，政府禁止政黨及工會等活動，並對言論及媒體自由予以壓制。[6]

簡而言之，1932年至1992年的六十年期間，軍事政變與軍人政權構成了泰國政治的主要部分，其間偶而出現文人政權，但是文人政權也受軍隊之影響，而有論者認為，泰國軍人政權有三大特色：（1）選擇文人當總理，維持文人政府之形象；（2）軍人只控制少數關鍵職位，其他專業職位由政治人物或是專家出任；（3）只控制中央權力，少及於地方。[7]

雖然1973年10月泰國曾經發生稱為「十月學潮」[8]或「十月革命」[9]之學生運動，1976年10月亦有民主運動，[10]挑戰軍人政權，[11]但是卻無法撼動軍人政權。泰國民主化直到1992年才有轉機，1992年血腥五月（Black May）發生之後，由於改革擁護者的努力，也因為1997年泰國面臨嚴重之金融危機，人民認為應對政治體系作重大改革，本來在1995年至1996年擬定新憲法草案遭遇相當大之阻力，卻因1997年金融危機，導致必須改革，[12]也使得制定新憲法變成可能，因而在1997年新憲法再次引進民主憲法的概念。為了在泰國落實新的民主制度，1997年憲法當中設有限制且控制政府與公家機關權力的規定，並對個人自由及權利進行保護，[13]因而1997年憲法也被稱為「人

6　參見饒偉訊（Kevin Hewison），〈君主政體和民主化〉，收錄於饒偉訊（Kevin Hewison）著，薛學了等譯，《泰國的政治變化：民主和參與》，廈門大學東南亞研究中心及香港城市大學東南亞研究中心，2002年，137頁。

7　朱振明，前註5，87至88頁。

8　參閱袁馬來・安南，《泰國學生運動（一九七三年十月）》，政治作戰學校政治研究所碩士論文，1975年，37至49頁。

9　黃世光，《泰國「泰愛泰黨」（Thai Rak Thai）的發展策略研究》，暨南國際大學東南亞研究所碩士論文，2004年，7頁。

10 See Choochai Supawongse, "Preface," (2003) 1 *Thailand Human Rights Journal* 1, 1.

11 See Erik Cohen, *Thai Society in Comparative Perspective* (White Lotus, 1991), p. 93.

12 Chris Baker and Pasuk Phongpaighit, *A History of Thailand* (Cambridge University Press, 2005), pp. 255-256.

13 Thanet Aphornsuvan, The search for order: Constitutions and human rights in Thai political history, available at http://rspas.anu.edu.au/pah/human_rights/papers/2001/Thanet.pdf (visited on 15 July 2008), p. 3.

民憲法」（People's Constitution），[14]是泰國多年民主化之成果。[15]在1997年憲法規定中，泰國政府採內閣制，最高行政機關為「總理府」，總理由國會議長提名，由參眾兩院聯席會議通過後，奏請泰王任命。而實際上泰國國王在泰國雖未掌握實權，但仍具有崇敬的地位及非正式的強大影響力。

　　但是短暫的民主過程，在2006年又再次遭遇軍隊之侵入，2006年9月19日，軍方「政改團」在陸軍總司令頌提上將（General Sonthi Boonyaratkarin）領導下政變，經泰王承認後，成功推翻了在2005年2月大選組成的塔克信（Thaksin Shinawatra）政府，該政府雖是經由自由且公平的選舉所選出，但賄選買票的問題卻非常嚴重。[16]而塔克信政府當政期間，諸項人權問題亦層出不窮，故有論者認為此次軍事政變，乃是經由1997年憲法制定時起累積的民主意識而生之反撲。[17]嗣後「政改團」頒布命令解散國會，廢除1997年憲法，制定臨時憲法，宣佈戒嚴令且解散泰國國家人權委員會。諸項作法使得亞洲人權協會於年度報告中認為泰國在人權與法律方面在政變之後倒退許多。[18]根據該臨時憲法，「政改團」改為「國家安全理事會」（Council for National Security），專司國家安全事務，2006年10月9日由已退伍之蘇拉育上將（General Surayud Chulanont）組臨時內閣，成立所謂文人臨時政府，總理蘇拉育及內閣閣員共27人，嗣增加2人，共29人，於是日向泰王宣誓任職，並於翌（10）日召開第一次內閣會議，對外宣稱擬在一年內制定新憲後，由全民複決，並舉行全國大選，還政於民。

　　泰國憲法起草委員會及制憲大會於2007年7月通過審議新憲法草案，泰

---

14 See Michael Kelly Connors, Democracy and National Identity in Thailand (Nordic Institute of Asian Studies, 2007), p. 164. Chris Baker, "Human Rights and Thai Democracy," (2003) 1 *Thailand Human Rights Journal* 5, 5. The Office of the National Human Rights Commission of Thailand, *The National Human Rights Commission of Thailand* (Office of the National Human Rights Commission of Thailand, 2001), p. 1.

15 Asian Human Rights Commission, Thailand: The Human Rights Situation in 2006 The return of the army & the maintenance of impunity, Asian Human Rights Commission, December 21, 2006, p. 2.

16 Bureau of Democracy, Human Rights, and Labor, Country Reports on Human Rights Practices, March 6, 2007, available at http://www.state.gov/g/drl/rls/hrrpt/2006/78792.htm.

17 Thanet Aphornsuvan, Military Coups and Politics in Thailand, Center for Asia-Pacific Area Studies, Workshop on Thai Studies, May 11, 2007, p. 11.

18 Asian Human Rights Commission, supra no. 15, p. 1.

國人民並在8月19日舉行的公民投票中通過新憲法。比較值得重視的是，此憲法維持君主立憲民主憲政體制，泰國國王形式上為國家元首，採用內閣制，由總理為行政首長，立法權採兩院制國會，最高司法權為憲法法院。另外新憲法依舊維持1997年憲法中的獨立憲法機關之制度，包括中央選委會（Election Commission）、監察使（Ombudsmen）、國家肅貪委員會（National Counter Corruption Commission）、國家審計委員會（State Audit Commission）、檢察官（Public Prosecutors）、國家人權委員會（National Human Rights Commission）、國家經濟社會委員會（National Economic and Social Council）等，這恐怕是世界上少有之制度，其中顯現新興民主國家之不確定感，因此希望將諸多制度以憲法規範其獨立性。

　　值得慶幸的是，雖然泰國2006年軍事政變破壞了泰國十年的民主發展，而新憲法在短時間內制定，使得民主憲政得以儘速回復，不過泰國恐怕還有一段民主之路要走，特別是如何避免軍事政變之再度發生。

二、參加國際人權條約之情形

　　泰國在1946年12月16日成為聯合國會員國，雖然不是聯合國之創始會員國，但是相當早加入聯合國，因此理論上泰國有機會參與所有國際人權條約之形成，並且有充分時間批准或加入各人權條約，但是實質上泰國有多年不是非常積極地加入人權條約，在1985年之後才逐漸加入國際人權條約。

　　泰國於1948年與其他47個聯合國會員國共同簽署「世界人權宣言」（Universal Declaration of Human Rights），為全人類的與生俱來、不容任意剝奪的人性尊嚴、自由、平等而努力，泰國自稱堅信宣言所揭示的人權原則。

　　但是對於國際上主要人權條約，泰國多年來都未有積極的態度，直到1985年9月8日才加入「消除對婦女一切形式歧視公約」（Convention on the Elimination of All Forms of Discrimination against Women, CEDAW），爾後於1992年4月26日加入「兒童權利公約」（Convention on the Rights of the Child, CRC），於1996年10月29日加入「公民與政治權利國際公約」（International Covenant on Civil and Political Rights, ICCPR），並於1999年9月5日加入「經

濟、社會及文化權國際公約」（International Covenant on Economic, Social and Cultural Rights, ICESCR），進而在2000年6月14日批准「消除對婦女一切形式歧視公約附加議定書」（Optional Protocol to the Convention on the Elimination of All Forms of Discrimination against Women, CEDAW-OP），這些是泰國國家人權委員會成立之前，泰國所加入或批准之人權條約。

　　在泰國國家人權委員會於2001年成立之後，泰國對於國際人權條約有比較積極之態度，其於2003年1月28日加入「消除一切種族歧視公約」（International Convention on Elimination of All Forms of Racial Discrimination, CERD），2006年1月11日加入「關於販賣兒童、兒童賣淫與兒童色情製品問題的兒童權利公約任擇議定書」Optional Protocol to the Convention on the Rights of the Child on the sale of children, child prostitution and child pornography, OP-CRC-AC），2006年2月27日加入「關於兒童捲入武裝衝突問題的兒童權利公約任擇議定書」（Optional Protocol to the Convention on the Rights of the Child on the involvement of children in armed conflict, OP-CRC-SC），2007年10月2日批准「禁止酷刑公約」（the Convention against Torture and Other Cruel, Inhuman or Degrading Treatment or Punishment, CAT），2007年3月30日簽署「保障身心障礙者權利及尊嚴國際公約」（International Convention on the Protection and Promotion of the Rights and Dignity of Persons with Disabilities, CPD），但是尚未批准此條約。

　　因此泰國身為聯合國的一員，除了國際上人權促進及保護的職責之外，泰國亦基於上述條約簽訂負擔相關責任。由於上述國際條約的簽訂，除對其內國法的制定及實施負有保障人權的締約義務之外，還必須遵守條約監督委員會（treaty-monitoring Committee）對該國人權保障的觀察並對該委員會有提出例行性報告的義務。

　　但是依然有一些人權條約是泰國尚未批准或加入的，例如「公民與政治權利國際公約」的兩個附加議定書、「保障所有人不被強迫失蹤國際公約」（International Convention for the Protection of All Persons from Enforced Disappearance, CED）、「保障所有移民勞工及其家庭國際公約」（International Convention on the Protection of the Rights of All Migrant Workers and Members of Their Families）。

三、憲法人權條款

從1932年君主立憲開啟憲法路程之後，至今泰國已歷經了至少十七次修憲或制憲，[19]然而從時間及內容觀察之，與人權最有密切關係的應是1997年憲法及2007年憲法。

比較起1932年憲法中關於人權僅有9條規定的情況，泰國1997年憲法是第一個匯集全國人士意見而產生的作品，在1997年憲法中，就人權方面設有四十條之多的規定，分別為第三章之第26條至第65條。[20]就內容觀之，在一般原則部分，其確認憲法所保障之權利對於國家各機關，不論是行政、立法、司法機關，都有拘束力（第27條）。而且權利被侵犯者，得以提起訴訟救濟之（第28條）。對於權利之限制，必須依法為之，同時符合比例原則（第29條）。

在權利內容部分，其初次規範了人性尊嚴的保護（第26條），自由權部分亦涵蓋了平等權、人身自由、罪刑法定、無罪推定、家庭權及隱私權、居住自由、遷徙自由、通訊自由、宗教自由、表意自由、廣電自由、新聞自由、學術自由、集會自由、結社自由、組織政黨之權利等，可說是非常的廣泛。在社會權部分，1997年憲法保障受教育權、財產權、經營事業之權利、禁止強迫勞動、公共衛生福利、兒童青年免於暴力、老年福利、保存自然資源及生物多樣性、消費者保護、政府資訊公開、參與公共政策、請願權、國家賠償、公務員之權利平等等，亦是相當完整。其甚至規定傳統社群的人們應享有保存與修復傳統、當地智慧、藝術或文化的權利，並可參與管理、保存、維護及開發天然資源與環境的行動。最後，該憲法基於其政治發展的前車之鑑，在1997年憲法亦第一次賦予人民對於非依憲法規定取得統治權力的政府施以和平抵抗權（第65條）。

---

19 詳細列表及簡要修憲或制憲內容，請參閱張喬博，《泰國民主化過程中非政府組織的角色》，暨南國際大學東南亞研究所碩士論文，2001年，136至140頁。

20 See Amy L. Freedman, *Political Change and Consolidation Democracy's Rocky Road in Thailand, Indonesia, South Korea, and Malaysia* (Palgrave, 2006), pp.48-49. Vitit Muntarbhorn, "Human rights in the era of "Thailand Inc."," in Randall Peerenboom, Carole J. Petersen and Albert H.Y. Chen (eds.), *Human Rights in Asia A Comparative legal study of twelve Asian jurisdictions, France and the USA* (Routledge, 2006), pp. 322-323.

　　泰國2007年憲法亦是於第三章規定人民權利，包括第26條至第69條，多達44個條文，甚至超過1997年憲法，同時其將這些條文有系統地歸類為十三個部分，包括：一般條款（General Provisions）、平等權（Equality）、（第30, 31條）；個人權利與自由（Rights and Liberties of an Individual）——不受虐待及酷刑的權利、居住自由、遷徙自由、名譽及隱私權、通訊自由、宗教自由、工作自由（第32條至第38條）；司法程序之權利（Rights in Judicial Process）——罪刑法定與無罪推定、審判中的權利（第39, 40條）；財產權（Property Right）——私有財產與繼承權、徵收的限制（第41, 42條）；工作權——工作自由、工作安全之保障（Rights and Liberties in Occupation）（第43, 44條）；言論自由與大眾傳播媒體之保護（Freedom of Expression of Individual and the Press）（第45至47條）；受教權（Rights and Liberties in Education）（第48, 49條）；公共醫療及福利措施之權利（Rights to Public Health Services and Welfare）（第50條至54條）；資訊權與申訴權（Rights to Information and Petition）（第55至61條）；集會結社之權利（Liberties to Assembly and Association）（第62至64條）；社群權（Community Rights）（第65, 66條）；防衛憲法的權利（Right to Protect the Constitution）（第67, 68條）等。

　　從形式觀之，這些權利保障絕對不輸於其他國家，而且是有相當完整之體系，相較於1997年憲法，該保護範圍並未限縮，反而加入了如政府官員、公務員等亦受平等權保護的規定、審判當中人身保護的權利等，就人民權利的保護方面似有更加完整的趨向。當然憲法權利規範只是權利實踐之開始，不代表權利已實踐，不過此完整之權利規範，可以作為國家人權委員會之實踐基礎及努力方向。

貳、創設國家人權委員會

　　以下將分別探討泰國設立國家人權委員會之歷程、類型及法律依據，以作為後續討論國家人權委員會之組織及職權之基礎。

一、歷程

　　Cardenas認為大部分亞太區域之政府設立國家人權委員會是為了舒緩國際社會的壓力，並且控制對其主權之挑戰，但是實際上國家人權委員會成立之後卻對各國造成相當大之衝擊。[21]

　　但是對於泰國而言，則有不同背景。首先，泰國從來沒有成為西方國家之殖民地，有些東南亞國家設立國家人權委員會，會以其殖民母國為範本，例如馬來西亞，[22]但是泰國並無被殖民經驗，因此其設立國家人權委員會並沒有殖民母國之影響。其次，就國際壓力而言，除了上述泰國參與國際人權條約之情況之外，泰國只有在2001年至2003年擔任聯合國人權委員會之成員國，而後來在聯合國人權理事會成立之初，泰國也參選，[23]但是並沒有當選，後來幾年亦未當選人權理事會之成員國。特別的是，國際人權界也未積極要求泰國成立國家人權委員會。

　　相對言之，泰國國家人權委員會的成立背景則是1960年代初仍處於軍事獨裁統治下的泰國陷入發展及工業化困境後所進行之社經轉型的結果，[24]不過泰國國家人權委員會之設立可說是經歷了諸多曲折的道路，從1992年構思設立，到2001年正式成立，長達十年之久，後來又經歷2006年軍事政變，面臨被廢除之危機，在成立與生存之間，多年來歷經蹣跚困苦的過程，筆者將其區別為血淚基礎、政府掌控草案、制憲規範、立法成立、政變轉換等時期。

（一）血淚基礎

　　泰國國家人權委員會之成立與泰國之民主化息息相關，促成設立國家人

21 Sonia Cardenas, "National Human Rights Commissions in Asia," in John D. Montgomery and Nathan Glazer (eds.), *Sovereignty under Challenge* (Transaction Publishers, 2002), p. 70.

22 參見廖福特，〈馬來西亞國家人權委員會之研究〉，《臺北大學法學論叢》，第66期，2008年6月，96頁。

23 See The Permanent Representative of Thailand to the United Nations, Pledge to the Human Rights Council, No. 56101/643, 24 April 2006.

24 Surasee Kosolnavin, "The background, structure, functions and perspective of The National Human Right Commission of Thailand," paper presented to Conference on NHRIs in the Asia-Pacific, Taiwan Foundation for Democracy and Taiwanese Society of International Law, 22-23 October 2005, p. 2.

權委員會的背景為1992年5月，泰國政府以大規模的軍事武力鎮壓在曼谷發生的民運示威活動，造成至少52人死亡，38失蹤，數百人受傷，此乃為「黑色五月」的由來。[25]在非政府組織的遊說之下，內閣總理Anand Panyarachun在1992年9月通過決議，決定設立國家機制來保護和促進人權。

（二）政府掌控草案

但是泰國檢察長辦公室（Public Prosecutor's Office）直到1995年才提出法律草案，而且其本質是政府控制的人權委員會，因為委員中有三分之二是由選舉產生的政治人物及政府高級官員擔任，並由內閣總理擔任主席。此草案當然無法為非政府組織所接受，亦無法符合國際標準，最後也是胎死腹中。

（三）制憲規範

真正的轉機是1997年新憲法之制定，泰國1997年憲法被稱為「人民憲法」的主要原因之一，是其制憲委員會（Constitution Drafting Assembly, CDA）99位委員中有76位是由人民直接選出，其他23位則是由國會指定，因此其可直接反映民意，但是即便如此，當時Chuan Leekpai領導的聯合政府面臨多方指控，因為其所欲通過的新憲法內容，其中的法律文字、精神目的與制定之初的本意顯有不符。而政府與社會團體對於是否設立國家人權委員會有不同意見，特別是是否在憲法中明訂成立一個「獨立的」委員會，經過兩年的延宕，在多次的爭論及衝突之後，同時在非政府組織極遊說之下，終於在1997年10月制定的新憲法第199條及第200條明訂國家人權委員會之組織及職權。

（四）立法成立

即使新憲法明訂國家人權委員會為憲法機關，要設立國家人權委員會，仍需制定新法律，以細部規範職權、組織、預算等細節，而比較特別的是，

---

25 See Saneh Chamarik, "The Role of the National Human Rights Commission of Thailand," (2003) 1 *Thailand Human Rights Journal* 11, 13.

1997年憲法第十三章為過渡條款，其中明訂應於兩年內完成某些憲法機關之組織法，同時憲法亦明確規定這些組織法之基本原則，同樣地1997年憲法第334條規定，有關國家人權委員會之立法必須在兩年內（1999年10月以前）完成，但是其中並未規定立法原則，因此除了憲法第199條及第200條之外，沒有其他憲法準則規範有關國家人權委員會法律之內涵，也因此導致泰國政府得以論述憲法並未要求一個「獨立的」國家人權委員會，也進而形成制定國家人權委員會法之阻礙。

　　1998年4月泰國政府在檢察總長辦公室（Office of the Attorney-General）之下組織一個政府委員會，開始國家人權委員會法案的起草。草案於1998年9月完成，並於該年10月送交內閣。不少民間團體支持該法案的通過，因為這將建立一個功能強大、職權獨立的委員會。該草案先交由於內閣的法律諮詢機構（the Cabinet's legal advisory body）審查，以確保制定的合法性，1998年11月，在人權團體的遊說下，內閣總理成立一委員會舉行長達45天的草案公開聽證會，共計六場的公開聽證會於全國各地舉辦，共計1,380餘人出席聽證會，並完成了1,730份問卷，聽證會報告中再次呼籲應設立一個獨立的國家人權委員會，該聽證會報告隨草案提交於內閣。

　　內閣會議於1999年2月中旬通過法案的二讀，不過該草案公布時，社會團體驚訝地發現，公聽會報告內容被修改，提出了一份全新的草案，其中國家人權委員會不僅功能薄弱且受政府控制。大多數觀察家認定此舉乃是反對新憲法的政治人物和反改革的官僚從中運作之故。

　　該草案於1999年2月至10月在參眾兩院國會審查，但內閣政府採取了比較強硬的立場，其表明憲法並未授權成立一個「獨立」的機關，反改革的官僚和政治人物紛紛向國會遊說，與社會人權團體形成角力的狀態，經過多次談判及遊說的結果，原草案中的許多規定被恢復，終於在 1999年11月26日法案勉強被政府及社會團體雙方所接受，故「國家人權委員會法」（National Human Rights Commission Act B.E. 2542 (1999)）[26]實為政治妥協下的產物。在訂定法律之後，進入遴選委員組織國家人權委員會之階段，而此

---

26 其完整內容，請參閱The Office of the National Human Rights Commission, *National Human Rights Commission Act B.E. 2542* (1999) (Office of the National Human Rights Commission, 2004).

又花費一年八個月的時間才完成，泰國國家人權委員會於2001年7月正式成立。[27]

（五）政變轉換

　　但是泰國2006年政變後，1997年憲法被廢除了，國家人權委員會的未來及命運面臨重大挑戰，但是國家人權委員會採取一種特別的法律解釋途徑，其認為國家人權委員會是依據「國家人權委員會法」而設立，因此即使1997年憲法已被廢除，基於「國家人權委員會法」之法律基礎，其仍得獨立運作，直到制定新憲法為止，[28]而泰國2006年臨時憲法（2006 interim constitution）也明訂，制憲委員會完成憲法草案之後，如有與1997年憲法不同規定，必須檢附草案內容及理由，送交包括國家人權委員會之諸多獨立機關考量，而這些獨立機關得附加意見呈交制憲會議（Constitution Drafting Assembly）。[29]

　　而在草擬新憲法的過程中，曾經有人提議合併監察使及國家人權委員會，但是有90個民間團體發表聲明，反對合併監察使及國家人權委員會，他們提出五點理由：（1）兩者合併是倒退之作法，嚴重影響人民自由及權利；（2）國家人權委員會已是促進及保障人權之重要機制，與其他國家機關角色不同；（3）監察使與國家人權委員會的角色不同，國家人權委員會得針對行政部門及私人，但是監察使只能針對行政部門；（4）應強化國家人權委員會之職權，例如使國家人權委員會得向憲法法院提起訴訟；（5）國家人權委員會已為國內及國際所接納，如果新憲法廢除國家人權委員會，泰國政府將遭受漠視人權之質疑。[30]

　　所幸後來所通過之2007新憲法不僅未廢除國家人權委員會，更進一步接

---

27 有關泰國國家人權委員會之設立過程，可參閱Surasee Kosolnavin, supra no. 24, pp. 2-4. Saneh Chamarik, supra no. 25, pp. 13-14.

28 See National Human Rights Commission of Thailand, Report of the National Human Rights Commission of Thailand The First National Human Rights Commission of Thailand: Some Reflections of the Six-Year Experience, submitted at the 12th Annual Meeting of the Asia Pacific Forum of National Human Rights Institutions, Sydney, Australia, 24-27 September 2007, p. 6.

29 參見泰國2006年臨時憲法第26條。

30 作者是由Forum-Asia所組成之Asian NGOs Network on NHRIs （ANNI）之組群得知此訊息。

納民間團體之意見，加強國家人權委員會之職權，於憲法第256條及第257條規範國家人權委員會之組織及職權。但是國家人權委員會被定義為憲法機關之其他機關，雖然繼續存在，並且有憲法基礎，但是因為特別之歸類，也可能有所隱憂，泰國國家人權委員會仍必須面對未來可能之挑戰。

泰國國家人權委員會可說是在軍事政變及民主憲政之間設立及發展，就其設立過程觀之，泰國1932年至1992年六十年期間的軍事政變與軍人政權，阻撓了國家人權委員會之設立，而1992年後十年民主發展，成為設立國家人權委員會之基礎，2001年國家人權委員會正式成立之後，卻又必須面對2006年之軍事政變，甚至威脅國家人權委員會之存在，也使國家人權委員會之職權行使，面對諸多挑戰。而在2007年憲法施行之後，泰國又歷經多次政府改組及澎湃的社會運動，對於國家人權委員會而言，這些政治動盪都影響其職權之行使，這是國家人權委員會無法迴避之現實。[31]

二、類型

依據國家人權機構之職權內涵及區域發展為基準，吾人可以將各國國家人權機構歸類為以下五種類型：（一）諮詢委員會：法國模式；（二）人權中心：北歐／德國模式；（三）單一職權委員會：不易歸類；（四）人權監察使：伊比利半島及東歐模式；（五）獨立人權委員會：與監察使分離。[32]

而其中設立獨立且與監察使分離之國家人權委員會可說是國際上一項重要發展，獨立人權委員會與單一職權委員會的最大不同是獨立人權委員會所肩負之人權職責不限於反歧視而已，而是擴及於所有層面之人權，其認為人權事項包括國際人權條約、憲法及法律所保障之權利，這些權利之實踐都是獨立人權委員會之職責。亞太區域國家幾乎所有國家人權機構都是採用獨立人權委員會之模式，紐西蘭、菲律賓、印尼、馬來西亞、南韓、蒙古等都是採用此類型。

---

31 另請參見本章後續有關職權之討論。
32 參見廖福特，〈創設國家人權機構—理想、類型及憲改〉，收錄於湯德宗、廖福特主編，《憲法解釋之理論與實務第五輯》，中央研究院法律學研究所籌備處，2007年3月，183至184頁。

　　泰國也依循亞太區域國家之模式，如上所述，泰國1997年憲法明文規定設立國家人權委員會，除此之外，1997年憲法於第七章明訂監察使，並於第196條、第197條、第198條規範其組織及職權等，例如第197條規定：

監察使之職責如下：
1.對於以下申訴案件應以事實調查：
　a.未完全履行法定職責的行政機關、政府官員、公務員、公營企業、地方政府。
　b.行政機關、政府官員、公務員、公營企業、地方政府因執行職務導致對申訴者個人或公眾造成不法侵害，不論其執行的職務合法與否。
　c.其他合於法律規定的案件。
2.製作報告並將意見、建議送交國會。

　　同樣地，2007年憲法亦維持1997年憲法之模式，分別規定監察使及國家人權委員會均為憲法機關，由此可知泰國乃是採行第五種分類方式設立獨立的國家人權委員會，其與監察使各自獨立行使其職權。因此對於泰國而言，最主要之發展為國家人權委員會及監察使兩者均成為憲法機關。

　　不過應釐清的是，1997年憲法將監察使及國家人權委員會都放在第六章國會（National Assembly）[33]之下，而其第七部分規範監察使，第八部分規範國家人權委員會，但是肅貪委員會則是以第十章規範之，因此形式上監察使及國家人權委員會都是國會之延伸，協助國會部分功能，而憲法未明確指出監察使及國家人權委員會是獨立之憲法機關。

　　雖然2007年憲法一樣在第六章規範國會，但是其於第十一章特別規定憲法機關，並將這些機關分為兩部分，一者是獨立機關（independent organisations），另一者稱為其他機關（other organisations），而監察使被歸類為獨立機關，但是國家人權委員會卻被置於其他機關中，[34]顯現兩者之不

---

33 泰國國會採兩院制，包括眾議院（House of Representatives）及參議院（the Senate）。
34 檢察官（Public Prosecutors）及國家經濟社會委員會（National Economic and Social Council）亦被列為其他機關。

同，即國家人權委員會為憲法機關，但是卻沒有明確地認定其為獨立之機關，是否因而使其失去獨立性，應是未來必須密切觀察之課題。

三、法律基礎

聯合國認為國家人權機構是指「一個國家依據其憲法、法律或命令所設立之機制，而此機制之職權特定為促進及保障人權。」而此定義除了確認國家人權機構之職權是特定為促進及保障人權之外，其亦認為各國設立國家人權機構可能透過憲法、法律或命令等不同層級之法律規範方式。然而從一個國家人權機構之獨立性觀之，很明顯地以行政命令方式設立之國家人權機構，無法達到獨立自主之要求，因為其太受行政權之掌控，而且隨時有可能遭遇解散之命運，因此完全無法達到獨立自主之目的。因而如果要確保一個國家人權機構之獨立性，最好是使其有憲法地位，如此才能確保其永續存在，同時釐清其權責。退而次之，至少必須以法律規範一個國家人權機構之地位、組織、職權等，以維持其獨立性。

就法律基礎而言，泰國國家人權委員會可說是有非常完整之規範，而且是最符合聯合國之規範，如上所述，其在1997年憲法明文規定國家人權委員會為憲法機關，2007年憲法亦作同樣之規範，成為國家人權委員會之最重要法律基礎，同時泰國亦訂定「國家人權委員會法」為國家人權委員會作細部規範，建構完整的法律基礎。[35]事實上，國家人權委員會乃基於「憲法授權」設立的機關，具有憲政機關的性質，不單純是法規立法下的產物而已，即此機關一旦成立，政府欲削弱或撼動其職權是十分困難的，任何變更國家人權委員會職權的行動都必須透過修憲方得為之。除了憲法規範之外，當然泰國亦有「國家人權委員會法」之訂定，因此其以憲法及法律雙重規範，形式上符合聯合國之規範，亦是非常好之典範。

---

35 Existing National Human Rights Institutions in Thailand, Information provided by the Department of International Organizations, Ministry of Foreign Affairs of Thailand for the Seventh Annual Meeting of the Asia-Pacific Forum of National Human Rights Institutions, 11-13 November 2002, New Delhi, India, p. 2. National Human Rights Commission of Thailand, Application for Membership of the Asia-Pacific Forum of National Human Rights Institutions, 24-27 September 2001, Colombo, Sri Lanka, p. 2.

　　從比較法觀之，經過聯合國之推動，已有許多國家設立某一類型之國家
人權機構，但是其中只有菲律賓、泰國、南非、東加、迦納、烏干達、馬拉
威、匈牙利、波蘭、斯諾伐尼亞等國家之國家人權機構有憲法依據，而這些
國家之共同特質是國家經歷民主化變動並制定新憲法。或許認為在經歷民主
激烈轉型之國家才會以憲法規範其國家人權機構之說法是太過誇大的，但是
事實上就實際憲政發展經驗觀之，還沒有一個未歷經民主轉型之國家是以憲
法規範國家人權機構之地位及職權。

參、國家人權委員會之組織

　　從組織結構評估一個國家人權機構是否具備獨立性時，其牽涉此機構之
人事結構及經費來源，而人事結構有關任命人為何？其程序為何？被任命人
之資格條件？是否有任期保障？是否有必要之豁免權？是否有解職之法定要
件？等等議題。而在經費來源則是牽涉國家人權機構是否有獨立或是充足之
預算，以進行其工作，同時維持其獨立性。[36]以下即分析這些議題。

一、人事結構

　　「巴黎原則」強調一個國家人權機構「組成及獨立性與多元化保障」之
重要性，而其認為應有幾個重點：（一）任命程序；（二）成員之代表性；
（三）任期穩定；（四）解職要件。[37]另外，雖然「巴黎原則」並未規範國
家人權機構委員之豁免權，[38]但是聯合國已注意此議題，因此以下即就此五
項議題分析之。

---

36 See International Council on Human Rights Policy and Office of the United Nations High
　　Commissioner for Human Rights, Assessing the Effectiveness of National Human Rights
　　Institutions (International Council on Human Rights Policy and Office of the United Nations
　　High Commissioner for Human Rights, 2005), pp. 11-16.
37 Paris Principles, Composition and guarantees of independence and pluralism.
38 其內涵為國家人權機構委員應可豁免其因執行公務所引發之民刑事責任。

（一）任命程序

「巴黎原則」認為，國家人權機構的組成及其成員的任命，不論是經由選舉產生還是透過其他方式產生，必須按照一定程序予以確定，這一程序應提供一切必要保障。也就是說其強調應以法律明訂國家人權機構成員之任命程序。

泰國1997年憲法第199條僅規定國家人權委員會之主席及委員，由國王經參議院（Senate）之建議於具備人權之學識及經驗之人中選任之，並沒有規定細部之選任程序。而「國家人權委員會法」則作進一步細緻之規範，依據第8條第1項規定，應設立遴選委員會（Selective Committee），遴選委員會中共有27位遴選委員，包括四位為特定代表，分別為最高法院院長、最高行政法院院長、檢察總長、法律委員會（Law Council）主席；五位來自具法學專業之大專院校校長或代表人；[39]十位來自民間人權組織之代表；[40]五位為眾議院（House of Representatives）中有席位之政黨之代表；[41]三位來自公共媒體，即經營報紙、廣播電台、電視節目之大眾傳播媒體之代表，[42]並由國家人權委員會秘書長擔任執行秘書。[43]遴選委員會應執行遴選業務，並於考量兩性之平等參與後，備置符合第5條所定要件，共計22人之適任人選名單，提交參議院院長。

而參議院則就此22人名單投票，如果超過11人得到過半數之同意票，則依得票數高低，選擇11人擔任委員。如果第一輪投票沒有超過11人得到過半數之同意票，則已超過過半數之同意票者通過為委員，另外對未通過過半數之同意票之人選名單進行第二輪投票，以選出11位委員。如果第二輪投票還是無法選出11位委員，則遴選委員會重新提出適任人選名單，再次送交參議院審議，直到選出11位委員。[44]「國家人權委員會法」第8條第2項進一步規定，國家人權委員會之主席應由被選任之11位委員中相互選舉產生，然後呈

---

39 選任方法由各大專院校指派代表一人，再由代表中自行選舉五人出任。
40 選任方法由各組織指派代表一人，再由代表中自行選舉十人出任。
41 選任方法由各政黨至少有代表一人，所有政黨代表共五人出任。
42 選任方法由各事業機構自行選任三人為代表。
43 See Saneh Chamarik, supra no. 25, p. 14.
44 值得注意的是泰國參議院議員有一半不是民選的，而是經由選任的。

報參議院議長，再由參議院議長呈報國王任命之。

　　由以上觀之，「國家人權委員會法」對於委員的任用具有高度民主規範及意涵，在提名的過程中不止國家的行政、立法、司法三權均參與，同時納入學術界之意見，更進一步使得民間團體及新聞界亦得參與，而且國家人權委員會主席是由委員互選，進一步排除政治勢力決定國家人權委員會主席之可能性，此種雙重民主程序之構思，確實是非常特別之立法，恐怕是已設立國家人權委員會的國家中最特別之例證，也特別值得關注。

　　有一位國家人權委員會委員認為，以上理念就是要組成一個儘可能代表廣泛社會觀點的國家人權委員會，整體而言，我們可以公允地說，無論在遴選階段或後來的運作，非政府組織及公民社會團體都扮演了相當吃重的角色，這點充分反映在國家人權委員會的構成上。[45]但是亦有人質疑遴選委員會之公開透明性，並認為為充分討論各委員適任性之理由，而從11位委員的背景觀之，有部分是人權工作者，有部分是學者，但是亦有部分被批評為代表保守的菁英利益，因而在軍事政變時支持軍政府。[46]

　　2007年憲法沒有更動1997年憲法之規範，不過更進一步將既有之遴選委員會寫入憲法中，使其有憲法地位。然而其規定遴選委員會只有七名委員，由憲法法院院長、最高法院院長、最高行政法院院長、眾議院議長、眾議院反對黨領袖、最高法院代表一名、最高行政法院代表一名等組成，[47]因此非常明顯地司法人員占絕大多數，遴選委員會之成員由過去社會多元組成，改為司法人員掌握，或許此方式可排除政治之干預，但是相對地也過於偏向司法，司法人員有其特質，但是因為獨立性之保障及依法判決之思考，可能形成某種保守性，由司法人員占絕大多數之遴選委員會，恐怕無法融入社會多元之意見，特別是民間人權團體之意見，及其對於人權之進步思考。

　　其次，2007年憲法將原有11位委員調降為7位委員，而第一任委員六年

45 Surasee Kosolnavin, supra no. 24, p. 3.

46 Asian Human Rights Commission, "Thailand's rights commission in limbo," 26 June 2008. 十一位委員包括主席：Professor Saneh Chamarik；十位委員：Mr Jaran Ditapichai, Khunying (Lady) Chandhanee Santaputra, Ms. Naiyana Supapung, Prof. (Emeritus) Pradit Chareonthaitawee, Mr Vasant Panich, Mr Suthin Nophaket, Mrs Sunee Chaiyarose, Mr Surasee Kosolnavin, Khunying (Lady) Ambhorn Meesok, Miss Arporn Wongsang.

47 參見2007年憲法第256條第5項。

任期在2007年7月屆滿，2007年8月新憲法通過之後，即以新委員人數任命之，而第二任之委員則必須負擔更重之責任。不過2007年憲法第299條特別規定，既有之國家人權委員會委員應繼續執行其職務，直到依據2007年新憲法規定選任新委員為止，而到2008年12月為止，新委員尚未選任。

　　從法律技術面觀之，2007年憲法施行之後，「國家人權委員會法」尚未作搭配修改，這是泰國必須面對之難題，當然以法律位階觀之，「國家人權委員會法」別無選擇地必須依據憲法規範內容修改之。[48]2007年憲法第299條也特別規定，既有之國家人權委員會組織法，在其不違反新憲法之範疇內，得以繼續適用之。

（二）成員之代表性

　　「巴黎原則」強調，國家人權機構應確保參與促進和保護人權的公民社會力量的多元代表性。[49]因此其認為國家人權機構之成員可以從以下幾個方向求才，並藉由這些成員之參與，建立有效合作的力量，「巴黎原則」所建議之成員包括：(a)負責人權及對抗種族歧視的非政府組織及工會；(b)有關的社會及專業組織人士，例如律師、醫生、新聞記者和著名科學家；(c)哲學家或宗教思想流派之成員；(d)大學教師及合格的專家；(e)議會議員；(f)政府部門之公務員，不過「巴黎原則」強調，如果公務員擔任委員的話，應該只能以顧問身分參加討論。[50]因而其實「巴黎原則」所強調的是，國家人權機構之成員應該是多元的，同時納入人權社運者、專業人士、人權專家、民意代表等社會不同階層之人才。

　　泰國1997年憲法第199條規定，國家人權委員會委員應由具備人權之學識及經驗之人中選任之，並無其他細部之規範。而「國家人權委員會法」第5條則是增列，遴選委員「應考量兩性參與之比例及人權相關非政府組織之代表。」

---

48 修改「國家人權委員會法」之工作預計於2009年2月17日完成，參閱National Human Rights Commission of Thailand, Annual Report 2008, presented at the 13th Annual meeting of the Asia Pacific Forum of National Human Rights Institutions, Kuala Lumpur, 28-31 July 2008, p. 2.

49 Paris Principles, Composition and guarantees of independence and pluralism.

50 Paris Principles, Composition and guarantees of independence and pluralism, point 3.

　　同時「國家人權委員會法」第6條及第7條則是規範消極資格，第6條有關個人之狀況，包括在泰國出生之國民、年長於35歲、非中央或地方議會之議員、無政黨職務、無精神疾病、無毒癮、無破產、未受刑之判決、未被撤職、非憲政機關之成員等。而第7條則限制委員不得為行政人員或是營利職務。顯然地消極資格只是排除個人之障礙，或是基於獨立性，而禁止委員兼任職務，但是卻無法因為規定而選任真正熟悉人權之人士，是否能選任出適當之人選，遴選委員會肩負相當大之責任。令人遺憾的是其缺乏明確的規定選出不同種族、宗教及少數族群的代表，將會使國家人權委員會成為缺乏社會代表性的組織。

　　以所選任的十一位委員之背景觀察之，泰國人權團體及認為有充分之人權經驗，同時兼顧性別[51]及多元性。[52]然而泰國國家人權委員會主席也提及，就其經驗而言，各人權委員傾向選擇處理其有興趣之人權議題，因而人權委員必須涵蓋各項人權議題之專家。[53]而從各人權委員對於2006年軍事政變的不同評價，亦可看出人權委員特質之不同，其實國家人權委員會有發表正式聲明表示軍事政權並未實踐憲法所保障之人民權利，[54]但是個別人權委員卻依然有不同之意見，例如國家人權委員會主席發言Saneh Chamarik認為「軍事政變不是對民主之攻擊，而是解決問題」，他也說「軍事政變雖然不正當，卻是唯一解決方法」，因而飽受批評，甚至要求其辭職。但是另一位人權委員Charan Dithapichai則是直接在街頭反對軍事政權，也有人權委員與軍事政權一起到歐洲訪問，卻只批判塔克辛政府之人權狀況，而完全不提軍事政權之人權問題，[55]其顯示各人權委員對於人權態度之不同。

---

51 消除婦女歧視委員會也認為泰國國家人權委員會委員之組成兼顧性別均衡，see Committee on the Elimination of Discrimination against Women, Concluding Comments of the Committee on the Elimination of Discrimination against Women: Thailand, CEDAW/C/THA/CO/5, 3 February 2006, paragraph 9.

52 See Subhatra Bhumiprabhas and Pravit Rojanaphruk, "Turbulence in Thailand," in ANNI, *Report of the Performance and Establishment of National Human Rights Institutions in Asia* (ANNI, 2008), p. 187.

53 "We've laid a foundation? Interview with NHRC chairman Prof. Saneh Chamarik" Bangkok Post, Friday, July 13, 2007, available at http://www.bangkokpost.com/News/13Jul2007_news04.php.

54 National Human Rights Commission of Thailand, Annual Report 2008, supra no. 48, p. 1.

55 Subhatra Bhumiprabhas and Pravit Rojanaphruk, supra no. 52, p. 189.

（三）任期穩定

「巴黎原則」認為，如果任期不穩定的話，國家人權機構不可能有真正的獨立性，因此必須確保國家人權機構之任期，同時於法律中明訂，而且在確保成員組成多元性無虞之情形下，其成員或可續任。[56]

泰國1997年憲法第199條明確規定國家人權委員會委員之任期為六年，同時不得連任。此規定亦納入「國家人權委員會法」第10條，而2007年憲法第256條第4項亦作完全一樣之規定。其中顯現出泰國一貫之思考，即一方面保障任期之確定性，同時不允許連任。在泰國社會，凡有貪污或裙帶關係或長期執政的公務員均難以期待其獨立思考的可能性，故一定的任期的限制，可視為獨立思考的重要保證。

其次，應該著重的是「國家人權委員會法」第16條規定：「主席及其他10位委員應全職履行職務，並依國家命令支領月俸，及其他差旅費用。」換句話說，此條之規定在於兼職之禁止，避免影響委員執行職務的效率性及獨立性。

本來第一任人權委員的任期應在2007年7月13日屆滿，但是因為軍事政變及制定新憲法，「國家人權委員會法」尚未配合修改，因此既有之委員持續扮演過渡之角色，直到新委員產生為止。

（四）解職要件

「巴黎原則」並沒有規範國家人權機構委員之解職要件，但是聯合國亦已注意此議題，其稱對委員解職之權力與國家人權機構之獨立性息息相關，因此應由法律明訂其要件及有權解職之機構，其亦建議應由國會或是國家相當高層級之機構實行此權力。[57]

泰國1997年及2007年兩部憲法均未針對此作規範，而「國家人權委員會法」第12條規定：除任期屆滿外，委員因下列事由解除職務：死亡、辭職、失去擔任職務之資格，或有第6條之禁止事由、有違反第7條之行為、由參

[56] Paris Principles, Composition and guarantees of independence and pluralism.
[57] United Nations, *Professional Training Series No. 4* National Human Rights Institutions (Centre for Human Rights, 1995), p. 11.

議院依第11條所定程序決議解除職務者、由參議院依反貪腐法決議解除職務者。

　　其中死亡為客觀因素，辭職為主觀原因，無須作進一步討論。而違反「國家人權委員會法」第6條及第7條之規定，則是法定要件，較不容易有外力之介入。然而「國家人權委員會法」第11條乃是貪污或行為瑕疵之解職條款，其規定：如委員執行職務中，漠視國家及社會大眾之利益，或有循私、不正當、不道德之行為，嚴重妨礙或損害其促進、保障人權相關職務之進行，或與其他活動、或營業行為有利害關係，直接促成前述之損害，或有違反人權、亦或其他重大不適任其職務之行為，得由總數四分之一以上現任眾議院議員或參議院議員，提案交參議院議長，請求審議免除委員職務案。此條文是國會對於國家人權委員會委員之監督，以避免委員之濫權，但是其中各要件有所模糊之處，其認定之方式及基礎勢必影響實質內容，特別其中所稱之「漠視國家及社會大眾之利益」，雖然「國家人權委員會法」第9條及2007年憲法第257條都規定委員行使職權必須尊重國家及社會大眾之利益，形式上此應為委員之法律義務，然而其實質內涵難以判斷，人權保障有時必須抵抗國家之獨斷，或是排除多數人之意見，以堅守少數人之權利，這些作為有時可能被認為是「漠視國家及社會大眾之利益」，如此可能反而形成堅持人權之捍衛者變成國家利益之破壞者，而遭致被解職之危機，其中亦可能有政治力之介入。

　　而「國家人權委員會法」第12條也規定，如果有發生委員解職時，其他委員得繼續執行其職務，並應認定委員會由其他委員有效組成，但其他委員不足7人時，不適用之。因而其底線是三分之二委員構成委員會之組成，當然2007年憲法施行之後，此人數規定亦必須作修正。「國家人權委員會法」第13條也規定，如果委員總數低於第12條之規定時，遴選委員會必須於三十日內重起程序，並提出缺額委員數目兩倍之名單，送交參議院審議。

　　泰國曾經發生實際之案例，[58] 人權委員會委員Dr. Pradit Chareonthaitawee

---

58 另外民間團體也指稱，當人權委員Vasant Panich調查泰國警察處理南方暴動案件時，受到攻擊及綁架之威脅，但是國家人權委員會並未積極要求追查犯罪者。See Forum-Asia, "Thailand Win some, Lose some," in Forum-Asia, *Performance of National Human Rights Institutions in Asia 2006: Cooperation with NGOs and Relationship with Governments* (Forum-Asia, 2006), p. 43.

在2003年3月於巴基斯坦舉行的聯合國會議中對於泰國的毒品作戰計畫、法外屠殺嫌疑犯、警察未能將犯人帶入司法體系等人權議題表示關切。

結果Chareonthaitawee被貼上「不愛國」、「告密者」、「放棄泰國獨立性」的標籤。2003年3月9日，泰國總理在每週的廣播演說上表示人權委員Chareonthaitawee的評論令人噁心，Chareonthaitawee同時也被指控幫助毒販。另外Chareonthaitawee在電話上收到匿名的死亡威脅，包括在他的車子上放置炸彈、送毒品到他房子，以及燒燬其房子等，同時表示要防止他與聯合國來往。[59]執政黨泰愛泰黨的法律顧問Wichit Plungsrisakul表示，Chareonthaitawee的行為乃是充滿偏見且有違國家利益的，泰愛黨發言人Suranan Vejjajiva提出警告說，該黨將對人權委員Chareonthaitawee提出彈劾。

相對地泰國國家人權委員會則是堅持其作為，並且堅持其作為獨立人權機構應有之作為，例如人權委員Charan Dithapichai認為，泰國政府及執政黨的指控已使國家人權委員會無法成為獨立機構，同時這些行動表現出政府對於國家人權委員會的敵對態度。而國家人權委員會主席Sanek Chamarik亦對Chareonthaitawee表示支持，其認為對毒品作戰計畫的監控並就其提出報告，乃是委員會的職責，Chareonthaitaweet的行為乃在其人權委員會委員的職權範圍之內，而其對聯合國所提供的資訊亦為公正的資料。

所幸後來Chareonthaitawee並沒有被解職，不過由此案件亦可看出泰國政府對於人權委員之敵對性，前述之「漠視國家及社會大眾之利益」，成為泰國政府攻擊國家人權委員會之藉口，如果泰國不能更加民主化的話，這恐怕是泰國國家人權委員會長久必須面對的困境，而是否能抵擋政府之攻擊，同時堅持人權理念，也是檢驗人權委員之指標，過去泰國國家人權委員會勇敢地抗拒政府之攻擊，未來亦應堅持，如此才能成為真正獨立的人權機構。

（五）豁免權

「巴黎原則」並沒有規範國家人權機構委員之豁免權，但是聯合國亦已注意此議題，其稱委員豁免權之賦予亦是確保獨立性之重要法律方式，特別

---

59 Asian Legal Resource Centre, "Institutionalized torture, extrajudicial killings & uneven application of law in Thailand," (2005) 4 Article 2, 8, 20.

是有權接受個人人權申訴之國家人權機構，國家人權機構委員應可豁免其因執行公務所引發之民刑事責任。[60]

泰國「國家人權委員會法」第9條規定，委員應獨立及公正地行使職權，但是1997年憲法及2007年憲法均未有委員豁免權之規範，「國家人權委員會法」也沒有相關之規定，「國家人權委員會法」第9條規定，在反貪腐部分，委員具有中央機關公務員身分，同時如上所述，「國家人權委員會法」亦規定諸多委員之消極資格，因此恐怕無法確認委員之豁免權。

二、經費來源

「巴黎原則」強調，國家人權機構應具備其能順利開展活動的基礎結構，特別是充足的經費，此一經費的目的是使國家人權機構能擁有自己的工作人員和辦公房舍，以便獨立於政府，不受財政控制，而可能影響其獨立性。[61]

國家人權機構經費是否獨立或充分，其實有兩個層面之影響，第一是委員會本身是否能確實實踐其職權，進而完成創設國家人權委員會之理想。第二是委員之薪資是否獨立或充分，是否進而影響其專注於實踐其職權。

泰國1997年憲法第75條規定，國家應分配「足夠的預算」（adequate budget），使國家人權委員會能維持「獨立的行政」（independent administration），這是相當進步之規定，然而法條並未明定如何估量足夠的程度，亦無規定政府應用何種方式編列預算，依據「國家人權委員會法」第21條規定，國家人權委員會辦公室應經國家人權委員會同意之後，提交年度預算於國會議長，轉呈內閣審議並列入撥款法案審查之，因此其只是程序上之差別，由國會提交內閣，而非直接由行政部門掌握。

不過值得注意的是，國家人權委員會辦公室是特別之機制，「國家人權委員會法」將其定位為國會附屬之政府機關，而其職員都被認定是國會之公務員，因此其與委員分處不同之地位，當然其原因是1997年憲法將國家人權委員會定位為國會之延伸機關。而預算則是由國家人權委員會秘書長與

---

60 United Nations, supra no. 57, p. 11.
61 Paris Principles, Composition and guarantees of independence and pluralism, point 2.

政府聯繫，然而國家人權委員會秘書長是由政府任命，並非由國家人權委員會選任。因此有人批評泰國國家人權委員會的最大難題之一是沒有充分之預算，然而秘書長並未設法解決此困難。[62]不過實際上國家人權委員會第一年（2002年）之預算為3,600萬銖（Baht），到了2007年其預算為1億2,000萬銖，[63]五年之間有超過三倍以上之成長，其實有相當大之增幅，因此實質上是有增加的，但是是否充分則應再做衡量。

泰國2007年憲法則形成不同之規範，如上所述，其將國家人權委員會定位為憲法機關，而且其第168條亦規定國家應分配「足夠的預算」使憲法機關能維持「獨立的行政」，同時其第256條也規定國家人權委員會辦公室為獨立自主之機制，不再是隸屬於國會，因此新憲法有更加完善之規範。從比較法觀之，其實非常少國家將國家人權委員會之預算放入憲法中，泰國憲法之規定，可說是非常前進的，相當值得學習。不過是否真正落實，必須作進一步之實證研究。

而另外值得注意的是，泰國國家人權委員會委員因為是專職的，其薪資比照部長，並配有座車及司機，但是比部長差的是不享有人身保險及退休金。[64]從此觀之，人權委員享有相當不錯之薪資，應足以維持其專職之工作。

三、內部架構

國家人權委員會之內部架構牽涉幾個議題，第一是委員會之運作情形，第二有關是否有足夠空間及是否設立區域辦公室，第三是委員會是否能聘任其內部人員，是否有足夠預算聘請充分之人數。

首先，有關委員會之運作，「巴黎原則」認為國家人權機構應定期並於必要時經正式召集後召開有全體成員出席的會議。雖然泰國「國家人權委員會法」對定期開會的時間、方式並無單獨條文予以規定，但於該法第15條規

---

62 Thailand's National Human Rights Commission, Human Rights Features, HRF/76/03, 8 May 2003, p. 3.

63 Subhatra Bhumiprabhas and Pravit Rojanaphruk, supra no. 52, p. 193.

64 Ibid.

定：「評估本國人權情勢，備置年度報告，送交國會及國務院，並向社會大眾公開；就委員會之業務推行狀況進行評估，並備置年度報告，送交國會；就泰國應如何履行促進、保障人權之國際條約，向國務院及國會提出建議」因此可知定期開會、提出年度報告送交國會或國務院，甚至向大眾公開乃是其法定職責。

　　其次，有關辦公室，國家人權委員會只在曼谷有一個辦事處，其已和其他國際人權組織建立起聯繫關係，受理國際人權組織代表個人提出的申訴案件，委員會建立在「非歧視」的原則上，理應將服務擴展至全國，這意味著未獲合法居留的外國人也能向委員會提出申訴。但實際而言，對於所有侵害人權事件，委員會未必都能接受其申訴，尤其在難民的人權受到不法侵害時。儘管「國家人權委員會法」第23條有規定侵害事件可以口頭或書面提出於委員會辦公室，可以直接以掛號郵件提出，亦可間接由民間團體代為提出，其提出的方法無一定限制。但是法令中並無規定委員會得於全國設立分支機構，方便接受申訴。設立分支機構的用意在於提高對該委員會的認識，建立可靠的信譽，並方便社會邊緣團體的人提出救濟。

　　委員會辦公室設於曼谷且在其他地區無分支單位，對於辦公室內部人員的選任上也會因區域限制而缺乏社會代表性。這可從國家人權委員會的統計中發現真實困境，其統計指出最大宗的申訴來自於曼谷（23.64%），而有幾近90%的申訴人是親自到國家人權委員會，[65]其至少突顯出兩個現象，一者是申訴人必須多所勞累，另一者是非常有可能還有許多人無法得知可得申訴之途徑，或是因為沒有區域親近之辦公室，乃放棄其申訴。而缺乏代表性的問題不容被低估，許多居住在山區的人民、不在泰國出生的公民或是不在曼谷工作的公務員，他們鮮少有機會接近國家人權委員會辦公室。受人權侵害最嚴重的偏僻地區，卻往往沒有當地派任的辦公室人員可以協助受理，委員固然職權不小，但在體察民意上，唯有生活在當地的人，才能深切的瞭解侵害事件。

　　第三，有關內部成員，「巴黎原則」認為國家人權機構必要時應建立

---

65 National Human Rights Commission of Thailand, Annual Report 2008, supra no. 48, p. 2.

成員工作小組。[66]其實其牽涉三個議題：國家人權委員會可否自主決定其職員、職員之職責為何、職員之分工為何。

　　就第一個議題而言，如上所述，本來「國家人權委員會法」將國家人權委員會辦公室定位為國會附屬之政府機關，因此其職員都是公務員，來自於各部會並非由國家人權委員會自己決定，同時其不止向國家人權委員會報告，也必須對國會負責，而此制度是與1997年憲法所規定的其他獨立機關不一樣，因為獨立機關可以自行訂定規則以選任職員。[67]

　　而2007年憲法則是將其定位為獨立自主之機制，並且特別規定，國家人權委員會辦公室得自主決定人事，因此國家人權委員會取得內部成員之決定權，如此可增進其獨立性。但是2007年憲法第256條規定之內容是「依法」（provided by law）有人事自主權，此處所稱之「依法」應該是指「國家人權委員會法」，但是其尚未修正，未來必須配合修改之，否則無法實踐憲法之規範。

　　就第二個議題而言，「國家人權委員會法」第18條規定，國家人權委員會辦公室應負責執行委員會之一般事務，並有如下之權責：一、負責委員會之行政工作；二、受理有關違反人權事件之申訴，並呈交委員會，並受委員會授權進行申訴案件之調查或審理；三、進行相關研究，並促進人權教育及相關知識之普及；四、為達成保障人權之目的，與政府機關、民間組織或其他任何有關人權之機關團體進行合作；五、執行委員會其他交付任務。第20條規定，國家人權委員會辦公室應設國家人權委員會秘書長，職掌國家人權委員會辦公室之事務，直接對主席負責，並為國家人權委員會職員之長官。亦應設國家人權委員會副秘書長，襄助秘書長執行職務。因此國家人權委員會辦公室成為國家人權委員會之行政部門，在取得獨立自主之地位之後，更加能扮演實踐國家人權委員會職權之行政工作。

　　就第三個議題而言，可以分為兩部分討論，第一是委員會之分工，其分為自然資源整合次委員會（Coordinating Sub-Committee on Natural Resource Base）、法律及司法程序次委員會（Coordinating Sub-Committee on Law and

---

66 Paris Principles, Methods of operation.
67 See Subhatra Bhumiprabhas and Pravit Rojanaphruk, supra no. 52, p. 192.

Judicial Process）、人權保障次委員會（Coordinating Sub-Committee on Human Rights Protection）、社會事務次委員會（Coordinating Sub-Committee on Social Affairs）等。[68]

　　第二是國家人權委員會辦公室之分工，其分為中央行政處（Central Administrative Bureau）、人權保障處（Human Rights Protection Bureau）、研究與法規處（Research and the Rule of Law Bureau）、人權促進及網絡合作處（Human Rights Promotion and Network Co-ordination Bureau）等，以作為分工之基礎。[69]中央行政處負責策略計劃和行動計劃之協調，並提供行政及支援服務。此外中央行政處也負責處理國際人權問題，包括與聯合國、外國政府及非政府組織（包括其他國家人權機構）之協調工作。人權促進及網絡合作處負責提倡人權並與人權領域人士及組織建立關係網路。該處之職責還包括透過人權教育、資訊計劃和媒體傳播提升人權意識及公眾理解。人權保障處透過實情調查處理人權違反申訴案。該處也負責在國家人權委員會建議下調解申訴和監控改善措施。研究與法規處負責人權問題調查與研究及資訊管理。該處之任務還包括確保政策、法律及其他措施符合憲法及國際人權標準，一旦發現不符之處，便向主管機關提出必要之修正建議。[70]

　　泰國國家人權委員會辦公室約有80位專職公務員，70位約聘僱職員。[71]但是國家人權委員會從成立開始即飽受案件過多之困擾，據估計國家人權委員會在六年內只處理了30%的申訴案件，[72]由此或可發現其實國家人權委員會並沒有足夠之工作人員。

---

68 Ibid., pp. 187-188.

69 Office of the National Human Rights Commission of Thailand, *The National Human Rights Commission of Thailand* (Office of the National Human Rights Commission of Thailand, 2003), p. 4.

70 Surasee Kosolnavin, supra no. 24, p. 7.

71 See Subhatra Bhumiprabhas and Pravit Rojanaphruk, supra no. 52, p. 192.

72 Ibid., p. 196.

肆、國家人權委員會之職權

　　「巴黎原則」第一部分即強調國家人權機構之權限與職責，而其內涵包括職權方向、職權法定、職權內涵、權力內涵及行使方式等，以下依序論述之。

一、職權方向與職權法定

　　「巴黎原則」強調，應賦予國家人權機構促進和保護人權的職權。[73]同時應賦予國家人權機構盡可能廣泛之職權，並在創設國家人權機構之憲法或法律明訂其職權範疇。[74]

　　泰國國家人權委員會之職權是直接由憲法規定之，1997年憲法第200條規定，國家人權委員會之權責如下：檢討法律是否違反人權或是符合泰國之國際人權條約義務、建議國會及行政機關以促進及保護人權、提倡人權教育研究與資訊、向國會呈遞年度報告、撰寫國家年度人權報告、其他法定職權。

　　而「國家人權委員會法」第15條則進一步規定，國家人權委員會之職權，包括：1.促進對於本國及國際人權原則之尊重與落實；2.針對違反人權、或不遵守泰國簽署有關人權之國際條約之故意、過失行為進行調查並提出報告，並提出適當救濟方案，命為故意或過失行為之人實行之。如未依委員會提案執行時，委員會應向國會報告，以採取進一步之措施；3.向國會及國務院，就如何修訂法律、規則提出擬策與建議，以促進、保障人權；4.促進有關人權之教育、研究及知識傳布；5.促進政府機構、私人組織，與其他人權組織之合作與協調；6.評估本國人權情勢，備置年度報告，送交國會及國務院，並向社會大眾公開；7.就委員會之業務推行狀況進行評估，並備置年度報告，送交國會；8.就泰國應如何履行促進、保障人權之國際條約，向國務院及國會提出建議；9.指定小組委員會以執行委員會委託之職務；10.依

---

73 Paris Principles, Competence and responsibilities, point 1.
74 Ibid, point 2.

據本法規定執行其他業務，或實施法律賦予委員之權責。[75]其中更細部規範國家人權委員會應如何促進人權保障，最重要的是第2款所指之調查人權侵害事件，這是1997年憲法條文所未明文顯示的。

2007年憲法則是在第257條規定國家人權委員會之職權，其包括九款，其中維持「國家人權委員會法」第15條的第2、3、4、5、6、8、10款，因此形式上刪除第1、7、9款之規定，而第1款之內容應可納入一般規範中；第7款則是向國會報告之義務，如無明文規範，應無此義務，而此與新憲法將國家人權委員會定位為憲法機關有關係；第9款則是委員會之內部職權委託，無須憲法規範。因此新憲法規定並未侵蝕國家人權委員會之既有職權。

相對地更重要的是，2007年憲法第257條第2、3、4款[76]分別賦予國家人權委員會，如認為法律侵犯人權，得依法向憲法法院提起釋憲案，亦得附加意見；如認為行政法規或行為侵犯人權，得依法向行政法院提起訴訟，並得附加意見；如受被害人之請求，並認本案侵犯人權，得依法向法院提起訴訟。這些規定可說是全世界最先進之規範，也使得國家人權委員會得藉由司法途徑，主動地促使法律之改變，並救濟個案，或許這也是為何新憲法要使得司法人員占遴選委員絕大多數之原因。不過於此應有兩點說明，第一，這是2007年憲法所賦予國家人權委員會之新職權，必須等待新制度實施之後，國家人權委員會才得以實踐這些職權。第二，「國家人權委員會法」必須依據2007年憲法新規定而修改，但是「國家人權委員會法」尚未作修改，因此國家人權委員會必須等待「國家人權委員會法」修改，才得以具體實踐2007年憲法所賦予之新職權。

不過既然是一「人權」委員會，就牽涉所負責之人權範疇有多廣，1997年憲法及2007年憲法都有相當多權利條款，不過「國家人權委員會法」第3

---

75 Surasee Kosolnavin, supra no. 24, p. 3.

76 Section 248 of the 2007 Constitution: ... (2) To present the issue complete with opinion to the Constitutional Court where the Commission agrees with the complainant that the provisions of certain law affect human rights and are unconstitutional; (3) To present the issue to the Administrative Courts complete with opinion where the Commission agrees with the complainant that the regulations, orders, or other administrative acts affect human rights and are unconstitutional or illegal; (4) To bring the case to the Courts of Justice for the injured person upon request of such person if it deems appropriate for the resolution of human rights violation problem as a whole as provided by law; ...

條規定，本法所指之「人權」係指泰國憲法、泰國法律、泰國應遵守之國際條約所賦予或保障之人之尊嚴、權利、自由與平等。而此定義是相當完備的法律規範，其不僅關注泰國國內之法律及憲法，同時亦涵蓋國際人權條約，2007年憲法包含相當廣泛之權利條款，相當值得肯定，不過如上所述，泰國依然有一些國際人權條約尚未加入，因此在此部分，仍舊有進步之空間，其中亦可能有泰國是否與國際人權標準有落差之問題。相對必須提及的是，無論是1997年憲法或是2007年憲法都沒有明確規範條約之國內法地位，因而其可能影響是即使泰國已加入某些人權條約，但是因為條約沒有明確之國內法地位，使得國際人權條約無法在泰國國內適用，雖然「國家人權委員會法」第3條將國際人權條約納入人權之範圍，然而實際上確有實踐之困難度。

　　另外，則是有關管轄權衝突之問題，一般而言與國家人權委員會比較有可能有職權重疊的是監察使及法院。就法院而言，「國家人權委員會法」第22條規定，如果該案件已經繫屬於法院，或是法院已為最終裁定或判決時，國家人權委員會無管轄權。同時如上所述，國家人權委員會得向憲法法院、行政法院、法院提起訴訟，因此國家人權委員會並無與法院管轄權衝突之問題，法院依然是最終決定者。

　　就監察使而言，泰國1997年憲法、2007年憲法、「國家人權委員會法」都未提及此問題，然而監察使之職權是監督行政機關之行為是否違法，而國家人權委員會亦可針對行政機關是否侵犯人權調查，因此兩者都可能針對行政機關，進而形成管轄衝突，不過泰國監察使是向國會提出報告，而國家人權委員會則是針對政策向行政部門建議，而如認為行政法規或行為侵犯人權，得依法向行政法院提起訴訟，因此兩個機關之職權重點不同，行使職權之管道亦有差異，因而其實不會有所衝突之處。

　　於此應該提及的是，在國家人權委員會成立之後，其在短時間內即邀集超過一百位人權代表進行腦力激盪，最後形成國家人權委員會之「六年策略計畫」（Six-Year Strategic Plan 2002-2007），其中呈現國家人權委員會的七項目標規範：1.國家人權委員會是一個受全民尊重信任的國家性、國際性機構。2.國家人權委員會將扮演一個重要的樞紐，在泰國社會創造符合其生活方式的人權文化。3.國家人權委員會對於與人權相關的政策法律制定扮演核心角色。4.國家人權委員會對於促進人民爭取基本權利扮演核心角色。5.國

家人權委員會將強化泰國在亞太地區人權保護領域所扮演的角色。6.國家人權委員會將扮演核心角色，促進政府機關提供一個更健全的管道，使大眾得以多方利用社會福利資源和官方公開資訊。7.國家人權委員會將在政府組織及行政官署內加強人權教育的訓練，用以加強人權、減少侵害。同時其特別著重於五個領域：1.兒童、青少年及家庭。2.法律及司法制度。3.社會政策。4.自然資源和公共利益。5.人權教育。

此「六年策略計畫」更進一步提出八項策略：1.加強國家人權委員會功能，強調其效率性、執行性及責任性。2.發展完整的網路資訊，使相關領域的學術研究團體或社會組織得以藉此支持國家人權委員會的功能。3.推動社會政策發展及法律的修訂，以確保人權的保護與尊重。4.增強國內與國際人權團體的網路交流合作。5.建立一套有效保障人權的運作機制。6.使人民有能力行使憲法所保障的基本人權，爭取自身權益。7.強調事先活動與預防性活動。8.支持社會學習管道，加強人權知識的認知，促進人民公共意識、提升人性尊嚴自覺。[77]

此「六年策略計畫」可說是相當完整的規劃，然而經過幾年之後是否實踐則有待檢驗，以下透過三個面向，探討泰國國家人權之職權內涵及其實踐情形。

二、職權內涵

「巴黎原則」希望各國賦予國家人權機構廣泛之職權，聯合國期待國家人權機構扮演保護者、促進者及橋樑三種角色，而此理念亦反映在「巴黎原則」對於國家人權機構職權之規範，因而以下依此三種不同角色定位探究泰國國家人權委員會之職權內涵及其成果。

（一）橋樑

「巴黎原則」對於國家人權機構扮演橋樑角色有兩個面向之期待，第一是作為其國家與國際人權之橋樑，第二是與各種人權機構及團體合作。

---

77 See National Human Rights Commission, *Right Angle*, Volume 1 Number 1, October-
December 2002, p. 10.

1.參與國際人權條約

在作為國家與國際人權之橋樑部分，「巴黎原則」依各國實踐國際人權條約之不同階段，希望國家人權機構有以下職權。首先，當然是鼓勵其國家批准或加入國際人權條約並確保其執行。其次，當國家批准或加入國際人權條約之後，國家人權機構應促進並確保其國家的法規及慣例符合其所批准或加入之國際人權及其有效執行。第三，當國家批准或加入國際人權條約之後，便有提出人權報告之義務，因此國家人權機構在其國家向國際人權監督機制提出報告過程中，可以有所貢獻，或是提出必要意見。[78]

依據「國家人權委員會法」第15條規定，國家人權委員會之職責包括就泰國應如何履行促進、保障人權之國際條約，向國務院及國會提出建議。其已包括國家人權委員會得以在國家與國際人權條約互動中扮演角色，但是並未確認國家人權委員會得以監督人權條約在泰國之執行，或是直接向國際人權監督機制提出意見。

就「巴黎原則」所提的三個階段觀之，在促進泰國加入國際人權條約部分，如上所述，在泰國國家人權委員會於2001年成立之後，泰國對於國際人權條約有比較積極之態度，分別加入「消除一切種族歧視公約」、「關於販賣兒童、兒童賣淫與兒童色情製品問題的兒童權利公約任擇議定書」、「關於兒童捲入武裝衝突問題的兒童權利公約任擇議定書」、批准「禁止酷刑公約」、簽署「保障身心障礙者權利及尊嚴國際公約」。民間團體認為這與國家人權委員會之推動有關，不過在2007年10月批准「禁止酷刑公約」則是軍事政權為了平息國際社會之批判。[79]

在直接向國際人權監督機制提出意見部分，最重要的一個例子是2005年7月藉著泰國政府代表向「公民與政治權利公約」所設之人權事務委員會提出初步報告的機會，泰國國家人權委員會代表也與人權事務委員會委員會晤，而且這是人權事務委員會第一次與個別國家之國家人權機構會談。[80]泰國國家人權委員會提出了泰國實踐「公民與政治權利公約」之評估報告。泰

---

[78] Paris Principles, Competence and responsibilities, point 3.

[79] Subhatra Bhumiprabhas and Pravit Rojanaphruk, supra no. 52, p. 195.

[80] See Danish Institute for Human Rights, NHRC of Thailand submits assessment report to Human Rights Committee, 30 July 2005.

國人權委員會認為，儘管泰國在若干方面已有若干令人欣慰的進步，但1997
年「人民憲法」所賦予人民的權利與實際實行情況之間仍有著相當程度的落
差。主要令人關切的情況是司法體系的弊端，包括非法取證、忽視無罪推定
原則、執法人員刑求頻傳、強迫自白和不實指控。[81]這些意見也受到人權事
務委員會之重視。

2.人權合作

有關與各種人權機構及團體合作，在國際層面，「巴黎原則」期盼國家
人權機構與聯合國及聯合國系統內的任何其他組織、區域人權機制、其他國
家人權機構合作。[82]在國內層面，「巴黎原則」認為國家人權機構應與其他
可能與促進及保障人權之機構保持聯繫，特別是監察專員、調解人及類似機
構等，同時應與非政府組織發展關係，因為非政府組織對人權促進及保障可
以發揮根本作用。[83]

曾經有人以燈塔比喻國家人權機構，[84]一個有效之國家人權機構像是在
沿岸孤獨的燈塔，身處陸地與海洋之間，其不屬於海洋，但是如果沒有海
洋，其無存在之必要，其處在陸地，但是卻非為陸地而存在，其是為海洋而
存在。而國家人權機構亦是如此，其為官方機構，但是不是為政府而存在，
而是為了人民而設立，其必須獨立於政府之外。因此對於國家人權委員會而
言，有一非常重要之關鍵點是其是否能贏得人民之信心及信賴，同時使人民
對於其他機構人權實踐不足之處，能在國家人權委員會重新拾回。[85]但是因
而國家人權機構面臨兩難之處境，一方面政府可能認為國家人權機構是其
「敵對者」，處處阻擾政府之施政。另一方面人權團體也可能認為國家人權
機構是官方機構，只會替政府辯護。

---

81 Surasee Kosolnavin, supra no. 24, p. 8.

82 Ibid.

83 Paris Principles, Methods of operation.

84 Nicholas Howen, "Legitimacy & Effectiveness: Putting the Paris Principles," in ERA Consumer Malaysia, Proceedings of the National Consultation on "SUHAKAM after 2 Years" (ERA Consumer Malaysia, 2002), p. 19.

85 Marimutbu Nadason, "Welcome Address," in ERA Consumer Malaysia, Proceedings of Forum on Understanding the Human Rights Commission Act 1999 (ERA Consumer Malaysia, 2000), p. 3.

　　國家人權委員會法中授權委員會與政府組織及社會團體發展合作關係，其第15條規定國家委員會應促進政府機構之間的合作與協調，非政府組織和其他團體在人權領域的合作。此外，第18條規定國家人權委員會辦公室有權利和義務與其他相同性質的團體進行合作。

　　泰國國家人權委員會就國內外人權團體的交流與合作十分重視，在人權委員會六年策略計畫當中，其將增強國內與國際人權團體的網路交流合作作為其計畫目標之一，並訂有執行方法，其中包括：（1）依據議題及地域區分策略夥伴，藉由分享資料、共同合作等方式加強政府機關與公共社會團體間的聯繫。該策略運作將會包括整理可能相關的夥伴名單、設計並發展共同的活動、增進重要成員及組織的能力、建立有效的溝通系統以及開發出評估成果的機制；（2）加強國際間人權合作，特別是關於南亞區域中共同關心的議題。策略中的夥伴包括國家人權機構的亞洲太平洋論壇、亞洲太平洋人權專員的區域代表、其他聯合國機關，以及在此區域內的國家人權機構，包括駐於泰國的外交人員。該合作內容將為在人權提倡保護方面觀點及經驗的交換、分享資訊及技術並且尋求在共同關切領域的相互協助。

　　就實際實踐情形觀之，泰國國家人權委員會之國際交流有相當成效，例如在與國家人權機構相關組織合作部分，泰國國家人權委員會在2002年成為亞太國家人權機構論壇之成員，爾後每年均參加此論壇之年會，亞洲太平洋國家人權機構論壇並提名泰國人權委員會成員加入論壇理事會及論壇法律諮詢委員會。同時泰國國家人權委員會在2004年與亞太人權論壇合作其工作人員的調查訓練計畫，並亦參與內部難民救援計畫。為了促進國家機構就人權提倡及保障的國際合作，國際上亦成立「國家人權機制國際協調委員會」，在2004年「國家人權機制國際協調委員會」將泰國國家人權委員會評價為A級，即為符合「巴黎原則」之國家人權機構，「國家人權機制國際協調委員會」每兩年集會，就國際人權合作、人權議題、人權標準等進行討論，泰國國家人權委員會則自2004年起參加大會討論。

　　而泰國、印尼、馬來西亞、菲律賓等四個屬於東南亞國協（ASEAN）國家的國家人權委員會，有特別的合作關係，泰國國家人權委員會在2002年6月馬尼拉參加東南亞國協人權組織（ASEAN Human Rights Mechanism）第二次年度會議，隨後於2003年在曼谷召開事務委員會及外交部長會議，並於

2004年參加印尼的第四次年度大會。而這四個國家人權委員會更簽署「合作宣言」（Declaration of Cooperation），以加強彼此的聯繫與合作。[86]

聯合國人權事務高級專員辦公室每年皆會就人權促進及保護議題，在亞太地區召開區域型的研討會。泰國國家人權委員會以觀察員的身分，自2002年起每年皆參加相關會議，並得以分享國內實行人權之經驗。

在與國內民間團體合作方面，就聯合國人權委員會的觀察報告[87]中亦可看出，泰國國家人權委員會與相關人權團體具有良好合作的關係。而泰國民間團體亦有類似之看法，他們認為國家人權委員會與民間團體互動良好的原因是有數位人權委員是由民間團體選任出，[88]同時有至少二十九個民間團體依據「國家人權委員會法」登記與國家人權委員會合作，[89]以上均可看出泰國國家人權委員會與民間團體有相當不錯之合作關係。

（二）促進者

就扮演促進者之角色而言，「巴黎原則」主要著重於兩個層面，一者是針對各種人權狀況提出建議，另一者是人權意識之提升及人權教育之落實。

1.人權報告及建議

就針對各種人權狀況提出建議而言，「巴黎原則」認為其可能是被動因應政府、國會或其他國家機關之要求，或是由國家人權機構主動提出。[90]其方式則可只向政府、國會或其他國家機關提出，或是將其意見出版或公布於公眾。[91]其領域則可能是：（1）針對法律制度，提出有關人權保障領域之新法律草案、修法提議，或是修改行政措施；（2）針對違反人權事件提出意見；（3）針對特定或一般人權情況提出報告；（4）提醒政府國內某些區

86 National Human Rights Commission of Thailand, Annual Report 2008, supra no. 48, p. 4.
87 Commission on Human Rights, Promotion and Protection of Human Rights: Human Rights Defenders: Report submitted by the Special Representative of the Secretary-General on the situation of human rights defenders, Hina Jilani: Mission to Thailand, 12 March 2004, p. 10.
88 Subhatra Bhumiprabhas and Pravit Rojanaphruk, supra no. 52, p. 197.
89 National Human Rights Commission of Thailand, Annual Report 2008, supra no. 48, p. 3.
90 Paris Principles, Methods of operation.
91 Ibid.

域之人權狀況，並就政府應採取之措施提出意見。[92]

　　根據國家人權委員會法第15條規定，泰國國家人權委員會所提出之人權報告及建議包括四個面向：（1）向國會及國務院，就如何修訂法律、規則提出擬策與建議，以促進及保障人權。（2）評估本國人權情勢，備置年度報告，送交國會及國務院，並向社會大眾公開。（3）就委員會之業務推行狀況進行評估，並備置年度報告，送交國會。（4）針對違反人權、或不遵守泰國已批准有關人權之國際條約之故意、過失行為進行調查並提出報告，並提出適當救濟方案，命為故意或過失行為之人實行之。如未依委員會提案執行時，委員會應向國會報告，以採取進一步之措施。就規定而言，國家人權委員會法之規定相當符合「巴黎原則」之要求，不過仍應檢視其實際實踐狀況。而其中四項規定之第（4）項屬於國家人權委員會之調查權，國家人權委員會於此扮演保護者之角色，此部分將於後續討論，於此僅討論前三項報告及建議之實踐內涵。

　　泰國國家人權委員會認為，泰國國內許多基於憲法保障的基本人權尚未透過立法正式落實，除此之外，許多政策及現存的法律與憲法保障人權的目的不符而需要修訂，同時許多人民及公眾權利被許多非國家組織以各式的態樣剝奪，如跨國犯罪集團或跨國公司，評估種種現狀之後，泰國國家人權委員會基於前述之「六年策略計畫」，在此領域中認為以下幾個方面值得特別關注。

　　在兒童、青年及家庭方面，國家人權委員會認為需要改進之處在於醫療保健、教育及社會認知上。以泰國的文化及生活方式而言，家庭的組成份子及聚落團體間的聯繫仍十分緊密，但是隨著經濟及社會的發展卻衍生出削弱及鬆動家庭成員彼此依賴保護的功能，尤其關於兒童的社會問題，泰國人權委員會發現各式調查報告指出兒童虐待及剝削的問題日趨嚴重，還有藥物成癮、性濫交、遭遺棄的街童、童工、難民兒童於留置處遭到不法虐待等等。而改善之道在於從正式及非正式的教育加強之，使人權成為堅實及初步的基礎，並在泰國社會中深耕。

　　在立法及審判系統部分，泰國國家人權委員會認為儘管憲法條文中有

---

92 Paris Principles, Competence and responsibilities, point 3.

一連串關於保障司法審判的條文，但是在刑事法庭及少年法庭中犯罪被害人及證人的保護、犯人的對待、司法審判延宕問題仍須改善。除此之外，許多的法律及施行規則需要再次修訂以符合憲法保障人權的意旨，尤其在國家發展中所衍生出的公共利益及人民參與的過程，諸如自然資源及環境保護法規等。

在社會政策領域，泰國國家人權委員會認為憲法明文禁止任何形式的差別待遇，提供許多方式保障老人、小孩、殘疾等弱勢團體的權利，進而促進性別平等，防止家庭暴力。除此之外憲法亦明示社會政策的大原則，如勞工保護、集會結社自由等，藉以增進社會不同領域的進步。遺憾的是人權侵害事件仍以不同的方式不斷的發生，尤其是人口販運，泰國至今仍是跨國人口販運的交易地，尤其是小孩與女性成為跨國不法交易的對象，被迫成為廉價勞工或從事性交易。另外，社會工業化之後，市場亟需大量的勞工製造商品因應所需，廉價勞工成為吸引外商投資的誘因，但所得的不同及分配不公衍生的社會的問題日趨嚴重。勞工的基本權益如組織工會、安全的工作環境、基礎的工作條件被嚴重剝奪。此外，女性等弱勢團體無法有同等的機會接受教育或享有社會福利，還有種族不同的少數族群被歧視對待，其生存的尊嚴未被平等的尊重。

在自然資源及公共利益部分，泰國國家人權委員會認為憲法承諾在傳統領域方面保障公共利益，包括享有自然資源及參與環境經營的利益，這個公共意識使人民得以在他們生長的地區享有土地及其自然資源。但是晚近泰國面臨到種種衝擊與挑戰，全球化的發展，地球天然資源短缺之故，如泰國此類的熱帶國家，其多樣的生物及豐沛的天然資源隱含大量工業及商業價值，跨國公司、大型財團不斷的入侵奪取天然資源，近幾年來，泰國政府開始瞭解到以人為中心的重要性，並朝著這一方向發展。泰國憲法明白宣示人民生活發展的權利應受保障，但是在國家擺脫貧窮邁向近代化的過程中，卻對城鄉發展顯有差別待遇。政府不瞭解鄉村居民的生活形態進而立法保障其應有的社會權利，只是強加政策於上，忽視聚落鄉村人民對於其生活區塊邁向國家化、區域化、地方化的參與權利，因而造成地方社群與中央政府、私人投資者及其他社群的衝突。

泰國國家人權委員會持續對關於上述各議題表示關注，並且藉由報告

或建言提出其意見，一般認為雖然泰國政府嘗試削弱國家人權委員會之有效性，但是國家人權委員會展現其獨立性，持續地對於政府政策作批判，[93]然而泰國政府漠然的態度，卻致使實際成效大打折扣，以下藉由三個實際案例說明之。

第一個案件有關「向毒品宣戰」（war-on-drug）與侵犯人權，泰國從2003年2月開始進行所謂的「向毒品宣戰」，泰國國內報紙報導，在「作戰」的第一天，就有四名的嫌疑犯遭到槍殺，264名的嫌疑犯遭到羈押，並有72萬7,742顆含有甲基安非他命的毒品遭到扣押。在「作戰」一個月後，死亡人數已超過1,100萬人。

國家人權委員會對於法外處決、不明原因失蹤、任意逮捕、違法拘留及酷刑等侵害人權事件表示嚴重關切。由於國家人權委員會的工作人員有限，無法對每一項有關司法外處決、警察虐待、不當列入觀察名單或黑名單或其他人權侵犯事件的指控進行調查。[94]但是儘管資源有限，國家人權委員會調查數以百計的人權侵害案件，並且製作一份打擊毒品犯罪侵犯人權的報告提交給內閣總理。

國家人權委員會針對政府打擊毒品犯罪所衍生之嫌疑人黑名單、逮捕行動、法外處決及沒收財產四個主要問題提出報告，國家人權委員會表示政府羅列嫌疑人黑名單的過程及方法過於草率，以致於許多未從事毒品交易的無辜者竟名列其中，其表示大多數黑名單人選是政府官員經由社區會議產生，導致許多無關的人被列名其中，包括這些人的親屬或朋友也歸為毒品犯罪一類，甚至少數民族及特定信仰者被認定從事毒品交易。[95]國家人權委員會的結論認為，被警方拘禁之人被迫指控其他無辜者，造成很多人輕易的被牽連而遭逮捕，在這種情況下，已經涉嫌偽造證據。報告更進一步指出，在沒有正確調查的情況下，嫌疑犯的財產被無理的沒收，包括繼承的財產或累積數十年的資產，甚至連基本生活所需的冰箱和電話也不例外。在這一系列侵害人權案件中，檔案中計有2,625人被法外處決或非法虐待致死。[96]

93 Thailand's National Human Rights Commission, supra no. 62, p. 1.
94 Rights panel faults govt on four counts, The Nation, 2 December 2003.
95 Ibid
96 National Human Rights Commission of Thailand, Assessing Thailand's Compliance with the

　　國家人權委員會敦促總理對政策作立即的反省，同時要求針對毒販或施用毒品嫌犯黑名單編輯的錯誤進行調查，並且對每個暴力死亡事件進行透明且公正的調查，人權委員Surasee Kosolnavin亦曾表示，全部的死亡事件都應該調查，以避免武力錯誤的使用以及法律的濫用，而警察調查單位應該仔細的調查每個案子，並且告訴公眾事件的真相。

　　但是泰國政府卻完全不重視此報告，2003年2月14日，泰國總理承認在這次對毒品的作戰當中，已有350個人喪生，但其極力的辯駁表示，這乃是一場反對毒販的戰役。雖然根據統計，平均每天每位警官都會消滅25名毒販，但首相仍嘗試對警方所扮演的角色輕描淡寫的帶過，其表示只有13個人在國家機關的職權下被槍殺。其次，身為「向毒品宣戰」的指揮官警察總長Sant Sarutanond在一次電視訪問上附和總理的言論，其表示人們應該停止對於毒販遭遇的關心。[97]無疑地這些直言不諱的言論是對於國家人權委員會報告的反撲。

　　第二個案件有關泰國及馬來西亞天然氣管路計畫（Thai-Malaysian Gas Pipe line Project），其起因於泰國人民於2002年抗議政府的泰國及馬來西亞天然氣管路計畫，於是舉行示威遊行，後來招到警察鎮壓。

　　國家人權委員會於2002年12月舉行聽證會，其認為此案件應該評估泰國是否遵守「公民及政治權利公約」，國家人權委員會的報告認為泰國警方實行鎮壓行動時，警察使用武力驅散手無寸鐵的和平集會，其手段不符合比例原則，其發現12個參與抗議的國際非政府組織人士，被指控觸犯刑法予以拘禁後，既不允許他們與律師見面，也不允許警察盤問時有律師在場，沒有通知其親屬的關押地點，也不容許家屬探視。國家人權委員會認為泰國政府應對鎮壓事件中，身體及財產受侵害人提供合理的補償或賠償，並建議政府對於因天然氣管路計畫受有損害的當地居民，提供必要的協助及補償。國家人權委員會同時建議政府應讓當地民眾參與公共決策過程，在憲法保障人民的基礎下尋求基本規則及慣例，尊重人民和平集會的權利。

　　本案件成為國家人權委員會所提出的諸多案件中，唯一國會有討論的案

Obligations under the International Covenant on Civil and Political Rights, July 2005.
97 Thailand's National Human Rights Commission, supra no. 62.

例，[98]不過執政黨泰愛黨在2003年8月27日指控國家人權委員會違反憲法賦予的職權，身兼國會議員與執政黨法律顧問的Wichitplangsrisakul聲稱，依據「國家人權委員會法」第22條規定，此案件已經繫屬於法院，故國家人權委員會無權介入。後來泰愛黨的發言人亦要求眾議院議長關注此案，並訴求應由國會通過決議，向憲法法院提出釋憲申請。[99]

　　雖然其他政黨與國際非政府組織共同譴責此動議，民主黨（Democrat Party）發言人Ongart Klampaiboon指出，執政黨是藉由國會的獨裁拒絕國家人權委員會的報告，因為若是此事在眾議院被討論，將會發現政府違反人權的缺失。民主黨副主席Abhisit Vejjajiva也譴責政府利用國會逃避獨立人權機制的檢查。[100]但是泰愛黨挾持著其在眾議院的絕對多數的優勢，在280個議員的支持下於2003年9月10日強行通過決議，進而向憲法法院提出釋憲，[101]但是憲法法院認為國家人權委員會有權進行聽證會調查此案件，然而最後國會依然不理會國家人權委員會的報告。

　　不過值得慶幸的是，國家人權委員會的報告受到法院之重視，法院判決示威者無罪，同時經由國家人權委員會之介入，泰國法務部要求檢察官不對58名示威者起訴，[102]這是國家人權委員會報告之正面效果。

　　第三個案件有關泰國南部地區日益升高的暴力情況。泰國國家人權委員會非常擔心南部每天都有治安人員、政府官員和平民據聞被分離主義激進份子殺害或傷害，造成當地人民恐慌，日常生活缺乏安全感。國家人權委員會認為，南部動亂的關鍵源自於歷史恩怨，又因為缺乏公義及參與經濟和社會發展的感受而複雜化。因此充分尊重南部人民的人權和尊嚴，將對緩和當前緊張情勢及改善長期敵視狀況很有幫忙。

　　泰國國家人權委員會針對發生在Kru Se清真寺和達拜（Takbai）的慘劇進行調查後發現，當局未能發揮足夠克制以期和平解決問題，反而以過度積極而輕忽的態度執行任務，以致造成不必要的傷亡。泰國國家人權委員會呼

---

98 "We've laid a foundation? Interview with NHRC chairman Prof. Saneh Chamarik," supra no. 53.

99 Government says NHRC violated its mandate, The Nation, 28 August 2003.

100 Ibid.

101 Pipeline Clash Report: Opposition walks out on vote call, The Nation, 11 September 2003.

102 Subhatra Bhumiprabhas and Pravit Rojanaphruk, supra no. 52, p. 195.

籲政府為所有受害者提供等同於其損害或傷害的補償。此外國家人權委員會認為，在三個南部省份實施戒嚴影響了當地人民的基本權利、遷徙自由及其生活方式（如宗教修行）。因此政府應重新檢討實施戒嚴令之必要性，尤其是在非必要地區，以減輕其對人民日常生活的影響。[103]

泰國政府後來撤銷南部省份戒嚴令，但是以新頒緊急狀況公共管理行政命令取代之，激起更大的公眾抗議。[104]這只命令被認為是政府當局在缺乏制衡情況下行使無限權力的「空白支票」。泰國國家人權委員會認定這項行政命令違憲，並要求政府予以撤銷。由於國內及國際的關切日益升高，政府和總理公開宣布，要嚴謹行使該行政命令所賦予的權力，並不得超出處理情況所需要的程度。[105]

由以上三個案件可以看出，國家人權委員會積極地面對有政治敏感的人權議題，即使是政府積極推動之政策或是積極介入之案件，都未使國家人權委員會退卻，進而提出以人權為基礎之報告及意見，但是泰國政府則是不理會這些意見，甚至強悍地對抗，而問題的核心是國家人權委員會所提出之報告及建議，只是諮詢意見，並無強制力，因此國家人權委員會只能苦口婆心地提出各種意見，至於是否成為國家之政策或法律，端賴國會及行政部門之態度，這也是國家人權委員會各種報告及意見之致命傷。

2.人權教育

就提升人權意識及落實人權教育而言，「巴黎原則」強調，國家人權機構可以協助制定人權教學及研究方案，並參加這些方案在學校、大學及專業團體中執行。另外，國家人權機構亦可以通過宣傳、教育、媒體，宣傳人權及反對各種形式歧視特別是種族歧視之的工作，以提高公眾對人權之認識。[106]

泰國「國家人權委員會法」第15條規定，促進有關人權之教育、研究及知識傳布是國家人權委員會的職責之一。而人權教育可說是泰國國家人權委

---

103 See Asian Human Rights Commission, The state of human rights in eleven Asian nations in 2007- Thailand, p. 18.
104 Subhatra Bhumiprabhas and Pravit Rojanaphruk, supra no. 52, p. 191.
105 Surasee Kosolnavin, supra no. 24, p. 8.
106 Paris Principles, Competence and responsibilities, point 3.

員會重視的環節之一，如上所述，國家人權委員會所擬定的六年策略計畫將人權教育問題視為五大重點領域之一，並在其策略計畫中，為提升人權教育，就支持社會學習管道，加強人權知識的認知，促進人民公共意識、提升人性尊嚴自覺等方面訂有下列執行目標：（1）與各級教育機構合作，設計並發展人權教育的整體課程內容；（2）透過大眾傳播發展社會學習課程，並設計適合不同目標族群的活動；（3）彙整關於國內外人權保護提倡及社會權利的案例研究及相關經驗，透過大眾媒體經常且持續地傳布公眾與目標族群該等資訊；（4）定期評估國家人權委員會所負責的社會學習進程，且須思考未來進一步發展所用的方法及模式。[107]

但在實際執行方面，人權教育的落實程度卻仍有改善空間，以聯合國兒童權利委員會所提出的報告[108]來看，泰國人權教育的實施仍然任由老師自行決定實施與否，各級學校未有實施人權教育的義務或責任。而在泰國教育本身教師素質不良、偏重知識教育而忽略其他面向的情況下，人權教育究竟能被落實多少，令人憂心。

（三）保護者

國家人權機構主要透過其調查權扮演保護者之角色。「巴黎原則」認為，可以授權一國家人權機構負責受理及審議有關個別情況的申訴及請願。提出之主體可以包括個人、個人之代理人、第三人、非政府組織、工會或任何其他代表性組織等。而國家人權機構可以根據以下原則處理這些個案：（1）在法律規定的範圍內，經由調解或和解，達成有拘束力之決定，並求得當事人滿意之解決方案；（2）告知申訴人及請願人其權利，特別是救濟途徑；（3）若非其職權範圍內，將申訴及請願案件，轉送其他權責機關；（4）基於維護申訴人及請願人之權利，對主管當局提出建議，特別是對法

---

107 Office of the National Human Rights Commission, The Strategic Plan of the National Human Rights Commission of Thailand (2002-2007), p. 29, available at http://www.nhrc.or.th/StrategicPlan_en.pdf.

108 Committee on the Rights of the Child, Consideration of reports submitted by states parties under article 44 of the convention: Concluding observations: Thailand, Forty-first session, 17 March 2006, p. 17.

律、規章和行政措施提出修正或改革意見。[109]

　　如前所述，泰國1997年憲法並沒有明確規範國家人權委員會之調查權，但是「國家人權委員會法」已將其明文規定，而2007年憲法更進一步將國家人權委員會之調查權納入憲法明文規範中。

　　「國家人權委員會法」對於調查權之行使有相當完整之規範。該法第22條載明委員會有調查審理侵犯人權事件之權，而且其為限定侵犯人權者之主體，即不論是公務員或是私人，只要有人權侵犯之情形，國家人權委員會都可以調查。而其緣起則可由被害人直接提出，或是間接透過非國家組織或人民團體提出之，國家人權委員會亦得主動依職權進行之。[110]但是其前提要件是案件非繫屬於法院中，或是尚未對此議題作出最終之意見，即司法權仍是最終決定者。

　　同時「國家人權委員會法」賦予國家人權委員會相當多相關之權力，例如第25條規定，若委員會認為就該案具有管轄權時，委員會得通知受申訴侵害人權之個人或機關，命其在委員會指定期限內提出事實說明及答辯。該法第32條至第35條亦規定，國家人權委員會執行職務之故，得請求政府機關合作協助。而第32條授權委員會有權傳喚證人，強迫交出相關文件或證據，或向法院申請令狀進行現場調查。同時第34條及第35條規定任何人拒絕作為證人出庭陳述或出示文件或其他證據，或拒絕接受進行現場調查的罰則。

　　而在國家人權委員會內部處理程序部分，「國家人權委員會法」第26條規定，於審理人權侵害案件時，委員會得指定一個以上之小組委員會以進行事實及證據調查，聽取有關事實及證據之陳述，並依據委員會制定之規則，擬具報告書，並呈交委員會。

　　但是問題的核心是國家人權委員會針對案件進行調查之後，如果發現有侵犯人權之情事時，究竟能採取什麼措施？令人遺憾的是，國家人權委員會雖有權提出改善或補救方案，但其所提出之方案卻無強制力。「國家人權委員會法」第28條規定，委員會得提出補救措施之實施原則，並通知相關之個人或機關，於其權責範圍內妥慎執行補救措施。第30條規定，若所定改善期

---

[109] Paris Principles, Additional principles concerning the status of commissions with quasi-jurisdictional competences.

[110] 參閱「國家人權委員會法」第23條至第25條。

限經過後，侵權人或侵權機關無正當理由未履行解決人權侵害案件之補救措施，或履行不完全，國家人權委員會應向總理報告，請求核發命令要求侵權人或侵權機關於命令送達後六十日內履行補救措施。第31條規定，若依第30條核發命令後，侵權人或侵權機關仍未履行處理人權侵害案件之補救措施，國家人權委員會應向國會報告，請求續行處置。於向國會提出之報告中，國家人權委員會如認宜向民眾公開時，國家人權委員會得將侵權人或侵權機關未履行處理人權侵害案件補救措施之情事向民眾公開。即國家人權委員會所擁有的三項工具是訴諸於總理、國會及民眾，但是卻不能自行執行本身所認定之結論，當行政及立法部門不願意進行後續之改善措施時，國家人權委員會毫無其他方法可行，而訴諸民眾亦難以有制裁之效果。

因而泰國國家人權委員會形式上可以對所有侵犯人權事件進行調查，同時有相關調查的權力，表面上像是威猛的老虎，但是對於其所認定之結果，只能期待行政及立法部門之後續實踐，像是沒有牙齒的老虎，空有威猛的外表，卻近乎沒有咬傷力。

不過儘管法令規範性薄弱、經費不足、行政機關對其職權的蔑視，國家人權委員會除了上述曾提及的毒品戰爭事件、泰國－馬來瓦斯管暴動事件之外，其亦曾處理許多爭議性、關鍵性的問題，以下是幾個成功之案例。

第一個案例有關國家人權委員會建議政府關閉鉛礦並對鉛危害的受難者賠償。國家人權委員會注意到位在Kanchanburi省的Lower Klity村，當地的鉛礦開發已違反了採礦作業標準，威脅到當地居民的生存權，國家人權委員會敦促總理撤銷西部林地的採礦特許權。自1998年以來，衛生署發現當地居民血液含鉛量偏高，故國家人權委員會還呼籲居民應妥善治療。於委員會的干預下找到有力的證據，在Kanchanaburi省的採礦作業中發現被污染的含鉛土壤，此乃極其危險的物質。委員會下的調查小組於2001年11月，實地探查Kemco和Klity兩地的鉛礦開發。調查小組報告指出，大部分的土地已經被非法傾倒的廢棄物所污染，有毒的鉛順著雨水滲入地下。[111]爾後泰國資然資源及環境部（Ministry of Natural Resources and Environment）即尊重國家人權委員會之意見，此被認為是泰國政府少數積極回應國家人權委員會意見之少

---

111 Rights body urges PM to shut mines, The Nation, 8 November 2001.

數案例。[112]

　　第二個案例有關保護難民權利，國家人權委員會阻止強行遣返Hmong難民，2005年7月初，國家安全會議及國家移民署已達成共識，要強制遣返現於Phetchabun省Ban Huay Nam Khao村的寮國難民。[113]這些難民包括兒童、婦女及老人，自從被驅逐出村落以後，一直居住於距離Huay Nam Khao村五公里的路邊，他們用帆布擋雨和太陽暫時棲身。2005年7月8日，在國家人權委員會的介入下，泰國政府終止強行遣返6,558名Hmong當地難民回寮國的計畫。這個決議是在國安會、國家人權委員會和副總理召開國家安全會議後決定發佈。[114]

　　第三個案例有關國家人權委員會調查法外處決（extra-judicial killings）、酷刑及非法拘禁，國家人權委員會要求起訴政府官員為Tak Bai屠殺負責。2004年10月25日，至少有78人被保安部隊逮捕，於運送至Narathiwat省首府Pattani的途中擠壓窒息致死。此事起因於2,000多名民眾上街示威抗議要求釋放6位被拘留者，保安部隊對抗議民眾開槍鎮壓，造成6名抗議者當場死亡，數人受傷，軍方逮捕至少1,300人強制載送至Pattani。在前往Pattani的途中發現78人死亡。法務部常任次長Manit Suthaporn說明這些人是在車廂內相互堆疊窒息而死[115]。2005年5月4日，國家人權委員會對Tak Bai屠殺事件向政府提出以下建議：（1）對於政府當局侵害人權一事，政府應對受害者提出賠償，提出具體的改善之道，以防止此類嚴重侵害人權事件再發生，並將對此事應負責者繩之以法接受審判。（2）關於在泰國南部接續發生的暴力事件，政府應檢討其政策，使其符合實地現況，政府官員尤應要調整態度，承認和尊重思想、文化、宗教信仰的差異。（3）政府應做出明確的政策聲明，放棄用武力解決問題，為了贏得當地的信任和團結，營造各階層能理解認識的途徑，建立民眾參與的機制。其實事件發生初期，政府籌組Tak Bai屠殺事件的調查委員會，在其報告書中亦指出：在這事件中部分軍方高級官員嚴重失職，例如軍方於其轄區最高權利領導者Lt-General Pisarn，

---

112 Forum-Asia, "Thailand Win some, Lose some," supra no. 58, p. 44.
113 Hmong 'will be forced back,' The Bangkok Post, 7 July 2005.
114 Govt halts initiative to repatriate Hmongs, The Nation, 10 July 2005.
115 Scores suffocate to death in Thai protest', The Hindu, 27 October 2004.

第五步兵團指揮官Maj-General Chalermchai Wiroonphet，當時的第四軍區副司令Maj-General Sinchai Nutsatit。[116]後來這幾位軍事首長被起訴，但是居民並未得到賠償，應可認為是部分成功之案例。

　　不過除了以上少數成功之案例之外，泰國政府對國家人權委員會的報告以及建議置之不理是該國國家人權委員會所面臨的最大問題。[117]內閣總理及他的閣員們對於國家人權委員會十分漠視，當傳票送達行政機關要求接受調查，特別是與國家安全相關的單位，其態度卻是十分怠慢與輕忽。[118]國家人權委員會調查了諸多案件，[119]但塔克信政府卻只對其中少數事件作出反應。更令人挫折的是，政府在國家人權委員會就任前三年時間甚至連收到人權報告都不予知會，一直到近三年時間，國家人權委員會才開始會收到總理辦公室簽收人權報告的通知。[120]在這樣的情況下，國家人權委會乃寄望於公眾的壓力來迫使政府作為或不作為。因此泰國國家人權委員會必須加強人民運動，並且鼓勵人民迫使政府對國家人權委員會的建議作出回應。

　　軍事政變推翻塔克信政府之後，2007年憲法重建民主憲政，因此2006年9月至2007年12月之間，泰國再次歷經軍事政權，但是在2008年泰國依然面臨政治不穩定之情形，2008年8月群眾組成「人民民主聯盟」（People's Alliance for Democracy, PAD），即通稱之「黃衫軍」（yellow shirts），其要求Samak Sundaravej總理下台，2008年9月Samak Sundaravej總理被憲法法院判決違憲必須離職，其後選出之總理Somchai Wongsawat因為「黃衫軍」之群眾運動，而無法進入總理府，執政的人民行動黨（People's Power Party）在

116 Rights panel faults govt on four counts, The Nation, 2 December 2003.
117 Human Rights Committee, Concluding Observation of the Human Rights Committee: Thailand, CCPR/CO/84/THA, 8 July 2005, paragraph 9.
118 "Amnesty, National Human Rights Commission to Put Spotlight on Human Rights," The Nation, 26 July 2004.
119 據國家人權委員會統計，其六年（2002-2007）共收到約三千八百件申訴案，而其中占最多數的是有關司法程序（22.91%），其他較多的有關財產權、生命權、勞工權、遷徙勞工、婦女、兒童等權利，參閱National Human Rights Commission of Thailand, Annual Report 2008, supra no. 48, p. 2. National Human Rights Commission of Thailand, Report of Activities in 2005, p. 2. National Human Rights Commission of Thailand, Highlights of the NHRC's activities in 2003, p. 1.
120 "We've laid a foundation? Interview with NHRC chairman Prof. Saneh Chamarik" supra no. 53.

2008年12月被憲法法院認定違憲而解散。

　　在面對軍事政變時，如上所述國家人權委員會發表正式聲明表示軍事政權並未實踐憲法所保障之人民權利，除此之外，國家人權委員會亦關心緊急命令頒佈所造成之人權影響，其在2007年3月29日正式發表聲明，反對軍事政權在曼谷實施緊急命令。[121]而在面對人民抗議行動時，國家人權委員會於2008年9月2日再次反對在曼谷施行緊急命令，[122]同時國家人權委員會更在2008年10月7日發表聲明，譴責政府驅散在國會大廈前之群眾的方式是過渡的，並造成許多人嚴重受傷，因此國家人權委員會也決定就此事件進行調查。[123]

　　泰國國家人權委員會主席Saneh Chamarik在2007年接受訪問時表示，[124]該人權委員會的成績不能從調查案件的數量或者結果來評判。其任務比較像是推動社會演變，而這方面的成績是無法測量的，但國家人權委員會已使社會對人權保護有更高的認知。其在人權保護以及人權濫用調查方面建立了良好的基礎。設有調查程序，並有地方人民及官員所組成的堅強網絡來監控人權的濫用問題。同時也在處理自然資源的社群權（community right）方面建立了公共意識。

　　除了事後救濟之外，泰國國家人權委員會已嘗試採取預防性措施，其中包括在全國各地舉辦公眾論壇，如蒐集違反當地人民經濟、社會和文化權的資訊、定期拜訪拘留所、派出所及難民營。這些活動之目的被定位為增進基層和邊緣化民眾接受國家人權委員會的關照、建立關係網路和相互學習過程。國家人權委員會也能取得第一手資訊，並扮演調停者，將人民的不滿向政府反應。[125]

　　就扮演保護者角色而言，如上所述，2007年憲法第257條第2、3、4款賦

121　National Human Rights Commission of Thailand, The NHRC Opposing the Enforcement of the Emergency Decree on Public Administration in Emergency Situations in Bangkok, 2 September 2008.

122　Ibid.

123　National Human Rights Commission of Thailand, The NHRC condemns the violence used to disperse demonstration, 7 October 2008.

124　Ibid.

125　Surasee Kosolnavin, supra no. 24, p. 9.

予國家人權委員會向憲法法院提起釋憲案及向法院與行政法院提起訴訟之權力，並得附加意見，這些規定使得國家人權委員會得藉由司法途徑，主動地促使法律之改變，並救濟個案。不過此新規定尚未納入「國家人權委員會法」之規範，亦未實際實踐，這是國家人權委員會非常重要之管道，值得國家人權委員會善用，如上所述，國家人權委員會對於係屬於法院之案件無法調查，而可以調查之案件，其結論又必須依賴行政及立法部門之後續作為，因而當國家人權委員會能經由司法系統進行訴訟或是釋憲時，便能增進其保障人權之效能，例如透過釋憲改變制度，透過訴訟救濟個案，不過此管道只是使得國家人權委員會能有進一步的救濟人權途徑，其結果仍有賴於司法之良善，如果司法系統沒有深厚之人權理念，國家人權委員會仍然只能經由發動司法程序，協助被害人，但是最後結果卻依然無法改善人權。

伍、結論

　　泰國設立國家人權委員會與其民主化過程息息相關，但是其中亦顯現泰國政府抗拒之心態，但是藉由人民之力量，使得設立國家人權委員會成為民主化的成果之一，不過泰國近代歷史無法避免軍事政權之干預，因而國家人權委員會可說是在軍事政變與民主憲政之間設立及發展。

　　就組織而言，泰國國家人權委員會有民主的選任程序，人權委員選任結果亦可符合多元性，但是卻有模糊的解職要件，同時亦無豁免權之保障，國家人權委員會或可得到相當之經費，但是過去卻無法自行任命辦公室成員，雖然已有憲法明訂改善，但是尚未施行。同時因為國家人權委員會只有在曼谷有辦公室，亦影響其職權之行使。

　　在職權部分，形式上法律有完整的規範，但是就「巴黎原則」所期待的橋樑、促進者、保護者三個面向觀之，泰國國家人權委員會是個非常好的人權橋樑，其與國際人權組織及國內民間團體合作，同時促使泰國加入更多國際人權條約。就作為促進者而言，雖然國家人權委員會積極地調查及研究各種人權議題，並提出人權報告，但是因為泰國政府及國會之忽視，其只有提出人權呼籲之效果，可惜地無法成為實際的人權改善，國家人權委員會亦積

極推動人權教育，但是似仍有相當大的進步空間。就作為保護者而言，同樣地雖然積極調查，但是只有在少數案件有正面成效，其他案件亦因泰國政府之忽視，最後無疾而終。

　　國家人權委員會的軟弱其實是制度之結果，基本上國家人權委員會已盡力為之，但是制度上其無強制力，因此必須有注重人權的政府與國會之配合，才能真正改善人權，無論如何，至少國家人權委員會已成為人權提倡者，而實際的人權狀況則需要整體社會之進步，國家人權委員會可以成就部分人權實踐，但是當然不是因為國家人權委員會之設立，人權便必然實踐。

第五章　馬來西亞國家人權委員會

　　國際人權與亞洲價值及回教教義碰在一起會產生什麼火花？如果有一座橋樑是否能增加其實踐之可能性？馬來西亞是一個提倡亞洲價值及遵守回教教義之國家，但是馬來西亞也必須面對國際人權之影響及監督，當然任何國家都有其自己實踐國際人權標準之法律機制，但是國家人權委員會可說是新興之人權機制，各國設立國家人權委員會的目的之一便是實踐國際人權，聯合國「巴黎原則」亦強調，各國國家人權委員會是此國家實踐國際人權之重要機制，因此應著重於分析馬來西亞國家人權委員會（Human Rights Commission of Malaysia, Suruhanjaya Hak Asasi Manusia Malaysia, SUHAKAM）之設立是否符合「巴黎原則」及其在實踐國際人權標準所扮演之角色。

　　以下第壹部分以法律觀點探究馬來西亞之國家架構，其中探討政府架構、憲法人權條款範圍及參加國際人權條約之情形，以便瞭解馬來西亞是在什麼國家架構之下設立國家人權委員會。第貳部分分析馬來西亞創設國家人權委員會之原因、類型及法律規範。第參部分研究馬來西亞國家人權委員會之組織。第肆部分析論馬來西亞國家人權委員會之職權。同時在第貳至第肆部分以「巴黎原則」之內容為基礎，探討馬來西亞國家人權委員會在法律規範、組織及職權等三個面向是否符合國際規範。最後於第伍部分作總結之論述。

壹、國家架構

　　在討論馬來西亞國家人權委員會之前，應先探究其國家架構，以瞭解馬來西亞國家人權委員會設立之背景，因此以下分析馬來西亞之政府架構、憲法人權條款及參加國際人權條約之情形。

一、國家與政府結構

　　歐洲國家幾百年來影響東南亞之發展，麻六甲在1511年至1641年之間為

葡萄牙所佔領，而在1641年至1795年為荷蘭所佔領，十九世紀之後英國開始侵入麻六甲，並與荷蘭爭奪麻六甲，最後英國與荷蘭於1824年簽訂「英荷條約」（Anglo-Dutch Treaty），雙方約定由英國佔領馬來亞及新加坡，荷蘭佔領印尼，而Borneo島則是透過一條虛擬的線，東邊劃歸荷蘭，西邊劃歸英國。[1]也因此奠定現今馬來西亞及印尼之國界。

　　現今馬來西亞包括馬來半島（Malay）、沙巴（Sabah）及沙勞越（Sarawak），但是形成現今領土規模則是歷經不同階段。英國在1946年4月1日組成「馬來亞聯盟」，並制定一部憲法。[2]但是這一部英國人自以為滿意的憲法卻遭馬來亞三大種族的不滿，英國在重重的壓力下，在1948年2月1日決定修改憲法並將「馬來亞聯盟」改名為「馬來亞聯合邦」，確立了一個中央與地方分權的政治體制。在這個制度下的「馬來亞聯合邦」仍不是一個獨立的國家，此時馬來亞的各政治團體要求獨立的呼聲仍很高。英國政府於1950年准許各州地方議員直接民選，並於1951年允許聯合邦政府實施閣員制度，英國在聯合邦政府的獨立要求下，歷經兩年的談判過程，「馬來亞聯邦」（Federation of Malaya）終於在1957年8月31日正式獨立，新憲法也隨即生效。[3]「馬來亞聯邦」未經流血戰爭，以和平的方式爭取自殖民地獨立，不僅在東南亞是少有的例子，在第三世界中亦是少見的。

　　「馬來亞共產黨」雖然在1959年全面投降，但其中一部分的馬共潛逃至新加坡，當時的「馬來亞聯合邦」總理東姑拉曼眼見新加坡的共黨日漸擴張，繼而與新組政權的李光耀總理建立一個大馬來西亞，並且此大馬來西亞包括沙巴及沙勞越，因此「馬來西亞聯邦」（Federation of Malaysia）於1963年9月10日正式成立。但是後來新加坡於1965年獨立，不再是「馬來西亞聯邦」之一部分。[4]

1　Wu Min Aun, The Malaysian Legal System (2nd ed., Percetakan Polygraphic Sdn. Bhd., Balakong, Selangor Darul Ehsan, 2004), p. 7. Jameah Mohd Jan, *Malaysia in Brief 2003* (Department of Information Services Malaysia, 2003), p. 21.

2　Cheah Boon Kheng, "Politics," in Amarjit Kaur and Ian Metcalfe (eds.), *The Shaping of Malaysia* (Great Britain, 1999), p. 99.

3　參閱獨立出版社翻譯，馬來西亞聯合邦憲法，附：檳榔嶼州憲法．馬六甲州憲法，藝華出版印刷有限公司，1958年。Mary Louise Clifford, *The Land and People of Malaysia* (J. B. Lippincott Company, 1968), pp. 126-128.

4　Wu Min Aun, supra no. 1, pp. 39-40. 林若雲，《馬哈迪主政下的馬來西亞國家與社會關係（1981-2001）》，頁33-34，韋伯文化，2001年。

近代馬來西亞成為英國殖民地，因此馬來西亞在憲政體制上和英國較為接近，在中央是屬於君主立憲及責任內閣制，但是英國採用不成文憲法，而馬來西亞則是採用成文憲法，馬來西亞中央與地方之關係則與美國較相似，採用聯邦制。

「馬來西亞聯邦」之國家元首為國王（Yang di-Pertuan Agong），其由「領袖會議」（Conference of Rulers）選出，任期五年。[5]而由國王任命總理（Perdana Menteri, Prime Minister）及內閣（Jamaah Menteri, Cabinet of Ministers），總理必須是眾議院（House of Representative）之議員，閣員必需是國會議員。[6]而立法權則是由兩院組成之國會負責，包括參議院（Dewan Negera, Senate）及眾議院（Dewan Rakyat, House of Representative），其中參議院由各州選出兩位，國王任命聯邦領地之Kuala Lumpur, Labuan, Putrajaya共四位議員，國王並可另行任命40位議員。眾議院則是依各州大小不同共選出219位國會議員。[7]而最高司法機關為聯邦法院（Federal Court）。[8]

比較特別的是「馬來西亞聯邦」憲法規定伊斯蘭教為聯邦之宗教，但是其他宗教得於聯邦中和諧及和平地施行。[9]其特別尊崇伊斯蘭教，但是卻不認定其為唯一宗教，因此是使得伊斯蘭教成為有特別地位之宗教，其或許是成為國家儀式的象徵，憲法訂定伊斯蘭為國教有其特殊的意義存在，其中之一便是作為國家儀式的象徵，如為了國家儀式的需要，而得以在國慶日或元首登基等的正式慶典中進行。另外其亦可作為支配主權的象徵，憲法第160條規定：「任何馬來西亞公民若符合第160條規定的先驗條件，則可獲得優厚特權」。也就是說，馬來人需信奉伊斯蘭教、說馬來話及奉行馬來傳統習俗，符合以上三種條件便可享有特權。此用意有助於區分其民族歸屬之問

5　參見「馬來西亞聯邦」憲法第32條第3項。R. H. Hickling, *Malaysian Public Law* (Pelanduk Publications, Sdn. Bhd., 1997), p. 65.

6　參見「馬來西亞聯邦」憲法第43條。Cheah Boon Kheng, "Politics," in Amarjit Kaur and Ian Metcalfe (eds.), *The Shaping of Malaysia* (Great Britain, 1999), p. 110.

7　參見「馬來西亞聯邦」憲法第45條及第46條。

8　參見「馬來西亞聯邦」憲法第121條第2項。

9　參見「馬來西亞聯邦」憲法第3條。

題，進而實現單一民族的構想，以形塑馬來西亞和馬來人國族合一的認同觀。[10]

二、憲法人權條款

「馬來西亞聯邦」憲法於第5條至第13條保障基本自由（fundamental freedoms），而所保障之自由包括人身自由（第5條）、禁止奴隸及強迫勞動（第6條）、禁止溯及既往法律及一事不二罰（第7條）、平等權（第8條）、遷徙自由（第9條）、言論集會及結社自由（第10條）、宗教自由（第11條）、尊重教育之權利（第12條）、財產權（第13條）等。[11]相對於國際人權之廣泛，「馬來西亞聯邦」憲法所保障之基本人權可說是範圍相當小，與其他國家憲法相比較亦是如此。

很明顯地「馬來西亞聯邦」憲法所保障之權利僅限於憲法所稱之自由權，或是國際人權條約所稱之公民與政治權，但是並不包括憲法所稱之社會權，或是國際人權條約所稱之經濟社會文化權，即使是從自由權或是公民與政治權角度觀之，「馬來西亞聯邦」憲法所保障之權利都不是完備的，例如「公民與政治權利國際公約」所保障之人民自決權、生命權、禁止酷刑或不人道刑罰、接受公正裁判之權利、對家庭的保護、兒童之權利、少數人之權利、法律之前平等諸多權利，都未包括。因此這將是嚴重的問題，如果無法擴充權利之範圍，那麼即使設立一個國家人權委員會，亦只是監督或促進這些權利之實踐，但是依然無法突破權利之既有藩籬，因此這是後續應該檢視之處。

三、參加國際人權條約之情形

聯合國於1945年成立，在聯合國之促進國際人權方面，聯合國發表了許多有關人權保障的宣言及決議，並且進一步將其轉化為國際條約，而有關人

---

10 有關伊斯蘭國教化之歷史過程，請參閱蔡源林，〈馬來西亞伊斯蘭國教化之歷史淵源〉，收錄於蕭新煌主編，《東南亞的變貌》，頁151-184，中研院，2000年。蔡源林，馬來西亞伊斯蘭律法的變遷一一個殖民現代化的例子，〈世界宗教學刊〉，創刊號，頁43-77，2003年5月。

11 有關馬來西亞聯邦憲法之內容，請參閱Government of Malaysia, Federal Constitution (International Law Book Services, 2003).

權保障的文件之數目恐怕超過國際法之其他領域，此可顯現聯合國對人權保障之重視，聯合國將諸多國際人權文件歸類為國際人權法典、兒童權利、婦女權利、難民及庇護等共17種類型。

　　馬來西亞並不是一個積極參與國際人權條約之國家，在十二項核心國際人權條約[12]中，馬來西亞只加入兩項人權條約，分別是「消除所有形式婦女歧視公約」及「兒童權利公約」，而且均是在1995年加入的，而「消除所有形式婦女歧視公約」及「兒童權利公約」則是這十二項國際人權條約中有最多國家加入的，其分別有185個及193個會員國，[13]由此可見馬來西亞只加入已有非常多國家加入之人權條約，而且絕大多數人權條約馬來西亞都沒有參加。

貳、創設國家人權委員會

　　馬來西亞可說是「亞洲價值」[14]之擁護者，在此理念之下，人權是西方國家所倡議之理念，作為壓迫亞洲國家之工具，因此亞洲國家應該建構自己的價值，如果完全依其所堅持之「亞洲價值」的話，馬來西亞應該不需要也不會依據國際準則設立國家人權委員會，但是事實上卻非如此，馬來西亞在設立國家人權委員會的過程中，不斷地聲稱其是依據國際準繩實踐之。

---

12 除了「世界人權宣言」之外，聯合國所稱之十二項核心人權條約是指：「公民及政治權利國際公約」、「公民及政治權利國際公約任擇議定書」、「公民及政治權利國際公約第二任擇議定書」、「經濟、社會及文化權國際公約」、「消除所有形式種族歧視公約」、「消除所有形式婦女歧視公約」、「消除所有形式婦女歧視公約任擇議定書」、「兒童權利公約」、「兒童權利公約有關軍事衝突任擇議定書」、「兒童權利公約有關童妓與兒童色情任擇議定書」、「保護遷徙勞工及其家庭國際公約」、「禁止酷刑和其他殘忍、不人道或有辱人格的待遇或處罰公約」。另外並已有「禁止酷刑和其他殘忍、不人道或有辱人格的待遇或處罰公約附加議定書」之簽訂，此附加議定書主要是希望設立一「禁止酷刑委員會預防酷刑和其他殘忍、不人道或有辱人格的待遇或處罰次委員會」，以訪視各締約國可能發生酷刑和其他殘忍、不人道或有辱人格的待遇或處罰之處所，並與國內機制合作或提供建議，此議定書於2006年6月22日生效。

13 分別為至2006年11月及2007年3月之資料。

14 有關亞洲價值與人權之基本論述，請參閱Wm. Theodore De Bary著，陳立勝譯，《亞洲價值與人權》，正中書局，頁2-5，2003年。Michael Jacobsen and Ole Bruun (eds.), Human rights and Asia values: contesting national identities and cultural representations in Asia (Cruzon, 2000).

　　1999年4月24日當時的馬來西亞外交部長Datuk Seri Syed Hamid Albar宣布將於當年7月提出一個法案，以設立國家人權委員會，比較重要的是其宣稱此法案的兩個重點：第一是此法案會以國際所建構之「巴黎原則」作為準繩，第二是此法案將參考亞太區域已設立國家人權機構之經驗。同時其強調，此法案「應被視為是我國人民利益及回應人民期待之正面發展。」[15]而馬來西亞國會於1999年通過「馬來西亞人權委員會法」（Human Rights Commission of Malaysia Act 1999, Act 597），[16]在國會審議過程中，官方說法是沒有任何政黨反對此法案，[17]此法律於1999年8月27日獲得國王許可，並於1999年9月9日公布於政府公報。2000年4月3日馬來西亞政府任命第一屆國家人權委員會主席及委員，這些委員於2000年4月24日第一次集會，馬來西亞國家人權委員會正式成立。而當時的馬來西亞總理馬哈地（Mahathir Mohamad）曾經自豪的說，相對於諸多國家，馬來西亞依舊是保障人權最好的國家之一，馬來西亞是東南亞國協（ASEAN）中第三個設立國家人權委員會之國家。

一、原因

　　馬來西亞設立國家人權委員會之源起，與國際人權發展及國內政治轉變有相當大之關係，因此或許可由這兩個層面觀察之。

　　首先，有關國際人權發展之趨勢，其中可以看出對國家人權機構逐漸受到重視，特別是1993年在維也納舉行的「世界人權會議」非常強調寄望各國成立國家人權機構，例如「世界人權會議」所達成之「維也納宣言及行動綱領」強調國家人權機構對於人權促進及保障扮演非常重要及建設之角色，特別是有關對政府各機關建議、救濟危害人權事件、人權教育及訊息之傳播

---

15 Cited from Ramdas Tikamdas, "SUHAKAM: Analysis of Maiden Parliamentary Report," in ERA Consumer Malaysia, Proceedings of the National Consultation on "SUHAKAM after One Year" (ERA Consumer Malaysia, 2001), p. 35.

16 Malayan Law Journal Sdn Bhd, MLJ Statute Series, Human Rights Commission of Malaysia Act 1999 (Act 597) (Butterworths Asia, 2000).

17 Tan Sri Harun Hashim, "Assessment of Human Rights in Malaysia and the Role of Suhakam in Promoting and Protecting Human Rights," in ERA Consumer Malaysia, Proceedings of the National Consultation on "SUHAKAM after One Year" (ERA Consumer Malaysia, 2001), p. 7.

與落實。[18]於是「維也納宣言及行動綱領」也鼓勵各國依據「巴黎原則」設立國家人權機構，同時要求聯合國透過「諮詢服務」（advisory services）及「技術合作」（technical cooperation）計畫，協助各國成立國家人權機構。[19]

　　亞太區域各國亦逐漸設立國家人權機構，例如在1999年馬來西亞思考設立國家人權委員會時，亞太區域已有七個國家設立國家人權機構，其中包括菲律賓及印尼兩個東南亞國協國家，而當時泰國也正積極籌設國家人權機構，因此馬來西亞可說是受到此亞太區域設立國家人權機構潮流之影響。

　　馬來西亞於1993年至1995年間被選為聯合國人權委員會之成員，而且代表馬來西亞參加聯合國人權委員會會議之Tan Sri Dato' Musa Hitman被選為當年之主席，[20]Musa自從擔任主席之後便需要到全世界說明有些國家人權記錄不夠好，同時建議設立國家人權委員會，因此他也認知到馬來西亞自己也沒有設立國家人權委員會，於是Musa在1994年建議馬來西亞政府應該設立國家人權委員會，而在1998年世界人權宣言五十週年紀念，Musa更是積極建議設立之，[21]這項建議前後花了六年時間才成功，而且Musa本人也在2000年成為馬來西亞國家人權委員會第一任主席。

　　第二，有關馬來西亞國內政治之發展，國家人權委員會指出，國家人權委員會之設立與安華（Anwar Ibrahim）事件無關，其理由是Musa早已有所建議，[22]而參與起草法案的人也強調，主要考量是以比較前進之方式，以強化人民之權利。[23]但是亦有人指出，雖然可能只是巧合，但是馬來西亞國家人權委員會之設立是因為解除副總理安華之後，馬來西亞政府又持續打壓改

---

18 Vienna Declaration and Programme of Action, Part I, para. 36.

19 Ibid, paras. 34 and 84.

20 另一重要的國際因素是馬來西亞代表在1998年成為聯合國大會之主席。See Dato' Siew Kioh Choo, "The Background, Structure, Functions and Perspective of the NHRC of Malaysia," paper presented to Conference on NHRIs in the Asia-Pacific, Taiwan Foundation for Democracy and Taiwanese Society of International Law, Taipei, 22 and 23 October 2005, p. 5.

21 Elizabeth Wong "The NGO Perspective," in ERA Consumer Malaysia, Proceedings of Forum on Understanding the Human Rights Commission Act 1999 (ERA Consumer Malaysia, 2000), p. 17.

22 SUHAKAM, Annual Report 2001 (SUHAKAM, 2002), p. 3. Tan Sri Harun Hashim, "Assessment of Human Rights in Malaysia and the Role of Suhakam in Promoting and Protecting Human Rights," in ERA Consumer Malaysia, Proceedings of the National Consultation on "SUHAKAM after One Year" (ERA Consumer Malaysia, 2001), p. 5.

23 Dato' Siew Kioh Choo, supra no. 20, p. 5.

革派之示威，導致違反人權之批評越來越強烈，而國家人權委員會可能只是安撫這些壓力而已，[24]或是作國際公關。[25]不過這種初步反映，也隨著後來馬來西亞國家人權委員會之表現其獨立性，而漸漸淡化。[26]

　　然而馬來西亞民間團體則有不同看法，他們認為民間團體長期以來一直推動設立獨立的國家人權委員會，[27]而國家人權委員會之成立主要是國際社會及民間團體之推動才成功的。[28]

　　非常明顯地，馬來西亞政府完全排除人權團體對於設立國家人權委員會之努力，而只是強調其本身之理念形成過程，但是事實上當時的反對黨及民間團體都抗議馬來西亞政府，認為當時在設立過程中，其未將國家人權委員會之草案公布周知，[29]由此可知其實馬來西亞政府所著重的不是國內之人權呼籲，事實上Musa是馬來西亞前副總理，他擔任人權委員會主席並不是因為其對人權堅持，而是因為其是馬來西亞在人權委員會之官方代表，而因為成為人權委員會主席，馬來西亞必須承受更多之國際壓力。

　　另一因應國際上之提倡與壓力的證據是設立國家人權委員會之法案是由外交部提出，這在其他國家是少見的，畢竟在國家內部設立一獨立的人權機制，顯然地並非外交事務，而馬來西亞委由外交部提出草案，顯然是要降低國際壓力，而此壓力有兩個起源，除了因為擔任人權委員會主席之外，亦包括安華事件所造成之短期強大壓力。

---

24 Elizabeth Wong "The NGO Perspective," in ERA Consumer Malaysia, Proceedings of Forum on Understanding the Human Rights Commission Act 1999 (ERA Consumer Malaysia, 2000), p. 17. Abdul Aziz Bari, Malaysian Constitution A Critical Introduction (The Other Press, 2003), p. 34.
25 Marimutbu Nadason, "Welcome Address," in ERA Consumer Malaysia, Proceedings of the National Consultation on "SUHAKAM after One Year" (ERA Consumer Malaysia, 2001), p. 2.
26 See Mohd Nasir Hashim, "General Overview on SUHAKAM," in ERA Consumer Malaysia, Proceedings of the National Consultation on "SUHAKAM after One Year" (ERA Consumer Malaysia, 2001), p. 21.
27 Elizabeth Wong "The NGO Perspective," in ERA Consumer Malaysia, Proceedings of Forum on Understanding the Human Rights Commission Act 1999 (ERA Consumer Malaysia, 2000), p. 16.
28 Irene Fernandez "Gender and NGO Perspective," in ERA Consumer Malaysia, Proceedings of Forum on Understanding the Human Rights Commission Act 1999 (ERA Consumer Malaysia, 2000), p. 21.
29 Amanda Whiting, "Situating Suhakam: Human Rights Debates and Malaysia's National Human Rights Commission," 39 *Stan. J Int'l L.* 59, 75.

二、類型

　　依據國家人權機構之職權內涵及區域發展為基準，吾人可以將各國國家人權機構歸類為以下五種類型：（一）諮詢委員會：法國模式；（二）人權中心：北歐／德國模式；（三）單一職權委員會：不易歸類；（四）人權監察使：伊比利半島及東歐模式；（五）獨立人權委員會：與監察使分離。[30]

　　而其中設立獨立且與監察使分離之國家人權委員會可說是國際上一項重要發展，獨立人權委員會與單一職權委員會的最大不同是獨立人權委員會所肩負之人權職責不限於反歧視而已，而是擴及於所有層面之人權，其認為人權事項包括國際人權條約、憲法及法律所保障之權利，這些權利之實踐都是獨立人權委員會之職責。已有許多國家選擇此一模式，對於馬來西亞而言，有兩個趨勢比較會影響其決定。

　　一者是大英國協成員國之演變趨勢，其中有許多國家，例如澳洲、紐西蘭、斐濟、馬來西亞、印度、尼泊爾、斯理蘭卡、愛爾蘭、迦納、烏甘達、奈及利亞及南非等，都是採取獨立委員會之模式。如上所述，馬來西亞從十九世紀被英國國統治之後，也納入大英國協之體系，馬來西亞於1957年獨立之後，一直到現在都是大英國協之成員國，也因此大英國協各國在國家人權機構所建構之模式，深深影響馬來西亞之抉擇。

　　另一者是亞太區域國家之趨勢，在此區域中幾乎所有國家人權機構都是採用獨立人權委員會之模式，比馬來西亞早設立之國家例如澳洲、紐西蘭、菲律賓、印尼等都是採用此類型，在馬來西亞之後成立國家人權機構之國家，例如泰國、南韓、蒙古等也是遵循此類型。[31]而在此兩大趨勢之影響下，馬來西亞很自然地往設立一獨立委員會之模式發展。

　　「馬來西亞人權委員會法」第3條第2項特別規定，人權委員會為一永久存續且擁有公印之法人組織，得以委員會名義起訴及被訴，可以著手處理契約，而且可以持有或處分所有種類之動產及不動產，此條文主要確認馬來西

---

30 參見廖福特，創設國家人權機構─理想、類型及憲改，收於湯德宗、廖福特主編，憲法解釋之理論與實務第五輯，頁183-206，中央研究院法律學研究所籌備處出版，2007年3月。
31 同前註，頁198-205。

亞國家人權委員會形式上之獨立地位，也就是在國家架構中，雖然馬來西亞採取君主立憲及責任內閣制，但是國家人權委員會不隸屬於行政、立法或是司法之任一權力分立架構中，而是一獨立自主之委員會。

　　但是除了形式上之獨立地位之外，更應著重國家人權機構之實質獨立性，聯合國強調，「一個有效的國家人權機構是一個能夠獨立於政府、政黨和所有其他可能影響其工作的實體及情況而發揮作用的機構。」[32]然而聯合國也強調獨立性是一個相對的概念，「一個國家機構的獨立性決不意味著國家機構與國家之間完全沒有任何聯繫。據以設立國家機構的法律將指明該機構與國家之間的各種具體聯繫，界定該機構發揮作用的範圍。」[33]因而聯合國認為，一個國家人權機構必須透過法律規範、財政自主、人事任免程序等三個層面，達到應有之獨立基礎。而此三個面向牽涉一個國家人權機構之法律基礎及組織架構，於此先論述馬來西亞國家人權委員會之法律基礎，並於後續討論其組織架構。

三、法律基礎

　　如上所述，聯合國認為國家人權機構是指「一個國家依據其憲法、法律或命令所設立之機制，而此機制之職權特定為促進及保障人權。」而此定義除了確認國家人權機構之職權是特定為促進及保障人權之外，其亦認為各國設立國家人權機構可能透過憲法、法律或命令等不同層級之法律規範方式。然而從一個國家人權機構之獨立性觀之，很明顯地以行政命令方式設立之國家人權機構，無法達到獨立自主之要求，因為其太受行政權之掌控，而且隨實有可能遭遇解散之命運，因此完全無法達到獨立自主之目的。因而如果要確保一個國家人權機構之獨立性，最好是使其有憲法地位，如此才能確保其永續存在，同時釐清其權責。退而次之，至少必須以法律規範一個國家人權機構之地位、組織、職權等，以維持其獨立性。

　　馬來西亞是一個成文憲法國家，其近代自主的憲法從1957年「馬來亞聯

---

[32] United Nations, *Professional Training Series No. 4 National Human Rights Institutions* (Centre for Human Rights, 1995), p. 21.
[33] Ibid.

邦」開始，至今已經歷過超過四十次修憲，[34]因此對於馬來西亞而言，修憲並非陌生之事。但是就設立國家人權委員會而言，馬來西亞並沒有思考是否修憲之問題，而是以普通法律之方式創設國家人權委員會，馬來西亞國會於1999年通過「馬來西亞人權委員會法」，[35]此法於1999年8月27日獲得國王許可，並於1999年9月9日公布於政府公報，2000年4月4日任命委員而正式成立。也就是說雖然馬來西亞是成文憲法國家，[36]但是馬來西亞並沒有選擇修憲之途徑，或是說其認為不需要修憲，而用一般法律規定，便可以成立國家人權委員會。

馬來西亞會採用法律而非修憲之方式，亦與上述大英國協及亞太區域之發展趨勢有關。在大英國協方面，雖然有部分國家，例如南非、迦納、烏干達、馬拉威等，以憲法規定其國家人權機構之地位，但是其他國家並沒有如此作。而在亞太區域部分亦是如此，雖然菲律賓及泰國在制定新憲法時，特別規定國家人權機構之地位，但是其他國家都是以法律之方式為之。如果我們進一步觀察其他區域，吾人可發現只有少數國家以憲法規範之，這些國家包括匈牙利、波蘭、斯諾伐尼亞（Slovenia）等東歐國家，然而無論是大英國協、亞太區域或是東歐新興民主國家，以上以憲法規範國家人權機構之國家，其共同特質是國家經歷民主化變動並制定新憲法。或許認為在經歷民主激烈轉型之國家才會以憲法規範其國家人權機構之說法是太過誇大的，但是事實上就實際憲政發展經驗觀之，似乎還沒有一個未歷經民主轉型之國家是以憲法規範國家人權機構之地位及職權。

因而馬來西亞亦採取相同之途徑，即只以法律規範其國家人權委員會，而聯合國所強調的透過法律規範而使國家人權機構達成其獨立性，亦是強調應以憲法或法律為之，因此馬來西亞以法律創設其國家人權委員會，應是符合法治之要求，亦可能符合透過法律規範而達成其獨立性。於此值得附帶一提的是，即使以法律規範已可達到法治之要求，但是馬來西亞國家人權委員

---

34 See List of Amendments, in Government of Malaysia, Federal Constitution (International Law Book Services, 2003), pp. 300-303.

35 Malayan Law Journal Sdn Bhd, MLJ Statute Series, Human Rights Commission of Malaysia Act 1999 (Act 597) (Butterworths Asia, 2000).

36 或是稱為法典化憲法國家，也就是說有一部明文憲法。參見林子儀、葉俊榮、黃昭元、張文貞，《憲法權利分立》，頁7，學林，2003年。

會還是期待未來能有修憲之機會，以使其有憲法地位，[37]如此更能確保其獨立性。

參、國家人權委員會之組織

　　從組織結構評估一個國家人權機構是否具備獨立性時，其牽涉此機構之人事結構及經費來源，而人事結構有關任命人為何？其程序為何？被任命人之資格條件？是否有任期保障？是否有必要之豁免權？是否有解職之法定要件？等等議題。而在經費來源則是牽涉國家人權機構是否有獨立或是充足之預算，以進行其工作，同時維持其獨立性。[38]以下即分析這些議題。

一、人事結構

　　「巴黎原則」強調一個國家人權機構「組成及獨立性與多元化保障」之重要性，而其認為應有幾個重點：（一）任命程序；（二）成員之代表性；（三）任期穩定；（四）解職要件；（五）豁免權。[39]

（一）任命程序

　　「巴黎原則」認為，國家人權機構的組成及其成員的任命，不論是經由選舉產生還是透過其他方式產生，必須按照一定程序予以確定，這一程序應提供一切必要保障。也就是說其強調應以法律明訂國家人權機構成員之任命程序。

　　相對於此，「馬來西亞人權委員會法」有明確之規定，其第5條第2項規定，委員會之委員依總理之推薦，由國王任命。因為「巴黎原則」並沒有闡明任命之機關及程序之細節，此部分由各國依其憲政制度作抉擇。如上

---

37 根據筆者訪問馬來西亞國家人權委員會委員及職員所得知之消息。
38 See International Council on Human Rights Policy and Office of the United Nations High Commissioner for Human Rights, Assessing the Effectiveness of National Human Rights Institutions（International Council on Human Rights Policy and Office of the United Nations High Commissioner for Human Rights, 2005）, pp. 11-16.
39 Paris Principles, Composition and guarantees of independence and pluralism.

所述，馬來西亞是君主立憲內閣制國家，因此國家人權委員會委員，便是經由總理及國王而任命之，因為總理是由多數黨之領袖擔任，而國王之權力有限，因此雖然法條文字是由總理推薦，但是實質上是由總理決定人選，國王只是作形式任命。

從比較法制觀之，馬來西亞採用此制度，應是受英國傳統之影響，例如大英國協或是過去曾經被英國統治之國家，有相當多國家採用之模式，例如愛爾蘭、紐西蘭、澳洲及北愛爾蘭等人權委員會委員，都是完全由行政權任命之。

但是此方式可說是由行政權主導所有國家人權委員會委員之任命程序，因此行政權可以決定所有人選，其可能優點是任命者可以全盤考量各種人選之長處，而平衡專長、性別、種族、區域之均衡。但是此方式可能形成相當之缺失，特別是行政權全面掌握人事任命權，而國家人權委員會所要針對之最主要對象之一即是行政機關，因此行政部門可能經由完全之任命權力，任命其所能接受之人選，但是卻非考量專業性，或是性別、種族、區域之均衡，因而影響國家人權委員會之實質獨立性，或是削弱其成效。

在有關國家人權委員會之主席及副主席之產生方式，「馬來西亞人權委員會法」第6條規定，委員會主席由國王任命，其任期同其為委員資格之期間，但是副主席則是由委員從其成員中選舉一人擔任之，其方式是由委員互選，而當委員會主席因任何原因無法執行其主席職責，或在任期中缺位時，副主席應執行主席之職責。此制度特殊之處是國王雖然只有形式任命權，但是卻能任命國家人權委員會之主席，而副主席則是透過委員互選之方式為之，因而此制度可說是半自主模式，由國王主控國家人權委員會首長之決定權，委員互選之人選則是扮演備位之角色。其次，因為只有主席及副主席是專任，其他委員是兼任職，主席對委員會各種實質運作有相當大之影響力，因此行政權可以透過任命委員及主席之方式，影響委員會之運作。

馬來西亞之民間團體也認為不應由行政部門全部掌握馬來西亞國家人權委員會委員之任命，而是應由「獨立之小組」（independent panel）決定，以維持委員之獨立性。[40]其實馬來西亞國家人權委員會從其成立之後即建議

---

40 Memorandum from Civil Society to the Human Rights Commission of Malaysia (SUHAKAM)

應修改「馬來西亞人權委員會法」，[41]而其準則是以「巴黎原則」及「聯合國設立及強化國家人權機構促進及保障人權手冊」為基準，希冀符合國際標準。其方案包括三大部分，在人事部分建議設立獨立委員會負責委員之任命及解職，而此委員會包括總理、相關部長、國會反對黨領袖、國家人權委員會主席、民間團體代表等。[42]

吾人可以發現馬來西亞國家人權委員會所提出之建議，比較可以確保委員組成之獨立性，因為其包括內閣制國家之多數黨政府代表、反對黨領袖、國家人權委員會主席及民間團體代表，可以涵蓋社會之多元意見，而從國家人權委員會之職權觀之，其可能與官方之行政、立法及司法三權都有互動，更需要與民間團體合作，因此由其代表組成之任命委員會應該比較可以確保委員之多元性及獨立性。而馬來西亞國家人權委員會之建議並沒有考量司法機關之代表，其可能原因是馬來西亞國家人權委員會並沒有被賦予參加訴訟或是提出釋憲之權力。

2009年馬來西亞人權委員會修正法（Human Rights Commission of Malaysia (Amendment) Act 2009）則是實踐上述建議，其規定總理推薦人權委員會委員之前必須成立諮詢委員會，其成員包括政府之秘書長、人權委員會主席、三位具備人權知識或實踐經驗之民間成員。[43]不過諮詢委員會之意見無法拘束總理，但是經由此程序，至少可以讓民間社會得以發表意見，使得人權委員會委員之建議及任命，不只是單純地政治任命而已。

（二）成員之代表性

「巴黎原則」強調，國家人權機構應確保參與促進和保護人權的公民社會力量的多元代表性。[44]因此其認為國家人權機構之成員可以從以下幾個方

---

and Government of Malaysia, in ERA Consumer Malaysia, Proceedings of the National Consultation on "SUHAKAM after One Year" (ERA Consumer Malaysia, 2001), p. 84.

41 SUHAKAM, Annual Report 2001 (SUHAKAM, 2002), p. 3.

42 SUHAKAM, Annual Report 2002 (SUHAKAM, 2003), p. 46.

43 本來法案只規定諮詢委員會應包括三位優秀人士，但是未明確規定三位必須是來自於民間社會，不過2009年同年馬來西亞國會又通過2009年馬來西亞人權委員會再次修正法（Human Rights Commission of Malaysia (Amendment) (Amendment)Act 2009），其中特別規定三位人士必須來自於民間社會。

44 Ibid.

向求才，並藉由這些成員之參與，建立有效合作的力量，「巴黎原則」所建議之成員包括：(a)負責人權及對抗種族歧視的非政府組織及工會；(b)有關的社會及專業組織人士，例如律師、醫生、新聞記者和著名科學家；(c)哲學家或宗教思想流派之成員；(d)大學教師及合格的專家；(e)議會議員；(f)政府部門之公務員，不過「巴黎原則」強調，如果公務員擔任委員的話，應該只能以顧問身分參加討論。[45]因而其實「巴黎原則」所強調的是，國家人權機構之成員應該是多元的，同時納入人權社運者、專業人士、人權專家、民意代表等社會不同階層之人才。

　　就此而言，「馬來西亞人權委員會法」第3條第1項規定，委員會之委員人數至多不超過二十名，同條第3項規定，委員會之委員應從卓越人士（prominent personality）中任命之，並包括來自不同宗教及種族背景之人。

　　而實際任命結果，在2000年第一次任命時，據稱當時馬來西亞政府本來已列出準備任命之名單，但是Tan Sri Dato' Musa Hitman反對，Musa自己列了十二位人選，最後這十二位人選為政府所接受。[46]就此而言，民間團體批判Musa雖然成為聯合國人權委員會之主席，但是他是前副總理，本身對人權毫不瞭解，因此其成員根本沒有民間團體之代表，委員也對人權議題不熟悉。[47]

　　以2002年為例，十三位委員中主要包括前公務員、前司法人員及學者，但是極少是民間團體出身的，[48]因此馬來西亞人權團體也有所批判，認為因為委員多是退休之政客或是公務員，其對人權之執著並不明顯或是令人質疑的。而於2002年任命前檢察長Abu Talib Othman為國家人權委員會之主席即招受批評，因為Othman在檢察長曾是政府許多爭議性法案的強烈辯護者。而有兩位委員Anuar Zainal Abidin及Mehrun Siraj則是被認為是獨立、勇敢及

---

45 Paris Principles, Composition and guarantees of independence and pluralism, point 3.
46 Tan Sri Anuar Zainal Abidin, "HRC of Malaysia: Challenges Ahead for Human Rights in Malaysia," in ERA Consumer Malaysia, Proceedings of Forum on Understanding the Human Rights Commission Act 1999 (ERA Consumer Malaysia, 2000), p. 8.
47 Suara Rakyat Malaysia (SUARAM), *Malaysian Human Rights Report Civil and Political Rights in 2000* (Suaram Kommunikasi, 2000), p. 67.
48 SUHAKAM, Annual Report 2002 (SUHAKAM, 2003), pp. 7-10.

優秀的，但是沒有續任。[49]因此馬來西亞國家人權委員會在2002年歷經民間團體一百天抵制，[50]直到2002年8月20日才繼續合作，馬來西亞國家人權委員會的看法是民間團體抗議政府不回應馬來西亞國家人權委員會之建議，[51]但是卻忽略了民間團體對於委員成員之不滿。

　　而到2004年任命時，委員人數達到十七人，除了一位自己要求不續任及一位死亡之外，其餘在2002年任命之十一位委員均獲得連任，並另外再任命六位新委員，[52]其中更強調沙巴及沙勞越之原住民代表。而在2006年任命時，人數同樣為十七人，五人沒有續任，成員組成考量馬來西亞各種族及宗教，但是仍以前公務員、前司法人員及學者為主。[53]

　　由以上委員任命結果觀之，其確實已考量「馬來西亞人權委員會法」所要求的委員應包括不同宗教及種族背景之人的要求，不過更重要的是一個人權委員會委員最主要的資格是對於人權之專業及承諾，由各屆委員背景觀之，恐怕上不能完全符合此項要求，反而有相當多委員是政府前任官員，因此恐怕是顧全了種族及宗教背景之多元性，但是卻反而忽視了更重要的專業性。

　　另外有一核心問題，各委員只有主席及副主席是專任的，其他委員都是兼任職，而採用此模式亦是受大英國協體系之影響，因此形式上國家人權委員會雖然有相當多委員，但是實質上絕大部分委員均是兼任，於是民間團體批評，所謂兼任就是不花時間（part-timers are no-timers），[54]而其嚴重是雖然形式上有為數眾多之委員，但是實質上絕大部分均是兼任委員，不見得能專注全力於國家人權委員會之工作，也因此其核心問題不是增加委員人數，

49 Suara Rakyat Malaysia (SUARAM), *Malaysia: Human Rights Report 2003* (Suaram Kommunikasi, 2003), p. 205.
50 P. Ramakrishnan, "SUHAKAM: What Assessment, Whose Future?," in ERA Consumer Malaysia, Proceedings of the National Consultation on "SUHAKAM after 3 Years" (ERA Consumer Malaysia, 2003), p. 36.
51 SUHAKAM, Annual Report 2002 (SUHAKAM, 2003), p. 13.
52 SUHAKAM, Annual Report 2004 (SUHAKAM, 2005), p. 11.
53 2006年任命之委員名單，可參見http://www.suhakam.org.my/en/about_com_member.asp（visited on 1 May 2008）。
54 ERA Consumer Malaysia, Proceedings of the National Consultation on "SUHAKAM after One Year" (ERA Consumer Malaysia, 2001), p. 66.

而是應使兼任委員成為專任委員。[55]而此部分是馬來西亞國家人權委員會各種建議所未觸及之部分，也應是未來必須改革之議題。

（三）任期穩定

「巴黎原則」認為，如果任期不穩定的話，國家人權機構不可能有真正的獨立性，因此必須確保國家人權機構之任期，同時於法律中明定，而且在確保成員組成多元性無虞之情形下，其成員或可續任。[56]

就此而言，「馬來西亞人權委員會法」第5條第4項規定，國家人權委員會委員之任期為兩年，並得續任，形式上其已確定委員之任期及再續任之資格，然而問題是任期只有短短的兩年，是否能實質上保障委員之獨立性？由上述委員任命結果觀之，其維持了一定程度之續任性，但是實質上每一任委員都必須在其短暫任期內擔憂是否續任，而根本解決之道應是提高任期年限，因此馬來西亞國家人權委員會曾建議應延長委員任期為至少三年。[57]而民間團體則期待委員任期應該至少五年，但是不可連任，以維持委員之獨立性。[58]無論採用那個方案，其亦應考量前述增加專任委員比例，否則只是解決部分人事組成問題而已。

2009年馬來西亞人權委員會修正法則是依據國家人權委員會之建議，將委員任期改為三年，同時得續任一次。其使得委員之任期更加確認。同時2009年馬來西亞人權委員會修正法也授權總理得以建立主要表現指標（key performance indicators），以作為是否續聘委員之參考。

（四）解職要件

「巴黎原則」並沒有規範國家人權機構委員之解職要件，但是聯合國亦已注意此議題，其稱對委員解職之權力與國家人權機構之獨立性息息相關，

---

55 Datuk Param Cumaraswamy, "Opening Address: Need for Full-Time Commissioners," in ERA Consumer Malaysia, Proceedings of the National Consultation on "SUHAKAM after 4 Years" (ERA Consumer Malaysia, 2004), p. 6.

56 Paris Principles, Composition and guarantees of independence and pluralism.

57 SUHAKAM, Annual Report 2002 (SUHAKAM, 2003), p. 47.

58 Memorandum from Civil Society to the Human Rights Commission of Malaysia (SUHAKAM) and Government of Malaysia, supra no. 40, p. 84.

因此應由法律明訂其要件及有權解職之機構，其亦建議應由國會或是國家相當高層級之機構實行此權力。[59]

　　依據「馬來西亞人權委員會法」第9條規定，國家人權委員會委員缺位之原因包括死亡、辭職、任期屆至及被免職等，而其中因為死亡及任期屆至者當然發生缺位之情形。辭職亦是個人之抉擇，依據「馬來西亞人權委員會法」第11條規定，委員得隨時以書面向國王辭去其職務，亦比較不會發生爭議。

　　因而另一重點是得免職之要件，「馬來西亞人權委員會法」第10條規定，委員之免職要件包括破產、身體上或精神上無法繼續勝任其職責未獲許可連續三次缺席委員會會議，如有此三項事由，可由國王直接將委員解職，此三項事由比較有明確之標準，因此可說國王其實只是擁有形式上之解職權力。另外，在總理建議下，國王認為委員從事與身為委員之職責相牴觸之任何支薪職位或工作、行為不端或為破壞委員會聲譽之行為、行為與委員之職責相牴觸等，亦可將委員免職。此項事由則比較有不確定概念，即行政權首長可以發動國家人權委員會委員之解職，其中可能發生爭議，導致行政權不當干預委員之職位，也可能導致實質干預委員會之獨立性，如果加上行政權掌有完全地委員任命權，可以看出行政權對於國家人權委員會委員人事有相當大之掌控權，不過所幸自從國家人權委員會成立之後，並沒有發生委員被解職之事，然而根本解決之道應是修改此制度，如上所述國家人權委員會已提出建議，由一獨立委員會負責委員之任命及解職，如此比較可以排除行政權對委員人事之掌控。

　　上述2009年馬來西亞人權委員會修正法授權總理所建立之主要表現指標，亦可被使用於是否免職委員之指標，或許其可建立比較客觀之基準。

（五）豁免權

　　同樣地「巴黎原則」並沒有規範國家人權機構委員之豁免權，但是聯合國亦已注意此議題，其稱委員豁免權之賦予亦是確保獨立性之重要法律方

---

59 United Nations, Professional Training Series No. 4 National Human Rights Institutions, supra no. 32, p. 11.

式，特別是有權接受個人人權申訴之國家人權機構，國家人權機構委員應可豁免其因執行公務所引發之民刑事責任。[60]

而「馬來西亞人權委員會法」第18條保障國家人權委員會人員，其中規定委員會及其人員，如基於善意執行其職責，因此而發生之任何疏失或錯誤行為，不得對其提起訴訟。而且不得因委員會之各種報告，而對委員會人員提起訴訟。而第19條第6項也規定，委員會因起訴或被訴所招致之任何民事或刑事訴訟費用，均由委員會經費支出。第19條第7項亦規定，委員會之任何委員或行政人員因依據本法案規定或委員會之指示而為或應為之任何行為，而在任何民事訴訟程序中成為被告所招致之任何費用，應由委員會之經費支付。這些規定可說對於國家人權委員會人員有相當大之保障，至今未曾聽聞過馬來西亞國家人權委員會人員，因為執行其職務而導致被訴之情形。

二、經費獨立或充分

「巴黎原則」強調，國家人權機構應具備其能順利開展活動的基礎結構，特別是充足的經費，此一經費的目的是使國家人權機構能擁有自己的工作人員和辦公房舍，以便獨立於政府，不受財政控制，而可能影響其獨立性。[61]

國家人權機構經費是否獨立或充分，其實有兩個層面之影響，第一是委員會本身是否能確實實踐其職權，進而完成創設國家人權委員會之理想。第二是委員之薪資是否獨立或充分，是否進而影響其專注於實踐其職權。以下即針對此二議題分析馬來西亞國家人權委員會所面臨之處境。

首先，有關委員會本身之預算，依據「馬來西亞人權委員會法」第19條規定，國家人權委員會之經費來源有幾種管道，第一是來自政府之預算，本條第1項特別規定：「政府應一年一次提供足夠之經費給委員會使其能完成本法案所賦予之職責。」但是何謂「足夠之經費」？應該透過什麼管道取得？則沒有進一步規範。第二個經費來源是個人或組織之捐款，第19條第3項規定：「委員會只能為促進人權意識及提供人權教育而無對價地接受來自

60 Ibid.
61 Paris Principles, Composition and guarantees of independence and pluralism, point 2.

任何個人或組織之經費。」不過第2項也特別規定委員會不應接受任何外國
經費。

　　而從馬來西亞國家人權委員會之實際收入觀之，最主要之來源依舊是政
府預算，不過遺憾的是馬來西亞政府似乎未逐年提高給予國家人權委員會之
預算，例如2001年為969萬馬幣，2002年則為977萬馬幣，[62]但是2003年降低
為682萬，[63]2004年及2005年之預算與2003年一樣，[64]因此國家人權委員會可
能面臨政府編列預算之瓶頸點。

　　另一問題點是馬來西亞國家人權委員會之預算受到政府之間接影響，
因為其預算本來由外交部編列，後來則是直接由總理府編列，因此民間團
體也呼籲，國家人權委員會之預算應直接由國會編列，而且要求應有1億馬
幣。[65]且不論總額是否可能達到1億馬幣，但是避免行政權以預算之方式干
預國家人權委員會之運作是有必要的，當然國家人權委員會本身不可能毫無
限制地要求其預算之增加，必須考量國家整體預算之可能性，而國家預算一
般是由行政權提出，再由國會審議，如果能避開行政權之預算不當干涉或縮
減，應是對於國家人權委員會之獨立性有幫助的，直接由國會編列國家人權
委員會之預算，應比較可以維持國家人權委員會之獨立性。

　　第二，有關委員之薪資，「馬來西亞人權委員會法」第8條規定，不論
是委員會主席或是委員之報酬及津貼都是由國王決定。而事實上兼任委員之
薪資就有每月7,000馬幣，並且加上其他福利，[66]因此應是可以接受之薪資標
準，足以藉由足夠之薪資，維持委員之獨立性。不過此制度給予國王完全之
決定權，到目前為止或可依慣例維持固定之薪資標準，然而完全由國王決定
之方式，恐怕是不夠法制化之方式，其實可以以法律明訂委員之薪資層級，
以避免國王可能有不當之決定。

---

62 SUHAKAM, Annual Report 2002 (SUHAKAM, 2003), p. 105.

63 SUHAKAM, Annual Report 2003 (SUHAKAM, 2004), p. 335.

64 SUHAKAM, Annual Report 2004 (SUHAKAM, 2005), p. 234. SUHAKAM, Annual Report 2005 (SUHAKAM, 2006), p. 180.

65 ERA Consumer Malaysia, Proceedings of the National Consultation on "SUHAKAM after One Year" (ERA Consumer Malaysia, 2001), p. 68, Fan Yew Teng 之發言。

66 Suara Rakyat Malaysia (SUARAM), Malaysia: Human Rights Report 2004 (Suaram Kommunikasi, 2004), p. 170.

三、內部架構

其牽涉幾個議題，第一是委員會之運作情形，第二有關是否有足夠空間及是否設立區域辦公室，第三是委員會是否能聘任其內部人員，是否有足夠預算聘請充分之人數。

首先，有關委員會之運作，「巴黎原則」認為國家人權機構應定期並於必要時經正式召集後召開有全體成員出席的會議。[67]而「馬來西亞人權委員會法」並沒有規定應定期集會，不過實際運作情形是每個月開會。[68]另外「馬來西亞人權委員會法」第7條規定，所有會議之法定人數為委員會委員人數之三分之二，而委員會之決議方式應盡力以一致決定通過決議，否則應以出席委員三分之二之多數決通過。更重要的是委員會有權自行決定議事規則及議事程序，以維持其獨立性。

其次，有關辦公室，馬來西亞國家人權委員會先是經歷了慘澹的草創期，剛開始之辦公室是借用外交部土地建立貨櫃屋而設立，[69]而為了維持其獨立性，國家人權委員會還特別選擇在飯店開會。[70]其後國家人權委員會於2001年承租在吉隆坡市中心兩層辦公室，2002年進一步承租另一層辦公室，使得現今擁有三層樓辦公室。[71]另外「巴黎原則」認為，國家人權機構必要時應設立地方或地區分支機構，以協助其實踐職權。[72]此部分「馬來西亞人權委員會法」並沒有特別規定，而馬來西亞國家人權委員會最初只在吉隆坡有主要辦公室，不過很快地在2002年分別在沙巴（Sabah）及沙勞越（Sarawak）設立地區辦公室，[73]其原因可能與民間呼籲有關，在馬來西亞

---

67 Paris Principles, Methods of operation.

68 例如可參閱馬來西亞國家人權委員會對於2005年之委員會召開記錄，SUHAKAM, Annual Report 2005 (SUHAKAM, 2006), pp. 167-175，其中更記錄某一委員之出席情形，使資訊透明。

69 Tan Sri Anuar Zainal Abidin, "HRC of Malaysia: Challenges Ahead for Human Rights in Malaysia," in ERA Consumer Malaysia, Proceedings of Forum on Understanding the Human Rights Commission Act 1999 (ERA Consumer Malaysia, 2000), p. 8.

70 Tan Sri Harun Hashim, "Assessment of Human Rights in Malaysia and the Role of Suhakam in Promoting and Protecting Human Rights," in ERA Consumer Malaysia, Proceedings of the National Consultation on "SUHAKAM after One Year" (ERA Consumer Malaysia, 2001), p. 6.

71 SUHAKAM, Annual Report 2002 (SUHAKAM, 2003), p. 105.

72 Paris Principles, Methods of operation.

73 SUHAKAM, Annual Report 2002 (SUHAKAM, 2003), p. 15.

國家人權委員會成立之後，此兩地方之人士即認為，委員中並沒有沙巴及沙
勞越之原住民，因此容易忽略當地原住民之議題，而且因為國家人權委員會
在當地沒有辦公室，使得當地人民無法親近人權委員會。[74]而自從沙巴及沙
勞越兩個地區辦公室設立之後，馬來西亞國家人權委員會也確實比較關注此
兩地之人權議題，也收到更多之申訴案。

　　第三，有關內部成員，「巴黎原則」認為，國家人權機構必要時應建立
成員工作小組。[75]而依據「馬來西亞人權委員會法」第16條規定，委員會應
任命一名委員會秘書，亦可任命其他必要職員或受僱人，以協助委員會完成
其職權。同時依據第17條之規定，委員會可將其權力委任行政人員，被委任
該權力之行政人員可依委員會指示行使該權力。

　　馬來西亞國家人權委員會除了已依法任命一名委員會秘書之外，並
在內部設立五個部門：人權教育與促進工作群（Human Rights Education
and Promotions Working Group, EWG）、法律改革及國際條約工作群（Law
Reform and International Treaties Working Group, LRITWG）、申訴及調查工作
群（Complaints and Inquiries Working Group, CIWG）、經濟社會文化權工作群
（Economics, Social and Cultural Rights Working Group, ECOSOC）。同時也設
立政策與研究部（Policy and Research Division, PRD）及公共事務部（Public
Affairs Division, PAD）。而職員人數，2002年時只有16位專職職員，26位兼
職職員，[76]到了2005年專兼職職員共有約70位。[77]由此亦可看出，馬來西亞
國家人權委員會經過幾年之努力，已建構完整之內部架構，並依職權之類型
而區分工作群，並且已有一定之職員，以協助委員會之工作。

　　不過有疑問的是國家人權委員會之內部懲戒規則訂定權力，「馬來西
亞人權委員會法」第23條第1項規定，在部長認可下，委員會於認必要或權
宜時，得制定懲戒規則以為其行政人員之紀律規範。不過其第2項規定，此
懲戒規則只要在國家人權委員會公告即可，毋庸登載於政府公報上。其中可

74 Colin Nicholas, "SUHAKAM and Indigenous People," in ERA Consumer Malaysia,
　Proceedings of the National Consultation on "SUHAKAM after One Year" (ERA Consumer
　Malaysia, 2001), p. 33.
75 Paris Principles, Methods of operation.
76 SUHAKAM, Annual Report 2002 (SUHAKAM, 2003), p. 105.
77 Dato' Siew Kioh Choo, supra no. 20, p. 8.

以發現半獨立自主模式，即國家人權委員會之內部懲戒規則必須經由行政權之認可，這亦使行政權可以間接影響國家人權委員會之內部人事管理，理論上國家人權委員會之職員並非公務員，因而其可以一般法律規範即可，而內部懲戒可由國家人權委員會自行規範，是否違反法律，可由法律適用解決爭議。

肆、國家人權委員會之職權

「巴黎原則」第一部分即強調國家人權機構之權限與職責，而其內涵包括職權方向、職權法定、職權內涵、權力內涵及行使方式等，以下依序論述之。

一、職權方向與職權法定

「巴黎原則」強調，應賦予國家人權機構促進和保護人權的職權。[78]同時應賦予國家人權機構盡可能廣泛之職權，並在創設國家人權機構之憲法或法律明訂其職權範疇。[79]

「馬來西亞人權委員會法」第4條第1項規定：

為進一步落實馬來西亞人權之保障及促進，人權委員會之職權包括：

a.促進人權意識及提供人權教育；

b.在政府制定法律、行政法規及行政程序過程中，提供諮詢及協助，並建議應採之必要措施；

c.在適用及加入人權條約或其他人權領域之國際文件，對政府提供建議；

d. 調查第12條規定之關於人權侵害之申訴。

其已明顯指出，國家人權委員會之職權方向是人權之保障及促進，同時以法律明定國家人權委員會之職權範疇，可說是符合職權方向與職權法定之

---

78 Paris Principles, Competence and responsibilities, point 1.
79 Ibid, point 2.

原則。不過既然是一「人權」「委員會」，就牽涉兩個議題，第一是其所負責之人權範疇有多廣，第二是此委員會是否有權訂定施行細則。

就人權範疇而言，「馬來西亞人權委員會法」第2條規定，除本法有其他規定之外，本法所稱之「人權」，乃是指馬來西亞聯邦憲法第二章所保障之基本自由，不過將人權限於聯邦憲法第二章，是嚴重限縮權利範圍，因為沒有包括憲法其他部分、一般法律及未明文之權利範疇，而從上述可知，馬來西亞聯邦憲法第二章所保障之權利範圍相當有限，因而其實其將面臨將權利範疇限縮於非常小範圍之困境。

但是「馬來西亞人權委員會法」第4條第4項有相當特別之規定：「基於本法案之目的，在不牴觸聯邦憲法的範圍內，1948年之世界人權宣言應被尊重。」[80]有學者指出馬來西亞獨立四十多年之後，終於發現憲法所保障之人權是不足夠的，[81]然而亦有人批判，雖然可以引據世界人權宣言，但是馬來西亞國內法院是否可以適用國際法，依然有疑問，[82]也因此民間團體建議，馬來西亞國家人權委員會應該積極建議草擬「人權清單」（Bill of Rights），[83]此方法是在國內法建構完備之人權清單。另外，此法案其實是將國際人權規範只限縮於「世界人權宣言」，然而如上所述，國際人權條約已有比較廣泛之發展，並有諸多人權條約之形成，[84]只限縮於「世界人權宣言」當然是不夠完備的，而其結果是限制國家人權委員會所可探討之人權範疇，對於其實質職權之實行有相當之障礙，國家人權委員會必須藉由「世界人權宣言」之規定，才能引申權利之保障，可能有解釋之困難，其根本解決

---

80 此條文之後續影響是學者引用「世界人權宣言」檢視馬來西亞國內法，參閱Jerald Gomez, "Contempt of Court-Freedom of Expression and the Right of the Accused," (2002) 3 MLJA 241.

81 Abdul Aziz Bari, Malaysian Constitution A Critical Introduction (The Other Press, 2003), p. 33.

82 Shad Saleem Faruqi, "A Constitutional Perspective," in ERA Consumer Malaysia, Proceedings of Forum on Understanding the Human Rights Commission Act 1999 (ERA Consumer Malaysia, 2000), p. 13.

83 Charles Santiago, "Economic, Social and Cultural Rights," in ERA Consumer Malaysia, Proceedings of the National Consultation on "SUHAKAM after 3 Years" (ERA Consumer Malaysia, 2003), p. 41。事實上馬來西亞人權團體曾經草擬一份「馬來西亞人權憲章」(Malaysian Charter on Human Rights)，參閱Malaysian Non-Governmental Organizations, Malaysian Charter on Human Rights (ERA Consumer Malaysia, 1999).

84 例如前述「世界人權宣言」、十二項核心國際人權條約及尚待生效之「禁止酷刑和其他殘忍、不人道或有辱人格的待遇或處罰公約附加議定書」。

之道應是國家人權委員會可以引用所有國際人權條約，以思考馬來西亞之人權狀況是否符合國際人權標準。

　　有關國家人權委員會法之施行細則，「馬來西亞人權委員會法」第22條規定，部長得為使本法案之條款施行或生效而制定施行細則，包括為規定使依本法案所為之調查程序能被遵守。其中所指之部長，依據第2條之規定，是指「職司人權責任的部長」，而實質上馬來西亞政府本來是指定外交部長為本法所指之部長，但是2004年之後提高層級直接由總理辦公室負責，而實際負責的是由副總理擔任之。[85]於此亦可發現另一個行政權可以實質干擾國家人權委員會之管道，有可能限縮國家人權委員會之職權行使，也影響其獨立性。

二、職權內涵

　　如上所述，「巴黎原則」希望各國賦予國家人權機構廣泛之職權，聯合國期待國家人權機構扮演橋樑、促進者及保護者三種角色，而此理念亦反映在「巴黎原則」對於國家人權機構職權之規範，因而以下依此三種不同角色定位探究馬來西亞國家人權委員會之職權內涵及其成果。

（一）橋樑

　　「巴黎原則」對於國家人權機構扮演橋樑角色有兩個面向之期待，第一是作為其國家與國際人權之橋樑，第二是與各種人權機構及團體合作。

　　在作為國家與國際人權之橋樑部分，「巴黎原則」依各國實踐國際人權條約之不同階段，希望國家人權機構有以下職權。首先，當然是鼓勵其國家批准或加入國際人權條約並確保其執行。其次，當國家批准或加入國際人權條約之後，國家人權機構應促進並確保其國家的法規及慣例符合其所批准或加入之國際人權及其有效執行。第三，當國家批准或加入國際人權條約之後，便有提出人權報告之義務，因此國家人權機構在其國家向國際人權監督機制提出報告過程中，可以有所貢獻，或是提出必要意見。[86]而在與各種人

---

85 Dato' Siew Kioh Choo, supra no. 20, p. 8.
86 Paris Principles, Competence and responsibilities, point 3.

權機構及團體合作部分，「巴黎原則」期盼國家人權機構與聯合國及聯合國系統內的任何其他組織、區域人權機制、其他國家人權機構合作。[87]

1. 參與國際人權條約

反觀馬來西亞之情形，有關鼓勵其國家批准或加入國際人權條約，「馬來西亞人權委員會法」第4條第1項第4款已明確指出，國家人權委員會得在適用及加入人權條約或其他人權領域之國際文件時，對政府提供建議。但是如上所述，馬來西亞並不是一個積極參與國際人權條約之國家，在眾多國際人權條約中，馬來西亞只加入兩項人權條約，分別是「消除所有形式婦女歧視公約」及「兒童權利公約」，而且均是在1995年加入的，其原因恐怕與馬來西亞在1993年至1995年間被選為聯合國人權委員會之成員比較有關係，即因為成為人權委員會成員國，但是馬來西亞卻沒有加入任何國際人權條約，乃遭受強大之國際壓力，因此馬來西亞選擇已有眾多國家加入的兩個人權條約參與之。

因而可以得知2000年馬來西亞國家人權委員會正式成立之後，至今並未促使馬來西亞加入新的人權條約。但是事實上從馬來西亞國家人權委員會設立之後，即建議馬來西亞政府應該加入「經濟、社會及文化權國際公約」、「公民及政治權利國際公約」及「禁止酷刑和其他殘忍、不人道或有辱人格的待遇或處罰公約」[88]等三個國際人權條約，但是幾年過去，馬來西亞政府依然沒有對此建議有所回應，唯一的訊息是馬來西亞外交部通知國家人權委員會，內閣將會考量批准「經濟、社會及文化權國際公約」及「公民及政治權利國際公約」，但是最終並沒有實踐，而馬來西亞政府根本沒有提及「禁止酷刑和其他殘忍、不人道或有辱人格的待遇或處罰公約」。[89]馬來西亞外交部也在2004年與國家人權委員會討論此議題，外交部並表示這是馬來西亞政府之承諾，[90]但是最終並沒有實踐。

另外，馬來西亞國家人權委員會也建議，既然馬來西亞已是「兒童權利

---

87 Ibid.
88 SUHAKAM, Annual Report 2001 (SUHAKAM, 2002), p. 53.
89 SUHAKAM, Annual Report 2002 (SUHAKAM, 2003), p. 89.
90 SUHAKAM, Annual Report 2005 (SUHAKAM, 2006), p. 190.

公約」之成員國，也應該也加入其兩個議定書：「兒童權利公約有關軍事衝突任擇議定書」及「兒童權利公約有關童妓與兒童色情任擇議定書」，[91]同時應該撤回諸多對於「消除所有形式婦女歧視公約」及「兒童權利公約」之保留，[92]而因為馬來西亞已於1986年簽署「國際禁止運動種族隔離公約」，但是遲未批准，因此馬來西亞國家人權委員會也建議應該盡早批准此公約。[93]但是這些建議也沒有得到馬來西亞政府之正面回應。[94]

　　針對此困境，馬來西亞國家人權委員會之建議是政府應通知國家人權委員會加入國際人權條約之進展，[95]此為較軟性之訴求，只期待得知訊息。而民間團體之期待是國家人權委員會應該明確要求政府在哪一年之前完成批准國際人權條約，[96]不過此項建議牽涉國家人權委員會所提建議之效力，「馬來西亞人權委員會法」只規定國家人權委員會之職權包括建議政府有關加入國際人權條約，但是完全沒有規範其後續效力，問題是即使國家人權委員會明確地要求政府應於哪一年之前加入某個或某些人權條約，其只是增加建議之強度，依然無法約束政府，實質之結果還是取決於政府之態度。

　　而在適用各人權條約部分，馬來西亞國家人權委員會建議，如要適用「消除所有形式婦女歧視公約」，應該檢討伊斯蘭立法（Syariah law）、檢討對消除婦女所有形式歧視公約之保留、應特別立法使消除婦女所有形式歧視公約有國內法效力、檢討所有既有法律、政策及措施歧視婦女之處、提出

---

91 SUHAKAM, Annual Report 2001 (SUHAKAM, 2002), p. 55.
92 Ibid, p. 54. 馬來西亞針對「消除所有形式婦女歧視公約」提出聲明，認為此公約之條文不能與伊斯蘭法與其聯邦憲法抵觸，此聲明備受歐洲國家之譴責，而馬來西亞對此公約所提之保留包括第2、5、7、9及16等條文。參見Office of High Commissioner for Human Rights網站，available at http://www.ohchr.org/english/countries/ratification/8_1.htm （visited on 26 June 2006）。有關「兒童權利公約」，馬來西亞對第1、2、7、13、14、15、28及37條提出保留，並認為這些條文只有在符合馬來西亞憲法、法律及政策時，才得以適用。參見Office of High Commissioner for Human Rights網站，available at http://www2.ohchr.org/english/bodies/ratification/ 11.htm (visited on 1 May 2008)。
93 Ibid, p. 55.
94 Maria Chin Abdullah, "Rights of Women and Children," in ERA Consumer Malaysia, Proceedings of the National Consultation on "SUHAKAM after 4 Years" (ERA Consumer Malaysia, 2004), p. 29.
95 SUHAKAM, Annual Report 2002 (SUHAKAM, 2003), p. 48.
96 Memorandum from Civil Society to the Human Rights Commission of Malaysia (SUHAKAM) and Government of Malaysia, supra no. 40, p. 82.

性別主流化（gender mainstream）之方案、要求婦女及家庭發展部（Ministry of Women and Family Development）建立完整之性別資訊並分析及散發之、加強國家人權委員會及民間團體參與撰寫提交至消除婦女所有形式歧視委員會之報告、每年舉行政府、國家人權委員會及民間團體間之諮商會議。[97]而此部分之正面結果是馬來西亞修改憲法第8條第2項，以禁止性別歧視，[98]馬來西亞政府於2003年8月宣布至少會將有30%公務員為女性，同時在內閣中設立「內閣性別平等委員會」（Cabinet Committee on Gender Equality），[99]因而至少有部分之成果。

2.人權合作

有關與各種人權機構及團體合作，「巴黎原則」認為，國家人權機構應與其他可能與促進及保障人權之機構保持聯繫，特別是監察專員、調解人及類似機構等，同時應與非政府組織發展關係，因為非政府組織對人權促進及保障可以發揮根本作用。[100]

曾經有人以燈塔比喻國家人權機構，[101]一個有效之國家人權機構像是在沿岸孤獨的燈塔，身處陸地與海洋之間，其不屬於海洋，但是如果沒有海洋，其無存在之必要，其處在陸地，但是卻非為陸地而存在，其是為海洋而存在。而國家人權機構亦是如此，其為官方機構，但是不是為政府而存在，而是為了人民而設立，其必須獨立於政府之外。因此對於國家人權委員會而言，有一非常重要之關鍵點是其是否能贏得人民之信心及信賴，同時使人民對於其他機構人權實踐不足之處，能在國家人權委員會重新拾回。[102]

但是因而國家人權機構面臨兩難之處境，一方面政府可能認為國家人

97　SUHAKAM, Report Round Table Discussion: Rights and Obligations Under CEDAW (SUHAKAM, 2004), pp. 27-29.

98　SUHAKAM, Annual Report 2001 (SUHAKAM, 2002), p. 65.

99　SUHAKAM, Annual Report 2004 (SUHAKAM, 2005), p. 150.

100 Paris Principles, Methods of operation.

101 Nicholas Howen, "Legitimacy & Effectiveness: Putting the Paris Principles," in ERA Consumer Malaysia, Proceedings of the National Consultation on "SUHAKAM after 2 Years" (ERA Consumer Malaysia, 2002), p. 19.

102 Marimutbu Nadason, "Welcome Address," in ERA Consumer Malaysia, Proceedings of Forum on Understanding the Human Rights Commission Act 1999 (ERA Consumer Malaysia, 2000), p. 3.

權機構是其「敵對者」，處處阻擾政府之施政。另一方面人權團體也可能認為國家人權機構是官方機構，只會替政府辯護，特別是馬來西亞國家人權委員會剛成立時，民間團體質疑政府之動機及委員會之獨立性，而國家人權委員會本身也曾經有類似之感觸，其在2001年年度報告中指出，有民間團體質疑馬來西亞國家人權委員會之獨立性，但是相對地有部分政府官員不認同馬來西亞國家人權委員會之建議，認為太偏頗，不夠著重國家安全。[103]同樣地，在2003年年度報告中其再次指出，有民間團體質疑馬來西亞國家人權委員會不夠有效，只是政府之公關工具，但是相對地有部分政府官員對馬來西亞國家人權委員會依然有敵意，認為其好像民間團體。[104]

　　不過最終國家人權機構必須面對此兩難，馬來西亞國家人權委員會認為，經由其努力，大致而言馬來西亞社會及政府已比較有人權意識並尊重人權。而民間團體則是認為，國家人權委員會所說的社會已比較有人權意識並尊重人權是正確的，但是政府部分則是不正確的。[105]由此可見，經由馬來西亞國家人權委員會六年來的努力，其已逐漸為人權團體所接受，值得注意的是民間團體建議馬來西亞國家人權委員會應設立「人權委員會之友」（Friends of SUHAKAM）之聯繫網，[106]建立與民間團體對話之全國諮詢機制，[107]這應是國家人權委員會在逐漸取得民間團體信任之後，可以進一步與民間團體建構更緊密聯繫之重要管道，相當值得國家人權委員會採用。

（二）促進者

　　就扮演促進者之角色而言，「巴黎原則」主要著重於兩個層面，一者是針對各種人權狀況提出建議，另一者是人權意識之提升及人權教育之落實。

---

103 SUHAKAM, Annual Report 2001 (SUHAKAM, 2002), p. 1.
104 SUHAKAM, Annual Report 2003 (SUHAKAM, 2004), p. 12.
105 Ramdas Tikamdas, "Evaluation of SUHAKAM," in ERA Consumer Malaysia, Proceedings of the National Consultation on "SUHAKAM after 2 Years" (ERA Consumer Malaysia, 2002), p. 43. Suara Rakyat Malaysia (SUARAM), Malaysian Human Rights Report Civil and Political Rights in 2001 (Suaram Kommunikasi, 2001), p. 138.
106 Ramdas Tikamdas, "SUHAKAM: Analysis of Maiden Parliamentary Report," in ERA Consumer Malaysia, Proceedings of the National Consultation on "SUHAKAM after One Year" (ERA Consumer Malaysia, 2001), p. 43.
107 Memorandum from Civil Society to the Human Rights Commission of Malaysia (SUHAKAM) and Government of Malaysia, supra no. 40, p. 82.

1.人權報告及建議

　　就針對各種人權狀況提出建議而言，「巴黎原則」認為其可能是被動因應政府、國會或其他國家機關之要求，或是由國家人權機構主動提出。[108]其方式則可可只向政府、國會或其他國家機關提出，或是將其意見出版或公布於公眾。[109]其領域則可能是：（1）針對法律制度，提出有關人權保障領域之新法律草案、修法提議，或是修改行政措施；（2）針對違反人權事件提出意見；（3）針對特定或一般人權情況提出報告；（4）提醒政府國內某些區域之人權狀況，並就政府應採取之措施提出意見。[110]

　　「馬來西亞人權委員會法」第4條第1項已明確規定，國家人權委員會可以在政府制定法律、行政法規及行政程序過程中，提供諮詢及協助，並建議應採之必要措施。而同條第2項亦規定，國家人權委員會之權力包括就其所受理之申訴案件，建議政府或有關當局採取適當的措施。

　　就一般原則而言，如上所述因為「馬來西亞聯邦」憲法規定伊斯蘭教為聯邦之宗教，馬來西亞國家人權委員會必須面對此特殊處境，因此馬來西亞國家人權委員會也特別強調，委員會之建議完全與文化及宗教信念不衝突，相反地部分建議是受伊斯蘭教教義之影響，如果這些建議與「西方價值」相同，可能是因為基本人權是普世價值。[111]而其實馬來西亞國家人權委員會在處理有關不同宗教議題時，大多以閉門會之方式進行，也不曾提出公開之意見。[112]由此可看出馬來西亞國家人權委員會非常謹慎地將國際人權概念帶入馬來西亞，希望在不挑戰伊斯蘭教之前提下，導入國際人權標準。

　　針對立法部分，馬來西亞國家人權委員會於2000年即建議國會應設立「審查委員會」（Select Committee），以便對於國會一讀之後之法案，使專家、民間團體及公益團體得以表達意見，而馬來西亞國會則遲至2003年8月方成立「審查委員會」，[113]同時國會於2004年成立跨政黨之「國會人權連

---

108 Paris Principles, Methods of operation.
109 Ibid.
110 Paris Principles, Competence and responsibilities, point 3.
111 SUHAKAM, Annual Report 2001 (SUHAKAM, 2002), p. 2.
112 Carolyn Evans, "Human Rights Commissions and Religious Conflict in the Asia-Pacific Region," ICLQ 53.3 (713), 718.
113 SUHAKAM, Annual Report 2004 (SUHAKAM, 2005), p. 151.

線」（Parliamentary Human Rights Caucus），[114]不過這亦表示馬來西亞國家人權委員會之意見是有正面貢獻的。

不過從另一角度觀之，馬來西亞國會其實不夠著重國家人權委員會之角色，例如國家人權委員會幾年來一直希望馬來西亞政府及國會，能盡早將立法草案轉送國家人權委員會，以便其從人權角度對法案提出意見，但是至今馬來西亞政府及國會並未善意回應此意見，[115]只是表示任何要進行一讀程序之法案都是公開給公眾的，[116]而其結果實質上嚴重限制國家人權委員會針對法案提出意見之職權行使，也使得人權意見盡早進入立法程序之理想，無法完善實踐。

針對政府部分，國家人權委員會關注的幾個重點事項包括：逾期羈押未及時審判、[117]司法獨立、警察拘留而死亡、集會自由、[118]國內安全法、[119]被拘禁人之處境、[120]新聞自由、[121]原住民權利[122]等。但是政府不回應馬來西亞國家人權委員會之建議，可能是嚴重之問題，[123]例如馬來西亞國家

---

114 SUHAKAM, Annual Report 2005 (SUHAKAM, 2006), p. 9.

115 Chiam Heng Keng, "Overview of SUHAKAM's Annual Report 2003," in ERA Consumer Malaysia, Proceedings of the National Consultation on "SUHAKAM after 4 Years" (ERA Consumer Malaysia, 2004), p. 9.

116 SUHAKAM, Annual Report 2005 (SUHAKAM, 2006), pp. 191-193.

117 Ibid, pp. 10-11.

118 SUHAKAM, Annual Report 2002 (SUHAKAM, 2003), pp. 19-21. Tan Sri Harun Hashim, "SUHAKAM's Achievements in Monitoring Democracy and the Rule of Law" in ERA Consumer Malaysia, Proceedings of the National Consultation on "SUHAKAM After 3 Years" Recommendations for Protection of Human Rights and the Government's Response (ERA Consumer Malaysia, 2003), pp. 8-14.

119 SUHAKAM, Annual Report 2002 (SUHAKAM, 2003), pp. 25-32. 有關國內安全法之批判，亦請參閱Nicole Fritz and Martin Flaherty, Unjust Order: Malaysia's Internal Security Act (The Joseph R. Crowley Program in International Human Rights Law, Fordham Law School, 2003).

120 SUHAKAM, Annual Report 2002 (SUHAKAM, 2003), pp. 38-42.

121 Ibid, pp. 43-45.

122 Ibid, pp. 49-51.

123 Chiam Heng Keng, "SUHAKAM's Recommendations and the Government's Response," in ERA Consumer Malaysia, Proceedings of the National Consultation on "SUHAKAM after 3 Years" (ERA Consumer Malaysia, 2003), p. 30. Datuk Param Cumaraswamy, "Opening Address: Need for Full-Time Commissioners," in ERA Consumer Malaysia, Proceedings of the National Consultation on "SUHAKAM after 4 Years" (ERA Consumer Malaysia, 2004), p. 8.

人權委員會在2001年提出Kesas Highway Report，在2002年提出集會自由報告，但是馬來西亞政府都沒有積極回應。[124]有關集會自由部分，國家人權委員會認為，民間團體對於各種緊急及事關公眾事項，仍然無法完善行使和平集會權，特別是警察不允許集會。但是內政安全部（Ministry of Internal Security）的回答則是，警察是基於公共秩序及安全，而合法行使裁量權，因此沒有必要改善。[125]

有關逾期拘禁部分，國家人權委員會提出幾點問題，例如拘禁人被不當威脅、拒絕家屬探視、食物太貴、限制運動、限制律師等，然而內政安全部則是完全否認。[126]有關警察缺乏行動部分，國家人權委員會認為警察對於各種殺人、強暴、竊盜等案件，有時候根本不偵辦，而內政安全部只是回覆其已積極偵辦各種案件。[127]國家人權委員會也指責在警察拘禁場所中意外死亡率過高，而同樣地內政安全部也只是回答，沒有任何人之死亡是警察所造成。[128]

而在消除貧窮部分，國家人權委員會認為，弱勢團體例如老人及單親家庭等，極端貧窮比例過高，而馬來西亞的經濟計畫單位（Economic Planning Unit）則是回覆其已執行諸多計畫，幫助極端貧窮者。[129]

有關新聞自由部分，國家人權委員會認為馬來西亞政府搜索媒體辦公室，同時馬來西亞的新聞自由被無國界新聞記者組織評定為第一百一十名，因此希望設立獨立的「媒體委員會」（Media Council），但是內政安全部及新聞部（Ministry of Information）則是分別回覆，其只是依法行政及新聞自由不是絕對的，[130]其中沒有任何改善之計畫。

馬來西亞國家人權委員會從2000年剛設立時，即建議馬來西亞政府應開始構思「國家人權行動計畫」（National Human Rights Plan of Action），[131]

---

124 SUHAKAM, Annual Report 2002 (SUHAKAM, 2003), p. 13.
125 SUHAKAM, Annual Report 2005 (SUHAKAM, 2006), pp. 197-200.
126 Ibid, pp. 205-214.
127 Ibid, pp. 215-222.
128 Ibid, pp. 228-231.
129 Ibid, pp. 201-205.
130 Ibid, pp. 233-236.
131 SUHAKAM, Annual Report 2001 (SUHAKAM, 2002), p. 3.

國家人權委員會更於2002年提出「國家人權行動計畫」之內涵，提送外交部，[132]但是馬來西亞政府並沒有任何回應。[133]

　　不過馬來西亞國家人權委員會認為司法機關、警察及監獄對於其建議有部分正面之回應，例如監獄改進青少年受刑人之保護及福利，司法機關在假日加班，使得嫌疑人得在二十四小時內，接受司法機關之偵訊，馬來西亞國家人權委員會甚至認為司法單位是最積極回應其建議之機關。[134]而警察則於犯罪調查部門中成立與馬來西亞國家人權委員會聯繫之專責單位。[135]

　　也因此民間團體強烈要求馬來西亞政府應該實踐馬來西亞國家人權委員會之建議，[136]並指出當政府及國會無視於馬來西亞國家人權委員會之建議時，國家人權委員會不應只是單純保持沈默，因為如果馬來西亞國家人權委員會都無法捍衛其意見時，又如何捍衛人權。[137]因而民間團體建議，馬來西亞國家人權委員會應該就針對政府提出之建議建立「後續關注」（Follow Up）制度。[138]當然「後續關注」制度可以持續督促政府實踐國家人權委員會之建議，但是其核心議題依然是馬來西亞國家人權委員會之建議並無拘束力，亦缺乏執行之力量，「後續關注」制度與上述要求政府提供加入國際人

---

132 Chiam Heng Keng, "The Role and Challenges of SUHAKAM in Promoting and Protecting Human Rights," in ERA Consumer Malaysia, Proceedings of the National Consultation on "SUHAKAM after 2 Years" (ERA Consumer Malaysia, 2002), p. 16.

133 Ramdas Tikamadas, "Government's Response to Suhakam Reports and Recommendations to Protect and Promote Human Rights," in ERA Consumer Malaysia, Proceedings of the National Consultation on "SUHAKAM after 4 Years" (ERA Consumer Malaysia, 2004), p. 23.

134 SUHAKAM, Annual Report 2002 (SUHAKAM, 2003), p. 83. SUHAKAM, Annual Report 2003 (SUHAKAM, 2004), p. 12.

135 SUHAKAM, Annual Report 2002 (SUHAKAM, 2003), p. 14.

136 Memorandum from Civil Society to the Human Rights Commission of Malaysia (SUHAKAM) and Government of Malaysia, supra no. 40, p. 84. Tan Sri Harun Hashim, "SUHAKAM's Achievements in Monitoring Democracy and the Rule of Law" in ERA Consumer Malaysia, Proceedings of the National Consultation on "SUHAKAM After 3 Years" Recommendations for Protection of Human Rights and the Government's Response (ERA Consumer Malaysia, 2003), pp. 8-14.

137 Steve Gan, "Press Freedom: Three Things SUHAKAM can do," in ERA Consumer Malaysia, Proceedings of the National Consultation on "SUHAKAM after One Year" (ERA Consumer Malaysia, 2001), p. 46.

138 Memorandum from Civil Society to the Human Rights Commission of Malaysia (SUHAKAM) and Government of Malaysia, supra no. 40, p. 82.

權條約之進度或是邀請政府在哪一年加入，均可以增加建議之強度，但是依然無法約束政府，因此更重要的是應該使國家人權委員會之建議有相當之拘束力，並且在法律中明訂之，否則國家人權委員會諸多建議都將因為政府之漠視而付諸流水。

2.人權教育

　　就提升人權意識及落實人權教育而言，「巴黎原則」強調，國家人權機構可以協助制定人權教學及研究方案，並參加這些方案在學校、大學及專業團體中執行。另外，國家人權機構亦可以通過宣傳、教育、媒體，宣傳人權及反對各種形式歧視特別是種族歧視之的工作，以提高公眾對人權之認識。[139]

　　如上所述，根據「馬來西亞人權委員會法」第4條第1項之規定，馬來西亞國家人權委員會之職權包括促進人權意識及提供人權教育，而同條第2項亦規定，國家人權委員會之權力包括促進人權意識及藉由引導計劃、研究會和研討會來從事研究並傳播散布這些研究結果。值得深思的議題是國家人權委員會究竟如何進行人權教育？有什麼成效？

　　馬來西亞國家人權委員會透過出版手冊、「道路展示」（road show）、在學校舉行競賽[140]等方式提升人權意識。國家人權委員會也從剛設立時即與教育部討論學校人權教育之建構，並籌畫人權教育之教材。[141]同時國家人權委員會也著重針對警察提供人權教育，[142]要求所有警察瞭解人權內涵。[143]國家人權委員會也建議應該在大學設立國際人權法課程，人權課程應成為所有執法人員之必修課程。[144]

　　另一個重要人權意識提升方式是創設「馬來西亞人權日」（Malaysian

---

139 Paris Principles, Competence and responsibilities, point 3.
140 Tan Sri Harun Hashim, "Assessment of Human Rights in Malaysia and the Role of Suhakam in Promoting and Protecting Human Rights," in ERA Consumer Malaysia, Proceedings of the National Consultation on "SUHAKAM after One Year" (ERA Consumer Malaysia, 2001), p. 7.
141 SUHAKAM, Annual Report 2001 (SUHAKAM, 2002), pp. 46-47.
142 Ibid, p. 46.
143 Tan Sri Harun Hashim, "Assessment of Human Rights in Malaysia and the Role of Suhakam in Promoting and Protecting Human Rights," in ERA Consumer Malaysia, Proceedings of the National Consultation on "SUHAKAM after One Year" (ERA Consumer Malaysia, 2001), p. 9.
144 SUHAKAM, Annual Report 2001 (SUHAKAM, 2002), p. 55.

Human Rights Day），馬來西亞國家人權委員會認為，如果認定某一天為人權日，將會強化人權之重要性，也會是有效之方式促進公眾對於人權之意識，[145]因為「馬來西亞人權委員會法」是於1999年9月9日公布於政府公報，因此國家人權委員會將9月9日訂為「馬來西亞人權日」，[146]並從2001年開始每年舉辦人權研討會紀念之，2001年至2005年之主題分別為「弱勢人權」（Rights of the Disadvantaged）、[147]「人權與教育」（Human Rights and Education）、[148]「人權與法律行政」（Human Rights and the Administration of Law）、[149]「人權與優質行政」（Human Rights & Good Governance）、[150]「人權與全球化」（Human Rights & Globalization）。[151]

　　誠如上述，馬來西亞民間團體已逐漸以比較正面之態度評價國家人權委員會之作為，而在人權教育及人權意識提升部分，也認為國家人權委員會有相當之貢獻。但是可惜的是馬來西亞國家人權委員會卻要面臨另一難題，那就是人民不熟悉國家人權委員會，國家人權委員會曾於2002年委託大學教授作調查，其結果是當時受訪問之學生有73%不知道國家人權委員會之設立，[152]其自己也必須承認，雖然歷經六年時間，大部分民眾並不清楚國家人權委員會是什麼機關。[153]另外馬來西亞民間團體也批評自從「馬來西亞人權委員會法」通過之後，政府及各政黨都沒有積極推廣國家人權委員會或是「馬來西亞人權委員會法」，因此大部分馬來西亞人不知道國家人權委員會之角色或職權，甚至不知道有國家人權委員會存在。[154]然而國家人權委

---

145 Chiam Heng Keng, "The Role and Challenges of SUHAKAM in Promoting and Protecting Human Rights," in ERA Consumer Malaysia, Proceedings of the National Consultation on "SUHAKAM after 2 Years" (ERA Consumer Malaysia, 2002), p. 8.

146 不過馬來西亞國家人權委員會並不是因此就排斥12月10日之「世界人權日」。

147 SUHAKAM, Annual Report 2001 (SUHAKAM, 2002), p. 35.

148 SUHAKAM, Malaysian Human Rights Day 2002 Proceedings of the Conference on Human Rights and Education (SUHAKAM, 2004), pp. 313-316.

149 SUHAKAM, Human Rights and the Administration of Law: A Report of SUHAKAM's Conference held in conjunction with the Third Malaysian Human Rights Day (SUHAKAM, 2004), pp. 313-316.

150 SUHAKAM, Annual Report 2004 (SUHAKAM, 2005), p. 109.

151 SUHAKAM, Annual Report 2005 (SUHAKAM, 2006), pp. 27-38.

152 SUHAKAM, Annual Report 2004 (SUHAKAM, 2005), p. 107.

153 Dato' Siew Kioh Choo, supra no. 20, p. 9.

154 ERA Consumer Malaysia, Proceedings of Forum on Understanding the Human Rights

員會面對人民之基本前提是人民能夠知道其存在，否則又如何能向其申訴，因此這是最基本之工作，國家人權委員會非常有必要加強其能見度，使馬來西亞人民知道國家人權委員會之存在，才能進而瞭解其組織及職權，使國家人權委員會能夠善盡其職權。

（三）保護者

　　國家人權機構主要透過其調查權扮演保護者之角色。「巴黎原則」認為，可以授權一國家人權機構負責受理及審議有關個別情況的申訴及請願。提出之主體可以包括個人、個人之代理人、第三人、非政府組織、工會或任何其他代表性組織等。而國家人權機構可以根據以下原則處理這些個案：（1）在法律規定的範圍內，經由調解或和解，達成有拘束力之決定，並求得當事人滿意之解決方案；（2）告知申訴人及請願人其權利，特別是救濟途徑；（3）若非其職權範圍內，將申訴及請願案件，轉送其他權責機關；（4）基於維護申訴人及請願人之權利，對主管當局提出建議，特別是對法律、規章和行政措施提出修正或改革意見。[155]

　　「馬來西亞人權委員會法」第4條也規定，國家人權委員會之職權包括調查關於第12條所規定之人權侵害之申訴。而第12條第1項則規定，委員會得依職權或依被害人、被害群體或其代理人之申訴，調查該個人或群體關於人權受侵害之主張。不過第12條也規定，如果申訴之案件尚繫屬於法院之訴訟程序中或是法院已為確定終局判決，國家人權委員會不得受理之。如果國家人權委員會已進行調查，申訴案後來進入法院繫屬，國家人權委員會也必須停止調查。

　　為了實踐調查之職權，「馬來西亞人權委員會法」第14條也賦予國家人權委員會「取得及接受所有書面或口頭證據，及審訊所有證人」及「傳喚任何居住在馬來西亞之人出席在馬來西亞之任何會議，並對其以證人身分審訊，或要求其提出任何持有之文件或其他物件」等重要權力。

　　不過更重要的是調查權行使結果會產生什麼效力？「馬來西亞人權委員

Commission Act 1999 (ERA Consumer Malaysia, 2000), p. iii.

155 Paris Principles, Additional principles concerning the status of commissions with quasi-jurisdictional competences.

會法」第13條規定，如果國家人權委員會未發現人權侵害之情形，委員會應記錄調查結果，並必須立即通知申訴人。相反地，如果國家人權委員會發現有人權侵害之情形，國家人權委員會也只能於適當時機將事件提交有關當局或個人，並提供必要之建議，而且沒有規範任何有關當局或個人接到國家人權委員會建議之後的義務，因此即使國家人權委員會經過審慎的調查程序，其所達成的只是建議罷了，是否實踐則視有關當局或個人之意願而定。

　　從申訴案件數目觀之，幾乎是每年大幅度增加，例如2001年只有319件，但是到2005年已有1,342件，[156]國家人權委員會認為原因是馬來西亞近幾年人權意識大幅度提昇。[157]但是如上所述，馬來西亞國家人權委員會對於各案件只會提出建議，於是在實踐上，其只對認為有違反人權之事件提出建議，並轉交相關單位，而沒有侵犯人權之事件，則是將其認定為「不需進一步行動」（No Further Action），[158]當然也就無後續之救濟行為。馬來西亞國家人權委員會曾經舉幾個成功的例子，例如內政部給予共產黨成員女兒國籍，教育部給予一位原為印尼籍被收養小孩國民教育，[159]使被退學學生重回學校，促使警察調查被拘留者猝死事件等。[160]不過更嚴重的是國家人權委員會並沒有提到其他絕大部分案件之結果，特別是國家人權委員會為何認為案件沒有侵犯人權，而在有違反人權之案件，其提出了哪些建議，政府部門是否回應或改善等等，都難以瞭解。然而此部分是有關個案救濟之重要職權，如果無法落實，個案即無法得到應有之救濟。

　　除了審理申訴個案之外，國家人權機構作為保護者的另一項利器是訪視之權力，而「馬來西亞人權委員會法」第4條第2項亦賦予此項權力，其規定馬來西亞國家人權委員會得「依據法律及有關拘留處所規定之程序訪視拘留處所，並作必要之建議」。但是比較遺憾的是國家人權委員會也必須承認，即使其每年都進行多次對馬來西亞各居留處所之訪視，例如2005年一年之中訪視了二十二個拘禁處所，[161]但是這些居留處所之環境並沒有顯著之改

---

156 SUHAKAM, Annual Report 2005 (SUHAKAM, 2006), p. 66.
157 Ibid, p. 65.
158 Ibid, p. 67.
159 SUHAKAM, Annual Report 2002 (SUHAKAM, 2003), pp. 97-98.
160 SUHAKAM, Annual Report 2004 (SUHAKAM, 2005), p. 129.
161 SUHAKAM, Annual Report 2005 (SUHAKAM, 2006), p. 70.

善，依舊過度擁擠。[162]而人權團體也批評指出，國家人權委員會只是記錄
訪視哪些地方，但是卻沒有詳細說明發現哪些問題？應如何改善？等。[163]
國家人權委員會曾經建議，未來應該修改「馬來西亞人權委員會法」，使其
訪視權力不受被訪視單位法律或內規之限制。[164]但是此項建議只是著重於
國家人權委員會本身訪視權力不受被訪視機關之干擾，卻沒有著重於其訪視
之後是否提出確實改進之方法，及這些建議是否真正促使這些處所改進其措
施，這些反而才是實質之效果，亦是國家人權委員會應該著重的，而其與國
家人權委員會其他建議一樣必須面對效力之問題，即此建議是否能拘束相關
機關，這應該在修改「馬來西亞人權委員會法」時一起考量。

伍、結論

　　雖然馬來西亞設立國家人權委員會之源起，與國際人權發展及國內政
治轉變有相當大之關係，不過從官方所指出的原因，可以看出國際壓力佔了
相當大之因素。而因為大英國協及亞太區域發展趨勢，影響馬來西亞設立了
獨立人權委員會模式之國家人權機構，同時馬來西亞選擇以制定新法律之方
式，在其君主立憲內閣體制中設立獨立之國家人權委員會，也因此馬來西亞
國家人權委員會分別被國家人權機構國際協調委員會及亞太國家人權機構論
壇認定為符合「巴黎原則」之A級會員及完整會員。

　　不過從組機架構觀之，「馬來西亞人權委員會法」已在人事任命部分建
構任命程序、成員之代表性、任期、解職要件、豁免權等規範，但是其問題
包括行政權掌握任命及解職委員之完全權力、委員任期太短、專任委員不足
等。在經費部分，馬來西亞政府已提供相當經費給國家人權委員會，但是是
否完全充分，則是尚有疑問，同時或可將國家人權委員會之預算編列，直接

---

162 SUHAKAM, Annual Report 2004 (SUHAKAM, 2005), p. 131. SUHAKAM, Annual Report 2005 (SUHAKAM, 2006), p. 70.

163 Irene Fernandez, "Criticism and Evaluation of SUHAKAM," in ERA Consumer Malaysia, Proceedings of the National Consultation on "SUHAKAM after One Year" (ERA Consumer Malaysia, 2001), p. 16.

164 Ibid, p. 48.

由國會決定之。而經過幾年之努力，馬來西亞國家人權委員會已有相當不錯之辦公空間、設立地區辦公室、建構完備之內部組織架構，也能聘任相當數量之職員，但是遺憾的是馬來西亞國家人權委員會並無權力訂定其對職員之懲戒規則。

有關職權部分，「馬來西亞人權委員會法」確認了國家人權委員會之職權方向，也包括了聯合國所期待的橋樑、促進者及保護者三大功能，就扮演橋樑之角色而言，馬來西亞國家人權委員會已建議政府應積極加入國際人權條約，但是並沒有得到馬來西亞政府之回應，此與馬來西亞政府對於國家人權委員會之態度有關，政府一直認為國家人權委員會是敵對者，卻不夠誠懇面對人權之實踐。而在與民間團體互動部分，在國家人權委員會剛開始成立時，民間團體並不信任其可扮演獨立之角色，民間團體也一直對委員之背景有所質疑，認為大多是前任官員人權專業背景不足，但是經過幾年努力，民間團體已漸能肯定國家人權委員會之獨立性及專業性。

就促進者之角色而言，國家人權委員會在人權教育及人權意識提升之努力，已逐漸為馬來西亞人民所肯認，但是其亦必須面對本身不夠為人民所熟知之困境，而在針對各種人權議題提出意見部分，經過幾年之努力，其所關注之議題逐漸廣泛及完備，並已針對各種人權議題提出意見，即使是有關敏感的伊斯蘭教及國家安全等議題，國家人權委員會亦沒有迴避，也因此逐漸得到民間團體之肯定，例如民間團體認為國家人權委員會在內部組織更完善、活動越來越多、特別事項：對於集會自由、被拘禁者之自由、原住民之權利及傳統權利、弱勢者權利、人權教育活動、性別平等、批准國際人權條約等事項，均有所進步及助益。[165]但是國家人權委員會所面臨的最大問題是馬來西亞政府不願意遵循國家人權委員會之意見，對於各種人權建議置之不理。

就保護者之角色而言，馬來西亞國家人權委員會之成效並不好，對於多數案件並沒有積極處理，國家人權委員會並沒有提出完備地對於個案之建議及追蹤政府改善，對於訪視各拘禁處所亦未提出完整的訪視內容及具體建

---

165 Memorandum from Civil Society to the Human Rights Commission of Malaysia (SUHAKAM) and Government of Malaysia, supra no. 40, pp. 72-76.

議，此部分影響實際之人權救濟。

　　而以上馬來西亞國家人權委員會職權無法完全發揮的重要原因是馬來西亞政府不善意回應國家人權委員會之各種意見及建議，其根本法律理由是「馬來西亞人權委員會法」並沒有規定國家人權委員會各種意見及建議之效力，因而即使國家人權委員會努力地提出相關人權議題之意見及建議，但是這些意見及建議並無法拘束政府，使得國家人權委員會實質上只是扮演提出諮詢意見之角色，如果要期待馬來西亞國家人權委員會能夠在人權保障有更積極之角色，恐怕必須賦予其意見及建議之拘束力，否則只能期待政府難以預測的善意。

　　無論當時馬來西亞政府設立國家人權委員會是否真心地為了促進及保障人權，歷經了六年的努力，馬來西亞國家人權委員會已有些許成就，但是當然也必須面對諸多挑戰，特別是政府之漠視，但是馬來西亞國家人權委員會對於人權有正面之貢獻。

第六章　菲律賓人權委員會

　　在聯合國之理想下，依據「巴黎原則」（Paris Principles）設立國家人權機構是其所盼望的。聯合國認為以某種方式與行政機關及司法裁判的責任分離的人權專門機制，可以獨特之方式推動該國發展出尊重人權及基本自由之文化。[1]任何國家都有其自己實踐國際人權標準之法律機制，但是國家人權委員會可說是新興之人權機制，各國設立國家人權委員會的目的之一便是實踐國際人權，聯合國「巴黎原則」亦強調，各國國家人權委員會是此國家實踐國際人權之重要機制，探討亞太地區各個國家人權委員會是否實踐上述原則，將有助於了解該人權委員會之力量與弱點。[2]

　　以下分析菲律賓人權委員會（Commission on Human Rights of the Philippines）之法律規範、組織、職權等是否符合「巴黎原則」及其在實踐國際人權標準所扮演之角色。首先，第壹部分以法律觀點探究菲律賓之國家架構，其中探討政府架構、憲法人權條款範圍及參加國際人權條約之情形，以便瞭解菲律賓是在什麼國家架構之下設立人權委員會。第貳部分分析菲律賓創設人權委員會之歷程、類型及法律規範。第參部分研究菲律賓人權委員會之組織。第肆部分分析論菲律賓人權委員會之職權。同時在第貳至第肆部分以「巴黎原則」之內容為基礎，探討菲律賓人權委員會在法律規範、組織及職權等三個面向是否符合國際規範。最後於第伍部分作總結之論述。

壹、國家之架構

　　在討論菲律賓人權委員會之前，應先探究其國家架構，以瞭解菲律賓人權委員會設立之背景，因此以下分析菲律賓之政府結構、憲法人權條款及參加國際人權條約之情形。

1　United Nations, *Fact Sheet No. 19, National Institutions for the Promotion and Protection of Human Rights* (Centre for Human Rights, 1994), p. 6.
2　Carolyn Evans, "Human Rights Commissions and Religious Conflict in the Asia Pacific Region," (2004) 53 *International and Comparative Law Quarterly* 715.

一、國家與政府結構

　　菲律賓受到殖民的歷史悠久，歷時約四百年，先為西班牙所屬之殖民地，復又於美西戰爭與菲美戰爭之後，約有半世紀皆受美國殖民，而於第二次世界大戰之際，尚還受到日本占領，二次世界大戰結束後，美國與菲律賓於1946年7月4日簽訂馬尼拉條約（Treaty of Manila），在條約中美國承認菲律賓共和國之獨立，並讓渡美國於菲律賓之統治權，最後在1946年才終於獲得獨立。因而菲律賓共和國之發展歷史可分為五個時期：殖民前、西班牙殖民（1565-1898年）、美國殖民（1900-1935年）、菲律賓國協（the Commonwealth）（1935-1946年）與獨立後。而在1946年獨立後之發展亦大致可分為三期，主要是兩黨政治穩定時期、戒嚴與馬可仕獨裁政權時期（1972-1986年；戒嚴在1981年停止）以及1986年後重新建立民主政治時期。[3]

　　菲律賓在1946年宣布正式獨立後，新政府之首要命令乃針對恢復經濟狀態以及回復和平與秩序等。在此階段，菲律賓政府仍沿用菲律賓國協所制定之1935年之憲法。在政治情勢方面，從1946年起，菲律賓之民主體制大體為穩定的兩黨制，此時民族主義黨（Nacionalista Party）主要的競爭對象乃為自由黨（Liberal Party）。在接下來的三十年間，仍然無法形成第三黨與其競爭。在1972年之前，政府之權力多在民族主義黨與自由黨中相互輪替，當中有四名總統無法成功連任，如此頻繁的政權輪替顯示出在政治上高度負責的情形。此時菲律賓的民主體制雖然脆弱，但仍算穩定。[4]對於如此以政治菁英為運作中心之黨派和花費日益龐大的選舉活動，開始有了許多不滿的聲音，並在1970年形成制定新憲之呼聲。

　　但在修憲當中，依循1935年憲法而運作的政府體制在1972年9月21日

3　相關論述請參閱Melquiades Jereos Gamboa, *An Introduction to Philippine Law* (7th ed., Lawyers Co-operative Pub. Co., 1969), pp. 69-71. 林文程，〈民主政治與菲律賓的社會改革〉，《國立中山大學社會科學季刊》，第1卷第1期，1997年3月，257頁。奧諾弗禮‧D‧高布斯著，吳文煥譯，《在我們集體記憶中的菲律賓革命》，菲律賓華裔青年聯合會，2000年，1頁。Jose Veloso Abueva, "Filipino Democracy and the American Legacy," (1976) 428 *Annals of the American Academy of Political and Social Science* 114.

4　Mark R. Thompson, "Off the Endangered List: Philippine Democratization in Comparative Perspective," (1996) 28 *Comparative Politics* 179.

因馬可仕（Ferdinand Marcos）總統宣布戒嚴而告停止，政黨亦全面遭到解散。立憲大會在恐懼中繼續修法，並於同年11月29日完成新憲，該憲法規定採用內閣制，並由議會選出總理為其正式領袖。該憲法同時包含了許多短期之條文規定賦予總統馬可仕行政、立法與軍事方面之權力。1973年1月經由公民投票通過新憲，並於同年6月由公民投票同意馬可仕於1973年後繼續在位以完成其於戒嚴時期實施之改革。在接下來的幾年，公民投票成為人民參與國家或地方議題的模式之一。1978年國會部分改選亦無法改變該憲政獨裁的政治體制，總統獨攬大權，身兼總理與總統身分，任期不受限制，並有完全的否決與緊急權。

　　總統直選的制度在1981年重新恢復，隨著戰時法的停止適用與國會恢復選舉的行動，馬可仕政權缺少法統的缺點逐漸披露。1986年1月馬可仕舉行突擊式的選舉，普遍地被認為是一種欺詐行為。雖然在同年2月15日由國會宣布馬可仕贏得選舉，但以國民力量為主的革命運動卻驅逐馬可仕下台。在1986年「二月革命」[5]之後，柯拉蓉・艾奎諾（Corazon Aquino）就任總統。這長達六天的不流血革命運動，以和平的方式終止先前侵害人權、增加外債、擴大貧富差距的政權，如此的處理方式獲得世界各地的讚賞。艾奎諾乃是由力主馬可仕下台的團體所支持。其即任之後，迅速地開始努力恢復菲律賓之公民權，並提倡人權之保護。艾奎諾政府最重要的行動之一，乃是起草新憲法以提供菲律賓人民較多的公民權與政治權之保障。因此其隨即成立立憲大會，於1987年經由公民投票通過新憲。

　　羅慕斯（Fidel Valdez Ramos）於1992年繼任為總統，雖然在其任內面臨回教武裝份子的威脅與1998年亞洲金融風暴的打擊，其仍致力於政治的穩定與經濟的成長。而羅慕斯在艾奎諾任期當中，其本身即為引進死刑刑罰的支持者。在成為總統之後，重要的目標之一即為對某些重大犯罪恢復死刑之處罰。為了達成該目標，羅慕斯並沒有試圖修改1987年之憲法與民主政府體制，反之其在現有體系之下，利用憲法中具有詮釋空間之法律規定。因此，雖然現行之1987年憲法乃是史上最為自由且最詳細保護人權之法律規定，但在如此總統之統治之下，實際可判處死刑之犯罪反而比馬可思政權時代為

5　趙江林、孟東梅，《菲律賓－奇麗的島國》，香港城市大學出版社，2005年，87頁。

多。[6]

　　1998年的總統大選中，埃斯特拉達（Joseph Ejercito Estrada）獲得超過1,000萬菲律賓人的支持，乃為唯一一個獲得絕對多數人民支持的總統。但該總統於2001年由於其透過非法投機與基金運作的方式，聚積個人與家族之財產，而受到第二次人民力量之革命運動推翻下台，2007年菲律賓反貪腐法庭認定埃斯特拉達犯有侵占國家財產罪，處以終身監禁，但於兩個月後即受到現任總統亞羅育（Maria Gloria Macapagal-Arroyo）宣布大赦而無罪釋放。

　　現任總統亞羅育是在2001年以當時副總統之身分繼任之，其於2004年獲得連任，亞羅育若能完成其至2010年的任期，其即有望成為自馬可仕時代以來任期最長之總統。但亞羅育單單在2005年，就分別因選舉造假與貪汙等案件，而受到兩次罷免提案。就其政策而言，亞羅育選擇支持綜合農業企業，並使用農民之土地獲得貸款，但對於進一步的土地改革計畫則始終保持緘默。許多人對此認為，亞羅育此舉乃是為了迎合傳統左右政治，位於菲律賓中部與南部的地主團體，並有利於同樣為於菲律賓中部的夫家家族。亞羅育同時亦對人口政策方面採取模糊不明的行政態度，論者認為在此可能是為了取悅本身採取自然人口政策的天主教教廷。目前菲律賓每年約有2.3%的人口成長率，相當每年約有兩百萬的菲律賓人口增加。[7]

　　目前菲律賓依照1987年之憲法，乃採民主共和國之體制，而其政府則以總統制之方式組成。民選總統具有六年任期，並為政府與三權之一中行政體系之領導者。該行政體系同時包括由各部部長所組成之內閣。立法體系則由菲律賓兩個國會所組成，參議院由參議院院長所轄，眾議院則由眾議院議長任其主席。司法體系則由菲律賓高等法院領導之，並以最高法院院長為首，同時亦任命十四名陪審法官於最高法院。

　　在菲律賓亦有憲法改革之提議，[8]但是至今均未成功，因此1987年憲法

6　Ariane M. Schreiber, "States That Kill: Discretion and the Death Penalty -- A Worldwide Perspective," (1996) 29 *Cornell International Law Journal* 263.

7　Country Profile, Philippine Human Rights Reporting Project, available at http://www.rightsreporting.net/index.php?option=com_content&task=view&id=17&Itemid=38 (last visited on 20 January 2010).

8　See for example Antonio Eduardo B. Nachura and Jonathan E. Malaya (eds.), *Liberal Views on Constitutional Reform* (National Institute for Policy Studies, 2003).

依然是憲政體制之基礎。

二、參加國際人權條約之情形

　　菲律賓乃是聯合國創始會員之一，從形式上觀之，菲律賓絕對是國際人權之模範生，因為其幾乎已批准或加入所有核心國際人權條約，或許吾人可以將其區分為兩個時期。第一時期是1987年人民革命及人權委員會成立之前，此時期菲律賓僅在1967年批准「消除所有形式種族歧視國際公約」（International Convention on the Elimination of All Forms of Racial Discrimination），於1974年批准「經濟、社會及文化權利國際公約」（International Covenant on Economic, Social and Cultural Rights），1981年批准「消除對婦女一切形式歧視公約」（Convention on the Elimination of all Forms of Discrimination against Women）。

　　而在1987年人民革命之後，艾奎諾擔任總統期間，菲律賓批准多數核心國際人權條約，例如其在1987年批准「公民及政治權利國際公約」（International Covenant on Civil and Political Rights），並於1989年批准第一任擇議定書，允所菲律賓人民向人權事務委員會（Human Rights Committee）提出個人申訴。菲律賓於1987年批准「禁止酷刑和其他殘忍、不人道或有辱人格的待遇或處罰公約」（Convention against Torture and Other Cruel, Inhuman or Degrading Treatment or Punishment），並於1990年批准「兒童權利公約」（Convention on the Rights of the Child）。

　　然而在羅慕斯擔任總統期間，菲律賓僅於1995年批准「保障所有移民勞工及其家庭國際公約」（International Convention on the Protection of the Rights of All Migrant Workers and Members of Their Families）。

　　後來在2001年二次人民革命之後，菲律賓亦參與多數人權條約，例如其於2002年批准對於販賣兒童、童妓和兒童色情圖片（Optional Protocol to the Convention on the Rights of the Child on the sale of children, child prostitution and child pornography）之任擇議定書，2003年批准兒童權利公約對於兒童捲入武裝衝突之任擇議定書（Optional Protocol to the Convention on the Rights of the Child on the involvement of children in armed conflict）。於2003年加入

消除一切形式婦女歧視公約（Convention on the Elimination of All Forms of Discrimination against Women）之任擇議定書。2007年批准公民與政治權利國際公約就廢除死刑之目的的第二任擇議定書（Second Optional Protocol to the International Covenant on Civil and Political Rights, aiming at the abolition of the death penalty），於2008年批准「保障身心障礙者權利及尊嚴國際公約」（International Convention on the Protection and Promotion of the Rights and Dignity of Persons with Disabilities）。

　　而菲律賓唯一尚未加入之核心國際人權條約為「保障所有人不被強迫失蹤國際公約」（International Convention for the Protection of All Persons from Enforced Disappearance）。可能原因是此條約在2006年簽訂，相對而言是新的條約，不過此條約與「保障身心障礙者權利及尊嚴國際公約」於同一天簽訂，菲律賓已批准「保障身心障礙者權利及尊嚴國際公約」，如果菲律賓願意的話，應亦可批准「保障所有人不被強迫失蹤國際公約」，因而應與時間無關，而實質上理由應是「保障所有人不被強迫失蹤國際公約」對於締約國課以許多義務，而菲律賓事實上必須面對諸多強迫失蹤之議題，因而基於實質之壓力，菲律賓選擇不批准「保障所有人不被強迫失蹤國際公約」。

　　菲律賓所加入的國際人權條約數量，不論是在東南亞國協國家中，或是全球國家中，都是屬於難能可貴的。特別是其批准「公民與政治權國際公約第一任擇議定書」，是少數亞洲國家之一，允許人民向人權事務委員會提出個人申訴。然而在國際間批准人權條約並不代表在菲律賓國內的違反人權情事即會絕跡，但仍大致表現出菲律賓對於國際人權體制，願意積極參與或負責之決心。[9]

三、憲法人權條款

　　菲律賓憲法至今歷經四次憲法之變遷，先後為1935年之共和國憲法、1973年之憲法、1986年之自由憲法與延用至今之1987年憲法。另外尚有於1899年菲律賓第一個共和國與1943年受日本占領時所短暫起草適用之憲法，

9　Li-ann Thio, "Implementing Human Rights in ASEAN Countries: 'Promises to keep and miles to go before I sleep'," (1999) 2 *Yale Human Rights & Development Law Journal* 1.

因其該憲法實際上並未在菲律賓有效地實施，故不受到大多數憲法學者之承認。[10]

　　1935年之憲法於其第三章中規定有關人權之條款，其保護內容包括正當法律程序、財產權、人身自由、居住自由、通信自由、集會結社自由、宗教自由、言論自由、契約自由、不溯及既往原則、無罪推定原則、作證之自由、罪刑相當原則、一罪不二罰原則、對窮人之法律援助等。1973年之憲法就人權之規定與1935年之憲法相差無幾，只略為增加人民具有權利獲得政府相關資訊之規定。

　　關於1987年憲法，菲律賓最高法院認為其為該基本法中最重要的部分，論者亦認為1987年憲法的人權條款是非常完備，並為國際重視的。[11]人權相關章節主要規定於第三章之人權法案第1條至第22條，其餘則以類似政策列舉之方式分布於十三章之社會正義與人權、第十五章之家庭等。第三章內容包括正當法律程序與法律平等保護原則（§3-1）、隱私權與無令狀搜索逮捕之禁止（§3-2）、秘密通訊自由與非法證據不得用於審判程序（§3-3）、言論自由與集會遊行自由（§3-4）、宗教自由（§3-5）、住居自由（§3-6）、政府資訊公開（§3-7）、結社自由（§3-8）、財產權（§3-9）、契約自由（§3-10）、司法援助（§3-11）、緘默權與辯護權（§3-12）、不正方法取證與監禁之禁止（§3-12）、保釋權與需有令狀與期限之監禁（§3-13）、無罪推定原則（§3-14）、人身保護（§3-15）、迅速審判（§3-16）、不自證己罪（§3-17）、不得僅因任何人之政治理念或抱負而與以監禁（§3-18）、服役（§3-19）、不得因債務或稅金而為監禁（§3-20）、一罪不二罰（§3-21）、剝奪財產及公民權之法律或法案皆不得溯及既往（§3-22）。其餘章節則規定財產權（§13-1）、工作權（§13-2）、勞工權（§13-3）、婦女權（§13-14）、原住民權益（§13-22）、兒童權（§15-3）等。

---

10 Isagani Cruz, *Constitutional Law* (Central Lawbook Publishing Co., Inc.., 1993), p. 19. Joaquin Bernas, S.J., *The 1987 Constitution of the Republic of the Philippines: A Commentary* (Rex Book Store, 1996), pp. xxxiv-xxxix.
11 Richard Pierre Claude, Educating for Human Rights The Philippines and Beyond (University of the Philippines Press, 1996), p. 23。陳鴻瑜，〈菲律賓新舊憲法之比較〉，《問題與研究》，第26卷第6期，1987年3月，9頁。

由此可見，1987年憲法大幅度擴張人權條款，可說是相當完備之規範，如果再加上前述菲律賓已批准非常多國際人權條約，形式上已有相當完整的法律基礎，而菲律賓人權委員會亦可依這些憲法條款及人權條約，要求菲律賓政府實踐人權保障，然而事實上是否如此，恐需進一步檢驗。

貳、創設人權委員會

一、原因

曾有學者認為大部分亞太區域之政府設立國家人權委員會是為了舒緩國際社會的壓力，並且控制對其主權之挑戰，但是實際上國家人權委員會成立之後卻對各國造成相當大之衝擊。[12]但是對於菲律賓而言，其成立人權委員會的主因不是要舒緩國際社會的壓力，而是其人民力量之興起，成為成立人權委員會之動力。

菲律賓早在1987年之憲法中即已規定設立獨立之人權委員會。從國家人權機構之發展歷史觀之，菲律賓人權委員會可說是非常早設立的，當時世界上僅有少數國家成立國家人權機構，前述國際上所公認的國家人權委員會之國際準則（巴黎原則）都還沒有訂定。而在亞太區域亦是如此，除了澳洲在1986年成立Human Rights and Equality Commission（現在名稱為Human Rights Commission）之外，其他亞太國家所設立之國家人權機構均在菲律賓之後，[13]因此菲律賓成立人權委員會的最主要動力，並非來自於國際因素。雖然歷史過程中菲律賓深受西班牙及美國之影響，但是設立人權委員會並不是因為此歷史背景之結果，因為西班牙之特色是建立人權監察使，而美國都還沒有設立國家人權機構。

---

12 Sonia Cardenas, "National Human Rights Commissions in Asia," in John D. Montgomery and Nathan Glazer (eds.), *Sovereignty under Challenge* (Transaction Publishers, 2002), p. 70.
13 See Emerlynne Gil, "The Emergence of National Human Rights Institutions in Asia," in Forum Asia, *Human Rights Milestones Challenges and Development in Asia* (Forum Asia, 2009), p. 61.

　　菲律賓成立人權委員會的關鍵時刻是1986年人民力量之興起，艾奎諾所領導的「人民力量革命」（People Power Revolution）推翻馬可仕，而艾奎諾被稱為「民主母親」（Mother of Democracy），因為其為當時反對派人士Benigno Aquino Jr.之太太，艾奎諾承繼其民主工作。艾奎諾所領導的「人民力量革命」不只是對於馬可仕獨裁之奮戰，也是對於過去人權侵害之奮戰。[14]而也因為人權作為主流思考，並同時消彌政府與民間之鴻溝，形成設立獨立人權委員會之動力。[15]成立人權委員會是艾奎諾與馬可仕政權區別的重要指標，而人權委員會亦承載人民對於人權之期待。[16]

　　當艾奎諾成為菲律賓總統之後，其旋即於1986年3月18日頒佈第八號行政命令（Executive Order No. 8），設立由七人所組成之「總統人權委員會」（Presidential Committee on Human Rights），並由前參議員荷西・迪歐克諾（Jose W. Diokno）擔任主席，[17]其主要職責為調查1972至1986年間，在馬可仕政權之下由軍方所造成之侵犯人權情事。[18]雖然很不幸的該委員會始終沒有提出最後的調查報告，[19]但是其成為菲律賓成立人權委員會之基礎。

　　艾奎諾取得政權之後旋即於1986年3月25日頒布第三號命令（Proclamation No. 3），其亦被稱為是「自由憲法」（Freedom Constitution），[20]除了規範制定新憲法之前之暫時憲法秩序之外，第三號命令第5條明訂應在命令公布之後六十日內成立憲法委員會（Constitutional Commission），[21]以草擬新憲法。艾奎諾因而任命五十人為憲法委員會委員，並以Cecilia Munoz Palma為此委員會之主席，艾奎諾為菲律賓第一位女

---

14 Kenneth Christie and Denny Roy, *The Politics of Human Rights in East Asia* (Pluto Press, 2001), p. 189.

15 Vincent Pepito Yambao, Jr., "The Philippines: A Hamstrung Commission," in The Asian NGOs Network on National Human Rights Institutions (ANNI), *2008 ANNI Report on the Performance and Establishment of the National Human Rights Institutions in Asia* (ANNI, 2008), p. 133.

16 International Commission of Jurists, *The Failed Promise: Human Rights in the Philippines Since the Revolution of 1986* (International Commission of Jurists, 1991), p. 280.

17 陳鴻瑜編著，《菲律賓史—東西文明交會的島國》，三民書局，2003年，136頁。

18 International Commission of Jurists, supra no. 16, p. 232.

19 Jon M. Van Dyke, "Promoting Accountability for Human Rights Abuses," (2005) 8 *Chapman Law Review* 153.

20 參閱陳鴻瑜，前引註17，3頁。

21 一般簡稱為"Con Com".

性總統，Cecilia Munoz Palma為第一位女性最高法院法官，兩位當時同時進行反馬可仕之民主運動，兩位女性主導菲律賓的新憲法秩序，最後憲法委員會所草擬之新憲法草案明訂成立人權委員會，1987年新憲法通過之後即促使人權委員會於1987年5月5日設立，其第一任主席Mary Concepcion Bautista亦為女性。

新成立的人權委員會取代原來的總統人權委員會，並承繼其職權與權力。同時總統人權委員會所未使用之預算金額，亦轉由人權委員會利用之。所有之財產、資料、設備、建築、設施與其他總統人權委員會所擁有之資產，轉至人權委員會名下。

但是總統人權委員會並非從此消滅，艾奎諾總統於1989年12月13日發佈第101號行政命令（Administrative Order No. 101），再度成立總統人權委員會，其成員包括人權委員會主席、總統法律顧問、國防部代表、國會代表、人權團體代表。而其職責為評估及監督菲律賓人權狀況，並提供總統建議、協助失蹤人之家屬及違法拘禁被害人、其他符合本委員會目的之職權，而實質上總統人權委員會考量所有人權議題。[22]

艾羅育總統亦再次於2002年1月發佈第29號行政命令（Administrative Order No. 29）成立總統人權委員會，後來更發布第163號行政命令（Administrative Order No. 163）擴充其成員，其中包括相當多部會之成員，而人權委員會主席得以觀察員之身分參與總統人權委員會。總統人權委員會之目標是作為總統之首要人權諮詢機制。[23]人權委員會認為總統人權委員會是其「戰略伙伴」，因為總統人權委員會可以協調各政府部門，同時職權限定於有關菲律賓是否實踐國際人權條約之議題。[24]

然而由上可看出總統人權委員會與人權委員會的複雜關係，總統人權委

---

22 See International Commission of Jurists, supra no. 16, p. 250.
23 See section 2 of the Administrative Order No. 163.
24 Purificacion C. Valera Quisumbing, Commission on Human Rights of the Philippines: "Significant Developments, Challenges and Prospects on the 20th Year, paper presented at the 12th Annual Meeting of the Asia Pacific Forum of National Human Rights Institutions, 24-27 September 2007, Sydney, Australia, p. 2. 有關人權委員會及總統人權委員會兩者之比較，請參閱Vicent Pepito F. Yambao, Comparative Table of Domestic Human Rights Mechanisms (Philippines), in Taiwan Association for Human Rights and Forum Asia, 1st National Workshop of the Asian NGOs Network on NHRIs (ANNI), 26-27 March 2010, pp. 51-61.

員會是設立人權委員會之基礎，但是當重新成立總統人權委員會之後，卻可能成為人權委員會之上級機制，因而人權委員會可能被認定為行政權之附屬機關，納入廣義行政權之下。[25]

二、類型

　　依據國家人權機構之職權內涵及區域發展為基準，吾人可以將各國國家人權機構歸類為以下五種類型：（一）諮詢委員會：法國模式；（二）人權中心：北歐／德國模式；（三）單一職權委員會：不易歸類；[26]（四）人權監察使：伊比利半島及東歐模式；（五）獨立人權委員會：與監察使分離。[27]

　　而其中設立獨立且與監察使分離之國家人權委員會可說是國際上一項重要發展，獨立人權委員會與單一職權委員會的最大不同是獨立人權委員會所肩負之人權職責不限於反歧視而已，而是擴及於所有層面之人權，其認為人權事項包括國際人權條約、憲法及法律所保障之權利，這些權利之實踐都是獨立人權委員會之職責。亞太區域國家幾乎所有國家人權機構都是採用獨立人權委員會之模式，紐西蘭、印尼、馬來西亞、南韓、蒙古等都是採用此類型。

　　菲律賓人權委員會依照菲律賓憲法第十三章第17條之規定，乃為一獨立機構，且菲律賓憲法第二章第11條第2款規定，菲律賓重視所有人民之尊嚴，並保證對人權全面保護。雖然人權委員會的職權範疇為何或有爭議，[28]由此可見菲律賓人權委員會並非只針對歧視問題進行處理，其乃擴及至人權全面的保護，屬於關照全面性人權議題之委員會。

　　另外值得注意的是菲律賓亦有獨立監察使，1987年憲法第十一章第5條規定菲律賓監察使之設立，該監察使乃基於調查貪腐為由而成立。依規定

---

25 Vincent Pepito Yambao, supra no. 24, p. 133.
26 此類型之國家人權機構只著重於反歧視工作。
27 參見廖福特，〈創設國家人權機構―理想、類型及憲改〉，收錄於湯德宗、廖福特主編，《憲法解釋之理論與實務第五輯》，中央研究院法律學研究所籌備處，2007年3月，183至184頁。
28 請參見以下有關菲律賓人權委員會職權之討論。

將設立獨立的調查處，由稱為Tanodbayan之監察使、副總監察使、駐呂宋（Luzon）、未獅耶（Visayas）及民答那峨（Mindanao）之副監察使至少各一名所組成，另外亦或可派任一名副監察使於軍方。菲律賓憲法並於該章第6至14條規定其人員之構成、任命、資格、任期、職權、財務獨立等事宜。有關監察使之職權乃規定於該章第13條，[29]主要為監督行政部門，與其他國家監察使之職權相當。

　　由此看出，菲律賓建立了監察使與人權委員會並存之制度，而事實上這是亞太地區非常早的例證，上述亞太區域國家採用與監察使分離之獨立人權委員會模式，其實是跟隨菲律賓之腳步。

三、法律基礎

　　聯合國認為國家人權機構是指「一個國家依據其憲法、法律或命令所設立之機制，而此機制之職權特定為促進及保障人權。」而此定義除了確認國家人權機構之職權是特定為促進及保障人權之外，其亦認為各國設立國家人權機構可能透過憲法、法律或命令等不同層級之法律規範方式。然而從一個國家人權機構之獨立性觀之，很明顯地以行政命令方式設立之國家人權機構，無法達到獨立自主之要求，因為其太受行政權之掌控，而且隨時有可能遭遇解散之命運，因此完全無法達到獨立自主之目的。因而如果要確保一個國家人權機構之獨立性，最好是使其有憲法地位，如此才能確保其永續存在，同時釐清其權責。退而次之，至少必須以法律規範一個國家人權機構之

---

29 依據該條文，監察使之職權包括：1.主動或依據任何人之申訴，調查所有政府官員、職員、部門或機關任何非法、不公正、不適當、無效率之作為或不作為。2.主動或依據申訴，指導任何政府官員、職員或任何部門、機關或相關組織以及所有公營或政府控股公司，履行或加速辦理任何法律要求之行為或義務，或者阻止、預防或糾正任何違反職責或不適當之行為。3.指示相關官員對失職之政府官員或員工採取適當行動，並就其調職、停職、降職、罰款、警告、起訴或確保其遵行其職務等措施提出建議。4.在適當案件，指導相關官員遵循法律規定提供關於其部門支出或使用公費或公有財產之相關契約或交易文件副本，並將任何不符規則之情事向審計委員會報告，以令其得以採取適當行為。5.要求相關政府單位提供協助及證明其免責之資料，並在必要時檢驗相關資料與文件。6.在有正當理由且經慎重考慮的情況下，公布其所調查之事宜。7.判定政府機關中缺乏效率、官僚作風、處置失當、詐騙、貪腐之成因，並對遏止該現象與遵循高度道德與效率之標準的方法提出建議。8.公布監察使之程序規則，並就法律所規定之其他權力或相關職權、義務予以實踐或履行之。

地位、組織、職權等，以維持其獨立性。

　　就法律基礎而言，菲律賓憲法第17條規定人權委員會之組織，而第18條規定其職權，因此人權委員會乃是憲法機關，有堅強之法律基礎，亦相當符合聯合國之規範。同時以年代觀之，目前為止以憲法規範成立國家人權委員會之國家並不多，例如泰國、南非、波蘭、斯諾伐尼亞等，而其共通特點都是在1990年成立的，[30]而菲律賓在1987年由憲法規定成立人權委員會，可說是國際之創舉，重要之典範。

　　由法律建構觀之，通常在憲法規範成立人權委員會之後，仍必須制定法律以規範其細部事項，但是菲律賓卻是形成非常特殊之法律規範。新憲法生效之後，艾奎諾並沒有提出法律草案，以設立人權委員會，艾奎諾於1986年3月25日頒布第三號命令（「自由憲法」），依據第二章第2條規定，總統亦有立法權，而艾奎諾行使此立法權直到1987年6月30日新國會成立為止。[31]艾奎諾於1987年5月5日發布第163號命令（Proclamation No. 163），據以成立人權委員會，並成為人權委員會之法律基礎，經歷多年之後，國會都未通過法律以取代第163號命令，因而人權委員會之法律基礎為憲法及命令，與其他國家截然不同。

　　在人權委員會成立二十年之後，終於在2007年由菲律賓參議員Francis G. Escudero提出法律草案（Senate Bill 1437），希冀立法賦予人權委員會調查權，[32]其實此法律草案全名為An Act Expanding the Jurisdiction of and Granting Prosecutorial Powers to the Commission on Human Rights and for Other Purposes，因此其主要內容為擴充人權委員會所管轄之人權範疇，賦予人權委員會調查及起訴權力，並設立人權檢察官辦公室（Office of Human Rights Prosecutors）。而人權委員會主席Leila de Lima呼籲艾羅育總統應儘速努力使此法案通過，de Lima認為如果此法案無法通過，表示菲律賓政府忽視人權，國際社會亦會認為菲律賓政府無視近幾年嚴重的法外殺害（extrajudicial

---

30 參見廖福特，前引註27，215頁。

31 See LIBERTAS, "Old Challenges for a New Commission," in The Asian NGOs Network on National Human Rights Institutions (ANNI), 2009 *ANNI Report on the Performance and Establishment of the National Human Rights Institutions in Asia* (ANNI, 2009), p. 165.

32 See Dino Maragay, "Senate bill seeks to empower human rights group," philstar.com, 21 April 2009.

killing）情況。[33]不過到2010年3月為止，此法案尚未通過，菲律賓人權委員會恐怕還需面對有憲法及命令基礎，卻無法律依據之特殊處境。不過於此還需強調的是，就算上述法律草案通過了，此法律只擴充人權委員會所管轄之人權範疇，賦予人權委員會調查及起訴權力，其他規範仍須依賴第163號命令，法律草案通過之後，人權委員會之法律基礎變成三個文件，涵蓋憲法、法律、命令，有複雜的法律架構。

　　菲律賓人權委員會被國家人權機構國際協調委員會[34]及亞太國家人權機構論壇[35]認定為A級會員，即完全符合巴黎原則，然而是否如此即表示菲律賓人權委員會已相當完善，恐需進一步深入探究之，以下即從其組織及職權兩個面向分析之。

參、人權委員會法之組織

　　從組織結構評估一個國家人權機構是否具備獨立性時，其牽涉此機構之人事結構及經費來源，而人事結構有關任命人為何？其程序為何？被任命人之資格條件？是否有任期保障？是否有必要之豁免權？是否有解職之法定要件？等等議題。而在經費來源則是牽涉國家人權機構是否有獨立或是充足之預算，以進行其工作，同時維持其獨立性。[36]以下即分析這些議題。

一、人事結構

　　「巴黎原則」強調一個國家人權機構「組成及獨立性與多元化保障」之

---

33 See "CHR urges Arroyo to certify human rights bills," GMANNews.TV, 14 March 2009.

34 See International Co-ordinating Committee of National Human Rights Institutions for the Protection and Promotion of Human Rights, Chart of the Status of National Institutions, available at http://www.ohchr.org/Documents/Countries/ChartStatusNIs.pdf (visited on 29 August 2009).

35 See Asia Pacific Forum, Full Members, available at http://www.asiapacificforum.net/members/apf-member-categories/full-members (visited on 29 August 2009).

36 See International Council on Human Rights Policy and Office of the United Nations High Commissioner for Human Rights, *Assessing the Effectiveness of National Human Rights Institutions* (International Council on Human Rights Policy and Office of the United Nations High Commissioner for Human Rights, 2005), pp. 11-16.

重要性，而其認為應有幾個重點：（一）任命程序；（二）成員之代表性；
（三）任期穩定；（四）解職要件。[37]另外，雖然「巴黎原則」並未規範國
家人權機構委員之豁免權，[38]但是聯合國已注意此議題。

　　而菲律賓1987年憲法第17條第1款開宗明義即規定創立一個「獨立的辦
公室」（independent office）稱為人權委員會，然而實質上是否此人權委員
會即具備獨立性，或應進一步檢驗之，因此以下即就此五項議題分析之。

（一）任命程序

　　「巴黎原則」認為，國家人權機構的組成及其成員的任命，不論是經由
選舉產生還是透過其他方式產生，必須按照一定程序予以確定，這一程序應
提供一切必要保障。也就是說其強調應以法律明訂國家人權機構成員之任命
程序。

　　菲律賓1987年憲法並未規定人權委員會之任命方式，而第163號命令第2
條第3項前段規定，人權委員會之主席及其成員應由總統任命之。但是第163
號命令並沒有規定總統任命人權委員會之主席及其成員時應採用何種程序，
因此其完全由總統決定之。

　　菲律賓會採用此方式應該不是受其他國家之影響，主要應是其本身之發
展背景，如前所述，1986年人民革命之後，已有總統人權委員會之設立，而
1987年憲法其實是人民革命後之成果，其中有總統主導之意涵。

　　菲律賓所採用之方式可說是由行政權主導所有委員之任命程序，因此
行政權可以決定所有人選，其可能優點是任命者可以全盤考量各種人選之長
處，而平衡專長、性別、種族、區域之均衡。但是此方式可能形成相當之缺
失，特別是行政權全面掌握人事任命權，而人權委員會所要針對之最主要對
象之一即是行政機關，因此行政部門可能經由完全之任命權力，任命其所能
接受之人選，但是卻非考量專業性，或是性別、種族、區域之均衡，進而影
響人權委員會之實質獨立性，或是削弱其成效。而菲律賓人權團體亦批評任
命人權委員會之主席及其成員之程序缺乏透明性及諮詢過程。[39]

---

37 Paris Principles, Composition and guarantees of independence and pluralism.
38 其內涵為國家人權機構委員應可豁免其因執行公務所引發之民刑事責任。
39 LIBERTAS, supra no. 31, p. 168.

菲律賓其他憲法機關透過委員任期交錯以傳承經驗，同時避免單一總統掌握，[40]但是人權委員會主席及委員卻是由總統完全掌握，而且一次任命所有人員，如此更難確保其獨立性。同時總統府又設置總統人權委員會，人權委員會又有某種形式之參與，更可能使得人權委員會成為下級行政機關。

（二）成員之代表性

「巴黎原則」強調，國家人權機構應確保參與促進和保護人權的公民社會力量的多元代表性。[41]因此其認為國家人權機構之成員可以從以下幾個方向求才，並藉由這些成員之參與，建立有效合作的力量，「巴黎原則」所建議之成員包括：(a)負責人權及對抗種族歧視的非政府組織及工會；(b)有關的社會及專業組織人士，例如律師、醫生、新聞記者和著名科學家；(c)哲學家或宗教思想流派之成員；(d)大學教師及合格的專家；(e)議會議員；(f)政府部門之公務員，不過「巴黎原則」強調，如果公務員擔任委員的話，應該只能以顧問身分參加討論。[42]因而其實「巴黎原則」所強調的是，國家人權機構之成員應該是多元的，同時納入人權社運者、專業人士、人權專家、民意代表等社會不同階層之人才。

第163號命令第2條第1項規定，人權委員會應由一名主席與四名委員所組成，其必須出生為菲律賓國民，且在其被任命之時至少需為三十五歲以上，在其被任命之前的選舉中，需未曾作為任何民選職位之候選人。同時委員之多數必須為菲律賓律師公會之會員。

1987年憲法及第163號命令並未規定人權委員必須有人權知識，因此總統任命之人選可能受質疑，例如論者批評第一任人權委員會主席Mary Concepcion Bautista不僅沒有充分之人權知識，甚至袒護菲律賓軍方。[43]而菲律賓人權團體亦認為，任命De Lima為現任人權委員會主席是不恰當的，因為De Lima是選舉律師（election lawyer），並非人權律師。同時人權團體也

---

40 Vincent Pepito Yambao, Jr., supra no. 24, p. 140.
41 Paris Principles, Composition and guarantees of independence and pluralism.
42 Paris Principles, Composition and guarantees of independence and pluralism, point 3.
43 International Commission of Jurists, supra no. 16, p. 245.

對於其他委員之表現表示失望。[44]

　　1987年憲法及第163號命令亦未明訂委員間之多元性及性別平衡。[45]
首先以性別平衡觀之，特別的是人權委員會歷任主席中有多位女性，包括
Mary Concepcion Bautista、Purificacion C. Valera Quisumbing兩位前任主席及現
任主席Leila De Lima都是。[46]而現任五位委員中，有三位女性。其中不虞性
別平衡之情形。其次，就專長多元性觀之，上述規定最特別之處應是要求律
師必須佔委員之多數，這是其他國家立法例難以看到的，以現任五位成員而
言，甚至有四位律師，而因為委員來源不夠多元，其實無法納入多元人權思
考，亦無法包括人權社運者、專業人士、人權專家等。再者，從區域多元性
而言，已有論者提出，如果委員因缺少管道而無法對某些弱勢族群提供適當
之協助，特別是那些生活在偏遠地區之居民或者未能通曉官方語言之本土人
士。[47]既然多數委員均為律師，其無法深入瞭解各區域人民之所需，恐怕只
會以較單一職業之觀點看待人權議題。

（三）任期穩定

　　「巴黎原則」認為，如果任期不穩定的話，國家人權機構不可能有真正
的獨立性，因此必須確保國家人權機構之任期，同時於法律中明訂，而且在
確保成員組成多元性無虞之情形下，其成員或可續任。[48]

　　第163號命令第2條第3項後段規定，人權委員會之主席及委員任期為七
年，不得連任。因空缺而補任之人，則以原來前任所餘之任期為準。其中已
有明確之規範。

（四）解職要件

　　「巴黎原則」並沒有規範國家人權機構委員之解職要件，但是聯合國亦
已注意此議題，其稱對委員解職之權力與國家人權機構之獨立性息息相關，

---

44 LIBERTAS, supra no. 31, p. 169. Vincent Pepito Yambao, Jr., supra no. 24, p. 134.
45 LIBERTAS, supra no. 31, p. 168.
46 Sedfrey A. Ordonez在1992至1995年間擔任主席，其為男性律師。
47 Carolyn Evans, supra no. 2, p. 716.
48 Paris Principles, Composition and guarantees of independence and pluralism.

因此應由法律明訂其要件及有權解職之機構，其亦建議應由國會或是國家相當高層級之機構實行此權力。[49]

此牽涉兩項議題，一者是解職要件，另一者是解職程序。就解職要件而言，依據第163號命令第2條第2項規定，人權委員會之主席與成員受到兩方面之拘束，一者是專職性，其規定人權委員會之主席與成員，在其任期當中，不得開設任何事務所或受雇於人。亦不得從事任何職業活動或從事主動之經營管理或控管任何事業。另一者是必須利益迴避，其規定人權委員會之主席與成員不得間接或直接的經由任何契約或與經由任何政府或其子部門、機關或組織，包括公營事業或持股事業及其子公司所給予之特權而受益。

就解職程序而言，菲律賓憲法第十一章是關於政府官員之職責之規定，其第2條表示，總統、副總統，高等法院成員、憲法委員會之成員與監察使可能因犯有或違反憲法、叛亂、受賄、侵占貪污、其他重罪或背信等行為而受彈劾去職，而其他之政府官員與員工可能會不經彈劾程序而去職。人權委員會雖然也是憲法規定之機關，但是在菲律賓憲法中有關憲法委員會之第九章規定內容並不包含人權委員會，因此理論上人權委員會之主席與成員並不是經由嚴格的彈劾程序而解職，其似乎被認定為一般政府人員，可透過行政指揮之方式要求其去職。

但是論者已指出，無論如何在原則上，菲律賓人權委員會乃依憲法而成立，該憲法乃在人民力量的勝利與覺醒之背景下完成，國會與行政機關皆不得對人權委員會之委員予以解職。[50]所幸實際上亦未有菲律賓總統或國會要求人權委員會之主席或成員離職之情形發生。

（五）豁免權

「巴黎原則」並沒有規範國家人權機構委員之豁免權，但是聯合國亦已注意此議題，其稱委員豁免權之賦予亦是確保獨立性之重要法律方式，特別是有權接受個人人權申訴之國家人權機構，國家人權機構委員應可豁免其因

49 United Nations, *Professional Training Series No. 4 National Human Rights Institutions* (Centre for Human Rights, 1995), p. 11.
50 Li-ann Thio, supra no. 9, p. 4.

執行公務所引發之民刑事責任。[51]

　　就比較法制觀之，各國規定不一，例如泰國，其憲法及國家人權委員會法均未規定委員之豁免權，但是值得重視的是「馬來西亞人權委員會法」第18條保障國家人權委員會人員，其中規定委員會及其人員，如基於善意執行其職責，因此而發生之任何疏失或錯誤行為，不得對其提起訴訟。而且不得因委員會之各種報告，而對委員會人員提起訴訟。

　　相對地在菲律賓人權委員會之相關法規範基礎中並無類似的明文豁免規定，而豁免其因執行公務所引發之民、刑事責任。

二、經費獨立或充分

　　「巴黎原則」強調，國家人權機構應具備其能順利開展活動的基礎結構，特別是充足的經費，此一經費的目的是使國家人權機構能擁有自己的工作人員及辦公房舍，以便獨立於政府，不受財政控制，而可能影響其獨立性。[52]

　　國家人權機構經費是否獨立或充分，其實有兩個層面之影響，第一是委員會本身是否能確實實踐其職權，進而完成創設國家人權委員會之理想。第二是委員之薪資是否獨立或充分，是否進而影響其專注於實踐其職權。

（一）財政自主權

　　1987年憲法第17條第4款規定，各年度針對人權委員會所通過之預算應自動且定期地發放，而第163號命令第5條亦重複此規定。形式上似乎人權委員會有相當獨立之財政自主權，但事實上恐非如此，其有兩個問題，第一是預算程序，第二是預算多寡。

　　就預算程序而言，即使憲法規定各年度針對人權委員會所通過之預算應自動且定期地發放，但是人權委員會所面臨的是得否自行提出概算，很可惜地菲律賓最高法院[53]認定人權委員會只有限定的預算獨立性，[54]菲律賓審計

---

51 United Nations, supra no. 1, p. 11.
52 Paris Principles, Composition and guarantees of independence and pluralism, point 2.
53 有關菲律賓最高法院之論述，請參閱陳新民，〈動盪時期法治國原則的檢驗—菲律賓最高法院若干判例的研究〉，收錄於陳新民，《法治國家原則之檢驗》，元照出版，2007年7月，379至423頁。
54 See Commission on Human Rights Employees Association v. Commission on Human Rights,

委員會（Commission of Audit）乃發文給人權委員會，認為人權委員會與其他行政機關一樣，必須是用相同之會計準則。[55]因此不論是決算及預算之支出，人權委員會都被認定是與其他行政部門一樣，必須歷經行政管制，而非由人權委員會提出概算，當國會通過預算之後，亦必須如一般行機關，歷經審計委員會之管制，因而很難認定人權委員會有獨立的財政自主權。

以2009年之預算為例，菲律賓總統辦公室針對人權委員會提出約五百二十萬美金之預算案給國會，而人權委員會希望國會就該預算增加一倍之金額，人權委員會主席Leila De Lima表示該預算將用於建立鑑識中心與訓練鑑識調查人員，以加強人權委員會在調查與監控之能力，不過國會最後只通過與總統辦公室所提出之預算相差無幾之金額。

就預算多寡而言，人權委員會於1991年約有7,340萬披索（peso）的經費，[56]2006年之預算為2億700萬披索，2007年之預算為2億1,600萬披索，[57]2008年預算有2億1,400萬披索，約為550萬美金。如前所述，2009年卻只有約520萬美金之預算。人權委員會的預算約佔全國預算之0.021%，[58]其實是相當低之比例。

就支出之比例而言，人權委員會之支出約74%為人事費用，23.6%為業務費，2.4%為其他支出，[59]因此在扣除必要人事費用之後，人權委員會已無太多經費進行人權推動及保護之工作，許多案例皆指出如此不足之資源已阻礙調查之實施，由於各地辦公室配有極少數之交通工具，且汽油公費之限制非常嚴格，偏遠地區之調查亦當然受到限制。人權委員會通常對於受害者之協助僅止於車馬費之提供，因此其無法在實質上幫助受害者或重新安置可能的證人。而此預算規模甚至無法使人權委員會有足夠的資金為其中央辦事處另租他地，好將其從已宣告為危樓之舊址搬出。[60]

G.R. No. 155336, 21 July 2006.

55 LIBERTAS, supra no. 31, p. 170.

56 International Commission of Jurists, supra no. 16, p. 238.

57 Vincent Pepito Yambao, Jr., supra no. 24, p. 144.

58 Ibid.

59 LIBERTAS, supra no. 31, p. 169.

60 Rorie Fajardo, CHR gets pittance from 2009 Trillion-Peso budget, Philippine Human Rights Reporting Project, 25 March 2009, available at http://www.rightsreporting.net/index. php?option=com_content&task=view&id=5757&Itemid=123 (last visited on 20 January 2010).

因為缺乏經費，人權委員會只能從國外捐贈及其他組織之資助來尋求資金協助。例如前述因為國會沒有給予人權委員會在2009年建立鑑識中心之預算，人權委員會從歐盟及其他組織得到資助，但是人權委員會亦表示最後所得之金額可能只足以提供對其調查人員進行鑑識訓練之費用，卻不足以支付其所須支相當昂貴的鑑識設備，在此情形之下，恐將嚴重影響人權委員會職權之進行。

（二）委員薪資

1987年憲法並沒有特別規定人權委員會之主席與成員之薪資，而第163號命令第4條第4項則明確規定，人權委員會之主席與委員之薪資，與其他憲法委員會之主席及委員相同，同時在其任期內不得調降薪資。

由此可見其已明確規定薪資相當於憲法機關之層級，可說是相當高，而且沒有任內調降之危機，同時事實上亦未有實例之發生，從此觀點觀之，其可保障人權委員會之主席與委員執行職權之基礎。

三、內部架構

國家人權委員會之內部架構牽涉幾個議題，第一是委員會之運作情形，第二有關是否有足夠空間及是否設立區域辦公室，第三是委員會是否能聘任其內部人員，是否有足夠預算聘請充分之人數。

首先，有關委員會之運作，「巴黎原則」認為國家人權機構應定期並於必要時經正式召集後召開有全體成員出席的會議。菲律賓1987年憲法及第163號命令均未對此做規範，但是人權委員會可以自行集會，不需要其他行政部門之同意，人權委員會亦有定期委員會議。

其次，有關辦公室，人權委員會在馬尼拉設有中央辦公室，並依區域設立十二個區域辦公室，形式上人權委員會之辦公室遍及全國，然而其核心問題是人權委員會常常因其資源不足而使其職權受到限制，在菲律賓42,000個村落中，大約有三分之一設有國家人權行動中心，其與人權委員會區域辦公室合作協力，然而人權委員會的區域與附屬辦公室仍然有人員不足與資金不夠之問題。

　　第三，有關內部成員，「巴黎原則」認為，國家人權機構必要時應建立成員工作小組。[61]其實其牽涉三個議題：國家人權委員會可否自主決定其職員、職員之職責為何、職員之分工為何。

　　就任命職員而言，1987年憲法第18第10項及第163號命令第3條第10項均規定人權委員會有依法聘任其職員之權力，人權委員會在此方面較高度自主性，人權委員會得以自行任命職員，但是職員必須適用公務人員相關法律，不論是所需員額之數目、職等、升遷等，人權委員會都必須得到預算管理部（Department of Budget Management）之同意，[62]因此人權委員會仍然必須在既有之公務員規範中自主聘任職員。

　　例如在Commission on Human Rights v. Civil Service Commission and Atty. Elias V. Pacete[63]一案中，Elias V. Pacete是人權委員會地區辦公室之職員，其申請自願退休，並為人權委員會所允許，但是公務人員委員會認為其不符合自願退休之要件，因此不許可，最後最高法院認定人權委員會職員是否得以退休，應由公務人員委員會認定，因而判決人權委員會敗訴。而在Commission on Human Rights Employees' Association (CHREA) Represented by its President, Marcial A Sanchez v. the Commission on Human Rights[64]一案中，人權委員會調升部分職員之職等，並重新調配職等之員額，此案並未得到預算管理部之許可，但是公務人員委員會同意之，後來人權委員會之職員乃提起訴訟，最高法院判決認定職員職等及員額與預算有關，因此必須得到預算管理部之同意，乃判決人權委員會敗訴。

　　就員額而言，1991年時人權委員會約有324位職員，當中半數任職於中央辦事處，半數任職於地方辦公室，每一地方辦公室約有27位職員。[65]目前人權委員會之成員約有六百名，同樣地當中半數任職於中央辦事處，半數任

---

61 Paris Principles, Methods of operation.

62 LIBERTÁS, supra no. 31, p. 170.

63 Commission on Human Rights v. Civil Service Commission and Atty. Elias V. Pacete, R.R. No. 101207, October 1, 1993.

64 Commission on Human Rights Employees' Association (CHREA) Represented by its President, Marcial A Sanchez v. the Commission on Human Rights, G.R. No. 155336, November 25, 2004.

65 International Commission of Jurists, supra no. 16, p. 238.

職於地方辦公室，各地區辦公室皆約有三十名員工。其中最特別的是有一位職員Jacqueline V. Mejia，其為律師背景，從人權委員會設立之時，便在此工作，現在則擔任行政主任（Executive Director）。[66]從職員數目觀之，其已比其他人權委員會還好，例如南韓國家人權委員會約有167名職員，[67]馬來西亞國家人權委員會約有70名職員，[68]泰國國家人權委員會約有150名職員，[69]雖然菲律賓人權委員會依舊認為其職員數目不足，但是相較之下，其員額已較其他國家人權委員會多，因而或許菲律賓人權委員會應更善用人力資源。

而就分工而言，人權委員會已發展出完整之職責分工，在委員會本身之運作方面，分設總體行政辦公室（General Administration Office）與財政管理辦公室（Financial Management Office）。有關內部職權分工，其分為人權保障方面、[70]人權提倡方面、[71]合作發展方面[72]三個組群，分設不同功能之辦公室，其中已可見其職務分工（如圖6-1）。

---

66 See Jacqueline Meija, Philippines CHR, available at http://www.asiapacificforum.net/news/apf-people-jacqueline-meija.html (visited on 14 August 2009).
67 參見廖福特，〈南韓國家人權委員會－國際人權在國內體制實踐〉，《台灣國際法季刊》，第6卷第1期，2009年3月，41頁。
68 參見廖福特，〈馬來西亞國家人權委員會之研究〉，《臺北大學法學論叢》，第66期，2008年6月，109頁。
69 參見廖福特，〈泰國國家人權委員會之設立及發展－在軍事政變與民主立憲之間〉，《中研院法學期刊》，第4期，2009年3月，43頁。
70 在人權保障方面設有法律與調查辦公室（The Legal and Investigation Office）、協助與巡查辦公室（The Assistance and Visitorial Office）。前者主要提供法律援助與諮詢服務，調查侵害人權之情事，後者則是在監督資源之調配以協助人權受侵害之被害人及其家庭，並負責全國各地監所及當中囚犯之情況監督與報告。
71 在人權提倡方面設有教育與研究辦公室（Education and Research Office）、機關監督辦公室（Instruments Monitoring Office）、資訊與交流辦公室（Information and Communications Office）。教育與研究辦公室負責在人權基礎層面之研究、教育與增強措施；機關監督辦公室則是監督菲律賓政府機關就其所簽訂之國際條約與協議方面，是否確實遵守與落實；資訊與交流辦公室則透過網站、布告欄系統、網路教育與資源等方面加強基礎人權並提供相關資訊交流之平台。
72 在合作發展方面，設立與政府合作辦公室（Government Cooperation Office）、與非政府組織、公民社會及媒體合作辦公室（NGO, Civil Society & Media Cooperation Office）。與政府合作辦公室負責國家人權委員會與其他政府機關之合作，特別是在人權研究與政府政策落實、遵行法律方面，並監督現行之政策與立法是否符合其所簽訂之國際公約；與非政府組織、公民社會與媒體合作辦公室，顧名思義負責國家人權委員會與上述單位在人權研究、發展、實踐等各層面之交流與合作。

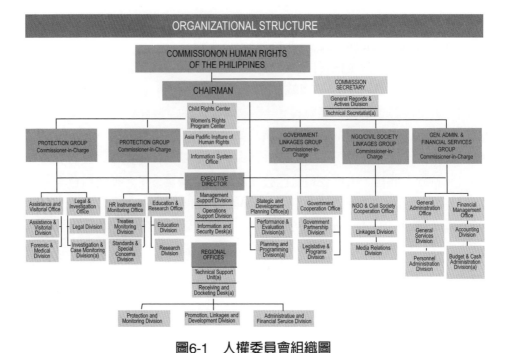

圖6-1　人權委員會組織圖

資料來源：Website of Commission on Human Rights of the Philippines, http://www.chr.gov.ph/ MAIN%20PAGES/about%20us/06org_structure.htm

肆、人權委員會之職權

　　「巴黎原則」第一部分即強調國家人權機構之權限與職責，而其內涵包括職權方向、職權法定、職權內涵、權力內涵及行使方式等，以下依序論述之。

一、職權方向與職權法定

　　「巴黎原則」強調，應賦予國家人權機構促進和保護人權的職權。[73]同

時應賦予國家人權機構盡可能廣泛之職權，並在創設國家人權機構之憲法或法律明訂其職權範疇。[74]

　　1987年憲法第十三章第18條及第163號命令第3條均規定人權委員會應具有下列權力與職責：

1. 對於侵犯公民與政治權之各種人權侵害，自行或受理任何人之申訴而為調查；
2. 訂定其運作方針與程序規則，並依據法院規範對違反情事以藐視法院處之；
3. 提供適當法律途徑以保護所有居住於菲律賓及僑居海外之菲律賓人民之人權，並提供人權受到侵害或需要保護之窮困人士相關之預防措施與法律援助服務；
4. 就監獄、拘留所、監禁機構實行其訪查之權力；
5. 建立長期之研究、教育與資訊計畫，以增進對於人權重要性之重視；
6. 對國會提出有效措施之建議，以提倡人權，並提供人權侵害之被害人與其家屬賠償；
7. 監督菲律賓政府是否遵守國際人權條約；
8. 對於人權委員會自行進行或是授權之調查，任何人之證詞或其持有之文件或其他證據，對於決定事實為必要或有助益時，得豁免此人之責任。
9. 在執行其職責之時，得要求任何相關部門、機關、辦事處或單位提供協助；
10. 依據法律規定任命其主管與員工；
11. 執行其他法律規定之義務與職責。

　　確實憲法及第163號命令已成為人權委員會職權之法律基礎，並已明訂其方向及內容。不過其問題恐怕是所稱之人權範疇，依據上述規定，人權委員會所得關注之人權範疇只限於公民及政治權，聯合國的經濟社會文化權委員會（Committee on Economic, Social and Cultural Rights）即注意到經濟社會文化等權利並不在菲律賓人權委員會之職權範圍之內，亦認為人權委員會缺少足夠的經濟資源以實踐其調查與控管之職責，因而經濟社會文化權委員會

---

74 Ibid, point 2.

建議菲律賓應更加致力於加強人權委員會之效力，特別是納入經濟、社會與
文化權之保護於其職責範圍之內，並且提供足夠的經濟資源以供其落實其職
責。[75]如前所述，1987年憲法的人權條款涵蓋範圍相當廣，不只是限於公民
及政治權而已，但是人權委員會的調查權卻只限於公民及政治權，其實是削
弱了人權委員會之職權。

其次，人權委員會的職權包括監督菲律賓政府是否遵守國際人權條約，
而如上所述菲律賓已批准諸多人權條約，如果人權委員會只能調查有關公民
及政治權之事件，其實是忽略了諸多人權條約所涵蓋之領域，亦影響人權委
員會監督菲律賓政府實踐國際人權條約之職權行使，而更本質性的問題是，
雖然菲律賓憲法有相當完備的人權條款，亦批准諸多人權條約，但是因為人
權委員會職權範疇之限制，有相當多的憲法人權條款及國際人權條約規範，
對於人權委員會而言，都可能只是櫥窗中美麗的精品，卻無法於實際職權運
作中使用，而此亦嚴重影響人權委員會作為一個保護者之角色。

二、職權內涵

「巴黎原則」希望各國賦予國家人權機構廣泛之職權，聯合國期待國家
人權機構扮演保護者、促進者及橋樑三種角色，而此理念亦反映在「巴黎原
則」對於國家人權機構職權之規範，因而以下依此三種不同角色定位探究菲
律賓人權委員會之職權內涵及其成果。

（一）橋樑

「巴黎原則」對於國家人權機構扮演橋樑角色有兩個面向之期待，第一
是作為其國家與國際人權之橋樑，第二是與各種人權機構及團體合作。

1.參與國際人權條約

在作為國家與國際人權之橋樑部分，「巴黎原則」依各國實踐國際人

---

75 Committee on Economic, Social and Cultural Rights, Consideration of Reports Submitted by
States Parties under Articles 16 and 17 of the Covenant Philippines Concluding Observations
of the Committee on Economic, Social and Cultural Rights, E/C.12/PHL/CO/4, 24 November
2008.

權條約之不同階段，希望國家人權機構有以下職權。首先，當然是鼓勵其國家批准或加入國際人權條約並確保其執行；其次，當國家批准或加入國際人權條約之後，國家人權機構應促進並確保其國家的法規及慣例符合其所批准或加入之國際人權及其有效執行；第三，當國家批准或加入國際人權條約之後，便有提出人權報告之義務，因此國家人權機構在其國家向國際人權監督機制提出報告過程中，可以有所貢獻，或是提出必要意見。[76]

菲律賓1987年憲法第十三章第18條及第163號命令第3條均規定人權委員會應監督菲律賓政府是否遵守國際人權條約，雖然形式上沒有明確指出上述巴黎原則所稱之三層次，但是實質上已涵蓋之。

首先，就鼓勵菲律賓參與國際人權條約而言，如上所述，兩次人民革命之後分別是菲律賓參與國際人權條約之高峰期，因此是否參與國際人權條約是與國內政治發展有關，而菲律賓人權委員會則是扮演建議之角色，例如人權委員會就其對2007年第十四屆國會提出之人權立法議程中，建議國會加入或批准以下國際條約：反酷刑公約之任擇議定書、公民與政治權利國際公約旨於廢除死刑之任擇議定書、保護所有人不遭受強迫失蹤之國際公約、身心障礙者權利公約，[77]而其結果是除了保護所有人不遭受強迫失蹤之國際公約之外，菲律賓已批准其他公約，就此而言，人權委員會有相當成效。

其次，但是就是否實踐國際人權條約而言，人權委員會之意見恐怕就不一定為菲律賓政府所接受，例如針對經濟社會與文化權公約部分，聯合國經濟文化與政治權委員會亦認為，基於人民住居權之保護，其要求菲律賓政府應將驅逐之行動做為最後手段，[78]菲律賓人權委員會認為驅逐與安置之事項在公約之規定之中十分重要，但政府行政單位或司法單位卻不做如此想。最高法院受理基於該公約規定之爭議，但其如何評價該議題則尚不明確。菲律

---

76 Paris Principles, Competence and responsibilities, point 3.

77 Human Rights Legislative Agenda for the 14th CONGRESS, the Government Linkages Office, http://chr.gov.ph/MAIN%20PAGES/about%20hr/advisories/pdf_files/legislative_agenda.as%20edited.pdf (last visited on 20 January 2010).

78 See Philippine NGO Network Report on the Implementation of the International Covenant on Economic, Social, and Cultural Rights (ICESCR) 1995 to Present http://www2.ohchr.org/english/bodies/cescr/docs/info-ngos/PhilippinesNGOCoalition41.pdf, available at (last visited on 20 January 2010).

賓政府亦未改善之。

　　另外在禁止酷刑方面，實際上菲律賓在1987年即批准「禁止酷刑和其他殘忍、不人道或有辱人格的待遇或處罰公約」，但是迄今已為時二十二年之久，菲律賓政府卻始終未能實踐該公約之義務，遵照人權組織所制定之標準與原則制定針對酷刑之相關刑法規定。2009年4月酷刑公約委員會審查菲律賓所提出之報告，人權委員會出席呼籲政府作為公約之當事國應確實實踐其義務，人權委員會亦進一步要求國會盡速通過相關人權之重要保護規定，以令行政單位依法而有義務實踐之。[79]

　　在監督政府實踐國際人權條約領域，人權委員會意見無法落實的核心原因是人權委員會並無任何監督工具，其僅能提出意見或建議，但是卻無拘束力，因而任何人權委員會在此領域之意見均有賴政府之善意，如無此前提，即使人權委員會提出諸多意見，亦只是在聯合國監督機制意見之外另增一意見而已，實質上無法促使菲律賓政府實踐國際人權條約。

　　再者，在依照條約提出報告之時，人權委員會予以參與或提出意見方面，人權委員會亦有可改進之處，例如聯合國兒童權利委員會（Committee on the Rights of the Child）就菲律賓依該兒童權利公約關於兒童捲入武裝衝突之任擇議定書中第8條所提出報告之審核中指出，菲律賓在實踐該公約方面於資料收集之處有所不足。其兒童權利委員會對於菲律賓人權委員會與社會福利與發展部門就戰時兒童之資料進行收集表示肯定，但卻遺憾該資料之收集乃侷限於某些武裝團體徵用童兵的情況，而且大部分案件皆是在該童兵被逮捕或移送至社福發展部門之後所得之資料。因而兒童權利委員會認為菲律賓應擴展與加強其資料蒐集、監控與報告之機構，包括提供更多經濟上與技術上之資源，以加強菲律賓人權委員會資料收集系統之運作。[80]而其原因乃是人權委員會沒有足夠之資源，如果菲律賓行政部門整體都無法提出完整之資訊，更難期待人權委員會能完成此任務，因而或許人權委員會應該著重於

---

[79] Atty. Leila De Lima, Press statement on the Immediate Passage of Legislative Measures on Human Rights, 12th day of March, 2009, http://chr.gov.ph/MAIN%20PAGES/ news/press_stat e_ImmediatePass12Mar09.htm. (last visited on 20 January 2010).

[80] Consideration of Reports Submitted by States Parties under Article 8 of the Optional Protocol to the Convention on the Rights of the Child on the Involvement of Children in Armed Conflict Concluding observations: The Philippines, CRC/C/OPAC/PHL/CO/1, 15 July 2008.

評估是否實踐人權條約之部分。

2.人權合作

　　有關與各種人權機構及團體合作，在國際層面，「巴黎原則」期盼國家人權機構與聯合國及聯合國系統內的任何其他組織、區域人權機制、其他國家人權機構合作。[81]在國內層面，「巴黎原則」認為國家人權機構應與其他可能與促進及保障人權之機構保持聯繫，特別是監察專員、調解人及類似機構等，同時應與非政府組織發展關係，因為非政府組織對人權促進及保障可以發揮根本作用。[82]

　　1987年憲法第十三章第18條及第163號命令第3條並未規範人權委員會應與人權團體、其他國家人權機構、國際人權機制合作，以促進及保障人權，但是人權合作是本質上的必要，人權委員會亦進行的相當不錯。

　　例如人權委員會與其他國家人權機構有密切之合作，東南亞國協（ASEAN）中有四個國家（菲律賓、印尼、馬來西亞、泰國）已成立國家人權機構，其彼此間有密切合作，[83]而菲律賓人權委員會與南韓國家人權委員會職員交流，支援尼泊爾國家人權委員會，同時其與紐西蘭之國家人權委員會從2008年1月起開始為時三年之久之合作計畫，由紐西蘭國家人權委員會協助菲律賓人權委員會發展與執行針對當地主要的三個本土族群（分別位於菲律賓北中南三地）以及影響該族群人權最劇之相關政府部門之計畫。該計畫之目的乃在於藉由支持菲律賓人權委員會擴展並加強其於本土族群、國家機構（特別是在軍警單位）之義務，來減少菲律賓人權侵害情事之發生。[84]

　　另外人權委員會亦與其他國家集團體合作，例如其與亞洲基金會（Asia Foundation）、美國大使館、美國國際發展署（US Agency for International Development）合作，於2007年1月至2010年9月，進行加強菲律賓人權之計

---

81 Paris Principles, Competence and responsibilities, point 2.

82 Paris Principles, Methods of operation.

83 參見廖福特，前引註69，52頁。

84 Memorandum of Understanding Between Commission on Human Rights of the Philippines and the New Zealand Human Rights Commission, http://chr.gov.ph/MAIN%20PAGES/news/CHRPMOUNZ.pdf. (last visited on 20 January 2010)

書。該計畫包括提升對於人權與自由之意識、藉由加強監控人權違反事件以保護人權、在更好的偵查、起訴、審判之運作下追訴人權違反事件。[85]

　　而在菲律賓國內，人權委員會與政府部分有相當好之聯繫，例如人權委員會透過菲律賓國家經濟發展署（National Economic and Development Authority），而與聯合國發展計畫（United Nations Development Programme）合作，以作為菲律賓實踐發展權之執行機制。[86]

　　人權委員會與政府機關互相合作之示例，牽連最廣的應為鄉鎮人權行動中心計畫（The Barangay Human Rights Action Center Program），[87]其是為了要便於全國各地之人員，特別是偏遠地區的人民，令其皆可利用人權委員會之服務而設置之計畫。由於人權委員會在其人權教育訓練計畫中，經由與社會各區相合作的經驗中發現，各地之地方政府單位，對於人權之保護與提倡而言，乃是一廣大且未被利用的資源。故人權委員會與內政與地方政府部門相合作，從1994年起開始推動該計畫，其不但有利於個人人權之保障與提升，且使得人權委員會得以更貼近人民之需要，尤其是在那些人權委員會並未設置區域辦公室或子地區辦事處的地方。鄉鎮人權行動中心之計畫主要功能在於，申訴之處理、提供協調或建議、動員進行或參加相關人權活動、提供人權之資訊或教育。[88]此一從1990年代起人權委員會即致力建立之地方人權官員之系統，其可監察地方機關並向人權委員會地區辦公室報告。1998年，該監察系統之組成人員超過了800名官員。[89]而到2008年已成為一個具有1,636名各級官員之人權保護網。

---

85 The Asia Foundation, Strengthening Human Rights in Philippines Program Quarterly Report (October 1, 2008 - December 31, 2008), http://pdf.usaid.gov/pdf_docs/PDACM673.pdf. (last visited on 20 January 2010).

86 Purificacion C. Valera Quisumbing, Overview of the Major Accomplishments of the Commission on Human Rights of the Philippines, Report during the 8th Annual Meeting of the Asia Pacific Forum of National Human Rights Institutions, 17 February 2004, Kathmandu, Nepal, p. 4. Purificacion C. Valera Quisumbing, supra no. 24, p. 2

87 此計畫被認為是人權委員會之旗艦計畫，see Purificacion C. Valera Quisumbing, supra no. 86, p. 3.

88 See Commission on Human Rights, The Human Rights Education Teaching Exemplars, available at http://chr.gov.ph/MAIN%20PAGES/services/hr_promo1_ero.htm#ero (last visited on 20 January 2010).

89 See Bureau of Democracy, Human Rights and Labor, United States Department of State, Philippines Country Report on Human Rights Practices for 1998, Feb. 26, 1999.

　　然而人權委員會的最嚴重弱點之一是其未與民間團體保持緊密的聯繫，雖然人權委員會在某些事項向民間團體諮詢，但是卻未建立定期諮詢之制度。[90]雖然人權委員會已成立了與民間團體及媒體合作辦公室（NGO, Civil Society and Media Linkages Cooperation Office），但是其被批評為過渡重視公關層面，而非真正諮詢民間團體實質的人權意見。[91]

（二）促進者

　　就扮演促進者之角色而言，「巴黎原則」主要著重於兩個層面，一者是針對各種人權狀況提出建議，另一者是人權意識之提升及人權教育之落實。

1.人權報告及建議

　　就針對各種人權狀況提出建議而言，「巴黎原則」認為其可能是被動因應政府、國會或其他國家機關之要求，或是由國家人權機構主動提出。其方式則可只向政府、國會或其他國家機關提出，或是將其意見出版或公布於公眾。其領域則可能是：（1）針對法律制度，提出有關人權保障領域之新法律草案、修法提議，或是修改行政措施；（2）針對違反人權事件提出意見；（3）針對特定或一般人權情況提出報告；（4）提醒政府國內某些區域之人權狀況，並就政府應採取之措施提出意見。[92]

　　1987年憲法第十三章第18條及第163號命令第3條均規定人權委員會應對國會提出有效措施之建議，以提倡人權。而人權委員會可能針對個別法案提出意見，亦作立法整體評估。

　　就個別法案而言，例如人權委員會在國會通過2003年消除人口販運法（Anti-Trafficking in Persons Act 2003）、消除對婦女及其兒童暴力法（Anti-Violence Against Women and their Children Act）的過程中提出意見。[93]

　　對於整體之立法狀況，人權委員會亦對每屆國會皆提出批評與建議。人權委員會認為其應對每屆國會之表現進行檢討，並向下屆國會提出實踐人

---

90 Vincent Pepito Yambao, Jr., supra no. 24, p. 147.
91 LIBERTAS, supra no. 31, p. 178.
92 Paris Principles, Competence and responsibilities, point 3.
93 Purificacion C. Valera Quisumbing, supra no. 86, p. 2.

權保障應有之立法時程。例如人權委員會檢討第13屆國會之表現，發現其在2004年至2007年之任內通過84項法案，其數量與前幾屆之國會相比，並不特別優秀，而該84項法案當中，有11項法律直接或間接與人權相關，包括少年審判法、廢除死刑法、人類安全法等，但是大部分通過的法律皆與人權毫無關係。而相當多人權相關法案都處於擱置的狀態，單單就國會之人權與司法委員會觀之，待議決的案件就有針對反虐待、國內難民、隱私權、言論自由、自由結社、請願、加強人權委員會國內各地之資源並建立地區中心、馬克思政權受害者之補償、偵查階段之被告權利、被告之隱私權等等之法案。甚至還有禁止複製人之法案，與人權教育相關之草案也有七個。因此人權委員會基於憲法所賦予其向國會提出關於人權提升建議之職權，其針對第十四屆國會落實人權立法之議程提出安排。[94]

　　人權委員會對於法案提出建議，可以促使菲律賓國會對於人權事項之重視，但是究竟人權委員會對於立法權之人權法律制定有多少影響力，目前為止尚缺乏系統性之研究。

2.人權教育

　　就提升人權意識及落實人權教育而言，「巴黎原則」強調，國家人權機構可以協助制定人權教學及研究方案，並參加這些方案在學校、大學及專業團體中執行。另外，國家人權機構亦可以通過宣傳、教育、媒體，宣傳人權及反對各種形式歧視特別是種族歧視之的工作，以提高公眾對人權之認識。[95]

　　1987年憲法第十三章第18條及第163號命令第3條均規定人權委員會應建立長期之研究、教育與資訊計畫，以增進對於人權重要性之重視。為了加強亟需推動之人權教育，並配合聯合國人權教育十年計畫（1995-2004），[96]人權委員會與其他組織團體合作，完成基礎與高等教育之人權教育範例（Human Rights Teaching Exemplars for Elementary and High School Education）

---

94 詳細清單請見Human Rights Legislative Agenda for the 14th Congress, the Government Linkages Office, http://chr.gov.ph/MAIN%20PAGES/about%20hr/advisories/pdf_files/legislative_agenda.as%20edited.pdf (last visited on 20 January 2010).
95 Paris Principles, Competence and responsibilities, point 3.
96 Purificacion C. Valera Quisumbing, supra no. 86, p. 3.

與人權教育手冊（Facilitator's Manual on human Rights Education），總共完成250個學習單元，平均每學級有12個人權教育單元，該手冊包括的內容有學習過程、人權違反、人權教育之起因、人權基礎、人權原則與概念、兒童權、揭發侵害兒童權事件之處理方式、人權教育示例等。

人權委員會與教育部於2000年開始在全國各地進行針對學校教師人權意識之調查研究，其結果於2003年6月完成，結果並不很驚訝的發現全國教師的人權意識乃處於低階標準。因而人權委員會與教育部認為需要對學校教師展開普遍的教育訓練，其計畫先針對教師養成之國家與區域部門進行訓練，而後就各領域之教師對其教授人權之策略與技術形成提升。於是2003年至2004年年間，人權教育相關著作開始被大量的印製發行，而於2004年至2005年年間，亦加強教師人權教育之訓練人員亦完成結業，開始進入各學校訓練其教師人權教育之事宜。[97]

人權委員會亦與司法機關合作，使得人權意識進入司法改革中，同時藉由最高法院之菲律賓司法人員培訓所（Philippine Judicial Academy），針對法官講授人權教育。[98]人權委員會從1989年起亦與國防部、內政部、地方政府合作，在警方與軍方之教育訓練機構中，加入人權教育之計畫。[99]

人權委員會亦與Balay Rehabilitation Centre及 Research and Rehabilitation Centre等民間團體合辦工作坊，討論如何在防止酷刑公約附加議定書（Optional Protocol to the Convention against Torture and other Cruel, Inhuman or Degrading Treatment or Punishment）之規範下，設立國家防止機制（National Preventive Mechanism）。[100]

由上可知，人權委員會透過各種管道進行人權教育，希冀得到其成果，但是畢竟人權教育之成果不是一蹴可幾，從菲律賓之人權狀況觀之，恐怕還

---

97 HR Teaching Exemplars for Schoolteachers, http://chr.gov.ph/MAIN%20PAGES/news/reports/report_02.htm#exemplar. (last visited on 20 January 2010)

98 Purificacion C. Valera Quisumbing, supra no. 86, p. 3.

99 See Commission on Human Rights, The Human Rights Education Teaching Exemplars, available at http://chr.gov.ph/MAIN%20PAGES/services/hr_promo1_ero.htm#ero (last visited on 20 January 2010).

100 See Prevention of Torture Workshop - Philippines, available at http://www.asiapacificforum.net/services/training/prevention-of-torture/prevention-of-torture-workshop-philippines (visited on 14 August 2009).

需要一長段時間的努力。

（三）保護者

　　國家人權機構主要透過其調查權扮演保護者之角色。「巴黎原則」認為，可以授權一國家人權機構負責受理及審議有關個別情況的申訴及請願。提出之主體可以包括個人、個人之代理人、第三人、非政府組織、工會或任何其他代表性組織等。而國家人權機構可以根據以下原則處理這些個案：（1）在法律規定的範圍內，經由調解或和解，達成有拘束力之決定，並求得當事人滿意之解決方案；（2）告知申訴人及請願人其權利，特別是救濟途徑；（3）若非其職權範圍內，將申訴及請願案件，轉送其他權責機關；（4）基於維護申訴人及請願人之權利，對主管當局提出建議，特別是對法律、規章和行政措施提出修正或改革意見。[101]

　　依據1987年憲法第十三章第18條及第163號命令第3條規定，人權委員會作為人權保護者之角色，主要在三個層面，第一是直接行使調查權，其規定人權委員會應對於侵犯公民與政治權之各種人權侵害，自行或受理任何人之申訴而為調查，同時在調查過程中人權委員會得要求任何相關部門、機關、辦事處或單位提供協助，而對於人權委員會自行進行或是授權之調查，任何人之證詞或其持有之文件或其他證據，對於決定事實為必要或有助益時，得豁免此人之責任。第二是提供協助，其規定人權委員會應提供適當法律途徑以保護所有居住於菲律賓及僑居海外之菲律賓人民之人權，並提供人權受到侵害或需要保護之窮困人士相關之預防措施與法律援助服務。

1.調查權

　　調查權行使涵蓋幾個核心問題，第一是調查之範疇有多廣，第二是人權委員會可行使權力之方式，第三是調查之後之處理方式及其成效。

　　首先，有關調查之範疇，如上所述，雖然1987年憲法第十三章第18條及第163號命令第3條均規定，人權委員會僅得對於侵犯公民與政治權之各種人權侵害，自行或受理任何人之申訴而為調查，因而其調查權範疇是限縮的。

---

[101] Paris Principles, Additional principles concerning the status of commissions with quasi-jurisdictional competences.

　　其次，有關行使調查權之方式，依據1987年憲法第十三章第18條及第163號命令第3條規定，調查過程中人權委員會得要求任何相關部門、機關、辦事處或單位提供協助，但是菲律賓最高法院不停地削弱此權力，例如在 *Hon. Isidro Cariño and Dr. Erlinda Lolarga v. the Commission on Human Rights*[102] 一案中，有數十位老師因為參加抗議活動而被解聘，因此項人權委員會申訴，因為調查案件之需要，人權委員會要求教育文化運動部秘書*Isidro Cariño*及督學*Erlinda Lolarga*（當事人）攜帶相關資料，到人權委員會報告，並聲明如未出席，將只依據申訴人之意見而決定此案，但是兩位當事人拒絕，因而訴訟，最後最高法院認定人權委員會並非法院，亦非準司法機關，因此無裁決權，而1987年憲法第十三章第18條及第163號命令第3條所稱之調查，是指發現事實，而非做實質裁決，本案應由公務人員委員會（Civil Service Commission）作實質判斷，而最高法院則是最終決定者，人權委員會並無對此案介入之權力，因此判決人權委員會之命令無效，同時禁止人權委員會介入此案。

　　在*Export Process Zone Authority v. the Commission on Human Rights*[103]一案中，因為菲律賓成立出口專區而徵收土地，地主乃向人權委員會申訴影響其財產權，人權委員會乃發布禁止令（injunction），要求在其調查期間不得移轉土地所有權，於是出口專區管理局向最高法院提起訴訟。最高法院再次認定人權委員會並非法院，亦非準司法機關，因此無權裁決，因而判定人權委員會敗訴，並廢止此禁止令。

　　而在*Brigido R. Simon, Jr., Carlos Quimpo, Carlito Abelardo, Generoso Ocampo v. the Commission on Human Rights*[104]一案中，人權委員會因為當事人未遵守其命令而處罰他們各500披索之罰緩，但是最高法院亦認為人權委員會無處罰緩之權力。

　　由上可見，人權委員會之調查權被限定為發現事實，而且幾乎喪失所有

102　Hon. Isidro Cariño v. the Commission on Human Rights, G.R. No. 96681, December 2, 1991.
103　Brigido R. Simon, Jr., Carlos Quimpo, Carlito Abelardo, Generoso Ocampo v. the Commission on Human Rights, G.R. No. 100150, January 5, 1994.
104　Export Process Zone Authority v. the Commission on Human Rights, G.R. No. 101476, April 14, 1992.

準司法權，因此被戲稱為「沒有牙齒的老虎」。

　　雖然法律規定對於人權委員會自行進行或是授權之調查，任何人之證詞或其持有之文件或其他證據，對於決定事實為必要或有助益時，人權委員會得豁免此人之責任。但是人權委員會從未行使此部分權力。[105]

　　除了傳統調查方式之外，鑑於菲律賓有許多非法事件缺少證人指認的情形，人權委員會在2009年3月於大堡市（Davao）召開針對持續發生之非法謀殺事件的聽審會。大堡市長久以來被稱為菲律賓的殺戮首都，從1980年代開始，武裝義警組織Alsa Masa因當地新人民軍（Communist New People's Army）所進行游擊戰與暗殺而應之成立。人權委員會希望藉由該聽審會之召開，得以促使相關證人出面並於公開之聽審會上做出指認。雖然許多人認為如此的目標可能無法達成，但人權委員會主席de Lima仍堅持人權委員會至少應該嘗試，其認為有些事是必須完成的。

　　第三，有關調查之後之處理方式，當人權委員會完成調查之後，如果其認為沒有構成人權侵犯，即駁回此案，然而即使人權委員會調查之後認定有侵犯人權之情形，其只能附加建議報告，將此案移送檢察官，由檢察官認定是否起訴。

　　人權委員會特別專注於幾項議題之調查，在恣意與非法謀殺方面，例如人權委員會在2008年對173件謀殺事件之申訴進行調查，並認為其中67件乃歸為出於政治上之理由而為之事件。人權委員會懷疑菲律賓國家警力（Philippine National Police）與國防部（Armed Forces of the Philippines）之人員，涉嫌參與在偏僻地區由激進份子所發起之謀殺。

　　在強制失蹤之問題方面，在2008年年底人權委員會調查20件新的強制失蹤、劫持、綁架案件，當中涉及27名受害者，其中有些人最後被發現乃在無令狀的情形下受到政府拘禁。在20個案件當中，一件被移送制軍方副監察使，16件仍然在調查當中，3件被駁回或結案。當中新人民軍（New People's Army）涉及其中兩件案件，軍方或警方成員涉及9件案件，其他案件之嫌疑犯仍然不明。

　　而關於酷刑之使用，人權委員會發現在逮捕與拘禁階段中，過度的武力

---

105 Vincent Pepito Yambao, Jr., supra no. 24, p. 143.

使用和虐待之情形，仍然根深蒂固的存在。在該逮捕與審問階段中普遍的虐待方式，通常據稱包括電擊、香菸灼燒與令其窒息之手段。至2008年為止，受拘禁者保護組織（TFDP）記錄了涉及16名受害者的12件虐待事件。在此同時，人權委員會調查了23件虐待案件。多數案件當中之嫌疑犯乃為菲律賓軍方之成員。

　　非法逮捕或羈押方面，菲律賓法律要求在簽發拘捕令之前必須具有合理理由之司法裁定，並禁止單獨囚禁犯人或秘密羈押，然而，在許多案件當中，菲律賓警方與軍方皆恣意進行非法的逮捕與羈押。從2008年1月至12月，被拘禁者保護組織已有55件非法逮捕羈押之案件登記在案，當中包括了93名受害者。人權委員會在同年亦曾追蹤一個劫持案件，並最終導致受害者之釋放。該年，非政府組織FIND發現有16名被非法劫持之受害者，隨後被發現仍然倖存。

　　在人權委員會之成效部分，人權委員會在2006年移送73件案子，其中只有12件被判處有罪，2007年前半年移送38件，只有5件被判有罪。[106]論者認為其原因包括人權委員會對於證據之掌握不夠充分，[107]而此可能與人權委員會只擁有形式上的調查權是有關係的。

　　因此人權委員會希望能通過法案賦予其調查權及裁決權，人權委員會主席期盼前述參議員所提之Senate Bill 1437能儘速通過，使得人權委員會成為準司法機關（quasi-judicial body），同時比照菲律賓之選舉委員會（Commission on Election），其決定只有最高法院可以推翻之。其強調如此才能維持其獨立性，並繼續為國家人權機構國際協調委員會評價為A等級之國家人權機構。[108]

　　1987年憲法第十三章第18條及第163號命令第3條均規定，人權委員會之職責包括執行其他法律規定之義務與職責，而值得注意的是，菲律賓於2007年通過人類安全法（Human Security Act），其中第55條規定，人權委員會應最優先調查及起訴恐怖主義份子對於公民及政治權之侵犯，人權委員會亦有

---

106 Ibid., p. 146.
107 Ibid.
108 Nikko Dizon, "Like ComElec CHR wants power to rule on cases," Philippine Daily Inquirer, 2 November 2008.

權決定是否延長羈押恐怖主義份子，同時人權委員會亦享有起訴公務員、執法人員或其他人侵犯恐怖主義犯罪嫌疑人、被告等之公民及政治權利。[109]

此已是賦予人權委員會調查及起訴權之先例，或許未來人權委員會可以擁有完整的調查權及起訴權，一方面擴充其管轄權，另一方面進而可以更深入調查各種人權侵犯事件，或許人權委員會才能真正成為有牙齒的老虎。於此應該強調的是人權委員會即使有準司法權，亦無法取代法院，法院依然是最終決定者，人權委員會只是發動之機制，各種準司法權力只是協助人權委員會職權之運作，並非取代法院。

2.提供協助

1987年憲法第十三章第18條及第163號命令第3條均規定，人權委員會得提供適當法律途徑以保護所有居住於菲律賓及僑居海外之菲律賓人民之人權，並提供人權受到侵害或需要保護之窮困人士相關之預防措施與法律援助服務，亦得提供人權侵害之被害人與其家屬賠償。

人權委員會在1991年提供約450萬披索給予被害人或其家屬，[110]2008年提供約230萬披索（約為5萬美元），給予252位被害人或其家屬。[111]而其實這些經費只佔人權委員會年度預算非常小之比例，也只能提供非常有限之協助。

1987年憲法第十三章第18條及第163號命令第3條賦予人權委員會提供適當法律途徑以保護菲律賓人民之人權之權力，但是所稱之適當法律途徑所指為何並不明確，而對於人權委員會而言，直接為菲律賓人民提起訴訟，可能是相當重要之方式。

例如在*Chairman Sedfrey A. Ordoñez, Comm. Samuel M. Soriano, Comm. Hesiquio R. Mallillin, Comm. Narcisco C. Monteiro, Comm. Paulyynn Paredes-Sicam, the Commission on Human Rights v. Director of Prisons*[112]一案中，因為有

109 Purificacion C. Valera Quisumbing, supra no. 24, p. 2
110 International Commission of Jurists, supra no. 16, p. 238.
111 LIBERTAS, supra no. 31, p. 172.
112 Chairman Sedfrey A. Ordoñez, Comm. Samuel M. Soriano, Comm. Hesiquio R. Mallillin, Comm. Narcisco C. Monteiro, Comm. Paulyynn Paredes-Sicam, the Commission on Human Rights v. Director of Prisons, G.R. No. 115576, August 4, 1994.

幾位民眾被移送到軍事委員會（military commission）審判，並被拘禁，於是人權委員會自行提起訴訟，要求立即釋放這些民眾，並由一般法院審判，最高法院判決人權委員會勝訴，並要求立即釋放這些民眾。因為人權委員會直接提起訴訟，進而保護民眾之人身自由。

同樣地在 *Mauro Magtibay y Pentinio, Chairman Sedfrey A. Ordoñez, Comm. Narcisco C. Monteiro, Comm. Mercedes V. Contreras, Comm. Nasser A. Marohomsalic, Comm. Vicente P. Sibulo, Director Emmanuel C. Neri, the Commission on Human Rights v. Director Vicente Vinarao, Bureau of Corrections*[113] 一案中，菲律賓民眾因為違反危險毒品法（Dangerous Drugs Act），而被施以「預防性羈押」（preventive detention），因而長期被羈押，人權委員會乃與當事人共同提起訴訟，要求立即釋放，而最高法院亦判決人權委員會及當事人勝訴。

伍、結論

對於菲律賓而言，其歷經殖民前、西班牙殖民、美國殖民、菲律賓共和國與獨立後幾個時期，同時經歷1987年及2001年兩次人民革命，1987年人民革命所制定之新憲法成為主要法律規範基礎，其中包含完整的人權規範。同時人民革命亦促使菲律賓大量地參與國際人權條約。

人民革命亦促使人權委員會之設立，菲律賓以憲法規範人權委員會之設立，並且設立與監察使並存之人權委員會，成為國際之典範，不過經過多年之後人權委員會卻依然只有憲法及命令作為其法律基礎，沒有法律層級之規範。

就組織面向而言，人權委員會委員有固定任期，已有法定解職要件，但是總統全攬任命委員之權力，同時無透明機制及諮詢程序，恐影響人權委員

---

113 Mauro Magtibay y Pentinio, Chairman Sedfrey A. Ordoñez, Comm. Narcisco C. Monteiro, Comm. Mercedes V. Contreras, Comm. Nasser A. Marohomsalic, Comm. Vicente P. Sibulo, Director Emmanuel C. Neri, the Commission on Human Rights v. Director Vicente Vinarao, Bureau of Corrections, G.R. No. 121424, March 28, 1996.

會之獨立性。人權委員會之委員亦過度偏重律師，無法具備多元性。同時亦無豁免權之規範。人權委員會得以自行任命職員，但是必須受公務人員之規範，不過人權委員會已發展出完整之職權分工，包括中央辦公室及地區辦公室。在經費部分，人權委員會享有高層級之薪資，但是人權委員會沒有充分預算自主權，而且預算不足。

　　在職權部分，就作為橋樑而言，人權委員會成功地促使菲律賓批准非常多人權條約，但是卻難以監督菲律賓政府實踐國際人權條約，亦無法提供完整的菲律賓是否履行人權條約之資訊。在人權合作層面，不論是與國際民間團體、外國政府、他國國家人權機構、區域組織、聯合國，人權委員會都有非常完整的國際聯絡網，同時進行密集之合作，在國內人權委員會亦與政府部門合作，不過與民間團體之聯繫與合作恐是不足的。就作為促進者而言，人權委員會對諸多法案提出意見，亦進行廣泛之人權教育，但是尚無系統性之研究以確知其成效。以菲律賓實際人權狀況而言，謀殺、失蹤、非法逮捕、酷刑等情形依然相當嚴重，恐還有一長段路要走。就作為保護者而言，人權委員會僅有限縮的調查權範疇，而附屬的權力，例如禁止令、罰鍰等，均被剝奪，因此成為沒有牙齒的老虎，只能期待未來立法擴充調查權範疇，並賦予人權委員會必要之附屬權力。人權委員會只能給予被害人有限之金錢協助，不過人權委員會得以透過協助或參與訴訟之模式，直接協助被害人。

第七章　愛爾蘭人權委員會

在聯合國之理想下，依據「巴黎原則」設立國家人權機構是其所盼望的。聯合國認為以某種方式與行政機關及司法裁判的責任分離的人權專門機制，可以獨特之方式推動該國發展出尊重人權及基本自由之文化。[1]

愛爾蘭人權委員會（Human Rights Commission of Ireland）除了充分反應聯合國對於人權保障機制之理想外，對於愛爾蘭而言，更重要的深層意義毋寧為以之作為化解與英國之間對於北愛爾蘭糾紛衝突之基礎。其次，愛爾蘭人權委員會值得特別加以關注的原因，則是愛爾蘭選擇在「監察使」（Ombudsman）之外，設立一獨立之國家人權委員會，在此種情況之下，其與監察使之間的互動與分工甚至是職權競合問題便是相當值得研究的。在我國亦同樣有一監察機構「監察院」，其職權之一亦為所謂的「人權保障」，[2]則論者常提出目前已經有一監察院之組織而不必另為國家人權機構的看法，此見解在愛爾蘭的經驗中可以相當程度地加以解釋其或許有盲點之處。再者，在整體表現看來，愛爾蘭的人權委員會受到國際上普遍之肯認，例如國家人權機構論壇即評定其為A級的完全滿足巴黎原則標準之國家人權機構。

以下首先以法律觀點探究愛爾蘭之國家架構，其中探討政府架構、憲法人權條款範圍及參加國際人權條約之情形，以便瞭解愛爾蘭是在什麼國家架構之下設立人權委員會。其次，分析愛爾蘭創設人權委員會之原因、類型、法律規範。第三，分析愛爾蘭人權委員會之組織。第四，析論愛爾蘭人權委員會之職權。並同時以「巴黎原則」之內容，探討愛爾蘭人權委員會在法律規範、組織及職權等三個面向是否符合國際規範。最後於第伍部分作總結之論述。

1　United Nations, Fact Sheet No. 19, National Institutions for the Promotion and Protection of Human Rights (Centre for Human Rights, 1994), p. 6.

2　關於我國監察院對於「人權保障」之相關作為，可參考李伸一，《監察權之理論與實務》，第二版，監察院，2005年，頁319-401。

壹、國家架構

在討論愛爾蘭人權委員會之前，當先探究其國家架構，以瞭解愛爾蘭人權委員會設立之背景，因此以下分析愛爾蘭之國家及政府架構、憲法人權條款及參加國際人權條約之情形。

一、國家與政府結構

愛爾蘭近代史擺脫不了其與英國之糾葛，愛爾蘭受到英格蘭影響始於十二世紀英格蘭國王亨利二世（Henry II）成為愛爾蘭公爵，此後英格蘭逐漸擴張其對愛爾蘭之權力，直到1798年形式上由愛爾蘭國會及大不列顛聯合王國（United Kingdom of Great Britain）[3]國會通過聯盟條約（Treaty of Union），而合併為大不列顛及愛爾蘭聯合王國（United Kingdom of Great Britain and Ireland），從此愛爾蘭不再是獨立之國家。

愛爾蘭獨立運動於1916年之後積極進行，1922年英愛雙方簽訂條約（Articles of Agreement for a Treaty Between Great Britain and Ireland），英國承認愛爾蘭自由邦（Irish Free State）之成立，賦予愛爾蘭在大英帝國之自主權，然而直到1949年英國才通過愛爾蘭法（Ireland Act 1949），此法承認愛爾蘭不再是英國女王之領土，但是此法律亦宣稱愛爾蘭共和國不被認定為外國。而且愛爾蘭共和國並不包括愛爾蘭島北部六郡，即現今所稱之北愛爾蘭。[4]此後北愛爾蘭問題成為愛爾蘭及英國爭議之核心，而北愛爾蘭內部亦因宗教及國家歸屬問題爭論不休，甚至引發武力衝突。

就憲政體制而言，愛爾蘭沒有承繼英國的君主立憲體制，1937年愛爾蘭憲法改制為共和國體制，確立三權分立。愛爾蘭實行議會共和制，以愛爾蘭

3　英格蘭、威爾斯及蘇格蘭在1707年以雙邊國會通過聯盟條約之方式，合併為大不列顛聯合王國，蘇格蘭國會從此消滅，因此當時通過與愛爾蘭之聯盟條約者為大不列顛聯合王國之國會。

4　詳參廖福特，〈北愛爾蘭人權委員會及愛爾蘭國家人權委員會〉，《新世紀智庫論壇》，第9期，2000年4月，頁74。黃瑞卿編，〈愛爾蘭歷史年表〉，《認識歐洲》，第8期，2000年12月，頁12-17。陳信吉，〈愛爾蘭獨立建國簡介〉，《認識歐洲》，第8期，2000年12月，頁40-51。

總統（President of Ireland; Uachtarain na hEireann）為國家元首，任期為7年，可以連任一屆，其總統選舉之特色為以直選之方式產生，惟如果只有一組候選人，則不必定以直選方式為之。[5]憲法上總統並沒有實際行政權，[6]但在愛爾蘭國務院的建議下有一定的權力和職務。

　　愛爾蘭國會（National Parliament; Oireachtas）[7]為兩院制，分別為愛爾蘭上議院（the Senate; Seanad Eireann）和愛爾蘭下議院（House of Representatives; Dail Eireann）。按照愛爾蘭憲法（Constitution of Ireland; Bunreacht na hEireann），議會選舉至少每7年舉行一次，具體年限間隔則以立法之方式決定，[8]現今議會選舉間隔為5年一次。[9]上議院實權相對較小，由60名議員組成，其中11名由總理提名，3名由愛爾蘭國立大學畢業生選出，3名由都柏林大學畢業生選出（後亦擴及其他學校），43名從五個特殊職業領域（文化與教育5名，各至少2名、農漁11名，各至少4名、勞工11名，各至少4名、工商9名，各至少3名、社會與政府人士7名，各至少3名）選出。[10]下議院實權較大，由166名議員組成，每個選區選出三到五名議員。[11]

　　愛爾蘭總理（Prime Minister; Taoiseach）由國會提名，總統任命，一般由第一大黨黨魁或聯合政府領袖擔任。憲法規定內閣人數為7至15人，[12]其中上議院議員不得超過2人，同時總理、副總理（Deputy Prime Minister; Tanaiste）、財政部長必須是下議院議員。[13]

　　在司法部分，愛爾蘭設立最高法院，作為最終審判機制及憲法解釋

5　James Casey, Constitutional Law in Ireland (Round Hall Sweet & Maxwell, 2000), pp. 78-79.
6　Constitution of Ireland, Art. 13.
7　Constitution of Ireland, Art. 15.1.1°.
8　Constitution of Ireland, Art. 16.5.
9　Electoral Act 1992 (Irish), Section 33.
10 James Casey, supra no. 5, pp. 119-122. Brian McCracken, "The Irish Constitution: An Overview," in William Binchy and Jeremy Sarkin (eds.), *Human Rights, the Citizen and the State: South African and Irish approaches* (MPG Books, 2001), pp. 56-57.
11 James Casey, supra no. 5, pp. 103-118.
12 Constitution of Ireland, Art. 28.1.
13 Constitution of Ireland, Art. 28.7. 1- Art. 28.7. 2.有關愛爾蘭國會之論述，亦請參閱Brian Doolan, *Principles of Irish Law* (7th ed., Gill & MacMillan, 2007), pp. 14-22.

機關，最高法院有五位以上法官，由總統任命，最高法院院長為首席法官
（Chief Justice）。[14]

二、憲法人權條款

　　人權條款是否入憲受到憲法之保障能相當程度反應一國之人權現狀，愛
爾蘭憲法於第38條以降分別明文列舉了包括訴訟防禦權（第38條）等人權條
款，而對於個人基本權利保護之相關條款，則主要規定於憲法第40條至第44
條，例如平等權（第40條第1項）、生存權（第40條第3項）、自由權（第40
條第4項）、表意自由權（第40條第6項第1款第1目）、家庭與教育權（第40
條至第41條）、財產權（第43條）等，而這些權利規範可說是呈現二次大戰
期間立憲潮之權利思考，使其侷限於第一代人權。

　　除第一代人權範圍的公民與政治權利以憲法明文列舉之方式入憲之外，
亦有部分之經濟文化權利與新型態之新興權利態樣以法院判決確認或其他之
方式出現。例如罷工權（right to strike）、隱私權（right to privacy）、自給權
（right to earn one's living）、接近法院之權利（right of access to the courts）、
旅遊權（right to travel）、結婚與構築家庭之權利（right to marry and found
a family），更例如能得知己身生母身分之權利（right to know the identity of
one's natural mother）等，這些權利雖非愛爾蘭憲法明文列舉，但已獲實務確
認。[15]

　　愛爾蘭憲法在權利觀點上較為特殊的一點是其對於自然權利之承認，愛
爾蘭憲法不僅在前述之第40條至44條中明確規定憲法所保障之人民基本自由
與權利，還強調這些應受保護之基本自由乃源自自然法之哲學觀點，例如憲
法第43條第1款規定：「國家承認個人基於其為理性之存在，而對外物之私
人所有權，有著先於實證法之自然權利。」愛爾蘭最高法院之歷年判決亦多
尊重此一憲政傳統，將未於憲法中獲得明確表述之其他人民基本權利予以憲

---

14 Constitution of Ireland, Art. 34.
15 James Casey, supra no. 5, p. 395. Fergus W. Ryan, *Constitutional Law* (Round Hall Sweet & Maxwell, 2001), pp. 119-219.

法保障。[16]準此，有論者以為愛爾蘭憲法雖繼受有許多的英國憲政傳統，但卻也呈現其做為共和國之獨特之處。例如其對於天主教宗教地位之推崇、自然法做為個人基本權利之哲學基礎，以及對家庭做為社會運作核心單位之肯定等，皆使世人對愛爾蘭憲政體制留下深刻印象。[17]

三、參加國際人權條約之情形

愛爾蘭相對於世界上大多數國家言，可算是人權保障之模範生。從類型觀之，愛爾蘭批准或加入諸多核心國際人權條約，例如「公民及政治權利國際公約」（International Covenant on Civil and Political Rights）與「經濟、社會及文化權利國際公約」（International Covenant on Economic, Social and Cultural Rights）、「兒童權利公約」（Convention on the Rights of the Child）、「消除對婦女一切形式歧視公約」（Convention on the Elimination of all Forms of Discrimination against Women）、「消除所有形式種族歧視國際公約」（International Convention on the Elimination of All Forms of Racial Discrimination）、「禁止酷刑和其他殘忍、不人道或有辱人格的待遇或處罰公約」（Convention against Torture and Other Cruel, Inhuman or Degrading Treatment or Punishment）。

但是有幾個核心國際人權條約是愛爾蘭沒有加入的，包括「保障所有移民勞工及其家庭國際公約」（International Convention on the Protection of the Rights of All Migrant Workers and Members of Their Families）、「保障身心障礙者權利及尊嚴國際公約」（International Convention on the Protection and Promotion of the Rights and Dignity of Persons with Disabilities）及「保障所有人不被強迫失蹤國際公約」（International Convention for the Protection of All Persons from Enforced Disappearance）。

---

[16] Francis X. Beytagh, *Constitutionalism in Contemporary Ireland: An American Perspective*, (Round Hall Sweet & Maxwell, 1997), pp. 115-118. William Binchy, "The Irish Legal System," (2001) 29 *International Journal of Legal Information* 205-207.轉引自石忠山，〈當代愛爾蘭憲政體制〉，瞭解當代愛爾蘭民主政治學術研討會，國際研究學會，2008年10月18日，頁8。

[17] 石忠山，前揭註，頁8。

　　同時愛爾蘭亦參與其他廣義之國際人權條約，例如「已婚婦女國籍公約」（Convention on the Nationality of Married Women）、「防止及懲治滅絕種族罪公約」（Convention on the Prevention and Punishment of the Crime of Genocide）、「1926年禁奴公約」（Slavery Convention of 1926）、「減少無國籍狀態公約」（Convention on the Reduction of Statelessness）、「關於無國籍人地位公約」（Convention relating to the Status of Stateless Persons）、「難民地位公約」（Convention relating to the Status of Refugees）、「羅馬國際刑事法院規約」（Rome Statute of the International Criminal Court）與「日內瓦公約」（Geneva Conventions on Humanitarian Law）等。

　　另一方面在歐洲區域，愛爾蘭亦加入其中七項歐洲理事會（Council of Europe）架構下之人權條約，包含最重要的「歐洲人權公約」（European Convention for the Protection of Human Rights and Fundamental Freedoms）、「歐洲社會憲章」（European Social Charter）等等。足見愛爾蘭對於國際人權條約之參與始終保持一定之積極程度。

　　不過比較特別的是，上述愛爾蘭人所批准或加入之國際或歐洲人權條約，都是在2001年人權委員會成立之前完成的，其中或許顯示兩層意義，一者是即使愛爾蘭已經批准或加入諸多國際及歐洲人權條約，愛爾蘭仍然認為應該設立人權委員會，並且表示不只是發展中國家才需要人權委員會，即使是已相當普及地受到國際人權監督之國家，亦需要國家人權委員會。另一方面卻形成特別之處境，在愛爾蘭人權委員會成立之後，其並未促使愛爾蘭進一步加入國際人權條約，而只能要求愛爾蘭更完備地實踐既有已批准或加入之國際人權條約。

貳、創設人權委員會

　　由上述可見愛爾蘭是典型的民主憲政國家，不僅國內憲法有相當完整之人權保障，同時亦積極參與歐洲及聯合國之人權條約，對於愛爾蘭而言，人權保障已有國內、歐洲區域組織、聯合國三個層次之監督，因而為何在此情形之下，愛爾蘭仍認為需要設立人權委員會便相當值得探討，同時亦可瞭解即使在一個民主憲政國家設立人權委員會可能也是歷經諸多艱辛。

一、歷程

　　相對於大部分亞太區域之政府設立國家人權委員會是為了舒緩國際社會的壓力，[18]愛爾蘭並不是因為國際壓力才被迫設立人權委員會，更重要的是其自身之思索。

　　首次正式提出在愛爾蘭成立人權委員會的概念是由其憲法專家委員會（Constitution Review Group）於1995年提出報告，而其所舉之例子為過去之北愛爾蘭常設人權諮詢委員會（Northern Ireland Standing Advisory Commission on Human Rights），另外也只提到澳洲之人權及平等機會委員會（Human Rights and Equal Opportunities Commission），其中可以看出憲法專家委員會建議設立人權委員會是因為區域之鄰近及法律之熟悉，因而經由此瞭解而提出。該份報告建議人權委員會在成立初期要有法律基礎，之後最好能夠有憲法地位。[19]

　　然而關於愛爾蘭國家人權機構創設的真正轉捩點卻是愛爾蘭與英國對於北愛爾蘭問題之爭端解決。自從愛爾蘭內亂（the Troubles）開始，北愛爾蘭問題為愛爾蘭及英國爭議之核心，而北愛爾蘭內部亦因宗教及國家歸屬問題爭論不休，甚至引發武力衝突。人權在北愛爾蘭是中心議題，且不可否認的，人權委員會是解決該內亂的主要選項之一，而愛爾蘭與英國之間的北愛爾蘭爭議，卻成為成立人權委員會之動力。從1985年愛爾蘭與英國達成協議開始，即建議雙方均應成立人權委員會，後來歷經1993年第二次唐寧街宣言（second Downing Street Declaration）、1995年全愛爾蘭架構文件（Framework Document）、1996年和平及重整論壇（Forum for Peace and Reconciliation）之諮詢意見，其中都建議應設立人權委員會，但是可惜地這些意見沒有成為具體之行動。[20]

---

18 Sonia Cardenas, "National Human Rights Commissions in Asia," in John D. Montgomery and Nathan Glazer (eds.), *Sovereignty under Challenge* (Transaction Publishers, 2002), p. 70.

19 Constitution Review Group, Report of the Constitution Review Group 1996, p. 408.

20 See Speech by the Taoiseach, Mr. Bertie Ahern, T.D., at the official opening of the new premises of the Human Rights Commission, Jervis House, Jervis Street, Dublin 1 on Wednesday, 10th December 2003, in Irish Human Rights Commission, Annual Report 2003, p. 66.

　　北愛爾蘭數十年的衝突在1998年4月有了轉變的契機，1998年4月10日愛爾蘭與英國簽訂「北愛爾蘭和平協議」（The Northern Ireland Peace Agreement）（通稱為「貝爾發斯特協議」，Belfast Agreement）。[21]此協議乃是由多方協商之結果，並希望藉由此協議提供一個全新出發的歷史契機。因而此協議表示要以重新開始之方法紀念過去之傷痛，而重新開始乃是以寬容、互信及保護人權為基礎。

　　「貝爾發斯特協議」的第六部分關於權利、保護、平等與機會，其中明確宣示兩國應促進與確保北愛地區之人權，並在愛爾蘭政府應作為事項中的第一點表明其應設立一人權委員會。因為「貝爾發斯特協議」要求英國及愛爾蘭分別設立人權委員會，於是英國方面成立北愛爾蘭人權委員會，而愛爾蘭政府亦承諾設立國家人權委員會，從而愛爾蘭人權委員會之成立即被認為是「貝爾發斯特協議」的「直接結果」。[22]「貝爾發斯特協議」亦同時指出，愛爾蘭與北愛爾蘭之人權機構除了在其各自管轄範圍獨立地為促進人權之事項外，亦需相互就人權促進事項加以合作。這在國際上是相當特殊之模式，亦即英愛兩國簽訂國際協議，雙方互設人權委員會，再由兩者合作成為解決政治爭議及人權保障之機制，此模式可成為國際上重要之參考借鏡。

　　北愛爾蘭人權委員會於1999年成立，愛爾蘭政府亦於1999年2月向國會提出人權委員會法草案，其中敘明愛爾蘭設立人權委員會之原因，乃是基於國內思考、與北愛爾蘭互動、國際趨勢三項因素互動之結果，因而其在國內採納憲法專家委員會之建議，因為與北愛爾蘭互動而實踐「貝爾發斯特協議」，同時肯認國家人權機構之發展趨勢，認為設立人權委員會是實踐聯合國之「巴黎原則」，同時愛爾蘭政府也特別強調，不只是開發中或是民主發展中國家才設立人權委員會，諸多民主憲政國家也在監察使之外設立人權委員會。

---

21 在1998年4月10日所簽署的這份協議，其正式名稱為「北愛爾蘭和平協議」（The Northern Ireland Peace Agreement），但在愛爾蘭其稱呼則大多是以簽署地的貝爾發斯特為名，稱其為「貝爾發斯特協議」或是「The Good Friday Agreement」。相關內容亦請參閱甘逸驊，〈北愛爾蘭和平進程：政府間因素與國際勢力的介入〉，《問題與研究》，第43卷第2期，2004年4月，頁11-14。

22 Irish Human Rights Commission, *Promoting and Protecting Human Rights in Irish Society- A Plan for 2003-2006* (Irish Human Rights Commission, 2003), p. 3.

　　愛爾蘭國會於2000年通過「2000年人權委員會法」（Human Rights Commission Act 2000），作為設立人權委員會之法律基礎，而「2000人權委員會法」第1條第1項即開宗明義指出：「於1998年4月10日英國、愛爾蘭及北愛爾蘭三方在北愛爾蘭首府貝爾發斯特預定就彼此領土爭議展開協商，而本法案即於前揭多方會談中所達成之協議。」

　　然而因為委員人數之問題，愛爾蘭國會立即於2001年通過「2001年人權委員會修正法」（Human Rights Commission (Amendment) Act 2001），將委員人數提高至十五人，也因此一般將設立愛爾蘭人權委員會的法案合稱為「2000年及2001年人權委員會法」（Human Rights Commission Acts, 2000 and 2001）。

　　但是在民主憲政國家如愛爾蘭，即使基礎法律已制定，愛爾蘭人權委員會成立的過程卻依然十分困難，官僚制度的拖延更延長了過程，因為「2000年人權委員會法」通過之後，又立刻作修正增加委員人數，因此到了2001年7月才任命第一屆人權委員，同時2002年才晉用第一位首席執行官（Chief Executive），更直到2003年秋天才有辦公處所，[23]因而可以說人權委員會還是非常年輕的機關，誠如人權委員會主席Maurice Manning所言，人權委員會「是新成立的組織，正如其他國家人權機構，所以我們正在進入一個從未涉入的領域，有很多需要學習。」[24]

二、法律基礎

　　聯合國認為國家人權機構是指「一個國家依據其憲法、法律或命令所設立之機制，而此機制之職權特定為促進及保障人權。」而此定義除了確認國家人權機構之職權是特定為促進及保障人權之外，其亦認為各國設立國家人權機構可能透過憲法、法律或命令等不同層級之法律規範方式。然而從一個國家人權機構之獨立性觀之，很明顯地以行政命令方式設立之國家人權

---

[23] 參見Maurice Manning，〈新人權機構的成立－愛爾蘭經驗2000-2006〉，《國家人權機構研討會》，台灣國際法學會、台灣民主基金會主辦，2006年10月14日，頁4。愛爾蘭人權委員會的2006年年報亦記錄其主席Maurice Manning此次到台灣之演講，參見Irish Human Rights Commission, Annual Report 2006, p. 57.
[24] Maurice Manning，前引註，頁6。

機構，無法達到獨立自主之要求，因為其太受行政權之掌控，而且隨時有可能遭遇解散之命運，因此完全無法達到獨立自主之目的。因而如果要確保一個國家人權機構之獨立性，最好是使其有憲法地位，如此才能確保其永續存在，同時釐清其權責。退而次之，至少必須以法律規範一個國家人權機構之地位、組織、職權等，以維持其獨立性。

　　確實有憲法依據才是保障國家人權機構正當性之最佳基礎，[25]從比較法觀之，經過聯合國之推動，已有許多國家設立某一類型之國家人權機構，但是其中只有菲律賓、泰國、南非、東加、迦納、烏干達、馬拉威、匈牙利、波蘭、斯諾伐尼亞等國家之國家人權機構有憲法依據，而這些國家之共同特質是國家經歷民主化變動並制定新憲法。或許認為在經歷民主激烈轉型之國家才會以憲法規範其國家人權機構之說法是太過誇大的，但是事實上就實際憲政發展經驗觀之，還沒有一個未歷經民主轉型之國家是以憲法規範國家人權機構之地位及職權。[26]

　　對於愛爾蘭而言，早在1995年憲法專家委員會即建議人權委員會在成立初期要有法律基礎，之後最好能夠有憲法保護，[27]其主要基於三個理由：1.沒有急迫憲政需要；2.立法已可確認人權委員會之獨立性；3.即使沒有憲法地位，任何政府要廢除人權委員會或侵犯其獨立性，都有相當高的政治困難度。[28]不過當時亦有部分成員認為應該使人權委員會有憲法地位，其主要基於以下理由：1.有憲法地位之人權委員會較能有效實踐人權；2.一般立法設之機關較容易廢除，如欲改變有憲法地位之人權委員會，必須經過憲法複決；3.要監督憲法人權實踐之機制本身就應有憲法地位。[29]最後愛爾蘭政府並沒有提出修憲草案，而只是單獨提出人權委員會法草案，其認為此一人

---

25 Mohammad-Mahmound Mohamedou, "The Effectiveness of National Human Rights Institutions," in Birgit Lindsnaes, Lone Lindholt and Kristine Yigen (eds.), *National Human Rights Institutions Articles and Working Papers* (Danish Centre for Human Rights, 2000), p. 51.
26 廖福特，〈創設國家人權機構－理想、類型與憲政〉，收錄於湯德宗、廖福特主編，《憲法解釋之理論與實踐（五）》，中央研究院法律學研究所籌備處，2007年，頁212。
27 Constitution Review Group, Report of the Constitution Review Group 1996, p. 408.
28 Ibid., p. 407.
29 Ibid., pp. 406-407.

權委員會之設立並未牽動憲法之修改，只要直接以制定新法之方式成立即可，因而愛爾蘭政府向國會提出前述之人權委員會法草案，最後國會通過法案，成為人權委員會之法律基礎。而由此過程觀之，愛爾蘭與其他沒有歷經民主轉型之國家一樣，沒有選擇以修憲之方式使其有憲法地位，而只是以一般立法設立之。

三、類型

　　國家人權機構由於除了需符合巴黎原則之基本要求外，各該國家之本土民情亦是需要加以考慮之重點，故而在類型上呈現多元而複雜之體系，要將之分類是有一定難度的。在分類上，依據國家人權機構之職權內涵及區域發展為基準，各國國家人權機構可歸類為以下五種類型：一、諮詢委員會：法國模式、二、人權中心：北歐／德國模式、三、單一職權委員會：不易歸類、四、人權監察使：伊比利半島及東歐模式、五、獨立人權委員會：與監察使分離。[30]設立獨立且與監察使分離之國家人權委員會可說是國際上另一項重要之發展，而其與單一職權委員會的最大不同是獨立人權委員會所肩負之人權職責不限於反歧視而已，而是擴及於所有層面之人權，其認為人權事項包括國際人權條約、憲法及法律所保障之權利，這些權利之實踐都是獨立人權委員會之職責。

　　由於受到大英國協對於國家人權機構所持態度與設立類型整體趨勢之影響，愛爾蘭亦採取了獨立之國家人權機構模式以建構其國家人權委員會，並且與其監察使分離。而其他大英國協例如澳洲、紐西蘭、斐濟、馬來西亞、

---

30 廖福特，前揭註26，頁185。

印度、[31]尼泊爾、[32]斯理蘭卡、[33]迦納、[34]烏甘達、[35]南非[36]等也都採取了相同類型之模式。

愛爾蘭國會於1980年通過「監察使法」（The Ombudsman Act of 1980），正式成立監察使制度。愛爾蘭監察使的產生，係經上下議會通過推薦案，再由總統正式任命。與英國的監察制度相同，愛爾蘭監察使須向國會或議會負責，然而民眾在向監察使陳情之前，須先向所管的行政機關申訴，若民眾不滿意該申訴結果或仍無法解決問題時，再向監察使提出陳情。由此可見監察使之制度目的在敦促行政機關主動設置處理申訴制度，同時展現對行政機關之尊重與信任，並確保民眾申訴管道包括行政及監察兩個體系。[37]愛爾蘭監察使與其他國家監察使不同之處在於愛爾蘭監察使並不以追究公務員之責任為目的。有部分是因為他必須和國家公務員合作，監察使也不深究損害是如何或為何發生，其較看重的是受害者是否遭受不正義，或是受害者如何獲得補償。因此，愛爾蘭監察使比較像是個「替代的糾紛解決」（alternative dispute resolution）的典型例子。愛爾蘭版本的監察使，可以說是「人民的使者」（Man of the People），實際上也是如此，人民對愛爾蘭

---

31 South Asia Human Rights Documentation Centre, *National Human Rights Institutions in the Asia Pacific Region* (South Asia Human Rights Documentation Centre, 1998), Chapter 3 National Human Rights Commission of India. Vijayashri Sripati, India's National Human Rights Commission: A Shackled Commission? , 18 *B. U. Int'l L. J.* 1 (2000).

32 Nayan Bahadur, "The Protection Role of the Nepalese Human Rights Commission," in Bertrand G. Ramcharan (ed.), *The Protection Role of National Human Rights Institutions* (Martinus Nijhoff Publishers, 2005) pp. 117-134.

33 South Asia Human Rights Documentation Centre, supra no. 31, Chapter 7 National Human Rights Commission for Sri Lanka.

34 Anna Bossman, "The Protection Role of the Ghana Human Rights Commission," in Bertrand G. Ramcharan (ed.), *The Protection Role of National Human Rights Institutions*, (Martinus Nijhoff Publishers, 2005), pp. 57-86. International Council on Human Rights Policy, *Performance and Legitimacy: national human rights institutions* (2000), pp. 9-20.

35 Margaret Sekaggya, "The Protection Role of the Uganda Human Rights Commission," in Bertrand G. Ramcharan (ed.), *The Protection Role of National Human Rights Institutions*, (Martinus Nijhoff Publishers, 2005), pp. 165-178.

36 N. Barney Pityana, "The South African Human Rights Commission," in Kamal Hossain, Leonard F. M. Besselink, Halie Selassie Gebre Selassie and Edmond Völker (ed.), *Human Rights Commissions and Ombudsman Offices National Experience Throughout the World* (Kluwer Law International, 2000), pp. 627-638.

37 請參閱監察院，《英國暨愛爾蘭監察工作》，監察院國際事務小組編譯，監察院，2003年，頁119以下。

監察使提出的陳情，大多是關於社會福利、公共租屋等事項，這些都是來自社會中貧窮階層的特殊需求。[38]

　　因此當愛爾蘭本已設立監察使之後又成立人權委員會，其是依循受英國影響之傳統，因而愛爾蘭之人權委員會也是屬於與監察使分離的獨立人權委員會類型的典型之一。

參、人權委員會之組織

　　聯合國強調國家人權機構之獨立性，除了形式上之獨立地位之外，聯合國更著重國家人權機構之實質獨立性，其認為「一個有效的國家人權機構是一個能夠獨立於政府、政黨和所有其他可能影響其工作的實體及情況而發揮作用的機構。」[39]然而聯合國也強調獨立性是一個相對的概念，「一個國家機構的獨立性決不意味著國家機構與國家之間完全沒有任何聯繫。據以設立國家機構的法律將指明該機構與國家之間的各種具體聯繫，界定該機構發揮作用的範圍。」[40]因而聯合國認為，一個國家人權機構必須透過法律規範、財政自主、人事任免程序等三個層面，達到應有之獨立基礎。

　　從組織結構評估一個國家人權機構是否具備獨立性時，其牽涉此機構之人事結構及經費來源，而人事結構有關任命人為何？其程序為何？被任命人之資格條件？是否有任期保障？是否有必要之豁免權？是否有解職之法定要件？等等議題。而在經費來源則是牽涉國家人權機構是否有獨立或是充足之預算，以進行其工作，同時維持其獨立性。[41]「巴黎原則」也強調一個國家人權機構「組成及獨立性與多元化保障」之重要性，而其認為應有幾個重

38 David Gwynn Morgan, "Ireland's Ombudsman," in William Binchy and Jeremy Sarkin (eds.), *Human Rights, the Citizen and the State: South African and Irish approaches* (MPG Books, 2001), pp. 94-95.

39 United Nations, *Professional Training Series No. 4 National Human Rights Institutions* (Centre for Human Rights, 1995), p. 21.

40 Ibid.

41 See International Council on Human Rights Policy and Office of the United Nations High Commissioner for Human Rights, *Assessing the Effectiveness of National Human Rights Institutions* (International Council on Human Rights Policy and Office of the United Nations High Commissioner for Human Rights, 2005), pp. 11-16.

點：（一）任命程序；（二）成員之代表性；（三）任期穩定；（四）解職
要件；（五）豁免權。[42]以下即分別從這幾個面向討論愛爾蘭人權委員會之
組織。

一、委員會之獨立性

聯合國期待國家人權機構成為獨立之機制，對於愛爾蘭而言，「2000年
人權委員會法」第4條第3項明文規定，「人權委員會為永久存續之法人組織
（body corporate），具有印信，並得為訴訟上當事人。具有取得及處分土地
或土地上權利之能力。」其中除了明確指出其在時間上是永久存續之外，亦
突顯其獨立自主之地位。同時「2000年人權委員會法」第4條第2項亦明訂，
「人權委員會應依該法獨立行使職權。」其相當的程度上顯示了愛爾蘭人權
委員會是一獨立之機關，蓋其不但透過法律規範，且更有印信等層面，已達
到獨立機關之基礎。

不過「2000年人權委員會法」所稱之「法人組織」，是維持英國系統之
特質，本質上為非部會公共機關（Non Departmental Public Bodies），被認定
是廣義的行政組織之一環，[43]因而雖然「2000年人權委員會法」明訂愛爾蘭
人權委員會獨立行使職權，但是在組織架構上，人權委員會無法完全擺脫行
政系統，此從以下人事任命及經費預算編列可以看的出來。而人權委員會在
2003年即建議，人權委員會不應該是與任何部會有隸屬關係，而是與國會有
比較緊密之關連，退而求其次，如果人權委員會要與行政部門有隸屬，亦應
直接歸屬愛爾蘭總理辦公室，而非隸屬於司法部。[44]但是幾年經過，此建議
尚未被採納。

---

42 Paris Principles, Composition and guarantees of independence and pluralism.
43 參見廖福特，〈英國「平等及人權委員會」之研究〉，《台灣國際法季刊》，第四卷第
　二期，2008年6月，頁222。
44 See Irish Human Rights Commission, Conclusions and Summary of Recommendations
　contained in the Commission's Report to Government under Section 24 of the Human rights
　Commission Act, 2000, p. 1.

二、任命程序

「巴黎原則」認為，國家人權機構的組成及其成員的任命，不論是經由選舉產生還是透過其他方式產生，必須按照一定程序予以確定，這一程序應提供一切必要保障。也就是說其強調應以法律明訂國家人權機構成員之任命程序。

而「2000年人權委員會法」第5條第3項僅稱「人權委員會之委員由政府任命之」，其中當然也包括人權委員會之主席（President）。而實際運作上則是政府先聽取專家委員會之建議，[45]例如2006年時愛爾蘭政府任命由最高法院Catherine McGuinness法官、國會議員Maurice Hayes、資深刑事法律師Paddy McEntee、平等署（Equality Authority）主席Karen Erwin[46]四位組成專家委員會，[47]提出委員建議名單，再由司法部部長由名單中任命足額且適任之人士為委員。

從比較法制觀之，愛爾蘭採用此制度，應是受英國傳統之影響，大英國協或是過去曾經被英國統治之國家，有相當多國家採用之模式，例如紐西蘭、澳洲及北愛爾蘭等人權委員會委員，都是完全由行政權任命之。

但是此方式可說是由行政權主導所有委員之任命程序，因此行政權可以決定所有人選，其可能優點是任命者可以全盤考量各種人選之長處，而平衡專長、性別、種族、區域之均衡。但是此方式可能形成相當之缺失，特別是行政權全面掌握人事任命權，而人權委員會所要針對之最主要對象之一即是行政機關，因此行政部門可能經由完全之任命權力，任命其所能接受之人選，但是卻非考量專業性，或是性別、種族、區域之均衡，進而影響人權委員會之實質獨立性，或是削弱其成效。因而應進一步分析實際任命結果及其

---

45 參見Maurice Manning，前揭註23，頁7。

46 See http://demotemp360.nic.in/old/news.asp?ID=1042 (visited on 18 March 2009).

47 2001年第一次任命委員時的專家委員會主席為Dr. TK Whitaker，其他委員包括Ms Inez McCormack, president of ICTU and member of the Northern Ireland Human Rights Commission; Mr. Frank Murray, former Secretary General to the Government and now a member of the Civil Service and Local Appointments Commission; Ms Mary Murphy, nominated by the Society of St. Vincent de Paul; and Mr. Martin O'Brien, director of the Committee on the Administration of Justice in Northern Ireland. See http://historical-debates. oireachtas.ie/D/0528/D.0528.200012130027.html (visited on 18 March 2009).

實行職權之成效，方能得知愛爾蘭人權委員會是否因為由行政權單獨任命委員而影響其組織及職權之獨立性。

從委員數目觀之，「2000年人權委員會法」第5條規定，人權委員會由1位主席及8位委員所組成。人權委員會之委員，其中女性不得少於4人；男性亦不得少於4人。其後「2001年人權委員會法」修改為由1位主席及14位委員組成，而男、女性均不得少於7人。委員會之委員即使不足額時，仍須依法行使職權，包括缺額導致不符本條男、女性比例之情形。愛爾蘭人權委員會有15位委員，其實是相當多的，不過於此應強調的是，人權委員會15位委員中，只有主席是專任的，其他14位委員均是兼任的，[48]此亦是受英國模式之影響，如上所述北愛爾人權委員會亦只有主席為專任，其他委員為兼任，而馬來西亞國家人權委員會只有主席及副主席是專任的，然而當委員均是兼任時，是否能確實實踐其職權，恐怕是有待商榷的。

三、成員之代表性

「巴黎原則」強調，國家人權機構應確保參與促進和保護人權的公民社會力量的多元代表性。[49]因此其認為國家人權機構之成員可以從以下幾個方向求才，並藉由這些成員之參與，建立有效合作的力量，「巴黎原則」所建議之成員包括：(a)負責人權及對抗種族歧視的非政府組織及工會；(b)有關的社會及專業組織人士，例如律師、醫生、新聞記者和著名科學家；(c)哲學家或宗教思想流派之成員；(d)大學教師及合格的專家；(e)議會議員；(f)政府部門之公務員，不過「巴黎原則」強調，如果公務員擔任委員的話，應該只能以顧問身分參加討論。[50]因而其實「巴黎原則」所強調的是，國家人權機構之成員應該是多元的，同時納入人權社運者、專業人士、人權專家、民意代表等社會不同階層之人才。

在愛爾蘭人權委員資格部分，「2000年人權委員會法」第5條第4項規定，人權委員必需具備相關經歷、資格、訓練或專門知識，得以適時提供政

---

48 Maurice Manning，前揭註23，頁7。
49 Paris Principles, Composition and guarantees of independence and pluralism.
50 Paris Principles, Composition and guarantees of independence and pluralism, point 3.

府有關人權委員會行使職權之建議。同時第5條第12項要求，任命委員會之委員，必須渠等足以適任，並能反映愛爾蘭社會之本質。從以上要求看來，性別平等、專業與多元是其要求，這與「巴黎原則」強調國家人權機構應確保參與促進和保護人權的公民社會力量的多元代表性之要求是相符合的。

就實際任命情形觀之，第一屆愛爾蘭人權委員會的人權委員於2001年任命，任期為2001年至2006年，15位委員中，7位女性，8位男性，符合「2000年人權委員會法」之規定。就其背景觀之，[51]其中有6位為學者，4位來自於民間團體，兩位為律師背景，1位為人力資源管理師，兩位有從政之經驗，但是這兩位從政之前分別為政治學學者及人權律師，亦有人權相關背景。可相當程度地印證了確保參與促進和保護人權的公民社會力量的多元代表性。

第二屆人權委員[52]之任期為2006年至2011年，15位委員中共有10位委員為第一屆留任。其中由於性別均衡之要求，有8位男性委員與7位女性委員。這些委員中具有學術身分背景，例如擔任大學教職者至少有6位，而具社會及專業組織人士亦多達6位，兩者佔最大之組成比例。[53]具有負責人權及對抗種族歧視的非政府組織及工會背景者至少有4位，亦佔有相當之比例。至於曾經具有議員身分者有1位（即該委員會主席），[54]哲學家或宗教思想流派之成員、曾經擔任政府部門之公務員等來源亦各有1位。同樣地亦具專業性及多元性。

從愛爾蘭人權委員會的組成來源看來，具學術專業或是社會專業身分者具有最大之比例，相當程度上能反映保障人權之需求，除了符合巴黎原則之要求外，亦不致使政府介入之比例過重，相當程度上足以維持其獨立性而較無遭政府干預之疑慮。

較特殊的是「2000年人權委員會法」第5條第6項，其規定高等法院法官被任命為人權委員會之主席，應指定高等法院法官續行該職務；高等法院院長被任命為委員會主席之期間，得指定高等法院法官依法院組織法之規定代

---

51 有關第一屆愛爾蘭國家人權委員會人權委員之經歷，請參見Irish Human Rights Commission, Annual Report 2003, pp. 46-51.
52 有關愛爾蘭人權委員會第二屆委員之介紹，請參見Irish Human Rights Commission, Annual Report 2007, pp. 52-58.
53 部分委員兼具兩種以上之背景。
54 但是其為學者出身。

理行使其職務。而高等法院法官或最高法院法官如被任命為委員會之主席，則其原本法官之職權及義務，將於其擔任委員會主席期間暫時停止。此規定希望司法界之代表成為人權委員會之委員，可能原因應係其被賦予訴訟協助或提出釋憲權利之功能。然而就實例而言，第一任人權委員會主席Donal Barrington原本是最高法院法官，[55]其在 2000年從最高法院退休，於2001年7月25日至2002年7月31日之間擔任人權委員會主席。後來兩屆人權委員會委員中，並無愛爾蘭國內法官出身之背景。不過其中1位委員Maureen Harding Clark在2004年5月至2006年6月之間，同時擔任愛爾蘭人權委員會委員及國際刑事法院（International Criminal Court）法官。

四、任期穩定

「巴黎原則」認為，如果任期不穩定的話，國家人權機構不可能有真正的獨立性，因此必須確保國家人權機構之任期，同時於法律中明訂，而且在確保成員組成多元性無虞之情形下，其成員或可續任。[56]

對於此，「2000年人權委員會法」第5條第7項規定愛爾蘭人權委員會委員之任期，每一屆以五年為限。同條第8項則規定，委員得連任，以一次為限。任期採取較長年限五年之規定，從而委員們相對地較不必擔心任期過短無法全力施為或續任之問題，其獨立性亦獲得了一定之保障。從上述委員任命之實際情形觀之，愛爾蘭政府任命第二屆委員時，留任了三分之二，相當程度地延續委員之經驗，以維持傳承。

五、解職要件

「巴黎原則」並沒有規範國家人權機構委員之解職要件，但是聯合國亦已注意此議題，其稱對委員解職之權力與國家人權機構之獨立性息息相關，因此應由法律明訂其要件及有權解職之機構，其亦建議應由國會或是國家相

---

55 Donal Barrington亦曾於1989年至1996年擔任歐洲法院第一審法院（Court of First Instance of the European Court of Justice）之法官。
56 Paris Principles, Composition and guarantees of independence and pluralism.

當高層級之機構實行此權力。[57]

　　「2000年人權委員會法」第7條即規範委員解職之要件，首先，第7條第1項規定，委員會之委員如因不能清償債務經和解或破產宣告或經判刑確定或監禁時，將喪失擔任委員之資格。其次，第7條第2項規定，若有：1.持續三個月至六個月，怠於執行委員會之職權，而無法提出合理辯解理由者；2.曾經刑事有罪判決確定者；3.未具或不適任委員之職務者；4.其他該當免職之事由等，則政府得對於該委員予以免職之處分。當然其中的所謂「其他該當免職之事由」相對之下是不確定之法律概念，行政權似具有相當之掌控權，但是目前為止並無依該條對於委員加以免職之情形。

六、豁免權

　　同樣地「巴黎原則」並沒有規範國家人權機構委員之豁免權，但是聯合國亦已注意此議題，其稱委員豁免權之賦予亦是確保獨立性之重要法律方式，特別是有權接受個人人權申訴之國家人權機構，國家人權機構委員應可豁免其因執行公務所引發之民刑事責任。[58]

　　就比較法制觀之，各國規定不一，例如泰國，其憲法及國家人權委員會法均未規定委員之豁免權，但是值得重視的是「馬來西亞人權委員會法」第18條保障國家人權委員會人員，其中規定委員會及其人員，如基於善意執行其職責，因此而發生之任何疏失或錯誤行為，不得對其提起訴訟。而且不得因委員會之各種報告，而對委員會人員提起訴訟。

　　相對地在愛爾蘭人權委員會之相關法規範基礎中並無類似的明文豁免規定，而豁免其因執行公務所引發之民、刑事責任。

七、經費來源

　　「巴黎原則」強調，國家人權機構應具備其能順利開展活動的基礎結構，特別是充足的經費，此一經費的目的是使國家人權機構能擁有自己的工

---

57 United Nations, supra no. 39, p. 11.
58 Ibid.

作人員和辦公房舍，以便獨立於政府，不受財政控制，而可能影響其獨立性。[59]國家人權機構經費是否獨立或充分，將影響委員會是否能確實實踐其職權，進而完成創設國家人權委員會之理想。

「2000年人權委員會法」第25條規定，司法部部長執行本法之必要支出，於經財政部部長核定之限度內，報請國會同意後支付之。同法第22條規定，司法部部長於每個會計年度，應於國會核准撥給之經費範圍內，經財政部部長同意，提供一定之補助金給予人權委員會，以利該會會務之推動。因而愛爾蘭人權委員會之經費預算必須歷經行政部門及國會之同意。

同樣地人權委員會之決算亦受到行政部門及國會之監督，「2000年人權委員會法」第16條規定：「人權委員會須持續以定期會計報表，陳報司法部部長核准及財政部部長同意。報表須包括經常收支狀況及資產負債表（第1項）；人權委員會應於會計年度結束後三個月內向審計長提出決算案。年度決算應將會計年度相關經常收支會計報告及資產負債表，陳報司法部部長，並經財政部部長核准，送交審計長為決算審查報告後，由司法部部長陳報國會（第2項）」。

任何民主國家都無法避免由國會最終決定各機關之預算總額，因而即使是應該獨立的人權委員會，亦應受到國會之預算監督。而比較重要的是行政部門是否可能干涉，可以想見的是在財政預算上，司法部長與財政部長對於愛爾蘭人權委員會是最有影響力者，而其可能的危險是行政部門藉由預算之編列，而限制人權委員會對於行政部門之監督。

愛爾蘭採用此制度是與英國系統一樣的，由行政部門作預算之主導，[60]但是從比較制度觀之，泰國2007年憲法規定國家人權委員會為憲法機關，同時憲法第168條亦規定，國家應分配「足夠的預算」使憲法機關能維持「獨立的行政」。在此制度下，國家人權委員會之預算來源有憲法依據，同時不受行政部門之干預，應是比較好之制度。其實人權委員會在2003年就建議預算編列應該與人權委員會協商，而非由司法部單方決定，[61]但是幾年來都沒

---

59 Paris Principles, Composition and guarantees of independence and pluralism, point 2.
60 參見廖福特，前揭註62，頁228。
61 See Irish Human Rights Commission, Conclusions and Summary of Recommendations contained in the Commission's Report to Government under Section 24 of the Human rights

有改變。

　　以實際之預算而言，2003年度為178萬歐元，[62]2006年度為195萬9,000歐元，2007年度為203萬3,000歐元。[63]人權委員會本身認為，其預算吃緊（tightly budged），一直以來都有預算不足（traditionally underfunded）之困難。[64]更嚴重的是因為金融海嘯之衝擊，人權委員會2009年度預算只有160萬歐元，而人權委員會認為其基本人事及運作費用便需200萬歐元，此次刪減預算24%，將使得人權委員會完全無法實行其職權，甚至有可否存活之疑慮，[65]此舉亦引起其他國家人權機構之關切，其認為經費不足將影響愛爾蘭人權委員會之實效性及獨立性。[66]由此觀之，愛爾蘭人權委員會幾年來可說是辛苦經營，如果連愛爾蘭此民主憲政國家都會面臨類似問題，這恐怕亦會是其他國家之難題，亦是值得警惕之處。

八、內部架構

　　國家人權委員會之內部架構牽涉幾個議題，第一是委員會之運作情形，第二有關是否有足夠空間及是否設立區域辦公室，第三是委員會是否能聘任其內部人員，是否有足夠預算聘請充分之人員。

　　首先，有關委員會之運作，「巴黎原則」認為國家人權機構應定期並於必要時經正式召集後召開有全體成員出席的會議。對於愛爾蘭人權委員會而言，「2000年人權委員會法」並沒有明文規定必須定期舉行委員會會議，但是實際運作情形則是幾乎每個月都舉行委員會會議，例如2003年舉行12次委

Commission Act, 2000, p. 1.

62 其中包括因為要設立長久之辦公處所而有五十萬歐元之追加預算，因而實際上只有1,280,000歐元。See Irish Human Rights Commission, Annual Report 2003, p. 43.

63 2006年及2007年之預算總額，請參見Irish Human Rights Commission, Annual Report 2007, p. 69.

64 Irish Human Rights Commission, Annual Report 2004, p. 4.

65 Irish Human Rights Commission, Press Statement, Irish Human Rights Commission condemns proposed 24% cutback to its 2009 Budget Commission will be damaged irreparably by cut, 4 November 2008.

66 Joint statement read today by the Rep of Mexican Commission on behalf of 7 NHRIs from Korea, Malaysia, India, New Zealand, Australia, Ireland and Afghanistan, Independence of National Human Rights of Institutions, 22 March 2009.

員會會議，[67]2004年有10次，[68]2007年有11次。[69]

　　委員會之下亦進行分工，為了因應不同的人權領域，委員會轄下初步分為15個相關的事務委員會與相關之建言團體，[70]足可反映出其在草創初期，即預備為專業領域分工之決心。在各專門事務委員會中，可邀請非人權委員會委員之各專業領域專精者加入，以滿足其專業上之要求，例如目前關於兒童、老人與身心殘障之保護領域，即有各專門領域人員加入。[71]在這些事務委員會中，當然也包含了負責與北愛爾蘭人權委員會合作之聯席委員會（joint committee），工作之內容即是對於「貝爾發斯特協議」之履行。

　　其次，有關人權委員會之辦公室，其設立歷經諸多波折，雖然2001年7月任命第一屆人權委員，但是2003年10月人權委員會才擁有穩定的辦公室，並於2003年12月10日國際人權日正式進駐。其原因是人權委員會認為需要80萬歐元承租及裝修辦公室，但是司法部只給50萬歐元預算，因此人權委員會必須歷經更多尋找及協商。[72]而因為辦公室非自有，人權委員會也必須負擔相當房租，例如2004年花費將近26萬歐元房租，[73]2007年將近31萬歐元，[74]占人權委員會預算將近六分之一，因而實質上亦影響其他工作之進行。

　　第三，有關內部成員，「巴黎原則」認為國家人權機構必要時應建立成員工作小組。[75]其實這牽涉幾個議題：國家人權委員會可否自主決定其職員、職員之職責為何、職員之分工為何、職權數目是否充分。

　　就可否自主決定其職員而言，「2000年人權委員會法」第17條規定人權委員會得隨時經司法部部長及財政部部長同意，派任委員會之職員。由於其牽涉預算，因此由司法部及財政部決定員額，但是人權委員會可以自行決定聘任人選，因而其重要決定因素是愛爾蘭政府給予人權委員會多少預算以決

---

67 See Irish Human Rights Commission, Annual Report 2003, p. 12.
68 Irish Human Rights Commission, Annual Report 2004, p. 11.
69 Irish Human Rights Commission, Annual Report 2007, p. 14.
70 Irish Human Rights Commission, *Promoting and Protecting Human Rights in Irish Society - A Plan for 2003-2006* (Irish Human Rights Commission, 2003), pp. 33-34.
71 Ibid, p. 34.
72 See Irish Human Rights Commission, Annual Report 2003, p. 19.
73 Irish Human Rights Commission, Annual Report 2004, p. 40.
74 Irish Human Rights Commission, Annual Report 2007, p. 69.
75 Paris Principles, Methods of operation.

定聘任職員數目之多寡。

　　就職員之職責及分工而言，有一位首席執行官綜理委員會行政事務外，並遵奉委員會指示以履行委員會所交付之職權事項，其他職員則分工合作，如圖7-1人權委員會之組織架構圖。

　　就職員數目而言，2003年人權委員會只有11名職員，[76]到2007年也只有15名職員，[77]本來在2008年預估增加6名職員，但是愛爾蘭政府卻未在預算中作相對增加，使得人權委員會面臨困境。[78]相對於其他國家而言，愛爾蘭

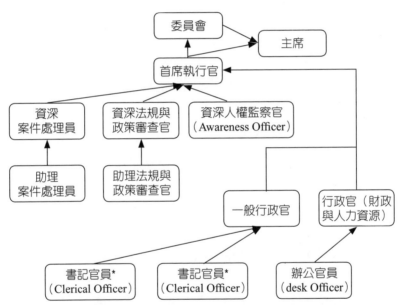

*除一般書記官員之事務分配外，其中一書記官員特別向人權委員會主席負責；其中的另一書記官員則特別對首席執行官（Chief Executive）負責。

圖7-1　愛爾蘭人權委員會組織架構

資料來源：Irish Human Rights Commission, Promoting and Protecting Human Rights in Irish Society - A Plan for 2003-2006（Irish Human Rights Commission, 2003），p. 43.

---

76 Irish Human Rights Commission, Annual Report 2003, p. 18.

77 Irish Human Rights Commission, Annual Report 2007, p. 81.

78 Irish Human Rights Commission, Annual Report 2007, p. 10.

人權委員會職員其實是非常少的，例如馬來西亞國家人權委員會有70位專兼職職員，[79]而南韓國家人權委員會秘書處由超過200位的成員組成，[80]由此可見其差別，亦可得知愛爾蘭政府並沒有給予人權委員會充分之職員，因而愛爾蘭人權委員會其實是在相當缺乏人力資源情形下工作，而愛爾蘭人權委員會主席亦持續呼籲應重視其缺少職員之問題，但是如上所述，其2009年預算又遭刪減，因此愛爾蘭人權委員會恐怕必須持續面對缺乏人力之困境。

肆、人權委員會之職權

「巴黎原則」第一部分即強調國家人權機構之權限與職責，而其內涵包括職權方向、職權法定、職權內涵、權力內涵及行使方式等，以下即依序觀察愛爾蘭之人權委員會之職權內涵是否符合「巴黎原則」之要求。

一、職權方向與職權法定

「巴黎原則」強調，應賦予國家人權機構促進和保護人權的職權，[81]這是國家人權保護機構的中心職權方向；另一方面，賦予國家人權機構盡可能廣泛之職權，並在創設國家人權機構之憲法或法律明訂其職權範疇，[82]則是其職權法定原則之展現。

「2000年人權委員會法」第8條規定人權委員會掌理下列事項：

1.隨時檢討國內相關法規是否足夠且有效保障人權。
2.於審查相關人權立法議案時，應各部會首長之請求，提供職務上相關連之見解。
3.向國內或國際組織或機構，諮詢有關人權領域內之資訊或專門知

---

79 參見廖福特，〈馬來西亞國家人權委員會之研究〉，《臺北大學法學論叢》，第66期，2008年6月，頁109。
80 參見廖福特，〈南韓國家人權委員會之研究〉，中央研究院亞太區域研究專題中心，「2007亞太區域研究成果發表會」，2007年7月20日，頁15。
81 Paris Principles, Competence and responsibilities, point 1.
82 Ibid, point 2.

識。

4.主動或應政府請求，提供有關加強國內人權保障及確保人權之建
　議。

5.對可提升人權認識及注意其重要性之研究或教育活動，應給予資
　金贊助或協助，或委託辦理相關研究或教育活動。

6.依據本法第9條規定進行調查工作。[83]

7.委員會應定期以適當方式公告或出版案件調查之結果。

8.向高等法院或最高法院申請，給予任何人有關得利用法院訴訟程
　序以維護其人權之諮商。

9.採取任何必要之措施，以建立及實現多方會談所達成維護權利與
　機會平等之共識。

10.依據本法第10條規定提供需要者相關之協助。[84]

11.依據本法第11條規定辦理相關程序。[85]

　　其已明顯指出，人權委員會之職權方向是人權之促進及保障，並以法律明定人權委員會之職權範疇，可說是符合「巴黎原則」所要求的職權方向與職權法定之原則。

　　不過既然是一「人權」「委員會」，或許應該先討論兩個核心議題，第一是其所負責之人權範疇有多廣。第二，基於獨立性之要求，此委員會是否有權訂定施行細則。

　　首先，就人權範疇言，「2000年人權委員會法」第2條明確指出，本法所指之人權包括兩個部分，第一是愛爾蘭憲法所賦予及保障之權利及自由，第二是愛爾蘭為會員國之國際協議、條約、公約所賦予及保障之權利及自由。因此其包括本國憲法及國際人權條約之權利範疇，如上所述愛爾蘭憲法有相當權利保障，同時法院亦透過判決進一步擴充權利範疇，因而此部份問題不大。

---

83 第9條有關人權委員會調查權之行使，後續有相關討論。
84 第10條係關於人權案件之訴訟協助，後續有相關討論。
85 第11條有關人權委員會得主動提起人權救濟程序及聲請法律是否違憲之職權，後續有相
　關討論。

　　相對地國際條約之權利保障反而必須探討，因為愛爾蘭承繼英國之二元論立場，認為國際條約如果未經國會特別立法，不具國內法效力，因此前述愛爾蘭已批准或加入諸多國際人權條約，並沒有直接的國內法效力，就此而言，愛爾蘭只有「2003年歐洲人權公約法」（European Convention on Human Rights Act 2003）之訂定，使得歐洲人權公約及相關議定書在愛爾蘭有國內法地位，因而其他聯合國及歐洲區域人權條約並沒有國內法地位。然而當「2000年人權委員會法」第2條明確指出人權委員會所負責職權之人權範疇包括國際人權條約所保障之權利及自由，無疑地使得人權委員會得以在諸多國際人權條約沒有國內法地位之情況下，亦得在其職權範疇內直接適用國際人權條約，使得國內及國際人權保障均得完整實踐。

　　第二，有關訂立相關施行細則之職權，「2000年人權委員會法」第4條第4項明文規定，人權委員會有實行職權之必要或相關權力，以維持人權委員會之獨立性及實踐職權之完整性。

　　由實際運作觀之，人權委員會已訂定相關指導原則，例如有鑑於「2000年人權委員會法」第8條第8項賦予人權委員會有向高等法院或最高法院申請，以法庭之友（amicus curiae）之身分，對於有關人權保障之案件提出意見，因而人權委員會訂定「法庭之友指導原則」（Amicus Curiae Guidelines）對於相關之事實認定部分問題做一釐清。又例如由於「2000年人權委員會法」第9條第1項第2款規定，人權委員會得應任何人請求，對於人權事件進行必要之調查，為了實踐其調查權，人權委員會於2004年訂定「請求人權委員會調查之指導原則」（Guidelines for dealing with requests under section 9(1)(b) of the Human Rights Commission Act, 2000），[86]以細部規範人權委員會如何行使調查權。

　　如上所述，「巴黎原則」希望各國賦予國家人權機構廣泛之職權，聯合國期待國家人權機構扮演橋樑、促進者及保護者三種角色，而此理念亦反映在「巴黎原則」對於國家人權機構職權之規範，因而以下依此三種不同角色定位探究愛爾蘭人權委員會之職權內涵及其成果。

---

86 See Irish Human Rights Commission, *The Self-Employed and the Old Age Contributory Pension, Appendix I*, (Irish Human Rights Commission, 2007), pp. 65-68.

二、橋樑

　　「巴黎原則」對於國家人權機構扮演橋樑角色有兩個面向之期待，首先是作為其國家與國際人權之橋樑，第二是與各種人權機構及團體合作。

　　在作為國家與國際人權之橋樑部分，「巴黎原則」依各國實踐國際人權條約之不同階段，希望國家人權機構有下列之職權。首先，當然是鼓勵其國家批准或加入國際人權條約並確保其執行；其次，當國家批准或加入國際人權條約之後，國家人權機構應促進並確保其國家的法規及慣例符合其所批准或加入之國際人權及其有效執行；第三，當國家批准或加入國際人權條約之後，便有提出人權報告之義務，因此國家人權機構在其國家向國際人權監督機制提出報告過程中，可以有所貢獻，或是提出必要意見。[87]

　　在與各種人權機構及團體合作部分，「巴黎原則」期盼國家人權機構與聯合國及聯合國系統內的任何其他組織、區域人權機制、其他國家人權機構合作。[88]

（一）加入及實踐國際人權條約

　　有關愛爾蘭人權委員會作為國家與國際人權之橋樑部分，如果從「巴黎原則」所強調的三個層次觀之，愛爾蘭人權委員會在鼓勵其國家批准或加入國際人權條約部分特別的不足，如上所述，愛爾蘭人權委員會在2001年成立，但是愛爾蘭在2001年之後並未加入任何核心人權條約，即使愛爾蘭尚未加入部分核心人權條約，然而幾年來人權委員會並未積極呼籲愛爾蘭加入這些尚未加入之核心人權條約，特別是「保障身心障礙者權利及尊嚴國際公約」，人權委員會強調其積極參與此人權條約之簽訂，但是相對地人權委員會卻未積極要求愛爾蘭加入此條約。

　　因而人權委員會著重於檢視愛爾蘭是否實踐已批准或加入之人權條約，人權委員會首度對於國際人權條約在其國內之實際執行作為與成果提出意見書，係於2005年向聯合國消除種族歧視委員會對於愛爾蘭政府依據「消除所有形式種族歧視公約」所提出之國家報告的意見書，其內容包括一些重要之

87 Paris Principles, Competence and responsibilities, point 3.
88 Ibid.

種族議題，例如在法實務執行層面、社會真實性的種族問題、愛爾蘭對於「消除所有形式種族歧視公約」第4條與第7條之回應、種族言論之自由表意權、移民勞工之種族問題、遊民之種族問題、難民之種族議題與性別及種族之交錯議題等，此意見書認為愛爾蘭之國家報告並未實際反映出愛爾蘭社會上之真實情狀，以較為批判之語氣認為政府長期不關懷種族議題。

　　人權委員會亦於2005年針對愛爾蘭依據「消除所有形式對婦女歧視公約」提出之國家報告發表意見書，而對於性別平權議題包含檢視在該公約下愛爾蘭之婦女權利況狀及各方面之婦女問題如貧困婦女議題、身心障礙保護議題、移民與種族問題甚至是年長婦女這種特別弱勢者之人權保護議題等做出各方面之回應並更進一步地提出具體之人權保護建議事項。

　　人權委員會於2006年針對愛爾蘭依據「兒童權利公約」提出之國家報告提出意見書，內容則包括例如兒童與司法，尤其是刑事訴訟系統之問題、貧困兒童關懷與保護議題、破碎家庭議題、流浪兒、身心障礙兒童、因家庭宗教信仰而受不平等待遇之兒童議題與兒童販運等議題。

　　此部分內涵可以體現「巴黎原則」對於國家人權機構所抱持理想之實踐。一方面人權委員會作為一獨立機關，而非政府之附庸，在功能上更能實際體現一國之人權現況，而非淪為行政權之傳聲筒與宣傳工具。另一方面則是作為橋樑功能之展現，其連結了人權委員會政府與國際組織，充分體現了對話的功能，足以使國際組織更瞭解該國之人權進展與現況。[89]

（二）人權合作

　　有關與各種人權機構及團體合作，「巴黎原則」認為，國家人權機構應與其他可能與促進及保障人權之機構保持聯繫，特別是監察專員、調解人及類似機構等，同時應與非政府組織發展關係，因為非政府組織對人權促進及保障可以發揮根本作用。[90]

---

89 Irish Human Rights Commission, *Submission of the Irish Human Rights Commission to the UN Committee on the Elimination of Racial Discrimination in respect of Ireland's First National Report under the Convention on the Elimination of All Forms of Racial Discrimination*, (Irish Human Rights Commission, 2005), p. 3.
90 Paris Principles, Methods of operation.

由於「2000年人權委員會法」第8條第3項規定人權委員會之職權之一為「向國內或國際組織或機構，諮詢有關人權領域內之資訊或專門知識」，而第9項則指出其職權之一為「採取任何必要之措施，以建立及實現多方會談所達成維護權利與機會平等之共識」，此即為其關於人權合作方面之權責。從而人權委員會明白指出在國內方面，其將與其他機關對於人權事項緊密之合作，並尋求對話與協調之機制。而在國際方面，人權委員會則與聯合國人權委員會／人權理事會[91]及相關機構如人權高級專員辦公室等合作，區域組織方面則例如歐洲理事會之人權保護相關部門等。[92]

在關於人權合作實際運作上，有關民間團體部分，例如人權委員會多次與愛爾蘭律師公會（Law Society）合作，舉辦人權議題之研討會。[93]有關與其他國內機制合作部分，人權委員會強化與具有人權保護功能之其他相互機關團體合作，例如兒童監察使（Children's Ombudsman）、族群與多元文化平等局（Equality Authority and the National Consultative Committee on Racism and Interculturalism, NCCRI）等。

有關與北愛爾蘭人權委員會合作，愛爾蘭人權委員會與北愛爾蘭人權委員會雙方於2001年11月設立聯席委員會（joint committee），相互密切地就人權保護範圍的種類事項合作交流，經由此聯繫而對於愛爾蘭全島之和平、民主與人權有所貢獻。聯席委員會所進行的重要工作之一是討論訂定「愛爾蘭島權利憲章」（Charter of Rights for the Island of Ireland）。[94]

有關國際合作部分，愛爾蘭人權委員會不僅是歐洲國家人權機構（European Group of National Human Rights Institutions）之成員，同時在2006年被選為主席。[95]人權委員會成立之後便積極與國際國家人權機構合作委員會（International Coordinating Committee of National Human Rights

---

91 聯合國人權理事會於2006年6月成立，並同時廢除人權委員會。
92 Irish Human Rights Commission, *Promoting and Protecting Human Rights in Irish Society - A Plan for 2003-2006* (Irish Human Rights Commission, 2003), pp. 22-23.
93 Irish Human Rights Commission, Annual Report 2003, pp. 40-41. Irish Human Rights Commission, Annual Report 2004, p. 36.
94 Irish Human Rights Commission, Annual Report 2007, p. 48.
95 Irish Human Rights Commission, Annual Report 2006, p. 28.

Institutions, ICC）[96]合作。在歐洲區域部分，人權委員會亦與歐盟基本權利署（European Union Fundamental Rights Agency）[97]及歐洲理事會之人權委員（Commissioner for Human Rights）密切合作。而人權委員會亦與聯合國人權高級專員（UN High Commissioner for Human Rights）有良好聯繫。[98]

　　由上觀之，愛爾蘭人權委員會可說是建構非常好的人權合作網絡，不論是國內、愛爾蘭與英國、歐洲區域、聯合國等層次，均積極合作及參與，應是相當好之典範。

三、促進者

　　就扮演促進者之角色而言，「巴黎原則」主要著重於兩個層面，一者是針對各種人權狀況提出建議，就針對各種人權狀況提出建議而言，「巴黎原則」認為其可能是被動因應政府、國會或其他國家機關之要求，或是由國家人權機構主動提出。[99]其方式則可只向政府、國會或其他國家機關提出，或是將其意見出版或公布於公眾。[100]其領域則可能是：（1）針對法律制度，提出有關人權保障領域之新法律草案、修法提議，或是修改行政措施；（2）針對違反人權事件提出意見；（3）針對特定或一般人權情況提出報告；（4）提醒政府國內某些區域之人權狀況，並就政府應採取之措施提出意見。[101]

　　而另一者則是人權意識之提升及人權教育之落實。「巴黎原則」強調，國家人權機構可以協助制定人權教學及研究方案，並參加這些方案在學校、大學及專業團體中執行。另外，國家人權機構亦可以通過宣傳、教育、媒體，宣傳人權及反對各種形式歧視特別是種族歧視之的工作，以提高公眾對

---

96 國際國家人權機構合作委員會係聯合國為推動巴黎原則之實現所出現之產物，目前有41個國家人權機構為會員。國際國家人權機構合作委員會每年例行通常在日內瓦舉行年會，其事務之推動經常由聯合國人權高級專員辦公室予以協助。
97 參見廖福特，〈歐盟基本權利署之分析—歐盟「國家」人權機構？〉，中央研究院歐美研究所，《歐盟人權政策》學術研討會，2007年10月19日至20日。
98 Irish Human Rights Commission, Annual Report 2006, p. 30.
99 Paris Principles, Methods of operation.
100 Ibid.
101 Paris Principles, Competence and responsibilities, point 3.

人權之認識。[102]

（一）人權報告及建議

相對地「2000年人權委員會法」亦有相關規範，例如第23條規定「委員會於每年3月底前，應提交年度報告於司法部部長，並陳報國會。」而第24條則規範有關委員會之具體成效及依據該法執行職權，於人權領域中所獲致之成效（包括國內外）之業務檢討報告提出義務。因此人權委員會從2003年開始逐年撰寫年度報告，但是特別的是沒有看到2005年年度報告之出版，而且原因不明。

「2000年人權委員會法」第8條第4項亦賦予人權委員會得「主動或應政府請求，提供有關加強國內人權保障及確保人權之建言。」因而亦有專門針對不同人權領域人權議題所提出之研究報告，例如關於自營與老年退休金之報告（The Self-Employed and the Old Age Contributory Pension）。而該份報告亦落實了人權委員會對於不同的主要人權領域均加以特別注意，並採取專業分工之策略的觀點。[103]

而在對法律案之建議部分，「2000年人權委員會法」第8條第1項明白指出，人權委員會掌理事項包括「隨時檢討國內相關法規是否足夠且有效得以保障人權。」第8條第2項進一步規定，人權委員會得於「審查相關人權立法議案時，應各部會首長之請求，提供職務上相關連之見解。」而此職權之最大特質是在法案審查中即能提供人權意見，並非在法案通過後，於進行違憲審查時，才能表達法律是否違反權利保障之見解。

基於上述法律規定人權委員會可能被動受部會之請求或是主動對於法律案提出意見，2003年至2005年間只有司法部曾經請求人權委員會針對法案提出人權意見，因此人權委員會主席向內閣反應此現象，因而2006年之後各部會才向人權委員會請求提供法案之意見。但是當各部會都向人權委員會請求提供法案意見之後，人權委員會反而擔心無法負荷，其認為「2000年人權委員會法」第8條並未賦予人權委員會裁量權，因而任何請求都必須回覆，其

---

102 Paris Principles, Competence and responsibilities, point 3.
103 Irish Human Rights Commission, Promoting and Protecting Human Rights in Irish Society - A Plan for 2003-2006 (Irish Human Rights Commission, 2003), p. 24.

結果可能造成人權委員會過重之負擔。[104]

　　就實際案例觀之，人權委員會幾年來已針對諸多法案提出人權意見，例如2002年的犯罪正義法案（恐怖份子攻擊）與犯罪法律條款（精神病患者）；2003年的歐洲拘捕證法案、殘障人士教育法案、非愛爾蘭公民及其於愛爾蘭出生孩童之法律地位法、犯罪正義法案、委員會調查法案、判決轉移執行法案與犯罪正義（恐怖份子攻擊法案）；2004年的移民法案、警察（Garda）法案、平等法案、殘障人士法案與對公民權和第二十七次憲法修正案提出的公民投票提議；2005年的犯罪正義（國際合作法案）與愛爾蘭國家和公民法案等。[105]但是更核心的問題是是否因為人權委員會的意見，使得法案更能保障人權？但可惜的是從可得知資訊裡，人權委員會只說明針對哪些法案提出意見，但是無法確知完整意見，更重要的是人權委員會並沒有評估其意見是否為各部會及國會所接受，因而難以評斷人權委員會在此部分之正面貢獻。

　　除了對法案提出建議，人權委員會也要對主要政策文件中關於人權的部分提出建議。舉例來說，人權委員會對全國反對種族主義行動計畫提出了建議，其並與身心障礙立法諮詢團緊密合作，而該團準備對身心障礙政策提出建議。另外人權委員會發表了一份針對吉普賽為少數民族，並應基於憲法消除種族歧視的報告，且對於2003年的人身受傷評估委員會法案提出看法。然而同樣地人權委員會也沒有評估其意見是否被接受，或是持續針對尚未改善之部分繼續提出意見。

（二）人權教育

　　在人權委員會的職權裡，「2000年人權委員會法」第8條第5項規定，人權委員會「對可提升國人人權認識及注意其重要性之研究或教育活動，應給予資金贊助或協助，或委託辦理相關研究或教育活動」。

　　人權委員會在其關於2003至2006的愛爾蘭社會人權促進與保護策略計畫書中即提到，人權委員會將於盡可能範圍內達成人權教育之功能，而其方法

---

104 Irish Human Rights Commission, Annual Report 2006, p. 18.
105 參見Maurice Manning，前揭註23。

包括相關之教育與訓練、研究、資訊提供與傳播等，並且與相關之團體或個人合作。[106]例如人權委員會與國際特赦組織（Amnesty International）及英國及愛爾蘭之教師協會合作，[107]進行教師之人權教育。

另一方面，人權委員會亦宣稱其希望能盡可能促成相關之政府官員或代表參與人權教育之實施。值得特別注意的一點，其焦點將特別關注於未被確實執行之人權項目，尤其是經濟權、社會權與文化權。[108]

在實際之執行策略上，包含與教育與科學部以及警察人權團體、大學系所、教職體系與社區教育組織就人權教育訓練事項相互合作，並提供相關之人權教育訓練。另外以演講或出版以及透過網路宣傳、成立專屬網站等之方式達到人權教育之效果。

四、保護者

國家人權機構作為保護者之功能是最重要的，也是對於人權保護來說最容易有所減損的，一個國家之國家人權機構倘若能擁有較完整之保護者功能，通常該國家人權保護機構是較為有效的。「巴黎原則」對此認為，可以授權國家人權機構負責受理及審議有關個別情況的申訴及請願。提出之主體可以包括個人、個人之代理人、第三人、非政府組織、工會或任何其他代表性組織等。而國家人權機構可以根據以下原則處理這些個案：（1）在法律規定的範圍內，經由調解或和解，達成有拘束力之決定，並求得當事人滿意之解決方案；（2）告知申訴人及請願人其權利，特別是救濟途徑；（3）若非其職權範圍內，將申訴及請願案件，轉送其他權責機關；（4）基於維護申訴人及請願人之權利，對主管當局提出建議，特別是對法律、規章和行政措施提出修正或改革意見。[109]

對於愛爾蘭人權委員會而言，可由參與司法程序及調查權兩個層面探討

---

106 Irish Human Rights Commission, Promoting and Protecting Human Rights in Irish Society - A Plan for 2003-2006 (Irish Human Rights Commission, 2003), p. 24.

107 Irish Human Rights Commission, Annual Report 2004, p. 36.

108 Ibid, p. 25.

109 Paris Principles, Additional principles concerning the status of commissions with quasi-jurisdictional competences.

其如何扮演保護者之角色。吾人或可先探究人權委員會所接受之案件之增加
情形，再進而分析人權委員會是否已完善地扮演保護者之角色。

（一）案件數目

在人民詢問人權委員會相關業務的次數上，隨著人權委員會漸為大眾所
知悉，詢問之次數亦有所增加，特別是2004年之後有明顯增加之趨勢，或許
與人權委員會在2004年公布「法庭之友指導原則」有關（如圖7-2）。

在這些諮詢的來源裡面，歷年以來均以電話詢問之方式為最大宗，而
在詢問內容之種類上，大部分均較集中於公民與政治權利及跨領域（cross-
cutting，指橫跨公民、政治、經濟、社會與文化權之議題，例如關於種族、
性別、身心健康、兒童與老年人之議題等）議題所占比例較大，另外亦有關
於經濟與文化權利或其他議題者。

人權委員會曾經表明其當然希望能盡量滿足所有之協助請求，但是其
亦宣稱目前階段其資源恐有未殆之處，所能做的是盡可能完善其作為保護者

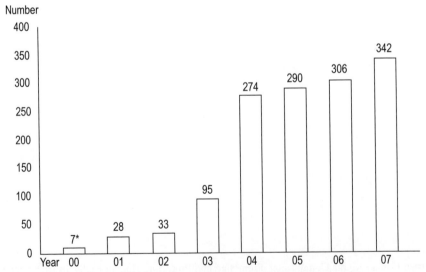

*2000年的7件請求案是人權委員會在2001年7月正式成立之前就已收到之案件。

資料來源: Irish Human Rights Commission, Annual Report 2007, p. 19.

圖7-2　人權委員會收到有關調查權與參與司法程序之件數2000～2007

之角色。[110]其中已可見人權委員會之掙扎，主觀上有意願善盡保護者之角色，但是其已警覺客觀上資源不足，因而吾人可藉由實際之成效檢視人權委員會是否因為客觀資源之限制，而導致無法完善實踐其職權。以下分從參與司法程序及調查權兩個領域觀之。

（二）參與司法程序

所謂參與司法程序包括四個面向。首先，人權委員會得以法庭之友之身分參與司法程序。「2000年人權委員會法」第8條第8項規定，人權委員會得向高等法院或最高法院申請，經其同意後，以法庭之友之身分，對於任何有關人權之案件提出意見。

其次，人權委員會得提供訴訟協助。「2000年人權委員會法」第10條規定，當事人得在訴訟前或程序中向人權委員會請求提供協助，如果事件所涉及之法律見解具有原則上重要性、因案件複雜或其他理由，無法期待關係人在未提供協助下得以保護其應有權益、其他機制可以提供更好之救濟，則人權委員會得提供相關協助，包括法律上之建議、對申請人提供或安排訴訟代理人或其他委員會認為妥適之協助。

第三，人權委員會得主動提起人權救濟程序。依據「2000年人權委員會法」第11條第1項規定，人權委員會亦得主動為任何人之人權事項向法院提出救濟程序。

第四，人權委員會得要求聲明法規違憲。「2000年人權委員會法」第11條第2項特別規定，第11條第1項所稱之救濟包括要求法院聲明法規牴觸憲法或法規違反憲法第50條存續有效之規定。

此四個面向，前兩者是人權委員會被動呼應人民之請求而參加或協助訴訟程序，後兩者則是人權委員會可以主動加入訴訟或釋憲程序。或許吾人可依此檢驗人權委員會之實際成效。

就扮演法庭之友之角色而言，人權委員會從2005年開始以法庭之友參與兩個案件，其分別為在高等法院的 *Lawrence & Others v. Ballina Town Council*

---

110 Irish Human Rights Commission, *Promoting and Protecting Human Rights in Irish Society-A Plan for 2003-2006* (Irish Human Rights Commission, 2003), p. 31.

& others及在最高法院的Carmody v. The Minister for Justice, Equality and Law Reform, Ireland and The Attorney General，但是這兩個案件到2007年年底前都尚未判決確定，[111]因此無法評估人權委員會作為法庭之友之成效。

　　人權委員會在2006年開始以法庭之友參與 Legal Aid Board v. District Judge Patrick Brady, the Northern Area Health Board & Others之訴訟，[112]本案中某位母親因為未善盡其職責，國家欲強制照顧此母親之身心障礙者兒童，因而此母親提起訴訟，並請求法律扶助，而人權委員會在本案中提醒法院應著重兒童權利公約及身心障礙者權利公約之規範，其認為本案中父母有權以監護人之身分指示法律扶助機構（Legal Aid Board），反而是影響身心障礙者兒童在親權訴訟中權利行使。本案後來和解，其內容亦遵循人權委員會之意見。[113]此案應是人權委員會有正面效應之案件。

　　在2007年則增加為四件人權個案，D.B. & Others v. The Minister for Justice, Equality and Law Reform一案有關非愛爾蘭國民父母（包括只有父或母一方非愛爾蘭國民及父母雙方均非愛爾蘭國民）在愛爾蘭所生之子女是否得申請居留權，人權委員會向最高法院提出意見，強調愛爾蘭憲法及國際人權條約均保障家庭團聚權及移民兒童之權利，但是愛爾蘭最高法院判決認為非愛爾蘭國民父母在愛爾蘭所生之子女並無法律依據得以申請繼續居留於愛爾蘭。[114]因而本案中實質上人權委員會之意見並未為最高法院所接受，應不算是人權委員會成功的案例。

　　另外三個案件Digital Rights Ireland Limited v. The Minister for Communications, Marine and Natural Resources, The Minister for Justice, Equality and Law Reform, The Commissioner of An Garda Siochana, Ireland and the Attorney General（有關電信公司是否得保存三年通話記錄）、Pullen & Others v. Dublin City Council（有關地方政府得否以簡易程序要求公有住宅承租人搬遷）、Health Services Executive v. SS （有關長期拘禁有行為障礙之未成年

---

111 Irish Human Rights Commission annual report 2007, p. 25.
112 Irish Human Rights Commission annual report 2006, p. 15.
113 Irish Human Rights Commission annual report 2007, p. 24.
114 Irish Human Rights Commission annual report 2007, pp. 24-25.

人）則到2007年年底之前都尚在審理中，尚無法得知其結果。[115]

　　就訴訟協助而言，人權委員會已在哪些案件以何種方式協助當事人之細節並不容易得知。而人權委員會只有在一個案件（*J.H. v. Vincent Russell, Clinical Director of Cavan General Hospital*）直接代表當事人進行訴訟，本案有關長期將當事人留置在精神病醫院超過四年，後來人權委員會得到勝訴，當事人亦離開醫院。[116]

　　就主動訴訟而言，前述人權委員會代表當事人提起訴訟之案件，應可歸類為主動訴訟，但是人權委員會將其列為訴訟協助，無論如何此案是唯一案件。

　　就要求聲明法規違憲而言，因為愛爾蘭沒有設立憲法法院，其違憲審查制度比較偏向美國系統，即由普通法院於審理案件中審查所適用之法規是否違憲。因而對於人權委員會而言，其亦必須於訴訟案件中提出聲明法規違憲之請求，從前述人權委員會以法庭之友身分參與訴訟或是協助訴訟之案件觀之，人權委員會並未說明其在這些案件中曾經請求愛爾蘭最高法院聲明法規違憲，唯一可得知的是在前述*D.B. & Others v. The Minister for Justice, Equality and Law Reform*一案，人權委員會提出本案有違憲之虞，但是可惜的是並未被愛爾蘭最高法院採納，因此吾人可以說幾年來人權委員會事實上並未善用此項職權，而這是非常遺憾之事，因為從比較法觀之，其實被賦予得提起釋憲職權之國家人權機構並不多，如果能認定某侵犯人權之法規違憲，可在制度上避免相同情形重複出現，對於人權保障是相當有助益的，或許這是人權委員會未來應該妥善運用之職權。

　　人權委員會在參與訴訟程序的表現，恐怕必須面對兩項批判，第一是效率太低，人權委員會幾年來只處理少數案件。第二是成效不確定，人權委員會所提出之意見，因為有一些案件尚在審理中，因此無法評估其成效，而少數已確定之案件，人權委員會之意見亦非均為法院所採納。

---

115 到2009年4月為止，人權委員會尚未出版其2008年年度報告，因此難以得知最新資訊。
116 Irish Human Rights Commission annual report 2007, pp. 22-23.

（三）調查權

在作為保護者的功能中，調查權是國家人權機構相當重要之功能。愛爾蘭「2000年人權委員會法」第8條所列人權委員會職權中即包含「依據本法第九條規定執行調查工作」，而此職權則在第9條作更詳盡之規範，其中規定人權委員會得主動或是應任何人請求，獨立自主採行必要或權宜調查措施以實行其職權。同時為了實踐調查之目的，若人權委員會請求命提出所占有或持有與調查相關之資料、文件或物品或邀請到會說明，其受請求之人不得拒絕，否則依照同條第17項之規定，可處以十二個月以下有期徒刑或科或併科1,500元以下罰金。另外，第9條針對調查權部分規範的可說是相當完整，包含拒絕調查事由、不受理事由、提出證據期限、調查方式、個人資料保護與資訊公開等，均有詳細舉列，並且該條關於調查權所佔之篇幅為整個「2000年人權委員會法」最大的，足以證明調查權之重要性。

至於在實際的調查權行使方面，人權委員會自2003年5月開始審查2000年以來所收之諮詢案件，然而第一次正式行使該項權能係在2004年年底調查關於退休福利之事件，[117]第二件則是有關外國人之不公平待遇，[118]第三件有關智能障礙者之不公平待遇。[119]

此情況至少有兩個疑慮，首先，有關行使職權之範疇，於此必須強調的是至2007年為止幾年來人權委員會只進行調查此三件案件，其他案件完全被忽略，其意謂人權委員會其實捨棄了諸多人權議題，人權委員會是否已善盡其調查職權恐怕有相當疑義。

其次，就效率而言，人權委員會到了2007年才完成第一份調查報告，[120]此案即為人權委員會所進行的第一個調查案件，此報告名稱為The Self-Employed and the Old Age Contributory Pension，其關於退休福利，人權委員會認為愛爾蘭的退休福利制度不完全符合歐洲社會安全典章（European Code of Social Security）、歐洲人權公約、公民與政治權利公約之規定，因

---

117 Irish Human Rights Commission annual report 2003, p. 36; Irish Human Rights Commission annual report 2004, p. 30.
118 Irish Human Rights Commission annual report 2006, p. 14.
119 Irish Human Rights Commission annual report 2007, p. 22.
120 Ibid.

此要求修正愛爾蘭國內社會福利法規，同時強調人權委員會將持續監督愛爾蘭社會及家庭部（Department of Social and Family Affairs）負責改進。從其結果而言，因為人權委員會之努力，應可進一步改善愛爾蘭之社會福利制度，不過亦需持續觀察愛爾蘭行政部門是否完整實踐人權委員會之意見。但是從效率而言，人權委員會花了三年時間才完成此報告，而且另兩個調查案尚未完成報告，如果人權委員會的效能如此低落，恐怕難以完整實行其調查權。

於此或亦可回應前述人權委員會之說詞，其認為因為客觀資源之限制，人權委員會無法處理大量的調查權及參與司法程序案件，確實人權委員會必須面對資源之限制，例如除了主席之外其他委員均為兼任、只有相當少數的職員、總預算不充分等，但是如果從人權委員會所進行的參與司法程序及調查案觀之，恐怕其效率是太低的，而且不能只以缺乏資源為藉口，例如2000年至2007年人權委員會共收到1,375件請求案（參見圖7-2），但是從上述可知，人權委員會只進行7件以法庭之友參與訴訟、1件直接代表當事人進行訴訟協助、3件調查案，因而絕大部分案件被人權委員會認為是不需要參與或協助，或是尚在處理中，其結果是諸多人民之人權期待，可能無法藉由人權委員會實行其參與訴訟程序及調查權而得到進一步之保障，人權委員會恐怕尚未完整扮演保護者之角色。

伍、結論

從歷史發展觀之，1990年代之後進入國家人權機構之重要擴張期，才有多數國家人權機構之設立。而愛爾蘭也因為與英國簽訂「貝爾發斯特協議」之契機，得以設立人權委員會，並選擇以增訂新法律之方式，在既有之監察使之外設立人權委員會。

愛爾蘭人權委員會被國家人權機構論壇即評定其為A級的完全滿足巴黎原則標準之國家人權機構，因而其有相當多值得讚許之處，例如在組織面向，其規定任命委員時應兩性平衡、委員亦相當具有多元性及代表性、委員之任期及解職要件明確。在職權面向，人權委員會有廣泛之職權，在扮演促進者及橋樑之角色部分相對而言有較佳之成果。

　　但是即使愛爾蘭人權委員會被評定為A級之國家人權機構，此並不意謂人權委員會均無可改進之處，例如在組織架構上，人權委員會與行政部門有較密切之聯繫、行政部門任命所有委員、無委員之豁免權規範、預算不足、職員不夠等，都影響人權委員會之運作。而在職權上，恐怕難以認定人權委員會已善盡保護者之角色。

第八章　英國平等及人權委員會

「2006年平等法」（Equality Act 2006）被認為是英國繼「1998年人權法」（Human Rights Act 1998）之後最重要之人權立法，[1]其在2006年2月16日得到皇室御准（Royal Assent），而內容則是擴大反歧視之領域，並且設立「平等及人權委員會」（Commission for Equality and Human Rights），[2]此委員會於2007年10月1日正式成立。[3]

「平等及人權委員會」聲稱將是獨立且具影響力之機制，而其目的是降低不平等、消除歧視、強化人群關係及保障人權，[4]亦即「平等及人權委員會」將會是英國非常重要之機制，同時具備兩種特質，第一是獨立之機制，第二是反歧視及人權機制。是否為非常獨立之機制與組織有關，是否能善盡反歧視及人權之職責則是職權範疇之議題，均相當值得作深入之探討。

因而以下首先從歷史及原因面向，探討英國是在什麼時間點、基於什麼原因而創設「平等及人權委員會」。其次，從組織面向分析「平等及人權委員會」之獨立性。再者，從職權面向分析「平等及人權委員會」與行政、立法及司法權之互動。最後於第肆部分作總結。

壹、歷史及原因

「平等及人權委員會」是新設之機制，然而設立此新機制有其本身之歷史及原因，以下分析即著重於此兩點。

---

1 Lord Lester of Herne Hill and Kate Beattie, "The New Commission for Equality and Human Rights," *Public Law Summer* 2006, p. 197.
2 Colm O'Cinneide, "The Commission for Equality and Human Rights: A New Institution for New and Uncertain Times," (2007) 36 *Industrial Law Journal* 141, 142.
3 Gautheir de Beco, "National Human Rights Institutions in Europe," (2007) 7 *Human Rights Law Review* 331, 340.
4 Commission for Equality and Human Rights, *Towards the Commission for Equality and Human Rights* (Commission for Equality and Human Rights, 2007), p. 6.

一、歷史

工黨（Labour Party）於1997年贏得國會選舉，形成英國之新的政黨輪替，雖然政黨輪替對於英國民主發展過程已不是新鮮事，但是工黨在當時競選時便提出「將人權帶進國內」（Bringing Rights Home）之政策，工黨贏得政權之後，也確實將此作為其最重要之人權政策，於是推動在國內立法使「歐洲人權公約」（European Convention on Human Rights）有國內法效力，其實英國於1951年即批准「歐洲人權公約」，但是經過多年之後，才因政黨輪替提出新人權政策，直至1998年方訂定「1998年人權法」[5]，其於2000年10月生效，將「歐洲人權公約」之準則於國內實現。

「1998年人權法」不論對於行政、立法或司法部分都有相當大之衝擊。首先就司法部門而言，「1998年人權法」第2條要求司法機關適用法律必須符合「歐洲人權公約」各機構之意見，無論其為歐洲人權法院、歐洲人權委員會或是部長委員會之判決、決定、諮詢意見或決議等。同時依據第4條之規定，如果法院發現其他法律或授權命令，不符合「歐洲人權公約」之各權利保障規範時，可宣告此法律或授權命令不符合「歐洲人權公約」之權利保障規定。第7條則賦予個人因為歐洲人權規範被侵害之救濟權利，而且其規定這類救濟程序原則上必須於一年內完成。同時法院得判決給予被害人賠償，而此賠償是否給予及數量多寡，依據第8條規定必須符合歐洲人權法院依據「歐洲人權公約」第41條所建立之準則。其次，就立法而言，「1998年人權法」第3條要求立法及法律解釋必須符合歐洲人權準則。同時第19條規定，任何負責法案之部長，必須在法案二讀之前作「符合聲明」（statement of compatibility），即聲明此法案符合歐洲人權準則。再者，對公部門之行為部分，第6條則規定任何公部門（public authority）之行為違反歐洲人權準則時，即是違法之行為。而且所謂公部門包括法院、審判庭及委託行政，而所謂行為包括不作為。

然而「1998年人權法」並沒有人權機制之設置，而設立「平等及人權

---

5 See Christopher Baker (ed.), *Human Rights Act 1998: A Practitioner's Guide* (Sweet & Maxwell, 1998). David Leckie and David Pickersgill, *The 1998 Human Rights Act Explained* (The Stationery Office, 1999).

委員會」則是由設立反歧視單一機制引起，2001年初工黨政府表明其欲設立單一的平等委員會，[6]2002年10月貿易及工業部（Department for Trade and Industry）提出英國新的有關平等機制之幾種構想，但是沒有說明應該確切走哪一個方向。[7]

相對地2003年3月由國會上下議院共同組成之「人權聯席委員會」（Joint Committee on Human Rights）則是認為應該將幾個專職之委員會整合為國家人權委員會，其可能稱為Commission on Equality and Human Rights。[8]將設立人權機制之方向，由英國政府著重之反歧視機制，轉向為完整機制之國家人權委員會。

後來此方向為英國政府所採納，在2003年10月當時的憲政事務國務大臣（Secretary of State for Constitutional Affairs） Falconer公爵宣布英國政府將設立單一機制，涵蓋反歧視及人權事務，並確認此機制之名稱為Commission for Equality and Human Rights，[9]另外當時的貿易及工業部部長Patricia Hewitt在2003年12月設立任務編組（Task Force），作為諮詢機制，以協助政府設立此一委員會。2004年5月英國政府提出白皮書，[10]確定設立「平等及人權委員會」之政策，2004年11月英國政府正式宣布將設立「平等及人權委員會」，[11]並於2005年3月向國會提出法案，經過國會辯論之後，新的平等法於2006年2月16日通過，一方面建構單一完整之平等法，並且確定在2007年10月設立「平等及人權委員會」，作為英國之國家人權委員會。

英國是典型的「非法典化憲法」國家，並沒有一部名為憲法之法律，因

6 Colm O'Cinneide, supra no. 2, p. 143.

7 有關「平等及人權委員會」之創設過程，請參閱Francesca Klug and Claire O'Brien, ""Fairness for All"? An Analysis of Human Rights Power in the White Paper on the Proposed Commission for Equality and Human Rights," *Public Law*, Winter 2004, pp. 712-713.

8 See Joint Committee on Human Rights (House of Lords and House of Commons), Sixth Report, Session 2002-03.

9 Secretary of State for Constitutional Affairs, *Equality and Diversity: Making it Happen* (Secretary of State for Constitutional Affairs, 2002).

10 Secretary of State for Trade and Industry and Secretary of State for Constitutional Affairs, *Fairness for All: A New Commission for Equality and Human Rights White Paper* (Secretary of State for Trade and Industry and Secretary of State for Constitutional Affairs, 2004).

11 Department of Trade and Industry, Equality Impact Assessment on Proposals for Location of the Commission for Equality and Human Rights （Department of Trade and Industry, 2007）, p. 1.

此對於英國而言，要設立一獨立機關，形式上沒有修憲之問題，也因此以法律明文設立獨立機關即可，「2006年平等法」之通過給予設立「平等及人權委員會」之法律基礎。

二、原因

　　「平等及人權委員會」被認為是英國第一次有法定機制負責促進及保護人權，同時肩負實踐整合途徑消除所有可能之歧視。[12]然而英國創設「平等及人權委員會」可說是綜合國內及國際發展之成果。

　　一般而言英國政府所強調的國內因素，例如當時的貿易及工業部部長Patricia Hewitt在2004年宣布將成立「平等及人權委員會」之白皮書時，其說明理由主要有三，第一是人民有多元之認同；第二是平等概念已從針對少數人之思考演進至與所有人有關；第三是此委員會得以處理互相衝突之各種權利。[13]而當時英國首相Tony Blair在為設立「平等及人權委員會」的白皮書寫序言時，特別提到設立「平等及人權委員會」是為了「促進整體社會之平等」，同時也是「第一次在英國提供對於人權之機制支持」。[14]而「平等及人權委員會」在籌設過程中也強調，「英國正在轉變，改變中的人口結構、全球化及移民，使吾人更注意不同之認同、文化、宗教及信仰。沒有人可以忽視改變中的男女及新家庭型態關係，或是勞動市場及公眾服務之需求。」[15]

　　由上述英國之官方說明可以看出，通過「2006年平等法」及「平等及人權委員會」是為了追尋英國社會更加平等，當然這是一部新法律及一個新機制之理想，的確是事實，然而英國政府沒有強調的是國際發展對於英國之衝擊與影響，這至少包括三個部分：「歐洲人權公約」國內法化之衝擊、國家人權機構國際發展之影響、歐洲共同體（European Community）相關指令

---

12 Lord Lester of Herne Hill and Kate Beattie, supra no. 1, p. 197.

13 Patricia Hewitt, "Launch of the White Paper on the Commission for Equality and Human Rights "Equality and Human Rights in the 21st Century"," 12 May 2004, pp. 4-8.

14 See Jackie Jones, "The Proposals for a Commission for Equality and Human Rights," (2005) 27 *Journal of Social Welfare and Family Law* 1, 91.

15 Commission for Equality and Human Rights, supra no. 4, p. 3.

（directive）之要求。

　　首先討論「歐洲人權公約」有英國國內法地位之後的後續影響，其實將「歐洲人權公約」轉化使其有國內法效力，只是「建構地板，而非天花板」（establishing a floor, not a ceiling），自從歐洲人權公約具有國內法效力之後，設立獨立之人權機制變的更為需要。[16]而Lester及Beattie認為基於以下幾個原因，英國需要一個人權委員會。第一，政府及民間均未充分善用「1998年人權法」，以建立人權文化。第二，行政部門並沒有建立人權文化之願景、行政架構或是指導原則。第三，英國審計部2003年的統計指出，約有58%公部門沒有人權政策，亦無合作計畫，此相較於2002年無任何進步。第四，憲政事務部之研究部門也指出，雖然「1998年人權法」希望改進公部門之人權意識，但是實質上並沒有顯著之改善成果。因此認為「1998年人權法」之實踐缺乏機制之支撐，而設立「平等及人權委員會」便是基於改善上述情況之意念。[17]

　　其次，因為「1998年人權法」之衝擊使得英國思考應該設立國家人權機制，其實工黨政府早在1997年的人權白皮書就已提到應該考慮設立國家人權委員會，而且是與將「歐洲人權公約」國內法化一併提出的，但是因為衡量究竟要採用哪一種模式設立國家人權委員會，必須要有更高之共識，於是工黨政府先推動「歐洲人權公約」國內法化，而當「1998年人權法」通過之後，工黨政府即重新思考設立國家人權委員會，[18]當然這正是國家人權機構國際發展對於各國之影響，而英國亦無法逃避此風潮與發展。因而接下來論述此國際發展之情形。

　　國家人權機構之國際發展趨勢，最重要的是國際準則之訂定，聯合國人權委員會在1990年要求舉行研討會，由從事促進和保護人權工作的國家機構與區域機構參加。研討會的宗旨是審議國家機構與聯合國及其專門機

---

16 A Human Rights Commission for the United Kingdom, Response by Charter 88 to the Joint Committee of Human Rights, 27 June 2001, p. 1.

17 Lord Lester of Herne Hill and Kate Beattie, supra no. 1, pp. 199-200.

18 See Christopher McCrudden, "The Contribution of the EU Fundamental Rights Agency to Combating Discrimination and Promoting Equality," in Philip Alston and Oliver De Schutter (eds.), *Monitoring Fundamental Rights in the EU The Contribution of the Fundamental Rights Agency* (Hart Publishing, 2005), p. 138.

構等國際組織的合作模式，並探討提高國家機構效能的途徑。據此關於促進和保護人權的國家機構的第一次國際研討會於1991年10月7至9日在巴黎舉行。[19]會議的結論為建立「關於國家促進及保護人權機構的地位及職權之原則」（Principles relating to the status and functioning of national institutions for protection and promotion of human rights），即通稱之「巴黎原則」（Paris Principles）。「巴黎原則」後來得到聯合國人權委員會第1992/54號決議核可，其後又經聯合國大會1993年12月20日第48/134號決議核可。「巴黎原則」乃成為有關國家人權機構之最重要國際準則。

　　另一方面則是國際推動，其中最重要的是1993年在維也納舉行之世界人權會議（World Conference on Human Rights），其發布了維也納宣言及行動計劃（Vienna Declaration and Programme of Action），其中呼籲各國政府、聯合國及國際組織應加強設立及強化國家人權機制之資源，以維持法治、民主及人權。[20]世界人權會議再次確認國家人權機制對促進及保護人權之重要及建設角色，特別是其對有權機關之諮詢權能，對違反人權事件之救濟，傳播人權訊息及人權教育之貢獻。[21]而世界人權會議亦要求各國強化其國家人權機制，因為其是促進及保障人權之重要角色。[22]世界人權會議亦建議聯合國加強其協助各國建立及強化國家人權機制之活動，以符合各國之需求。[23]其亦鼓勵各國家人權機制應加強合作，特別是交換訊息及經驗，並與區域組織及聯合國合作。[24]因此世界人權會議強烈建議各國家人權機制應在聯合國人權中心（Centre for Human Rights）協助下定期聚會，以分享經驗並尋求改進機制之方式及內容。[25]自從1993年世界人權會議之後國家人權委員會無論是在國家、區域及國際人權領域都扮演更重要及積極之角色，他們對於立法、行政及司法機關都有所協助。[26]

---

19 E/CN.4/1992/43 and Add.1.
20 Vienna Declaration and Programme of Action, A/CONE.157/23, 12 July 1993, I paragraph 34.
21 Ibid., I paragraph 36.
22 Ibid., II paragraph 83.
23 Ibid., II paragraph 84.
24 Ibid., II paragraph 85.
25 Ibid., II paragraph 86.
26 Commonwealth Secretariat, *Best Practice for National Human Rights Institutions* (Commonwealth Secretariat, 2001), p. 3.

英國會將反歧視機制變革為完整的包括反歧視及人權保障機制，應該
與大英國協國家（British Commonwealth）之發展有關，因為一方面大英
國協中已有一些國家採取獨立人權委員會之模式，例如斐濟、[27]印度、[28]
迦納、[29]奈及利亞[30]及馬來西亞[31]等。而另一方面大英國協其他國家，例
如澳洲及紐西蘭，則是逐步將單一職權委員會擴展為全面性之人權委員
會。澳洲於1986年通過Human Rights and Equal Opportunities Commission
Act，並成立人權及平等機會委員會（Human Rights and Equal Opportunities
Commission），[32]其本來之職權專注於消除種族歧視，後來則擴大至性別、
年齡及殘障等因素之歧視，甚至擴大至全面性之人權教育。[33]紐西蘭則是早
在1977年即通過Human Rights Commission Act 1977，並於1978年設立人權委
員會（Human Rights Commission），其本來職權只有消除歧視而已，但是經
過1993年及2001年兩次修正，紐西蘭人權委員會已成為負責全面性人權議題

---

27 See Shaista Shameem, "The Protection Role of the Fiji Human Rights Commission," in Bertrand G. Ramcharan (ed.), *The Protection Role of National Human Rights Institutions* (Martinus Nijhoff Publishers, 2005), pp. 43-56.

28 A. S. Annand, "The Protection Role of the Indian Human Rights Commission," in Bertrand G. Ramcharan (ed.), *The Protection Role of National Human Rights Institutions* (Martinus Nijhoff Publishers, 2005), pp. 87-106. Vijayashri Sripati, "India's National Human Rights Commission: Strengths and Weakness," in Birgit Lindsnaes, Lone Lindholt and Kristine Yigen (eds.), *National Human Rights Institutions Articles and Working Papers* (Danish Centre for Human Rights, 2000), pp. 149-168.

29 Kofi Quashigah, "The Ghana Commission on Human Rights and Administrative Justice," in Birgit Lindsnaes, Lone Lindholt and Kristine Yigen (eds.), *National Human Rights Institutions Articles and Working Papers* (Danish Centre for Human Rights, 2000), pp. 199-208.

30 Muhammed Tabiu, "National Huamn Rights Commission of Nigeria," in Kamal Hossain, Leonard F. M. Besselink, Halie Selassie Gebre Selassie and Edmond Völker (eds.), *Human Rights Commissions and Ombudsman Offices National Experience Throughout the World* (Kluwer Law International, 2000), pp. 553-560.

31 Dato' Siew Kioh Choo, "The Background, Structure, Functions and Perspective of the NHRC of Malaysia," paper presented to Conference on NHRIs in the Asia-Pacific, Taiwan Foundation for Democracy and Taiwanese Society of International Law, Taipei, 22 and 23 October 2005.

32 John von Doussa, "The Protection Role of the Australian Human Rights Commission," in Bertrand G. Ramcharan (ed.), *The Protection Role of National Human Rights Institutions* (Martinus Nijhoff Publishers, 2005), pp. 4-5.

33 Brian Burdekin, "Human Rights Commissions," in Kamal Hossain, Leonard F. M. Besselink, Halie Selassie Gebre Selassie and Edmond Völker (eds.), *Human Rights Commissions and Ombudsman Offices National Experience Throughout the World* (Kluwer Law International, 2000), p. 831.

之人權委員會，[34]而紐西蘭兩次修正人權法之目的則是希望能完整地符合聯合國之「巴黎原則」。同時值得注意的是，在成立國家人權委員會之前澳洲及紐西蘭均已有監察使設立，[35]因此其發展情形是使單一職權委員會轉換為全面性之人權委員會，同時是與監察使分離的，也就是採用與監察使分離的獨立人權委員會模式。

　　不過如上所述其實英國政府本來只是要設立單一平等委員會，後來因為國會之建議才使得朝向國家人權委員會之方向發展，因此設立「平等及人權委員會」可能陷入此困境，一方面形式上受國際上國家人權委員會發展之影響，但是卻不必然完整接受此理念，例如民間團體「一九九〇信託」（The 1990 Trust）便質疑英國政府要設立「平等及人權委員會」，是否思考過聯合國設立國家人權機構之「巴黎原則」。[36]

　　第三，其實英國政府在提出設立「平等及人權委員會」時，便已提到歐盟相關指令之影響，[37]只是英國政府不願意過度強調，英國政府訂定新的平等法是因為歐洲共同體之要求，以避免形成英國政府是被迫為之印象。其實歐洲共同體在2000年訂定有關「種族平等指令」[38]及「雇用及職業平等待遇指令」，[39]其中「種族平等指令」要求各會員國必須在2003年7月19日以前，確保其國內與平等待遇原則違背之有關法律必須修改或廢除，而且本指令所指之歧視包括直接歧視、間接歧視、騷擾性歧視及只是他人進行歧視行為等類型。[40]而「雇用及職業平等待遇指令」亦要求會員國於2003年12月

---

34 See Article 5 of the Human Rights Act 2001.

35 參閱尤金‧畢格諾夫斯基（Biganovsky），〈澳洲暨太平洋地區監察使論壇〉，收錄於黃越欽主編，《國際監察組織一九九四年研討會論文集》，36頁至37頁。

36 The 1990 Trust, Delivering Equality and Human Rights for Black and Minority Ethnic Communities: A Submission to the Joint Committee on Human Rights on The Commission for Equality and Human Rights (The 1990 Trust, 2004), p. 5.

37 Nicky Day and Sara Davidson, Women and Equality Unit, Department of Trade and Industry, 'Equality and Diversity - Making it Happen,' Report on the Consultation Exercise, October 2002-February 2003, p. 4.

38 Council Directive, 2000/43/EC of 29 June 2000, implementing the principle of equal treatment between persons irrespective of racial or ethic origin.

39 Council Directive, 2000/78/EC of 27 November 2000, establishing a general framework of equal treatment in employment and occupation.

40 Article 2, Council Directive, 2000/43/EC of 29 June 2000, implementing the principle of equal treatment between persons irrespective of racial or ethic origin.

2日以前，必須增訂法律，或是修改或廢除相關法律，以實踐本指令。但是有關基於年齡及身心障礙之雇用及職業歧視，本指令特別允許各會員國另外三年緩衝時間，及此二領域之實踐時間延至2006年12月2日。[41]同時兩個指令也要求歐盟各會員國必須設立國家機制，以促進平等，並給予被害人救濟。[42]

　　因為歐盟此二指令之要求，英國必須面對是否訂定新法律之問題，特別是歐盟要求將範圍更廣的歧視原因納入追尋平等之範疇，因此歐盟在2000年訂定相關指令之後，引發英國於2001年開始回應此議題，也開始思考是否增訂新法律，因此最後才有「2006年平等法」之制定，擴大法定反歧視原因，而從時間點觀之，這可符合歐盟指令的最後期限。同時因為歐盟指令之要求，英國也必須思索如何建構或修正其有關追尋平等之國家機制，因而決定設立「平等及人權委員會」此新機制。

貳、組織

　　探討完英國設立「平等及人權委員會」之歷史及原因之後，接下來應該從組織面向分析英國如何設立新的人權機制。英國是典型的君主立憲內閣制國家，形式上王權代表國家，立法權屬於國會，國會包括上下兩議院，行政權由內閣行使，且其由下議院多數黨組閣，並由多數黨領袖擔任首相，內閣成員均為國會議員。最高司法權形式上依然在國會之中，上議院之法律爵士（Law Lords）們是最終司法審判者，近幾年來已設立最高法院。英國亦有國會監察使。

　　對於英國而言，設立獨立機關應是行政權及立法權之拔河，如果此獨立機關被認為是廣義之行政權範疇內，那其與行政權關係較密切。如果此機關被歸類為行政權之外的話，國會便有較多之監督可能性，雖然內閣由國會多數黨組成，但是少數黨至少可以在國會與獨立機關有較多之互動。

---

41 Article 18, Council Directive, 2000/78/EC of 27 November 2000, establishing a general framework of equal treatment in employment and occupation.
42 See Christopher McCrudden, supra no. 18, p. 136.

在面對各類型歧視及人權機制問題時，英國首先思考的是設立多數委員會還是單一委員會的問題，因為其實英國早在1970年即制定「公平薪資法」（Equal Pay Act 1970），1975年制定「性別歧視法」（Sex Discrimination Act 1975），並且設立「機會平等委員會」（Equal Opportunities Commission）。[43]爾後於1976年制定「種族關係法」（Race Relations Act 1976），並且設立「種族平等委員會」（Commission for Racial Equality）。[44]更於1995年制定「身心障礙歧視法」（Disability Discrimination Act 1995），並且設立「身心障礙者權利委員會」（Disability Rights Commission）。[45]

英國政府曾經考慮三種方案。第一種是以不變應萬變（do nothing），即未被法律包括之性傾向、宗教、信仰及年齡歧視與人權保障，都沒有機制之支撐；第二種是依據不同歧視源由設立不同委員會，即分別增設防止性傾向、宗教、信仰及年齡歧視之各委員會，並另外設立促進人權之委員會；[46]第三是設立單一的平等及人權委員會，即整合所有既有委員會，並賦予此一新的委員會防止其他類型歧視及促進人權保障之新責任。[47]後來英國政府決定採用第三方案，即成立單一的平等及人權委員會，英國政府認為單一機制有幾點好處，第一是成為強而有力之主導機制；第二是透過交錯作用，消

---

43 See Stephen C. Neff and Eric Avebury, "Human Rights Mechanisms in the United Kingdom," in Kamal Hossain, Leonard F. M. Besselink, Halie Selassie Gebre Selassie and Edmond Vőlker (eds.), *Human Rights Commissions and Ombudsman Offices National Experience Throughout the World* (Kluwer Law International, 2000), pp. 675-677.

44 See Christopher Boothman, "The Commission of Racial Equality," in Kamal Hossain, Leonard F. M. Besselink, Halie Selassie Gebre Selassie and Edmond Vőlker (eds.), *Human Rights Commissions and Ombudsman Offices National Experience Throughout the World* (Kluwer Law International, 2000), pp. 691-732. Tom Hadden, "The Role of a National Commission in the Protection of Human Rights," in Kamal Hossain, Leonard F. M. Besselink, Halie Selassie Gebre Selassie and Edmond Vőlker (eds.), *Human Rights Commissions and Ombudsman Offices National Experience Throughout the World* (Kluwer Law International, 2000), p. 794. Christopher McCrudden, "The Commission for Racial Equality: Formal Investigations in the Shadow of Judicial Review," in Robert Baldwin and Christopher McCrudden (eds.), *Regulation and Public Law* (Weidenfeld and Nicolson, 1987), pp. 227-266.

45 See Julie Chi-Hye Suk, "Antidiscrimination Law in the Administrative State," (2006) *University of Illinois Law Review* 405, 439-454.

46 有的民間團體便主張所謂的六加一方案，即設立六個反歧視委員會，各司不同原因之歧視事件，同時設立一人權委員會，負責人權保障。See The 1990 Trust, supra no. 36, p. 6.

47 Secretary of State for Trade and Industry and Secretary of State for Constitutional Affairs, supra no. 10, pp. 106-108.

除對於多重群體之歧視；第三是對於個人有所助益；第四是消除多重緣由之歧視；第五是建立單一之聯繫途徑；第六是增進公眾服務之多元性；第七是以整合之途徑實踐反歧視法；第八是得以發現及促進創新的消除歧視之途徑。[48]

　　接下來英國政府必須面對的問題是此單一機關要設在何處？即與立法權及行政權之關係。英國行政組織包括部會、政署（agency）及非部會公共機關（Non Departmental Public Bodies），然而非部會公共機關是特定法律所設立的，而政署之設立卻是完全為行政決定。[49]英國政府決定延續過去「機會平等委員會」、「種族平等委員會」及「身心障礙者權利委員會」之特質，將「平等及人權委員會」定位為非部會公共機關，而英國的非部會公共機關」可分為四種類型：1.執行性質的非部會公共機關；2.諮詢性質的非部會公共機關；3.仲裁性質的非部會公共機關；4.獨立監督委員會。[50]「平等及人權委員會」則被界定為執行性質的非部會公共機關，[51]而執行性質的非部會公共機關有以下特徵：1.通常由部長提議設立，代表政府履行行政或管制等功能；2.任務範圍涵蓋全國；3.組織屬性為法人組織，具有權利能力的法人人格；4.不是政府部會，也不是政署；5.不是皇室管轄之單位，且不具有皇室地位；[52]6.董事會組成人選是由部長所指派；7.部長對於其績效及存續，負有最終說明的責任。[53]因此其也被認為是與部會有「一臂之遙」的公共機關，而有論者認為英國的非部會公共機關中之行政性質的非部會公共機關（Executive NDPB）類似我國行政法人制度。[54]

---

48 Ibid., pp. 16-18.
49 參閱彭錦鵬，〈英國政署之組織設計與運作成效〉，《歐美研究》，第30卷第3期，2000年9月，127頁。
50 劉坤億，〈英國行政法人（Executive NDPBs）之課責制度〉，論文發表於行政院人事行政局舉辦，《外國經驗及我國行政法人推動現況研討會》，2006年4月7日，3頁至4頁。
51 Secretary of State for Trade and Industry and Secretary of State for Constitutional Affairs, supra no. 10, p. 53.
52 非部會公共機關的重點之一為是否被納入為皇室行政權之一部分，因而有一定豁免權或特權，並直接對國會負責。而是否屬於皇室一部份，則由法律決定之。See John Alder, *General Principles of Constitutional and Administrative Law* (4th ed., Palgrave, 2002), p. 338.
53 劉坤億，〈英國行政法人（Executive NDPBs）之課責制度〉，論文發表於行政院人事行政局舉辦，《外國經驗及我國行政法人推動現況研討會》，2006年4月7日，6頁。
54 劉坤億，〈台灣推動行政法人制度之經驗分析〉，論文發表於財團法人英荃學術基金會、國立台北大學公共行政暨政策學系主辦，《第一屆公共行政與公法學術研討會》，

　　但是相反地，英國上下議院設立之「人權聯席委員會」認為「平等及人權委員會」應該不是國會或是行政部門之附屬機制，[55]「人權聯席委員會」曾經建議三種模式供設立「平等及人權委員會」參考，第一種是國會監察使（Parliamentary Commissioner）模式，第二種是審計部（National Audit Office）模式，第三種是選舉委員會（Electoral Commission）模式。[56]「人權聯席委員會」認為這些機制的成員可以稱為「國會的官員」（Officers of Parliament），而這些機制之特色包括國會參與人事之任命、國會有委員會監督預算、此機制必須向國會特定委員會報告、人事非公務員等。[57]

　　因而「人權聯席委員會」反對以非部會公共機關之模式設立「平等及人權委員會」，並提出五大理由，包括：1.最基本的是人權與國家之本質，政府本應受人權之拘束；2.必須符合「巴黎原則」之國際標準；3.非部會公共機關模式與行政部門太過親近；4.人權委員會的本質必須質疑政府，因此必須於行政部門之外設立「平等及人權委員會」；5.設立一獨立之國家人權委員會，才能展現英國實踐國際標準之決心。[58]

　　然而畢竟英國是由國會多數黨組閣之國家，行政部門所屬政黨是國會多數，最後「2006年平等法」通過還是採用非部會公共機關之模式設立「平等及人權委員會」，因而應探討非部會公共機關之特質，並析論其是否可以達成獨立性之要求。

　　且讓我們先瞭解國際標準對於一個國家人權機構的獨立性準則，「巴黎原則」強調一個國家人權機構「組成及獨立性與多元化保障」之重要性，而其認為應有幾個重點：（一）任命程序；（二）成員之代表性；（三）任期穩定；（四）解職要件；（五）豁免權。[59]「巴黎原則」強調，國家人權機構應具備其能順利開展活動的基礎結構，特別是充足的經費，此一經費的目

2006年12月15日，2頁。

55 Joint Committee on Human Rights（House of Lords and House of Commons）, Commission for Equality and Human Rights: Structure, Functions and Powers, Eleventh Report, Session 2003-04, p. 46.

56 Ibid., pp. 42-43.

57 Ibid., p. 43.

58 Ibid., pp. 44-45.

59 Paris Principles, Composition and guarantees of independence and pluralism.

的是使國家人權機構能擁有自己的工作人員和辦公房舍，以便獨立於政府，不受財政控制，而可能影響其獨立性。[60]國家人權機構經費是否獨立或充分，其實有兩個層面之影響，第一是委員會本身是否能確實實踐其職權，進而完成創設國家人權委員會之理想。第二是委員之薪資是否獨立或充分，是否進而影響其專注於實踐其職權。

而從比較實例觀之，各國國家人權機構至少有三種組織定位模式，第一種是憲法獨立機關，例如南非、泰國、波蘭等國家，直接在憲法中規範其國家人權機構之獨立地位。第二種是以立法確認其國家人權機構獨立於三權分立之外，例如南韓通過「國家人權委員會法」（National Human Rights Act 2001），表明此委員會獨立於三權之外。第三種模式則是獨立之行政機關，即被歸納為廣義的行政機關中，但是盡可能賦予其獨立性，例如馬來西亞。

接下來探究英國所採之非部會公共機關模式是否能符合「巴黎原則」之規範，其與憲法獨立機關或是獨立於三權分立之外的獨立機關有何差異。

有人將非部會公共機關稱為「準自主非政府組織」（Quasi-autonomous non-governmental organizations, Quangos），[61]但是事實上更嚴謹的說非部會公共機關不是非政府組織，因為一般非政府組織指的是民間自行成立之團體，但是其實非部會公共機關是由政府成立的，因此其本質依然是國家所成立之機制，而應強調的重點是其本質是非部會的。[62]亦有人稱非部會公共機關為「形式上之政府組織」（paragovernmental organizations），[63]其所強調的是非部會公共機關只有形式上是政府組織之一部分，實質上則有其獨立性。而其實非部會公共機關是擺盪政府與非政府之間，其不是民間團體，具有形式上政府組織一部分之特質，但是卻又與部會有一定距離。

就一般原則而言，其實非部會公共機關被認為是在建立或適用政策時協助部長及部會，特別是在需要專業之領域，而因為他們與政府之距離，同時

---

60 Ibid., point 2.
61 許哲源、賴森本，〈英國行政法人課責機制對我國之啟示〉，《立法院院聞》，第34卷第9期，2006年9月，61頁。Andrew Massey, "Management, Politics and Non-Departmental Public Bodies," (1997) *Public Money & Management* April-June 21, 21.
62 Paul Craig, *Administrative Law* (5th ed., Sweet & Maxwell, 2003), p. 96.
63 Roger Wettenhall, "Agencies and Non-Departmental Public Bodies The Hard and Soft Lenses of Agencification Theory," (2005) 7 *Public Management Review* 4, 615, 624.

他們不在部會之內，亦非公務員，因此有獨立之空間。但是相關部會仍然必須對於非部會公共機關之獨立性、效率及成效向國會負責。既然設立執行型的非部會公共機關是要使各部會不需緊密監督之，即只有在有非比尋常或是困難事情發生時，相關部會首長才需要介入或是被告知。[64]

　　針對「平等及人權委員會」而言，或許可以進一步依據「2006年平等法」之細部規範，探究作為非部會公共機關之「平等及人權委員會」，是否可能成為獨立之機關。「2006年平等法」第1條將「平等及人權委員會」定位為body corporate，同時第一附則（Schedule 1）第42條也規定，「平等及人權委員會」不被認為是王室之機關，亦不享有相關地位、豁免權或特權，此即表明「平等及人權委員會」是非部會公共機關。「平等及人權委員會」作為非部會公共機關，在人事及預算上，行政權有相當權力可以掌握。[65]

　　就人事而言，「平等及人權委員會」有10至15位委員，完全由國務大臣（Secretary of State）任命，雖然「2006年平等法」第一附則第2條規定，國務大臣在任命委員時應考量此人是否具備相關經驗或學識，但是如基於特別理由亦得任命某人為委員，委員之任期為二到五年，由國務大臣任命時決定，依據第一附則第4條規定，「平等及人權委員會」之主任委員及副主任委員亦是由國務大臣任命，因此這是非常寬鬆之客觀規範，實質上國務大臣有完全之任命權力。同時第一附則第3條也規定，國務大臣如果認為委員無法、不適合或是不願意實踐其職權時，得解任此委員，因而是否解任委員亦完全是國務大臣之權力。「平等及人權委員會」得任命執行長（Chief Executive），此執行長為當然委員（Commissioner ex officio），但是第一附則第7條規定，任命執行長必須得到國務大臣之同意。「平等及人權委員會」亦得設置調查委員（Investigating Commissioner），然而同樣地任命調查委員亦必須得到國務大臣之同意。「平等及人權委員會」之職員不是公務員，委員會得以自行任命，但是其人數總額及任用條件亦必須得到國務大臣之同意。由此可知，行政權對於「平等及人權委員會」人事有極大掌控之權力，不論是人數、任期、解職等，都是由國務大臣掌握，從此內涵觀之，

---

64 Andrew Massey, supra no. 61, p. 24.
65 Colm O'Cinneide, supra no. 2, p. 160.

「平等及人權委員會」其實並沒有人事獨立之情形。

　　就預算觀之，一般而言部會首長會對非部會公共機關下指令或引導，並決定提供預算之多寡，因此實踐上非部會公共機關並沒有很高的獨立性。[66]對於「平等及人權委員會」而言情形亦相似。第一附則第38條規定，國務大臣應提供其認為「平等及人權委員會」基於實踐職權目的所必須之合理充分的預算。同時依據第一附則第35條，所有「平等及人權委員會」之委員（包括主任委員及副主任委員）之薪資、補助、特別費等，都是由國務大臣決定。由此可見，「平等及人權委員會」之預算多寡是由國務大臣掌握，甚至各委員及職員之薪資亦由國務大臣決定，就此而言「平等及人權委員會」難以有預算之完整獨立性。

　　雖然第一附則第42條規定，國務大臣應確保對於「平等及人權委員會」在決定其職務活動、時間順序、優先順序時，「盡可能不予干涉」（as few constraints as reasonably possible）。但是從財政支出觀點言之，英國財政部希望各部會應該要求其所屬之非部會公共機關的目的及目標，必須符合政府之政策及優先順序，並將此目標在財政上呈現。[67]因而經費之給予，可能因為財政觀點而調整，進而影響「平等及人權委員會」職權之實行。

　　從以上論述可知，「平等及人權委員會」之人事安排，國會完全沒有權力干涉，而預算之決定，亦是經由國務大臣決定，實質上國會只能在國務大臣之決定範圍內審查「平等及人權委員會」之預算，因此本質上國務大臣決定預算規模時，「平等及人權委員會」之可得經費範圍即已大致底定。

　　各國在探討設立國家人權機構時，也會考量其與監察使之關係，同樣地英國亦需面對此問題，英國於1967年通過「國會監察使法」（Parliamentary Commissioner Act 1967），設立國會監察使，其與其他國家監察使類似，職司監督行政部門是否違法失職，現在則稱為「國會及衛生監察使」（Parliamentary and Health Service Ombudsman），[68]亦負責衛生事務。而在討論設立「平等及人權委員會」的過程中，英國無論是行政部門或是國會，都

66 John Alder, supra no. 52, pp. 338-339.

67 Andrew Massey, supra no. 61, p. 24.

68 Parliamentary and Health Service Ombudsman, *The Parliamentary Ombudsman: withstanding the test of time* (Parliamentary and Health Service Ombudsman, 2007).

不曾提議要在「國會及衛生監察使」之內設立之，行政部門所強調的是以非部會公共機關之模式，而國會則是希望依據「國會及衛生監察使」之模式，設立獨立之「平等及人權委員會」，其中不同的是獨立機關之模式及程度，但是設立與「國會及衛生監察使」分離之「平等及人權委員會」則是彼此之共識，倒是依據非部會公共機關模式設立「平等及人權委員會」之後，依據「2006年平等法」第一附則第43條規定，反而是「平等及人權委員會」必須受「國會及衛生監察使」之監督。[69]

　　另外值得探討的是「平等及人權委員會」如何扮演一個全國性人權機關之角色，英國其實已在北愛爾蘭成立了北愛爾蘭人權委員會（Northern Ireland Human Rights Commission），[70]而且北愛爾蘭人權委員會被認定是英國現今之國家人權機構，但是實質上其為地區人權機構，而非「國家」人權機構，而蘇格蘭（Scotland）亦在討論是否設立人權委員會，[71]確實「平等及人權委員會」將取代北愛爾蘭人權委員會，成為英國之國家人權機構，但是其必須面對的是北愛爾蘭、威爾斯及愛爾蘭等地如何權衡其職權。

　　「2006年平等法」第一附則第2條規定，國務大臣任命「平等及人權委員會」之委員時，其中一位委員必須瞭解蘇格蘭之人權狀況，並得到蘇格蘭大臣（Scottish Minister）之同意，另一位必須瞭解威爾斯之人權狀況，並得到威爾斯議會（National Assembly for Wales）之同意，同時「2006年平等法」授權「平等及人權委員會」得以成立決策委員會，同時規定必須分別設立「蘇格蘭委員會」（Scottish Committee）及「威爾斯委員會」（Walsh Committee）兩個決策委員會，但是「2006年平等法」並沒有提到北愛爾蘭之情況。

　　其實英國會如此處理與工黨之「權力下放」（devolution）政策有關，

---

69 許哲源、賴森本，前揭論文，註61，76頁。

70 參見廖福特，〈北愛爾蘭人權委員會及愛爾蘭國家人權委員會〉，《新世紀智庫論壇》，第9期，2000年4月，75頁。Brice Dickson, "The Protection Role of the Northern Ireland Human Rights Commission," in Bertrand G. Ramcharan (ed.), *The Protection Role of National Human Rights Institutions* (Martinus Nijhoff Publishers, 2005), pp. 135-154. Stephen Livingstone, "Academic Viewpoint: The Northern Ireland Human Rights Commission," (1999) 22 *Fordham Int'l L. J.* 1465.

71 Scottish Executive Justice Department, *The Scottish Human Rights Commission Consultation Paper* (Scottish Executive Justice Department, 2002).

其實質結果是使北愛爾蘭、威爾斯、蘇格蘭得到不同之自治程度，其中又以蘇格蘭最高，因此在決定一位蘇格蘭的委員時不是得到蘇格蘭議會（Scottish Parliament）之同意，而蘇格蘭亦在籌畫設立人權委員會，當其設立之後，恐怕要面對此蘇格蘭人權委員會如何與「平等及人權委員會」協調之問題。

而北愛爾蘭人權委員會則是因為1998年4月10月愛爾蘭共和國與英國簽訂貝爾發斯特協議。此協議要求英國及愛爾蘭分別設立人權委員會，於是英國成立北愛爾蘭人權委員會，後來愛爾蘭亦設立國家人權委員會，因為此特殊跨國性背景，「2006年平等法」並沒有涵蓋北愛爾蘭。

因而「平等及人權委員會」必須面對的是，其雖然稱為國家人權機構，但是未來實質上可能只涵蓋英格蘭及威爾斯，而其結果則是使英國各地因為設立多數人權委員會，形成不同之進展，甚至形成不同之平等及人權標準，這是未來英國必須面對之難題。

參、職權

就職權面向而言，同樣地吾人應先瞭解國際規範內涵。「巴黎原則」強調，應賦予國家人權機構促進和保護人權的職權。[72]同時應賦予國家人權機構盡可能廣泛之職權，並在創設國家人權機構之憲法或法律明訂其職權範疇。[73]「巴黎原則」希望各國賦予國家人權機構廣泛之職權，聯合國期待國家人權機構扮演保護者、促進者及橋樑三種角色，而此理念亦反映在「巴黎原則」對於國家人權機構職權之規範。「巴黎原則」對於國家人權機構扮演橋樑角色有兩個面向之期待，第一是作為其國家與國際人權之橋樑，第二是與各種人權機構及團體合作。就扮演促進者之角色而言，「巴黎原則」主要著重於兩個層面，一者是針對各種人權狀況提出建議，另一者是人權意識之提升及人權教育之落實。國家人權機構主要透過其調查權扮演保護者之角色。「巴黎原則」認為，可以授權國家人權機構負責受理及審議有關個別情

---

72 Paris Principles, Competence and responsibilities, point 1.
73 Ibid., point 2.

況的申訴及請願。

對於英國而言，當時的貿易及工業部部長Patricia Hewitt在2004年宣布將成立「平等及人權委員會」之白皮書時，其認為「平等及人權委員會」如要成功必須基於三種因素，第一是有真正之權力；第二是有廣泛之職權；第三是必須深入基層與地方合作。[74]於是吾人可以檢視「2006年平等法」之細部規定是否合乎國際規範之要求，是否實踐英國政府白皮書之訴求。

根據「2006年平等法」第3條規定，「平等及人權委員會」的一般職權是鼓勵及支持英國社會發展：1.個人自我實踐能力不受歧視之影響；2.對於個人人權保障之尊重；3.對於個人尊嚴及價值之尊重；4.個人有平等參與社會之機會；5.不同群體基於彼此瞭解及分享尊重平等及人權而互相尊重。

「2006年平等法」第8條要求「平等及人權委員會」在平等實踐部分做到：1.促進瞭解平等及多元之重要性；2.鼓勵平等及多元之良善實踐；3.促進機會平等；4.促進對於各反歧視法律之理解；5.實踐各反歧視法律；6.消除非法之歧視；7.消除非法之騷擾。而「2006年平等法」第9條要求「平等及人權委員會」在人權領域實踐：1.促進瞭解人權之重要性；2.鼓勵人權之良善實踐；3.促進對於人權之理解及保障；4.鼓勵公部門實踐「1998年人權法」第6條。[75]而「2006年平等法」所稱之人權包括「歐洲人權公約」所保障之權利，同時其也概括地包含「其他權利」（other human rights），但是「2006年平等法」並沒有對何謂「其他權利」作精確之定義，此部分其實給予「平等及人權委員會」發展之空間，但也待其實踐。

同時「2006年平等法」也規定，「平等及人權委員會」可以透過出版、研究、提供教育及訓練、提供建議等方式，以實踐以上職權。[76]「平等及人權委員會」亦得研擬「行為準則」（code of practice）作為各領域之實踐準則。[77]

「2006年平等法」也要求「平等及人權委員會」必須瞭解及監督英國社會反歧視及人權保障之實際情形，因此「平等及人權委員會」必須建構衡量

---

[74] Patricia Hewitt, supra no. 13, pp. 8-9.
[75] 即公部門不得違反「歐洲人權公約」之規範。
[76] 參見「2006年平等法」第13條。
[77] 同上註，第14條。

這些情形之「指標」（indicator），並瞭解實際結果。[78]另外「2006年平等法」亦賦予「平等及人權委員會」監督各反歧視及人權保障法律之實踐，於是「平等及人權委員會」得「諮詢」（advice）中央或地方政府各相關法律之實施成效或修改可能之效果，及「建議」（recommend）應如何整合或修改相關法律。[79]依據「2006年平等法」第一附則第32條規定，「平等及人權委員會」必須每一會計年度寄送一份年度報告給國務大臣，再由國務大臣將此年度報告轉送國會。

　　由以上可以看出，「平等及人權委員會」面對行政及立法部門時，都只有相當軟性之權力，只能扮演諮詢者之角色，但是對於行政及立法部門並無拘束力，而且「平等及人權委員會」事實上難以直接與國會聯繫，並提出各種建議，其所諮詢及建議對象主要還是在行政部門，因而誠如「身心障礙權利委員會」主席所言，身為非部會公共機關之「平等及人權委員會」在此部分將會只是扮演諮詢之角色，必須有能力吸引人民願意到此機制。[80]而這也是「平等及人權委員會」必須面對之困境。

　　但是「2006年平等法」也賦予「平等及人權委員會」比較強勢之權力，首先「平等及人權委員會」得於其實施職權時詢問（inquiry）任何人，如果「平等及人權委員會」認為有非法行為時，亦得進入調查（investigation）程序，而此調查程序是針對個人，同時包括公部門之成員，如果「平等及人權委員會」認為某人之行為已構成非法行為，得對此人發出「非法行為通知」（unlawful act notice），要求當事人限期提出改善計畫，「平等及人權委員會」亦得與當事人達成協議（agreement），確認當事人不再為非法行為。甚至如果當事人未提出改善計畫或是未履行協議時，「平等及人權委員會」得移送法院執行之。而在必要時，「平等及人權委員會」亦得向法院申請禁止令（injunction），以事前避免非法行為之發生，而此包括各種廣告、指示或是壓力促使他人為歧視或侵犯人權行為。[81]

　　本來英國政府反對賦予「平等及人權委員會」有向法院提起訴訟之權

---

78 同上註，第12條。
79 同上註，第11條。
80 Bert Massie, The CHER: new beginning or dead end?, 16 October 2006, pp. 5-6.
81 以上論述請參見「2006年平等法」第16條至25條。

力，因為其認為委員會本身不是人權侵害之被害人，不符合「1998年人權法」之規範，同時亦可能增加訟源。直到法案在上議院審查時，英國政府才同意。[82]因而為了進行個案救濟，「2006年平等法」亦賦予個人向「平等及人權委員會」申訴之權利，同時「平等及人權委員會」得進行和解，[83]或是提供申訴人法律協助，[84]更重要的是「平等及人權委員會」可以在其職權範圍內主動提起訴訟程序，或是參與既有之訴訟程序。[85]而這些制度設計可以看出「2006年平等法」其實更著重於個案正義之實踐。

　　另外應該注意的是，第一附則第42條也規定，國務大臣應確保對於「平等及人權委員會」在決定其職務活動、時間順序、優先順序時「盡可能不予干涉」（as few constraints as reasonably possible）。形式上是約束國務大臣盡可能不干涉「平等及人權委員會」之職權運作，但是相對地其也是確認作為非部會公共機關之「平等及人權委員會」，其實還是在廣義的行政架構底下，或許國務大臣不需要經常性地介入其職權運作，但是如果國務大臣選擇介入時，其實並不違反法律規範，特別是「平等及人權委員會」也可能調查公部門之行政人員，如果國務大臣透過其權力干擾「平等及人權委員會」職權行使，或是其範疇及順序，將會影響「平等及人權委員會」防止公部門歧視或是侵犯人權之職權行使，因而「平等及人權委員會」所享有的恐怕不是完整的獨立行使職權之權力。

　　如上所述聯合國期待國家人權機構扮演保護者、促進者及橋樑三種角色，英國政府也強調「平等及人權委員會」應有真正之權力及廣泛之職權。確實「平等及人權委員會」也被賦予扮演這三種角色之職權，特別是個案救濟更是能善盡保護者之角色，確實「平等及人權委員會」有廣泛之職權，但是顯然地除了個案救濟之外，其他方面之職權都是軟性的權力。而從權力分立觀之，「平等及人權委員會」被歸類為廣義的行政權之下，因而其受行政首長之間接掌控，難以完整獨立，而「平等及人權委員會」其實並沒有影響司法權及立法權之行使，嚴格來說「平等及人權委員會」與國會沒有直接

---

82 Lord Lester of Herne Hill and Kate Beattie, supra no. 1, p. 203.
83 參見「2006年平等法」第27條。
84 同上註，第28條。
85 同上註，第30條。

之互動，還是必須透過國務大臣方能為之，而對於司法權而言，雖然「平等及人權委員會」有調查權，但是最終決定者依然是法院，「平等及人權委員會」依然必須經有司法判決才能處罰，但是因為「平等及人權委員會」之設立，其得更積極主動接受歧視及人權侵害事件之申訴，或是協助被害人或是參與訴訟程序，甚至自行提起訴訟。

肆、結語

「2006年平等法」被認為是「1998年人權法」之後，英國推動人權之最重要立法，其設立了「平等及人權委員會」，此可說是工黨從1997年執政之後延續的人權政策。然而除了國內因素之外，至少有三個國際因素影響英國之決定，其中包括「歐洲人權公約」國內法化之衝擊、國家人權機構國際發展之影響、歐洲共同體相關指令之要求。

經過不同方案爭辯之後，英國政府決定設立單一的反歧視及人權機制，並確認其名稱為「平等及人權委員會」，且將其定為非部會公共機關。雖然國會反對，但是因為英國是多數黨組閣，政府之提案最終依然在國會通過，因而「平等及人權委員會」被認為是廣義行政權之一部分，在人事及預算部分，都相當程度地受行政權之影響，其實難以完全確保其獨立性。在職權部分，雖然行政權不是直接介入，但是仍然有其可能性且不違法，因而影響「平等及人權委員會」之職權行使。或許總結而言，作為非部會公共機關之「平等及人權委員會」只能稱為準獨立機關。

第九章　歐洲聯盟基本權利署

　　歐洲聯盟理事會（Council of the European Union）[1]於2007年2月15日通過規則，[2]決定設立「歐洲聯盟基本權利署」（European Union Agency for Fundamental Rights）。[3]而在其設立過程中，幾乎所有參與討論的團體都贊成設立「基本權利署」，[4]不論是歐盟各機關、[5]各會員國或是民間團體，而歐洲理事會亦是如此。[6]同時「基本權利署」的新任董事會主席聲稱，「基本權利署」將開創歐盟人權保障之新境界。[7]其似乎意味著創設「基本權利署」是歐盟各層級之共識，同時也認為因為「基本權利署」之設立將會為歐盟開創人權新領域，因而可預期地「基本權利署」將帶來重大之影響力。

　　問題是此具備共識之理想是否將會美夢成真，恐怕需要進一步之檢驗。當吾人檢視人權機制時，至少應思考三項因素：歷史原因、組織及職權，因

1　以下簡稱歐盟。

2　Council Regulation （EC） No. 168/2007 of 15 February 2007 establishing a European Union Agency for Fundamental Rights. （以下簡稱FRA Regulation或是「基本權利署規則」）

3　以下簡稱「基本權利署」。

4　據統計在所有94份對於執委會提案而提出的意見中，只有兩份意見反對設立「基本權利署」，其理由為歐盟憲法尚未通過及人權議題應由各會員國負責。See European Policy Evaluation Consortium, *Preparatory Study for Impact Assessment and Exante Evaluation of Fundamental Rights Agency Analysis of Responses to Public Consultation*（Brussels: European Policy Evaluation Consortium, 2005）, p. 2.當然也有論者認為歐盟不需要設立「基本權利署」，歐盟需要的是一套人權措施及改變政治文化。其所稱之一套人權措施包括：1.訂定指令要求各歐盟會員國依據巴黎原則設立國家人權機構。2.促成強而有力之各國監察使。3.強化非司法機制受理政府機關侵犯人權之申訴。4.強化個人資料保護機制使其得改變行政措施或提出法律草案。5.強化立法後之實踐監督。See Tony Bunyan, "Does the EU need a 'Fundamental Rights Agency'?," available at http://www.statewatch.org/news/2005/mar/13eu-rights-agency.htm （visited on 10 October 2007）.

5　European Parliament, MEPs back EU Agency for Fundamental Rights for 2007, 15 September 2006.

6　Council of Europe Secretary General: The new Agency should help the EU to better respect human rights, Press release - 102 (2007). Parliamentary Assembly, Resolution 1427 (2005) Plans to set up a fundamental rights agency of the European Union, 15 March 2005. Common Pressline of the Two Presidencies, 24th Quadripartite Meeting between the Council of Europe and the European Union, Brussels, 13 February 2007.

7　EUMC, Building an EU Fundamental Rights Agency on the EUMC's core competence on racism and xenophobia, EUMC Media Release, 29 October 2004.

而探討之核心議題為「基本權利署」，並從此三個面向分析之。

壹、歷史與原因：追尋人權自我

　　以下將先探討設立「基本權利署」之歷史及原因，以作為分析「基本權利署」之組織及職權之基礎。

一、歷史

　　早在1999年6月科隆歐盟高峰會（European Council）就建議應該將已適用於歐盟之基本權整合為一憲章，[8]同時審視是否需要設立「人權與民主署」（Union agency for human rights and democracy）。[9]而此也導引出歐盟二十一世紀最重要的兩項人權議題，一者是「歐盟基本權利憲章」（Charter of Fundamental Rights of the European Union），其有關歐盟之人權範疇；另一者關於是否設立一人權機制，而此兩者可說是歐盟在人權領域的自我追尋。

　　但是兩者的發展有其先後順序，並有不同的歷史過程，其實歐盟將訂定「歐盟基本權利憲章」列為優先事項，並且暫時不討論是否要設立人權機制之問題，因而「歐盟基本權利憲章」的形成與發展相對地順利許多，草擬「歐盟基本權利憲章」之工作小組於1999年12月開始工作，並以歐洲議會之1989年「基本權利及自由宣言」作為討論之基礎，其後考量各方超過二百件以上之建議與評議後，工作小組於2000年7月底達成初步共識，並完成第一次初稿，供各方提供評論及建議。爾後工作小組進一步潤飾文字及修改內容，並於2000年10月提出第二次初稿，此份文件後來成為「歐洲聯盟基本權利憲章」之定稿，[10]2000年12月7日在尼斯歐盟高峰會議中，部長理事會、

8　Presidency Conclusions, Cologne European Council, 3 and 4 June 1999, point 44.

9　Ibid., point 46. Preliminary Remarks of the European Monitoring Centre on Racism and Xenophobia (EUMC) on the Communication from the European commission paper COM (2004) 693 of 25 October 2004, p. 3.

10　The Convention, Convent 50, Charter 4487/1/00 Rev. 1, Brussels, 10 October 2000.請參閱廖福特，〈歐盟基本權利憲章〉，收錄於廖福特，《歐洲人權法》，台北市：學林出版，2003年，395頁。

執委會及歐洲議會之主席共同簽署並公布「歐洲聯盟基本權利憲章」。

後來歐盟憲法委員會（European Union Constitutional Convention）於2002年2月成立，並於2003年7月10日完成歐盟憲法條約草案，歐盟各國元首代表於2004年10月29日簽署歐盟憲法條約（Treaty Establishing a Constitution for Europe），「歐盟基本權利憲章」成為歐盟憲法條約之第二部分。憲法條約後來交付各國批准，但是因為法國及荷蘭之公民投票沒有通過，因而歐盟憲法條約至今尚未生效。[11]

在設立人權機制部分，除了歐盟官方之思考外，學術界亦提供相當多的思緒，例如奧斯頓（Philip Alston）及威勒（J.H.H. Weiler）兩位教授也在1999年提議認為歐盟有必要設立人權監督中心，以鼓勵歐盟採取預防性之人權政策，他們認為除了司法審查對於人權侵犯之事後救濟之外，也應該有一機制提醒歐盟各機關應該如何採取人權措施，而其起步是由一機制提供系統性、可靠及專業之資訊，以瞭解歐盟人權議題之本質及內容，作為決策之基礎。[12]

雖然歐盟高峰會提到是否設立人權機制之想法，但是執委會在2001年時認為歐盟可以從聯合國、歐洲理事會甚至是國際非政府組織取得資訊，因此歐盟並不缺乏人權資訊，也不需要另外設立新的人權機制以提供資訊。[13]雖然當時執委會是在一份有關對外人權政策之文件提出此意見，但是當時眾人之想法認為執委會已明確表達反對設立新人權機制之政策。[14]

但是到了2003年卻有了不同轉折，2003年12月布魯塞爾歐盟高峰會決定，認為應強調人權資訊蒐集之重要性，並應作分析以成為歐盟政策之基

---

11 Fort Fu-Te Liao, "When the Charter of Fundamental Rights Becomes Part of the EU Constitution Treaty-Analysis of New EU Human Rights Framework,"收錄於廖福特，《人權法論叢》，台北市：元照出版，2007年，178至179頁。

12 Philip Alston and J.H.H. Weiler, "An 'Ever Closer Union' in Need of a Human Rights Policy: The European Union and Human Rights," in Philip Alston (ed.), *The European Union and Human Rights* (Oxford: Oxford University Press, 1999), p. 3

13 Communication from the Commission to the Council and the European Parliament, The European Union's role in Promoting Human Rights and Democratisation in Third Countries, COM (2001) 252 final, p. 7.

14 Gráinne De Búrca, "New Modes of Governance and the Protection of Human Rights," in Philip Alston and Oliver De Schutter (eds.), *Monitoring Fundamental Rights in the EU The Contribution of the Fundamental Rights Agency* (Oxford: Hart Publishing, 2005), pp. 27-28.

礎，因此決定擴展「歐洲監督種族主義及仇視中心」（European Monitoring Centre on Racism and Xenophobia）[15]之職權成為「人權署」（Human Rights Agency）。[16]2004年3月布魯塞爾歐盟理事會再次強調應設立「人權署」，並認為此「人權署」在促進歐盟人權政策整合及協調部分將扮演非常重要的角色。[17]

　　會有此轉折或許與前述2003年7月歐盟憲法條約草案已完成有關，如前所述歐盟先處理「歐盟基本權利憲章」，同時擱下設立人權署之意念，而當「歐盟基本權利憲章」順利完成，並納入為憲法條約草案一部分之後，歐盟便轉而積極思考設立人權署之問題。

　　於是歐盟高峰會於2004年發表「海牙計畫」（Hague Programme），有關人權保障部分提到希望將「歐盟基本權利憲章」納入歐盟憲法，同時將「歐洲監督種族主義及仇視中心」改設為「人權署」。[18]歐盟高峰會同時希望盡快設立此「人權署」。[19]

　　因而執委會也轉變態度明確支持設立「人權署」，執委會並於2004年10月發表有關設立「基本權利署」之公眾諮商文件，[20]這時本來「人權署」的名稱已被改為「基本權利署」，而其主要原因是因為「歐盟基本權利憲章」也使用基本權利此一名詞，因此執委會認為應該兩者使用相同之名詞，由此再次呈現「歐盟基本權利憲章」及「基本權利署」兩者之交錯與互動。

　　執委會於2005年5月發表「海牙計畫——未來五年之十大優先行動」（The Hague Programme-Ten Priorities for the next five years），作為實踐理事會構思之具體行動計畫，而且「基本權與公民」（Fundamental Rights and

---

15 Council Regulation (EC) No. 1035/97 of 2 June 1997 establishing a European Monitoring Centre on Racism and Xenophobia.

16 Conclusions of the Representatives of the Member States, Meeting at the Head of State or Government Level in Brussels on 13 December 2003.

17 Presidency Conclusions, Brussels European Council, 25 and 26March 2004, point 70.

18 Council of the European Union, The Hague Programme: strengthening freedom, security and justice in the European Union, Brussels, 13 December 2004, 16054/04, JAI 559, p. 5.

19 Joe McMahon, "Current Development European Union Law," (2006) 55 *International and Comparative Law Quarterly* 973, 974.

20 Commission of the European Communities, Communication from the Commission The Fundamental Rights Agency Public consultation document, Brussels, 25 October 2004, COM (2004) 693 final.

Citizenship）是此「海牙計畫」之第一順位，[21]其中表示將「歐洲監督種族主義及仇視中心」更改為「基本權利署」，其聲稱「基本權利署」將促進歐洲之人權對話，提高人權意識，提供歐盟各機關及會員國專業知識，蒐集與傳遞可靠及比較資訊，並且製作年度報告。[22]至此「基本權利署」已作了定位。

　　執委會進一步於2005年6月提出設立「基本權利署規則」草案，[23]而理事會於2007年2月15日通過規則，「基本權利署」於2007年3月1日正式成立。但是2007年可說是「基本權利署」創設及轉換之年度，預估必須等到2008年以後「基本權利署」才能完整運作，[24]目前為止尚無法得知「基本權利署」之實際運作成效，因而著重於制度面之探討。

二、原因

　　筆者認為設立「基本權利署」是歐盟追尋人權自我的一部分，而其原因則是歐盟人權及國家人權機構發展之交錯。

　　就歐盟人權發展而言，歐盟的最早期發展並未著重人權議題，例如1951年「歐洲煤鋼共同體條約」（Treaty Establishing the European Coal and Steel Community）及1957年「歐洲經濟共同體條約」（Treaty Establishing the European Economic Community）及「歐洲原子能共同體條約」（Treaty Establishing the European Energy Community），都未明確將人權保護議題納入其前言或條文中。爾後因為歐洲法院（European Court of Justice）判決之導引，1987年之後人權逐漸進入歐體條約及歐盟條約，進而在歐盟三個支柱均著重人權議題。

　　誠如狄修特（Oliver De Schutter）及奧斯頓（Philip Alston）兩位教授

---

21 Commission of the European Communities, Press Releases, A European Union Agency to protect and promote fundamental rights, Brussels, 30 June 2005, IP/05/82.

22 The Hague Programme - Ten Priorities for the next five years, 1. at the core of the Union's values Fundamental rights and citizenship Creating a fully-fledged policy.

23 Commission of the European Communities, Proposal for a European Union Agency for Fundamental Rights, Brussels, 30 June 2005, COM (2005) 280 final.

24 FRA Fact Sheet European Union Agency for Fundamental Rights (FRA) Frequently Asked Questions, p. 2.

所言，歐盟近幾年來有五項發展使得人權議題佔據歐盟憲政發展之核心位置，這五項發展包括：1.「歐盟基本權利憲章」已公布並納入歐盟憲法中；2.「歐盟基本權獨立專家網絡」（EU Network of Independent Experts in Fundamental Rights）已設立；3.高峰會得因會員國違反人權而制裁之；4.當歐盟憲法生效之後，歐盟將加入歐洲人權公約（European Convention on Human Rights and Fundamental Freedoms）；5.歐盟與各會員國之分權情況已使得形成歐盟人權政策成為可能。[25]

歐盟人權在執委會提出設立「基本權利署」之規則草案時，當時的司法自由及安全總署的副主任法拉堤尼（Franco Frattini）說明設立「基本權利署」之原因：人權是歐盟之價值核心，歐洲必須保障人權價值，但是人權不應只是文字之呈現而已，歐洲公民必須有所行動，基於此我們必須建構適當之機制，並給予充分之資源，因而應該設立「基本權利署」。[26]

然而在強調人權價值之同時，歐盟亦必須同時面對其本身之困境，例如歐洲政策評價組織（European Policy Evaluation Consortium）認為歐盟所面臨之基本權問題包括：1.缺乏比較性及可靠的全歐盟之基本權資訊；2.缺乏對歐盟各機關如何實踐基本權之系統性觀察；3.缺乏對歐盟各機關如何促進基本權意識之系統性觀察；4.缺乏對歐盟各會員國在踐履歐盟法時如何實踐基本權之系統性觀察；5.缺乏對歐盟各會員國在踐履歐盟法時如何促進基本權意識之系統性觀察；6.缺乏檢視歐盟會員國是否實踐歐盟條約第7條人權義務之機制；7.各國國家人權機制與歐盟層級缺乏協調及網絡；8.歐盟公民尚缺乏人權意識；9.歐盟人權政策缺乏一致性。[27]而國際特赦組織（Amnesty International）也呼籲，歐盟非常需要獨立且有能力之人權機制，以發現歐盟人權保障之缺失，並將此資訊轉化形成改進歐盟機關與各會員國之人權措

25 Oliver De Schutter and Philip Alston, "Introduction Addressing the Challenges Confronting the EU Fundamental Rights Agency," in Philip Alston and Oliver De Schutter (eds.), *Monitoring Fundamental Rights in the EU The Contribution of the Fundamental Rights Agency* (Oxford: Hart Publishing, 2005), pp. 3-14.

26 Commission of the European Communities, Press Releases, A European Union Agency to protect and promote fundamental rights, Brussels, 30 June 2005, IP/05/82.

27 European Policy Evaluation Consortium, supra no. 4, pp. 34-46.

施。[28]

對於歐盟而言，人權議題從無至有，甚至經由歐盟憲法之構思，逐漸走向完整之建構，但是於此同時歐盟亦必須面對難題，因而歐盟除了在歐盟憲法中將「歐盟基本權利憲章」納入，亦構思建構歐盟的人權機制。

第二個影響歐盟設立「基本權利署」之原因是國家人權機構之發展，而此包括國際發展及歐洲發展兩個部分。

就國際發展而言，聯合國從二次大戰之後便提倡國家人權機構之設立，不過有關各國設立國家人權機構之準則直到1990年之後才完成。[29]就此而言，聯合國有關國家人權機構的最重要準則是「關於國家促進及保護人權機構的地位及職權之原則」（Principles relating to the status and functioning of national institutions for protection and promotion of human rights），即通稱之「巴黎原則」（Paris Principles）。[30]「巴黎原則」得到聯合國人權委員會以第1992/54號決議核可，其後又經聯合國大會在1993年12月20日以第48/134號決議核可。[31]從國際法理論觀之，稱為「原則」者並不是條約，應該沒有拘束各國之法律效力，「巴黎原則」本來只是一個國際研討會之結論，但是因為聯合國人權委員會及大會之核可，「巴黎原則」成為各國設立國家人權機構之實質基準，也是各國際機制評價國家人權機構之標準。

全世界最早設立國家人權機構之國家為法國，其在1947年設立國家人權諮詢委員會（Commission Nationale Consultative des Droits de l'Homme; National Consultative Commission of Human Rights），[32]其後歷經將近六十年之發展，

---

28 Amnesty International, Delivering on Human Rights-Amnesty International's ten-point program for the UK Presidency of the European Union, IOR 61/017/2005, June 2005, p. 4.

29 參閱廖福特，〈聯合國對國家人權委員會之推動與實踐〉，收錄於國史館主編，《人權理論與歷史論文集》，台北市：國史館，2004年，176頁。

30 See Morten Kjaerum, "The Protection Role of the Danish Human Rights Commission," in Bertrand G. Ramcharan (ed.), *The Protection Role of National Human Rights Institutions* (The Heague: Martinus Nijhoff Publishers, 2005), p. 23.

31 Birgit Lindsnaes and Lone Lindholt, "National Human Rights Institutions: Standard-setting and Achievements," in Birgit Lindsnaes, Lone Lindholt and Kristine Yigen (eds.), *National Human Rights Institutions Articles and Working Papers* (Copenhagen: Danish Centre for Human Rights, 2000), p. 5.

32 Stephen Livingstone and Rachel Murray, "The Effectiveness of National Human Rights Institutions," in Simon Halliday and Patrick Schmidt (eds.), *Human Rights Brought Home: Socio-Legal Perspectives on Human Rights in the National Context* (Oxford: Hart Publishing,

現今已有將近一百個國家人權機構之設立。不過要將這麼多的國家人權機構歸類並不是一件容易的事，連聯合國本身都認為要將世界上現有國家人權機構類型化是困難的。[33]

　　筆者將各國國家人權機構歸類為以下五種類型：一、諮詢委員會：法國模式；二、人權中心：北歐／德國模式；三、單一職權委員會：不易歸類；四、人權監察使：伊比利半島及東歐模式；五、獨立人權委員會：與監察使分離。人權諮詢委員會模式可說是最早形成之國家人權機構模式，因為法國的國家人權諮詢委員會乃是全世界第一個國家人權機構。丹麥、挪威及德國等國家以設立人權研究中心之方式建立其國家人權機構。以監察使作為國家人權機構可以稱為伊比利半島模式，有許多國家之國家人權機構只有單一職責，而且大部分是有關消除種族歧視，不過有些國家已有將各專職委員會整合之趨勢。這種模式包括不同區域之國家，因此很難歸類是哪一個國家或是區域發展出來之模式。設立獨立且與監察使分離之國家人權委員會可說是國際上另一項重要之發展，而其與單一職權委員會的最大不同是獨立人權委員會所肩負之人權職責不限於反歧視而已，而是擴及於所有層面之人權，其認為人權事項包括國際人權條約、憲法及法律所保障之權利，這些權利之實踐都是獨立人權委員會之職責，英國及愛爾蘭是此模式之典型國家。[34]

　　就歐洲發展而言，從以上論述可知，歐洲各國不只是設立其國家人權機構，同時也是各種國家人權機構模式之領導者，而因為歐洲各國過去有相當多殖民地，因此歐洲各國設立之國家人權機構模式亦影響其過去殖民地，歐洲所設立之國家人權機構模式，形成現今全世界國家人權機構之主要模式。

　　另外歐洲各國的國家人權機構也形成區域之聯繫網絡，歐洲本來有地中海促進及保護人權國家機構（Mediterranean National Institutions for the Promotion and Protection of Human Rights）之成立，後來則形成歐洲國家人權機構協調團體（European Coordinating Group of National Human Rights

---

2004), p. 137.

33 United Nations, *Professional Training Series No. 4 National Human Rights Institutions* (Geneva: Centre for Human Rights, 1995), p. 7.

34 參閱廖福特，〈創設國家人權機構─理想、類型及憲改〉，收錄於湯德宗、廖福特主編，《憲法解釋之理論與實務第五輯》，台北市：中央研究院法律學研究所籌備處，2007年3月，175至224頁。

Institutions），歐洲國家人權機構協調團體於2001年成為歐洲理事會人權監督委員會（human rights steering committee）的觀察員。[35]

　　國家人權機構的最主要準則「巴黎原則」是在歐洲形成的，歐洲各國的國家人權機構模式又成為主要模式，在此情形下由歐洲各國所組成之歐盟，當然無法迴避此發展趨勢，特別當歐盟憲法條約簽訂之後，其實歐盟各機制之發展漸漸趨向與國家機關相近，因而歐盟也進一步思考是否應該設立自己的「國家」人權機構。不過問題是既然歐洲各國分別設立不同類型之國家人權機構，歐盟又會設立哪一種模式呢？值得作進一步之分析。

　　對於國家人權機構而言，最主要的國際準則是「巴黎原則」，然而歐盟並非國家，本質上或許不能直接適用「巴黎原則」以檢驗歐盟所設立之人權機制，但是「巴黎原則」所闡釋之基本概念及原則，其實亦可以作為檢視之參考，因而已有學者從此方向論述「基本權利署」，[36]而執委會亦贊同此理念，[37]「基本權利署規則」亦提到以「巴黎原則」作為基準，[38]因而即使歐盟非國家，在設立「基本權利署」時，總是隱含著要創設歐盟的「國家」人權機構之意涵，以「巴黎原則」為準繩思索「基本權利署」是否符合國際規範，應是可以採取之途徑，因此以下有關「基本權利署」組織及職權之分

---

35 Report by National Human Rights Institutions in Europe, UN Human rights Commission, 58th Session, 18 April 2002.

36 See Gráinne De Bŭrca, supra no. 14, p. 32. Manfred Nowak, "The Agency and National Institutions for the Promotion and Protection of Human Rights," in Philip Alston and Oliver De Schutter (eds.), *Monitoring Fundamental Rights in the EU The Contribution of the Fundamental Rights Agency* (Oxford: Hart Publishing, 2005), p. 103. Steven Peers, "The Contribution of the EU Fundamental Rights Agency to Civil and Political Rights," in Philip Alston and Oliver De Schutter (eds.), *Monitoring Fundamental Rights in the EU The Contribution of the Fundamental Rights Agency* (Oxford: Hart Publishing, 2005), p.124. Philip Alston, "The Contribution of the EU Fundamental Rights Agency to the Relization of Economic and Social Rights," in Philip Alston and Oliver De Schutter (eds.), *Monitoring Fundamental Rights in the EU The Contribution of the Fundamental Rights Agency* (Oxford: Hart Publishing, 2005), p. 183.

37 Commission of the European Communities, supra no. 20, p. 4. Christopher McCrudden, "The Contribution of the EU Fundamental Rights Agency to Combating Discrimination and Promoting Equality," in Philip Alston and Oliver De Schutter (eds.), *Monitoring Fundamental Rights in the EU The Contribution of the Fundamental Rights Agency* (Oxford: Hart Publishing, 2005), p. 134.

38 FRA Regulation, Preambles, paragraph (20).

析，除了其本身所引發與歐盟研究有關之議題之外，亦會依據「巴黎原則」分析「基本權利署」與國際規範之互動。

貳、組織：獨立的政署

在分析「基本權利署」組織相關議題之前，於此且讓我們先瞭解國際標準對於一個國家人權機構的獨立性準則，「巴黎原則」強調一個國家人權機構「組成及獨立性與多元化保障」之重要性，而其認為應有幾個重點：1.任命程序；2.成員之代表性；3.任期穩定；4.解職要件；5.豁免權。[39]

同時「巴黎原則」強調，國家人權機構應具備其能順利開展活動的基礎結構，特別是充足的經費，此一經費的目的是使國家人權機構能擁有自己的工作人員和辦公房舍，以便獨立於政府，不受財政控制，而可能影響其獨立性。[40]國家人權機構經費是否獨立或充分，其實有兩個層面之影響，第一是委員會本身是否能確實實踐其職權，進而完成創設國家人權委員會之理想。第二是委員之薪資是否獨立或充分，是否進而影響其專注於實踐其職權。

以下則先探討「基本權利署」在歐盟的組織地位，然後再依據「巴黎原則」之內涵分析「基本權利署」之組織架構。

一、歐盟政署之發展

既然「基本權利署」被歸類為管制政署，[41]就組織面向而言，有必要先分析歐盟政署之發展及特質。歐盟政署之創設及發展被認為是歐盟治理重要轉變之一環，[42]根據執委會之意見，歐盟設立政署主要基於三個理由，第一有關行政專業及效率，執委會認為，政署將使歐盟在需要特別專長、持續性、能見度及公眾參與等專門領域之行政機制更有效率；第二是維持行政機

---

39 Paris Principles, Composition and guarantees of independence and pluralism.
40 Ibid., point 2.
41 European Policy Evaluation Consortium, *Preparatory Study for Impact Assessment and Exante Evaluation of Fundamental Rights Agency Public Hearing Report* (Brussels: European Policy Evaluation Consortium, 2005), p. 2.
42 Gráinne De Búrca, supra no. 14, p. 26.

制之獨立性，執委會強調創設政署之優點是政署的決策是基於純粹的高度專業的技術考量，而非基於政治原因；第三是行政分工，執委會認為，執委會與政署可以分工合作，即執委會專注於形成政策，政署於特定領域實踐這些政策。[43]

從歷史過程觀之，歐盟設立政署之發展相當接近於各會員會之發展歷程，歐盟首次設立政署是在1975年，最早設立的是歐洲職業訓練發展中心（European Centre for the Development of Vocational Training, Cedefop）及歐洲改善生活及工作條件基金會（European Foundation for the Improvement of Living and Working Conditions, EUROFOUND）。第二波設立政署是在1990年代，陸續設立十個政署。[44]而1998年設立的「歐洲監督種族主義及仇視中心」是「基本權利署」之前身，此中心屬於第二波後期之產物。二十一世紀之後則是歐盟第三波設立政署，例如歐洲食物安全機制（European Food Safety Authority）、歐洲海洋安全署（European Maritime Safety Agency）、歐洲鐵路署（European Railway Agency）、歐洲網絡及資訊安全署（European Network and Information Security Agency）等，而「基本權利署」亦是第三波設立政署之一環，只是其非單純新設，而是改造原有之「歐洲監督種族主義及仇視中心」為新的「基本權利署」。

從分類而言，執委會（European Commission）將政署區分為管制政署（regulatory agency）及行政政署（executive agency）兩種類型，所稱之管制政署是指在歐盟層級針對特定領域發展出整體協調方式之機制，其有作有拘束力決定或是實踐政策之權力。而行政政署是執行執委會直接負責的各種計畫，因而行政政署本來就不預設其獨立性，也受執委會之直接監督，而「基本權利署」被歸類為管制政署。然而克魯格（Paul Craig）教授則是進一步

43 Communication from the Commission, The Operating Framework for the European Regulatory Agencies, COM (2002) 718 final, p. 5.
44 包括European Environment Agency, European Training Foundation, European Monitoring Centre for Drugs and Drug Addition, The European Medicines Agency, Office for Harmonization in the Internal Market, European Agency for Health and Safety at Work, Community Plant Variety Office, Translation Centre for Bodies of the European Union, European Monitoring Centre for Racism and Xenophobia, European Agency for Reconstruction.

細分為四種類型，包括管制政署（regulatory agency）、決策政署（decision-making agency）、準管制政署（quasi-regulatory agency）及資訊及協調政署（information and coordination agency）。其認為管制政署指的是有決策權力之機制，而且此決策權力包括制度面及個案。決策政署則是指只能針對個別案件決定之機制，其決定可拘束第三人。準管制政署包括擁有得提出強烈建議之機制，但是沒有決定之權力，而資訊及協調政署則只是提供資訊作為歐盟各機關之參考。[45]

「基本權利署」有獨立的法律人格，[46]但是「基本權利署」的目標是對於歐盟各機關或是各會員國實施歐體法律時，提供有關基本權事項之協助及專業，以協助歐盟各機關及各會員國在其職權內採取措施或是形成行動計畫，以完整實踐基本權。[47]雖然執委會將「基本權利署」定位為管制政署，但是其實「基本權利署」並無制度面或個案之決策權力，因而或許採用上述克魯格教授之分類，將「基本權利署」定位為資訊及協調政署，才是比較恰當的。

歐盟其實是從兩個角度創設「基本權利署」，一者是人權之角度，因此期待「基本權利署」提供人權訊息及資訊，作為歐盟各機關及各會員國人權措施之基礎。另一方面歐盟亦從治理之角度看「基本權利署」，因此其認為發展有效的機制以保障及促進人權是共同價值。[48]

但是其實從人權角度及治理角度分別探討設立人權機制議題會有相當不同之內涵，狄波卡（Gráinne De Bŭrca）教授即論及「人權模式」（human rights model）與「治理模式」（governance model）的三項區別，第一，「人權模式」強調自動與自治，並且追尋理念之實踐，而「治理模式」強調階層式安排及同儕責任。第二，「人權模式」著重承諾內容之定義及清晰度，而「治理模式」著重事件之能見度及結果。第三，「人權模式」經由法院實踐法律承諾，而在「治理模式」之情況，法院是監督程序是否恰當及是否有不

---

45 Paul Craig, *EU Administrative Law* (Oxford: Oxford University Press, 2006), pp. 154-157.
46 FRA Regulation, Preambles, paragraph (27).
47 FRA Regulation, Article 2.
48 FRA Regulation, Preambles, paragraph (4).

當行政行為。[49]

　　因而當「基本權利署」被定位為政署時，其實是比較偏向治理之角度，使其架構納入廣義之行政體系中，雖然「基本權利署規則」中明訂「基本權利署」應完全獨立行使職權，[50]但是作為歐盟諸多政署之一，其行政機制之本質沒有變動，此由「基本權利署」必須受「歐盟監察使」（European Ombudsman）[51]之監督可以看出，其實各國國家人權機構可以分為三種層級取得獨立性，最高的是由憲法規範為憲法機關，其次是經由立法取得獨立於三權分立之外的獨立機制，最後是被定位為獨立行政機關。依此觀之，歐盟憲法條約並未將「基本權利署」納入，而歐盟將「歐盟監察使」及「歐洲資料保護督導」（European Data Protection Supervisor）[52]定位是歐盟機關之一，與執委會、理事會及歐洲法院有同等地位，顯然比較能擺脫行政架構下之干擾，但是「基本權利署」卻沒有此定位，因而必須進一步確認其是否具備獨立性。[53]

二、單一邁向整合

　　當面臨不同人權議題，如果要設立機制以處理這些議題時，就必須面對究竟要分別設立機制或是設立整合機制之抉擇。最整合的方案是將所有人權議題交由一個人權機制負責。最分散之方案是設立多數人權機制分別負責不同之人權議題。而折衷之方案是維持「歐洲監督種族主義及仇視中心」不動，另外設立一人權署，即「歐洲監督種族主義及仇視中心」依然肩負消除種族歧視責任，而其他人權議題由新的人權署負責。[54]

　　其實要設立「基本權利署」，不只是牽涉「歐洲監督種族主義及仇視

49 Gráinne De Bŭrca, supra no. 14, p. 31.

50 FRA Regulation, Article 16.

51 參閱廖福特，〈歐洲聯盟監察使〉，收錄於黃偉峰主編，《歐洲聯盟的組織與運作》，台北市：五南出版社，2003年，457至500頁。

52 Regulation (EC) No 45/2001 of the European Parliament and of the Council of 18 December 2000 on the protection of individuals with regard to the processing of personal data by the Community institutions and bodies and on the free movement of such data.

53 以下還會從細部組織架構探討「基本權利署」之獨立性。

54 Erica Howard, "The European Agency for Fundamental Rights," (2006) 11 *European Human Rights Law Review*, 451.

中心」而已,歐盟除了於2000公布「歐盟基本權利憲章」,於2002設立「歐盟基本權獨立專家網絡」(EU Network of Independent Experts in Fundamental Rights)。因此設立「基本權利署」也必須考慮「歐盟基本權獨立專家網絡」之整併問題。

另外對於歐盟內部而言,至少應該探討「基本權利署」與三個機制之關係,這三個機制為「性別平等署」(Gender Equality Institute)、[55]「歐洲資料保護督導」及「歐盟監察使」(European Ombudsman),其中「歐盟監察使」及「歐洲資料保護督導」是已存在之歐盟機關,而「性別平等署」則是將於2008年1月成立之機制。

有論者認為設立「基本權利署」可說是二十一世紀歐盟人權發展之「整合政策」(joined-up policy),[56]問題是「基本權利署」究竟達到多廣的整合效果?首先,「基本權利署」整併「歐洲監督種族主義及仇視中心」,因而「歐洲監督種族主義及仇視中心」為「基本權利署」取代。

其次,有關「歐盟基本權獨立專家網絡」與「基本權利署」之關係,「歐盟基本權獨立專家網絡」是由歐盟每一會員國一位人權專家所組成,其任務為完成年度報告以呈現歐盟及各會員國之人權狀況、應執委會之請求而提供人權之資訊及意見、協助執委會及歐洲議會形成歐盟人權政策。胥林(Martin Scheinin)教授認為兩者可能有三種方式合作:鬆散合作、緊密合作、兩者整併。[57]而「基本權利署規則」並沒有明確要求兩者作整併,只是規範「基本權利署」得設立資訊網絡及使用既有之網絡,[58]然而「基本權利署」也設立了科學委員會,其亦為專家組成之內部組織,其所欲扮演之角色與「歐盟基本權獨立專家網絡」相當類似,因此兩者之間必須經歷未來如何互動之考驗,然而因為兩者之職權並沒有太大之區別,或許將兩者整併會是

---

55 Regulation (EC) No 1922/2006 of the European Parliament and of the Council of 20 December 2006 on establishing a European Institute for Gender Equality.
56 Joe McMahon, supra no. 19, p. 977.
57 Martin Scheinin, "The Relationship between the Agency and the Network of Independent Experts," in Philip Alston and Oliver De Schutter (eds.), *Monitoring Fundamental Rights in the EU The Contribution of the Fundamental Rights Agency* (Oxford: Hart Publishing, 2005), pp. 89-90.
58 FRA Regulation, Article 6.

最佳之選擇。

　　第三，「性別平等署」之職責是促進性別平等，並使歐盟及各會員國政策達到性別主流化之境界。[59]歐盟雇用社會事務及平等機會總署（DG Employment, Social Affairs and Equal Opportunities）之機會平等主任（Director for Equal Opportunities）菡芬沃夫（Pavan-Woolfe）女士認為「基本權利署」及「性別平等署」並立之理由可比照聯合國之人權委員會（Commission on Human Rights）與婦女地位委員會（Commission on the Status of Women）之共存。[60]而阿斯呑男爵夫人（Baroness Ashton）也認為如果「性別平等署」整併為「基本權利署」之一部分，將會使性別平等議題邊緣化。[61]而「歐洲資料保護督導」之職責是確保歐盟各機關保障個人隱私權。[62]不論是性別平等或是隱私權，當然都是基本權之範疇，亦在「基本權利署」之職權範疇內，三者都存在勢必有所協調，雖然「基本權利署規則」明確要求「基本權利署」應盡可能與歐盟各機關及「性別平等署」緊密合作，[63]同時應以協議書（memoranda of understanding）約定雙方之合作方式。[64]不過可以預見的是「基本權利署」職權之割裂，有關性別平等及隱私權，「基本權利署」恐怕不會是主要的歐盟機制。

　　第四，很明顯地歐盟選擇在監察使之外，另行設立「基本權利署」，如上所述各國國家人權機構可以歸類為五種類型，因而歐盟沒有採用西班牙的人權監察使模式，而職權較廣泛也表示歐盟沒有採用單一職權委員會之模式，因而歐盟使得「歐盟監察使」與「基本權利署」並存，是比較接近英國所採用之模式。

---

59 Regulation (EC) No 1922/2006 of the European Parliament and of the Council of 20 December 2006 on establishing a European Institute for Gender Equality, Article 2.

60 European Union Committee, House of Lords, 29th Report of Session 2005-06, Human Rights protection in Europe: the Fundamental Rights Agency Report with Evidence, 4 April 2006, p.31.

61 Ibid.

62 Regulation (EC) No 45/2001 of the European Parliament and of the Council of 18 December 2000 on the protection of individuals with regard to the processing of personal data by the Community institutions and bodies and on the free movement of such data, Article 41.

63 FRA Regulation, Preambles, paragraph (16).

64 FRA Regulation, Article 7.

三、組織架構

　　在分析「基本權利署」組織相關議題之前，於此且讓我們先瞭解國際標準對於一個國家人權機構的獨立性準則，雖然「巴黎原則」是針對各國國家人權機構，歐盟無法直接適用，但是「巴黎原則」所強調之人權機制獨立性非常值得歐盟借鏡。[65]諸多團體認為「基本權利署」不應只是成為歐盟「第二十六個政署」（26th EU Agency）罷了，其應有獨立性。[66]

　　「巴黎原則」強調一個國家人權機構「組成及獨立性與多元化保障」之重要性，而其認為應有幾個重點：1.任命程序；2.成員之代表性；3.任期穩定；4.解職要件；5.豁免權。[67]同時「巴黎原則」強調，國家人權機構應具備其能順利開展活動的基礎結構，特別是充足的經費，此一經費的目的是使國家人權機構能擁有自己的工作人員和辦公房舍，以便獨立於政府，不受財政控制，而可能影響其獨立性。[68]國家人權機構經費是否獨立或充分，其實有兩個層面之影響，第一是委員會本身是否能確實實踐其職權，進而完成創設國家人權委員會之理想。第二是委員之薪資是否獨立或充分，是否進而影響其專注於實踐其職權。

　　且讓吾人先瞭解「基本權利署」的組織架構，再進而分析其是否符合「巴黎原則」之規範。「基本權利署」的組織架構包括董事會（Management Board）、執行委員會（Executive Board）、科學委員會（Scientific Committee）、主任（Director）。

　　董事會成員包括每一會員國一位代表、歐洲理事會一位代表及執委會兩位代表，[69]以現今觀之，共有三十位成員，會員國的代表必須具備管理經驗及人權智識，並且具備任職於獨立國家人權機構或是其他人權團體之經驗，

65 European Union Committee, House of Lords, supra no. 60, p.36.
66 European Policy Evaluation Consortium, supra no. 41, p. 3.
67 Paris Principles, Composition and guarantees of independence and pluralism.
68 Ibid., point 2.
69 歐盟經濟社會委員會（European Economic and Social Committee）認為應該由其任命一位董事會成員，原因是歐洲治理白皮書（European Governance White Paper）已表明：「歐盟經濟社會委員會在發展歐盟各機關與民間團體互信關係上應扮演角色。」但是結果無法如其所願。See European Economic and Social Committee, Opinion of the European Economic and Social Committee on the Proposal for a Council Regulation establishing a European Union Agency for Fundamental Rights, SOC/216, Brussels, 14 February 2006.

而任命者為各會員國政府，例如英國是由法務部（Ministry of Justice）任命其在「基本權利署」董事會之成員。[70]會員國及歐洲理事會之代表應是獨立之代表，董事會是「基本權利署」的計畫及監督機制。[71]各代表之任期為五年，且不得連任。

2007年7月13日「基本權利署」的董事會組成，並選出奎利喀利（Anastasia Crickley）為主席，垂利特（Hannes Tretter）為副主席。奎利喀利女士是愛爾蘭國家種族主義及多元文化主義諮詢委員會（National Consultative Committee on Racism and Interculturalism）之主席，也是歐洲理事會（Council of Europe）少數民族架構公約（Framework Convention for National Minorities）諮詢委員會（Advisory Committee）的成員。

執行委員會之成員只有5位，包括董事會之主席及副主席，董事會所選任之兩位董事會成員，而另一位成員則是由執委會指派。另外歐洲理事會的董事會代表及主任亦得參加執行委員會之會議，但是沒有投票權，執行委員會之決議以過半數通過之。

科學委員會包括11位獨立的人權專家，由董事會選任，不過「基本權利署規則」明訂董事會必須諮詢歐洲議會之意見，並經由透明之程序進行之，同時顧及區域平衡。[72]成員之任期亦是五年，不得連任。科學委員會之主席及副主席由委員互選，任期一年。[73]「基本權利署規則」還特別規定科學委員會之成員是獨立的，除非其自動離職或是無法行使職權，否則不得解任。科學委員會扮演的角色是「基本權利署」有關工作「科學品質的捍衛者」（guarantor of the scientific quality），並指引工作達到此效果。[74]

主任由董事會任命，其必須有個人特長、人權經驗及行政管理長才，因為其職責是管理所有行政及人事，主任任期五年，得再任三年，除非三分之一以上董事會成員或是執委會認為其不適任，不得在任期結束前解職，「基本權利署規則」也特別規定主任應獨立行使職權，而歐洲議會或是理事會得

70 Ministry of Justice, UK members appointed to Fundamental Rights Agency board, 12 June 2007.
71 FRA Regulation, Article 12 (6).
72 FRA Regulation, Article 14.
73 Ibid.
74 Ibid.

要求主任報告「基本權利署」之會務。

　　有關「基本權利署」之職員，執委會聲稱「基本權利署」將只維持「輕型架構」（lightweight structure），即其人員不會太多。而在「基本權利署」的施行細則部分，則由董事會制定，董事會於2007年3月1日「基本權利署」成立當天即訂定暫行施行細則（Rules of Procedure of the interim Management Board of the European Union Agency for Fundamental Rights）。

　　在預算部分，就程序而言，「基本權利署」的預算先由主任及董事會預估，送交執委會，執委會評估之後，再由執委會送交歐洲議會及理事會。就預算之實際數目而言，執委會預估給予「基本權利署」的預算是逐年增加，2007年時為1,400萬歐元，到2012年時為2,200萬歐元。[75]

　　「巴黎原則」期待經由人事、組織及預算等途徑，達到國家人權機構之獨立性。檢視「基本權利署」之組織架構，由任命成員觀之，其已設定董事會成員之專業標準，同時由各國任命之，可避免歐盟各機關之干預。董事會成員有任期保障，不過沒有豁免權。科學委員會成員及主任亦受任期及不被解職條件之保障，但是主任之解職可能有執委會之介入。

　　在預算部分，執委會掌控「基本權利署」之預算金額及行政人事規模，這將實質上影響「基本權利署」之業務執行，雖然執委會已籌畫「基本權利署」五年預算且逐年增加，但是人事成員卻相當精簡，因為「基本權利署」尚未完整運作，因此尚難確認是否會因為預算及人事之規模，而影響其職權之行使範疇，不過這是未來可以密切觀察之面向。

　　在組織部分，「基本權利署規則」設立了複雜之獨立性規範，不論是主任、科學委員會成員或是「基本權利署」本身，都應獨立行使職權，不過這可能使得董事會或是執行委員會與科學委員會成員或主任對於行使職權意見有所不同，科學委員會成員應是提供意見供「基本權利署」參考，而主任則是統籌「基本權利署」之業務，理論上他們不應拘束董事會或是執行委員會意見之形成，因此這些部分之獨立規範或許不必然需要，最重要的是「基本權利署」本身之獨立性，而從董事會或是執行委員會之結構來看，執委會都

---

75 FRA Fact Sheet European Union Agency for Fundamental Rights (FRA) Frequently Asked Questions, p. 6.

只是部分參與者，比例相當低，因而要確保「基本權利署」之獨立性應該沒有問題。

參、職權：橋樑與諮詢者

　　從職權面向觀之，其實「基本權利署」之職權是由單一轉向全面，即本來「歐洲監督種族主義及仇視中心」之職權專注於消除種族歧視，而「基本權利署」之職權則擴張至比較廣泛之權利。不過究竟「基本權利署」所負擔之權利範疇有多廣、如何實踐都應進一步分析。承以上有關「基本權利署」組織之論述方式，在職權分析部分，亦將引用「巴黎原則」分析「基本權利署」之職權範疇及方式。

一、機構名稱與人權範疇

　　其實機構之名稱即隱含表示此機構之職權範疇及重心，本來歐盟高峰會所採用之名稱為「人權署」，丹麥人權院（Danish Institute for Human Rights）[76]主席恪倫（Morten Kjarum）也認為，歐盟多年來致力於推動全球人權保障，因而如果歐盟自己在設立人權機制時使用基本權此一模糊名詞，將會是非常奇怪的，因而其建議應符合國際趨勢，將此機制命名為人權署。[77]不過英國之機會平等委員會則建議應稱為「平等與人權署」（Equality and Human Rights Agency），[78]後來執委會提出「基本權利署規則」草案時改稱為「基本權利署」，但是執委會並沒有說明為何改變名稱。

　　誠如諾瓦克（Manfred Nowak）教授所言，就法律名詞觀之，一般而言

---

76 丹麥人權院是丹麥的國家人權機構。

77 Speech by DIHR-director, Mr. Morten Kjarum, at public hearing on the Agency on Fundamental Rights in Brussels, 25 January 2005.

78 Equal Opportunities Commission, Response to the European Commission DG Justice and Home Affairs Fundamental Rights Agency for the European Union, 15 December 2004, p. 3. 而英國新設立之國家人權機構也稱為「平等及人權委員會」（Commission for Equality and Human Rights）。

使用「人權」一詞是指國際法，而「基本權」則是指國內憲法。[79]因而從其名稱之轉變，也可印證設立「基本權利署」是歐盟追尋人權自我之一部分。而將名稱由「人權署」改為「基本權利署」，也引發是否此機制所稱之權利只涵蓋「歐盟基本權利憲章」所稱之範疇，而不包括國際人權標準。[80]

　　不過設立「基本權利署」之規章已明確表達，此人權機制之名稱必須呈現其與「歐盟基本權利憲章」之緊密關係，[81]因此非常明顯地名稱會由「人權署」改為「基本權利署」，主要是配合「歐盟基本權利憲章」所使用之名稱，而從「歐盟基本權利憲章」之制定歷史過程觀之，會使用基本權利是因為當時德國為輪值主席，扮演推動「歐盟基本權利憲章」之主要角色，因而由此觀之，在名稱上是依循德國之主張。

　　「人權署」、「平等與人權署」及「基本權利署」之間的名稱抉擇，代表著各方著重點不同，當歐盟選擇使用「基本權利署」時，便代表此機制與「歐盟基本權利憲章」之關係密切，[82]也代表其著重於自我之人權追尋，而是否因而限縮此機制之權利範疇，應進一步分析「基本權利署」所肩負之人權範疇究竟有多廣。

　　「基本權利署規則」明確表示「基本權利署」職權範疇中所稱之基本權，應以歐洲聯盟條約（Treaty on European Union）第6條第2項為基準，包括歐洲人權公約，同時「基本權利署」必須著重「歐盟基本權利憲章」，但是應注意「歐盟基本權利憲章」之法律地位及相關解釋。[83]然而「歐盟基本權利憲章」雖然已列入歐盟憲法條約中，但是歐盟憲法條約尚未生效，因此現在「歐盟基本權利憲章」依然只是宣言之地位，嚴格來說沒有法律拘束力，而「基本權利署」之職權包括促進「歐盟基本權利憲章」之實踐，其意涵是執委會及各會國已假設「歐盟憲法」將會為各會員國批准，因而先使「歐盟基本權利憲章」有法律地位。[84]其結果是「基本權利署」在某種層面

---

79 Manfred Nowak, supra no. 36, p. 91.

80 The European Region of the International Lesbian and Gay Association, ILGA-Europe's Response to the Communication from the Commission, December 2004, p. 4.

81 See FRA Regulation, Preambles, paragraph (9) and Article 3 (2).

82 Erica Howard, supra no. 54, p. 447.

83 FRA Regulation, Preambles, Paragraph (9).

84 Joe McMahon, supra no. 19, p. 976.其實執委會已假設「歐盟基本權利憲章」已有法

上成為歐盟的「國家」人權機構，但是相對地也使「基本權利署」忽略了國際人權條約，當歐盟認為國際人權是普世價值，並應在全球實踐，卻無法在自己設立的人權機制中發揮效應，恐怕兩者是不完全一致的。

二、職權範圍及方式

於此或可先呈現「巴黎原則」對於國家人權機構的職權規範，再討論「基本權利署」的職權範疇，進而思索兩者是否有落差及其意涵。

在權限與職責方面，「巴黎原則」認為應賦予國家人權機構「促進」和「保護」人權的權限，同時應賦予國家機構盡可能廣泛的授權，這種授權應在憲法和法律中有明確規定，並具體規定其組成和權限範圍。「巴黎原則」認為一個國家人權機構應具有以下職責：1.向政府、議會和任何其它主管機構提出意見、處理侵犯人權的情況、人權問題的一般國家情況和比較具體的事項、注意國內任何地區人權遭受侵犯的情況等；2.促進並確保國家的立法規章和慣例與該國所加入的國際人權文書協調，及其有效執行；3.鼓勵批准上述文書或加入這些文書並確保其執行；4.對各國按照其各自條約義務要向聯合國機構和委員會以及向區域機構提交的報告作出貢獻，必要時在對國家獨立性給予應有尊重的情況下，表示對問題的意見；5.與聯合國和聯合國系統內的任何其他組織、各區域機構以及別國主管促進和保護人權領域工作的國家機構進行合作；6.協助制定人權問題教學方案和研究方案並參加這些方案在學校、大學和專業團體中的執行；7.宣傳人權和反對各種形式的歧視特別是種族歧視的工作，尤其是通過宣傳和教育來提高公眾認識以及利用所有新聞機構。[85]

其實「巴黎原則」希望各國賦予國家人權機構廣泛之職權，聯合國期待國家人權機構扮演保護者、促進者及橋樑三種角色，「巴黎原則」對於國家

律效力，並在其職權中實踐之，參閱European Commission, Communication from the Commission on the legal nature of the Charter of Fundamental Rights of the European Union, COM (2000) 0644 final. European Commission, Memorandum from the President and MR. Vitorino, Application of the Charter of Fundamental Rights of the European Union, Brussels, 13 March 2001.

85 United Nations, *Fact Sheet No. 19, National Institutions for the Promotion and Protection of Human Rights* (Geneva: Centre for Human Rights, 1994), p. 8.

人權機構扮演橋樑角色有兩個面向之期待，第一是作為其國家與國際人權之橋樑，第二是與各種人權機構及團體合作。就扮演促進者之角色而言，「巴黎原則」主要著重於兩個層面，一者是針對各種人權狀況提出建議，另一者是人權意識之提升及人權教育之落實。國家人權機構主要透過其調查權扮演保護者之角色。「巴黎原則」認為，可以授權一國家人權機構負責受理及審議有關個別情況的申訴及請願。

在設立「基本權利署」的過程中，歐盟政策評估組織（European Policy Evaluation Consortium）提出五種策略方案：第一，以不變應萬變（status quo），即不作任何變動，也不設立新的人權機制；第二，局部監督（Focused monitoring）機制，即設立新的人權機制，但其職權是局部性的；第三，全面監督（General monitoring）機制，即此新的人權機制將有全面的職權；第四，監督及評估歐盟政策（Monitoring and assessment, Union policies only）機制，即此新機制不只是有全面的職權，亦評估歐盟內部之人權政策；第五，監督及評估歐盟全部政策（Monitoring and assessment, Union policies only）機制，即此新機制不只是有全面的職權，也評估歐盟內部之人權政策，更進一步涵蓋歐盟對外關係之人權政策。[86]

然而最後結果是「基本權利署」並非監督之機制，其職權亦非全面的，依據「基本權利署規則」之規定，「基本權利署」的目標是對於歐盟各機關或是各會員國實施歐體法律時，提供有關基本權事項之協助及專業，以協助歐盟各機關及各會員國在其職權內採取措施或是形成行動計畫，以完整實踐基本權。因而明顯地「基本權利署」只處理歐盟及各會員國實踐共同體法時所衍生人權事項，[87]

「基本權利署規則」第4條規定「基本權利署」之職權包括：1.蒐集、記錄、分析及傳播人權資訊；2.發展方法及準則，以促進歐洲層級人權資訊之比較性、客觀性及可信度；3.基於歐洲議會、理事會或執委會之請求，進行、合作或鼓勵人權之科學研究、調查及思考；4.主動或基於歐洲議會、理事會或執委會之請求，而對於特定人權主題形成意見，供歐盟各機關或是各

---

86 European Policy Evaluation Consortium, supra no. 4, pp. 50-72.
87 FRA Regulation, Article 3 (3).

會員國實踐歐體法時參考；5.針對其所涵蓋之基本權事項出版年度報告，並指出良善之事例；6.基於其分析、研究及調查而出版主題報告；7.出版其活動之年度報告；8.發展溝通策略並促進與民間團體之對話，以提升大眾之人權意識。

　　然而「基本權利署規則」也規定，有關上述第4點，「基本權利署」可以針對執委會之提案或是各機關在歐盟立法過程之立場提出參考意見，但是「基本權利署」無權檢視各歐盟法規是否合法或是各會員國是否違反歐盟條約義務。

　　「基本權利署」亦得設立資訊網絡或善用歐盟既有之網絡，舉行專家會議，或是設立特別工作小組。[88]而「基本權利署規則」也要求「基本權利署」必須與各會員國人權機制、歐洲理事會及民間團體合作。[89]

　　最後有關是否規劃各種權利實踐之順序，因為「基本權利署規則」第5條規定，理事會必須基於執委會之提案，並諮詢歐洲議會之後，設立「基本權利署」之多年架構（Multiannual Framework），其涵蓋五年，必須包括反種族歧視，考量歐盟對於人權之優先順序、歐洲議會之決議及理事會之結論，同時斟酌「基本權利署」之預算及人事，並與歐洲理事會及其他國際人權組織配合。因而執委會於2007年9月12日提出有關「基本權利署」未來五年職權內容之草案[90]供理事會參考，其提出十大方向，包括種族歧視、性別宗教年齡等歧視、犯罪被害人賠償、兒童權利、移民問題、庇護、簽證與國境管理、歐盟民主功能、資訊社會之人權議題、有效及獨立之司法等。[91]

　　於此應強調的是，「基本權利署」之職權不包括歐盟第三支柱，執委會本來的構思是「基本權利署」的職權應包括第三支柱之議題，雖然歐洲議

---

[88] FRA Regulation, Article 6.

[89] FRA Regulation, Articles 8-10.

[90] Commission of the European Communities, Proposal for a Council Decision implementing Regulation (EC) No. 168 (2007) as regards the adoption of a Multiannual Framework for the European Union Agency for Fundamental Rights for 2007-2012, Brussels, 12 September 2007, COM (2007) 515 final.

[91] Ibid., Article 2.而國際特赦組織則期待「基本權利署」著重以下議題：反恐對人權傷害、警察暴力、庇護及移民、公平審判、家庭暴力、人口販運。See Amnesty International, Towards a comprehensive European human rights system The speech that Amnesty International would have made at the inauguration of the EU Fundamental Rights Agency, 1 March 2007, p. 4.

會贊成，歐洲國家人權機構團體也認為「基本權利署」之職權應包括歐盟第三支柱。但是因為有一些會員國反對，最後沒有通過。誠如國際特赦組織所言，執委會所採的防衛性及最小範疇途徑無法達成歐盟所堅持的普世人權價值，[92]即歐盟對外強調廣泛的普世人權價值，但是當設立「基本權利署」瞭解歐盟各機關及各會員國實踐歐盟法時，卻只期待此機制關注部分權利，很顯然地此有嚴以待人寬以待己之疑慮。

其次，歐盟條約第7條規定，如果會員國有嚴重違反人權原則之明顯危險時，可能停止此會員國某些權利。然而「基本權利署」亦無法對此議題發表意見。

第三，有關是否應賦予「基本權利署」受理個人申訴之職權，非常明顯地歐盟理事會排除賦予「基本權利署」此職權，因而有相當多的非政府組織感到失望，[93]因為事實上有許多國家人權機構有受理個案之職權，然而就歐盟而言，其可能面臨之難題為是否會與歐洲理事會人權機制衝突，而因為「基本權利署」沒有個案救濟之權力，也代表著「基本權利署」不可能扮演保護者之角色。

「巴黎原則」強調應賦予國家人權機構盡可能廣泛之職權，並使其扮演橋樑促進者及保護者之角色。由以上觀之，有關職權範疇，「基本權利署」所負責之權利範疇在性別平等及個人隱私方面，因為有「性別平等署」及「歐洲資料保護督導」之設立，可能稍被削弱。另外因為多年架構之構思，其實也使得「基本權利署」只會在前五年選擇歐盟認為優先之人權議題，然而這是歐盟各機關之抉擇，而非「基本權利署」自己之選擇，因此其職權範疇，因為此架構而實質上受限縮。

就「基本權利署」所扮演之角色言之，非常明顯地「基本權利署」不扮演保護者之角色，或許對於「基本權利署」的最佳描述是，因為其諮詢本質，其將會是整合歐盟基本權政策及提供會員國人權方案之機關。[94]從職權

---

92 Amnesty International, supra no. 91, p. 2.
93 See Platform of European Social NGOs, The Agency as the 'human rights watchdog' of the EU, Social Platform contribution, Meeting of EU Human Rights Agency, 20 April 2004.
94 Joe McMahon, supra no. 19, p. 975.

範疇及特質分析之，其實「基本權利署」是比較接近諮詢委員會之模式，[95]
而此模式則是比較接近法國、德國及北歐之國家人權機構。

　　一般而言，國家人權機構透過事前審視法律草案是否違反人權及事後參
與司法程序扮演保護者之角色，而所謂參與司法程序，可能包括自己成為案
件的審查者、以第三人參與訴訟、訴訟協助，甚至是申請憲法解釋。就算是
認為「基本權利署」自己審查案件可能造成與歐洲理事會人權機制之衝突，
其實「基本權利署」還是可以肩負以第三人參與訴訟、訴訟協助或是將案件
送交歐洲法院之責任，如此方可積極進行人權救濟之責任，同時又不與歐洲
理事會衝突，也才能使「基本權利署」成為完備的人權機制。

肆、結語

　　歐盟理事會於2007年2月15日通過規則，決定設立「基本權利署」，而
在其設立過程中，幾乎所有參與討論的團體都贊成設立「基本權利署」，不
論是歐盟各機關、各會員國或是民間團體，而歐洲理事會亦是如此。然而此
具備共識之理想是否將會美夢成真，恐怕需要進一步之檢驗，可從歷史、組
織及職權三個面向分析之。

　　就歷史而言，歐盟設立「基本權利署」是為了追尋人權自我，其最主要
之轉折點是「歐盟基本權利憲章」已規劃完整，因而必須建立人權機制以實
踐人權規範。而歐洲及國際上國際人權機構之蓬勃發展，亦促使歐盟思索設
立人權機制。而其模式則是結合歐洲各國設立國家人權機構之不同情形，名
稱上採用德國之堅持，組織上接近英國之模式，職權上與法國及北歐類似，
但是此綜合結果使得「基本權利署」在權利範疇只肩負「歐洲人權公約」及
「歐盟基本權利憲章」所規範之權利。

　　就組織而言，當「基本權利署」被定位為政署時，其實是比較偏向治
理之角度，使其架構納入廣義之行政體系中，雖然「基本權利署規則」中明
訂「基本權利署」應完全獨立行使職權，但是作為歐盟諸多政署之一，其行

---

95 Manfred Nowak, supra no. 36, p. 103.

政機制之本質沒有變動。因為接近英國之模式，因而「基本權利署」與「歐盟監察使」並存，彼此各司其職。同時歐盟亦有其他機制負責不同的人權議題，因而「基本權利署」亦面臨與這些機制合作及協調之問題。

　　從職權面向觀之，其實「基本權利署」之職權是由單一轉向全面，然而非常明顯地「基本權利署」不扮演保護者之角色，只是扮演橋樑及諮詢者之角色。或許對於「基本權利署」的最佳描述是，因為其諮詢本質，其將會是整合歐盟基本權政策及提供會員國人權方案之機關。「基本權利署」比較接近諮詢委員會之模式，而此模式則是比較接近法國、德國及北歐之國家人權機構。

第十章　台灣的漫漫長路

　　在台灣推動設立國家人權委員會其實是由民間團體推動，後來得到官方之重視，但是不同執政黨政府有不同之態度，迄今設立國家人權委員會之理想尚未實踐。

　　以下先討論推動設立國家人權委員會之歷史過程，再論述在台灣設立國家人權所面臨的幾個問題。

壹、推動過程

　　在台灣推動設立國家人權委員會之歷史過程是先由民間團體發起，接著面對不同兩個執政政府對設立國家人權委員會之理念。

一、民間推動

　　事實上台灣公民社會的民間社團從事「推動成立國家人權委員會」的工作已經超過十年，並且組織「民間推動成立國家人權委員會聯盟」，以推動國家人權委員會之設立。回顧「民間推動成立國家人權委員會聯盟」的成立，其實是從一篇翻譯文章開始的。1998年夏天當時台灣人權促進會的會長黃文雄先生將黃默教授的一篇報告翻譯成中文，分送給各個民間非政府組織討論，這篇報告的內容即在強調台灣應該設立一個獨立的「國家人權委員會」，以作為統籌人權事務的機構。1999年底，22個非政府組織共同發起了「國家人權委員會推動聯盟」，推動聯盟成員包括：人本教育基金會、人權教育基金會、中國人權協會、台北律師公會、台灣人權促進會、台灣同志諮詢熱線協會、台灣性別人權協會、台灣法學會、台灣國際法研究會、台灣教授協會、台灣勞工陣線、外籍配偶人權促進會、民間司法改革基金會、社會立法行動聯盟、社會福利聯盟、律師公會全國聯合會、國際特赦組織台灣總會、婦女新知基金會、媒體觀察基金會、殘障聯盟、黃武雄（社區大學倡導人）、愛滋感染者權益促進會、新世紀基金會、勵馨福利事業基金會、瞿海

源（澄社）。

「國家人權委員會推動聯盟」分為二個小組，一個是「推動規劃小組」另一為「比較研究與法案起草小組」，前者以台灣人權促進會當時的會長黃文雄先生為召集人，後者則以東吳大學政治系黃默教授為召集人。

「起草小組」自2000年1月初開始工作，於6月初完成草案。小組的基本成員為陳隆志、廖福特、陳俊宏等學者及蘇友辰、林峰正兩位律師。起草小組約每隔一至兩周聚會一次，以「巴黎原則」為依據，並參考國際特赦組織的建議以及各國經驗，同時也考量當時台灣的政經情勢，起草了一份草案，並於6月4日召開記者會公布，計條文二十一條，並邀請各界提出意見與批評。

「推動規劃小組」透過各式各樣的管道向各界廣為推介設立國家人權委員會的急迫性及必要性，而當時適逢台灣進入總統大選白熱化的階段，「推動規劃小組」也向諸位總統候選人進行遊說的工作。當時幾乎各黨派的候選人都一致地認同這樣的主張，甚至將「設立一個超然獨立的國家人權委員會」作為主要的政見。

「國家人權委員會推動聯盟」在2000年6月公佈草案的同時，時任國民黨立法委員的蕭苑瑜也迅速擬定「國家人權委員會組織法」草案，並發動立委連署提案，經院會付委審查，全文計十九條。蕭版草案明定「國家人權委員會」設在總統府，委員為無給職，需由五院院長及社會公正人士共25人組成之評議會遴選產生。這項草案在立法院審議過程中，受到國民黨與民進黨委員的質疑，或認為可能造成總統擴權，或認為可能造成總統、立法與行政權相互抗衡。立法院無法達成共識，草案因而被擱置。

在2000年5月20日的總統就職演說上，當時新當選的陳水扁總統宣示將推動設立國家人權委員會。[1]而因為政府接納此政策，在某個層面也弱化了民間團體之動能，在2000年5月至2008年5月民進黨政府期間，設立國家人權

---

[1] See Fort Fu-Te Liao, "Establishing a National Human Rights Commission in Taiwan: Role of NGOs and Challenges Ahead", Asia-Pacific Journal on Human Rights and the Law, Vol. 2, No. 2, 2001, pp. 93-97. Feng-Jeng Lin, "The Role of NGOs in setting up a National Human Rights Commission in Taiwan", paper presented at the *International Conference on National Human Rights Commissions: Promoting and Protecting Human Rights*, Taipei, Taiwan, 2-4 January 2001.

委員會成為官方政策，而相對地民間團體推動設立國家人權委員會之動能亦減弱，民間團體或許認為設立國家人權委員會既然已經成為官方之重要政策，而官方有較多之資源，加上民間團體部分成員進入官方各小組成為委員，結果民間團體政黨輪替之後，國民黨重新執政，並成為立法院的最大黨。台灣人權促進會並沒有因此而放棄推動國家人權委員會的工作，其依然包括法案及推動兩部分。在法案部分，台灣人權促進會在2008年重新召集過去修法小組的成員，將過去民間版的草案重新審視及修改，並於2009年初召開了二次「推動聯盟」各社團的「共識會議」，徵求各社團的修改意見及推動策略，形成民間團體新的國家人權委員會版本。在推動部分，民間團體嘗試說服國民黨政府採納設立國家人權委員會之政策，但是並沒有成功，因此仍須面對未來之挑戰。

二、政府接納

　　後來此項推動為政黨輪替後之民進黨政府所採納，陳水扁前總統於2000年5月20日其首次就職演說中曾宣示：

> 我們希望實現聯合國長期所推動的主張，在台灣設立獨立運作的國家人權委員會。[2]

　　而同時設立國家人權委員會是諸多人權立國政策中優先推行的。[3]陳前總統復於2001年元旦祝詞揭櫫政府在新世紀的六大施政課題，再次重申推動人權立法、建立人權指標，設立獨立運作的國家人權委員會，讓我國成為二十一世紀人權的新指標。而陳前總統在出席「國家人權委員會與人權的促進與保障」國際研討會開幕典禮時亦表示，其就職演說中所提及的人權三個政策，即第一是設立一個聯合國已經倡導多年的國家人權委員會；第二，是把《國際人權法典》國內法化為《中華民國人權法典》；第三是加強和國際

2　陳水扁，〈台灣站起來-迎接向上提升的新時代〉，2000年05月20日。
3　陳水扁總統出席「國家人權委員會與人權的促進與保障」國際研討會開幕典禮致詞，2001年01月02日。

人權非政府組織的人權交流。在這三個政策裡，我們優先推行的是國家人權委員會的設立。而其原因或可從「人權立國與人權保障的基礎建設——2002年國家人權政策白皮書」中看出，其提到：「政府優先推行國家人權委員會是有特殊考慮的，1971年中華民國被迫退出聯合國時，同時也被迫退出了國際人權體系。三十年來台灣因此缺少了來自國際的交流、協助、監督和激勵。在這個人權普世化的時代，這個事實對台灣有很多負面的影響，尤其是在保護和促進人權的政策、機構、知識、資訊和教育方面。」[4]

　　2000年10月總統府底下設立了「人權諮詢小組」，由當時的副總統呂秀蓮擔任召集人，這個小組的任務之一也在於推動國家人權委員會。總統府把該起草工作交由行政院研考會負責。但行政院並不同意另行立法設立「國家人權委員會」，只同意成立一個諮詢小組，引發府院雙方激烈的辯論。「總統府人權諮詢小組」在2001年5、6月間召開了十一次的全體委員會逐條討論，完成了「國家人權委員會組織法草案」及「國家人權委員會職權行使法草案」，此即所謂的「總統府版」。惟「總統府人權諮詢小組」的努力並沒有得到行政院的認同。「總統府版」與「行政院版」仍存在諸多差異。7月間，監察院堅決反對設立「國家人權委員會」，並認為「國家人權委員會」不應行使調查權。8月間，行政院會將草案以最速件函送立法院審議，後來立法院未能正式審議，此草案因為立法院屆期不連續而失其效力。

　　後來「總統府人權諮詢小組」持續研擬「國家人權委員會組織法草案」及「國家人權委員會職權行使法草案」，並在2003年提出新草案，但是此草案在2008年5月卸下執政權之前，都沒有成為確定的官方版本。[5]當然立法院也不可能通過法律以設立國家人權委員會。

三、政黨再輪替

　　2008年5月以後國民黨再次取得執政權，同時亦是立法院擁有絕對多數

4　行政院，「人權立國與人權保障的基礎建設－2002年國家人權政策白皮書」，行政院，2002年，頁26。
5　有關台灣推動國家人權委員會之經過，請參閱蘇友辰，〈「國家人權委員會」的建構與展望－阿扁總統「人權立國」的落實與實踐〉，《全國律師》，2002年12月號，2002年12月，頁24-50。

席次之政黨，此與民進黨執政時有相當不同之處境，理論上如果國民黨政府有意願設立國家人權委員會的話，其成功機率是相當高的。但是馬英九總統在其競選過程中及就任之後均未強調要設立國家人權委員會，馬總統不曾表示有設立國家人權委員會之政策。馬總統曾經表示「考量聯合國所提出與人權相關的『巴黎原則』、我國憲政體系與國情、相關機關職權分工及其他國家人權保障機構運作型態等面向，現階段可考慮依中央行政機關組織基準法規定，規劃於總統府下設任務編組之『人權諮詢委員會』，並維持監察院及行政院現有人權保障推動機制。」[6]不過總統府下之人權諮詢委員會恐怕與聯合國所推動的國家人權委員會理念是有實質上不同。其次，其實民進黨執政時在2000年至2006年之間，已設立了人權諮詢委員會，如果人權諮詢委員會可以被認為是國家人權委員會，那麼在2000年至2006年之間台灣已有國家人權委員會，然而實質不然，此人權諮詢委員會只是總統及副總統在人權事務之諮詢機制，且為任務編組，即使馬總統所稱之人權諮詢委員會得以順利設置，其本質亦與民進黨政府所設立之人權諮詢委員會本質相同，並非聯合國所推動的國家人權委員會。

　　經歷過十幾年的推動，設立國家人權委員會的理想，從民間醞釀到政黨輪替之後由民進黨政府接納，但是八年匆匆過去，最終沒有完成。後又歷經再次政黨輪替，國民黨政府卻未正視此議題。不過民間團體依然堅持並持續推動之，只是不知此漫漫長路何時盡，完全無法預估台灣何時能設立國家人權委員會。

貳、台灣借鏡

　　在論述完國際上設立國家人權機構之理想、準則、模式及實例之後，或許我們應該反思台灣是否需要一個國家人權機構？如果需要的話，我們應該採取哪一種模式？應該透過什麼法律或憲法架構設立此國家人權機構？在國際面向之可能發展為何？茲將其歸納為以下問題：（1）要不要設立；（2）

6　總統府新聞稿，「總統府上午召開人權議題會議」，2010年1月7日。

什麼類型；（3）要不要憲法依據；（4）國際面向。

一、要不要設立

　　從理念上而言聯合國各機關不斷地重申國家人權委員會對於促進及保障人權之重要性，而且國家人權委員會對於各種類型之人權保障都是重要的，對於人權的國內及國際實踐都是重要之機制，同時所有的聯合國與人權有關之機關都認為各國應該設立國家人權委員會，並且建構起區域及國際之國家人權委員會組織。

　　誠如國際人權政策理事會所言，就現今而言每一個國家都應該要有一國家人權委員會，[7]反觀台灣難道台灣不需要一個國家人權委員會嗎？誠如黃默教授所言，「如果設立國家人權委員會以後，實際上又能有效操作，對人權的保障與享有，必能帶來很大的助力，對弱勢的族群尤其有所幫助。其次，設立了人權委員會並有效操作，也必然帶動台灣跟國際社會的互動，使台灣趨近國際社會的人權標準，並與其他國家政府、民間人權組織有進一步的交流與合作。又如台灣的努力與經驗，對中國大陸今後的發展有某種程度的影響，那又增添了另一項意外的收穫。」[8]亦如黃文雄先生所言，「國家人權委員會雖然只是補正常立法、行政、司法及監察之不足的機構，其設立的必要性——尤其是對脫離國家人權體系已久的台灣——可以從其功能中看出來：（一）調查可能侵犯人權（尤其是歧視不公）案件，進行調解和仲裁，必要時並得協助受害者團體或個人進行訴訟；（二）依據憲法及國際人權標準，審查研究國內既有法規和立法草案，提出修法、立法、修憲的建議；（三）規劃國家人權政策，包括國際人權及人道救援政策，並提出建議；（四）規劃並推廣學校內外人權教育，包括司法官、律師、軍警及其他公務員的人權教育；（五）提出年度及針對特定議題之國家人權報告。這些不都正是我國早該有，而至今仍不具備的推展人權的基本建設嗎？」[9]

7　International Council on Human Rights Policy, *Performance and Legitimacy: National Human Rights Institutions* (International Council on Human Rights Policy, 2000), p. 1.
8　黃默，〈國家人權委員會、亞洲、與亞洲價值〉，國家人權委員會座談會，2000年2月19日。
9　黃文雄，〈台灣亟待設立國家人權委員會〉，中國時報．時論廣場，2000年1月4日。

　　或許我們可以回顧幾十年來國際上設立國家人權機構之發展，從實際的比較法經驗觀之，其實已經有越來越多的國家人權委員會成立，幾十年來已有將近一百個國家人權機構之設立，其不是專屬於新興民主國家，亦非民主成熟國家之專利，而是不分區域及民主程度漸漸形成之國際普遍共識。設立國家人權委員會之國家不是只有落後國家或是先進國家而已，而是任何一種類型之國家都設立了國家人權委員會，這些國家同樣有司法機關及監察組織，但是也需要國家人權委員會擔負人權促進及保護之職責。對於台灣而言我們歷經戒嚴及動員戡亂時期，人權保障受到壓抑，而民主化亦不到二十年時間，人權在這幾年有稍較受重視，但是人權保障應是攸關全民之生活，而設立國家人權機構對於人權之促進及保障應是有所幫助的，台灣不應自外於此國際趨勢才是。

二、什麼類型

　　如果我們認為應該設立國家人權機構的話，那麼我們接下來應該思考要設立哪一種類型之國家人權機構。如上所述，各國之經驗產生五種類型之國家人權機構，或許可成為我們思考之基礎。

　　在陳前總統於2000年就職之後宣示人權立國之政策，其後並於2000年10月24日成立總統府人權諮詢小組，由呂秀蓮副總統擔任召集人，聘請21位學者專家為總統之人權顧問群，擔任諮詢工作。根據〈總統府人權諮詢小組設置要點〉第1條規定，總統府人權諮詢小組之主要功能為「為保障及提昇國內人權，推動參與國際人權活動，宣導人權思想……適時提供總統相關之諮詢與建議」。總統府人權諮詢小組並於2004年改組為總統府人權諮詢委員會。而行政院人權保障推動小組於2001年7月成立，小組成員包括行政院秘書長、各部會首長[10]及13位民間學者專家。為了發揮協調各部會人權政策及措施的功能，該小組開會時並得邀請有關機關代表列席。該小組另外設有諮詢委員會，由召集人聘請國內外學者專家擔任，以擴大諮詢對象。此一跨部

---

10 包括內政部部長、外交部部長、國防部部長、教育部部長、法務部部長、行政院新聞局局長、行政院衛生署署長、行政院環境保護署署長、行政院勞工委員會主任委員、行政院原住民委員會主任委員等。

會小組負責協調與監督行政院各部會與人權相關的施政、政策與措施。[11]如果我們只是希望設立一個法國式的人權諮詢委員會，那麼其實可以行政命令或是法律之方式為之，非常容易可以設立之。但是如上所述，其實人權諮詢委員會模式只能扮演促進者之角色，但是無法扮演保護者之角色，至於其可否扮演橋樑之角色都值得懷疑，而人權諮詢委員會模式之職權範圍並無法包括「巴黎原則」所稱之全部，同時此模式大都只要以命令之方式便可成立之，但是一個只依行政命令成立之國家人權機構是否符合法治要求，其實是有相當疑慮的。因此人權諮詢委員會模式應該不是最佳模式。

　　如果我們要設立的是北歐/德國模式之人權研究中心的話，台灣大學法律學院已設立人權中心，東吳大學政治系已設立張佛泉人權中心，其實可以很簡單地將其中一個人權中心改為國家人權機構，或是另外通過一個法律而設立國家人權研究中心，作為台灣之國家人權機構，或許中央研究院亦是可以選擇的。但是如上所述，各國之人權研究所主要扮演促進者及橋樑之角色，但是其無法扮演保護者之角色，而且經過丹麥人權研究所之轉變已使本來單純的人權研究機構，也可能轉換為比較積極的人權監督者及保護者，或許未來人權研究中心之模式也會有相當大之轉變，可能趨向與監察使分離之獨立人權委員會模式。因此我們如果只是設立人權研究中心模式之國家人權機構，其職權恐不完備，而且可能忽視此模式之發展趨勢，因此人權研究中心模式不應是台灣值得借鏡的。

　　如果我們要以一單一職權委員會（特別是反歧視委員會）作為國家人權機構的話，那麼我們必須由立法院通過法律，成立一反歧視委員會或其他類型之單一職權委員會。但是如上所述，雖然單一職權委員會可能有調查權，但是其職權過於狹隘，只著重於單一議題，無法顧及其他人權議題，將導致掛一漏萬之情形。而且從其他國家之經驗可以發現，單一職權委員會有發展為全面性人權委員會之趨勢，而且是與監察使區隔的，因此如果在台灣設立單一職權委員會也會面對相似之困境，或許這也不應是我們的最佳選項。

　　而真正的抉擇是在人權監察使及獨立人權委員會兩個模式中擇一，也就是說是要將監察使與國家人權機構合一，還是要將監察使與國家人權機構分

---

11 參閱「人權立國與人權保障的基礎建設 - 2002年國家人權政策白皮書」，頁63。

離，或許我們可以由幾個面向分析之。首先，從發展趨勢觀之，會設立人權監察使之國家，多數是新興民主國家，而且過去沒有設立監察使，因此其以設立監察使之方式作為其國家人權機構，而台灣早已設立監察院，其他國家之經驗顯示，已有監察使之國家，大多另行設立國家人權委員會以專司有關人權之事務，而其部分原因是聯合國已指出國家人權機構是指職權「特定」為促進及保障人權之機制，因此各國認為應該另行設立獨立之國家人權委員會，或許此發展趨勢可作為台灣之借鏡。

　　其次，由兩個機制的本質觀之，監察使與國家人權委員會是有所不同：（1）監察院著重於對行政機關之行為及公務員之監督，而國家人權委員會重視人權保護，其功能不盡然相同；（2）監察院已負責彈劾、糾舉、審計及糾正權，且彈劾權更及於行政院、司法院、考試院及監察院人員，其職權範圍已相當廣泛是否可兼顧及善盡人權保護之專業職責恐有待質疑；（3）國家人權委員會之職權有其特別之處，例如人權之教育、推廣、建議、規劃等事項及準司法權之行使，均有待專業及全心之投入，如由監察院兼顧之，恐無法盡善盡美；（4）調查權範疇不同，憲法明言規定，監察院之職權乃是針對政府官員或機構的行政行為是否公正與合法，進行調查、糾正、糾舉、彈劾等功能。然而人權的範圍極廣，佈及人類集體生活的諸多層面，遠超過政府官員與機構的行政作為。例如涉及侵害集體勞工人權的關廠事件，或原住民族集體的土地經濟與文化權等問題，皆非屬監察院之調查權範圍內，必需透過獨立且專業的國家人權委員會來進行調查與研究。[12]

　　再者，值得注意的是，雖然監察院自己認為「已完全具備國家人權保障機構之地位毫無疑義」，[13]而監察院過去亦希望以此模式成為亞太國家人權機構論壇之成員，但是得到之回覆是監察院並非國家人權機構。其可能原因是在亞太區域並沒有以監察使作為國家人權機構之傳統，而且現行監察院之職權並沒有包括促進及保護人權部分，因此將監察院認定為國家人權機構，恐怕會遭遇國際上無法肯認之負面結果。

---

12 亦請參閱黃默，〈臺灣「國家人權委員會」的倡導、爭論與展望：一個非政府組織的觀點〉，《全國律師》，第7卷第12期，2003年12月，頁4-10。
13 監察院人權保障委員會，《第三屆監察院人權保障工作彙整報告》，監察院人權保障委員會，2005年1月，頁12。

　　如上所述已有許多國家分別設立國家人權委員會及監察機關，因而筆者認為國家人權委員會恐怕不適宜於監察院之下設立之，而應是獨立之機構，為維護其獨立性，其應是五院之外的獨立機構如此最能保護其獨立性，並妥善施行其功能。而上述愛爾蘭、泰國及南韓等經驗已告訴我們，其實監察使與國家人權委員會是可以並存的，同時沒有侵犯司法權之疑慮。

三、要不要憲法依據

　　確實有憲法依據才是保障國家人權機構正當性之最佳基礎。[14]而在討論台灣未來憲政改革過程中是否需要將國家人權委員會納入規範時，或許我們亦可藉由比較憲法之經驗，進一步瞭解其他國家之情形，以作為台灣之借鏡，而借鏡之方向或可是有多少國家或是有哪些國家以憲法規範其國家人權機構？其規範內容為何？

　　就有多少國家或是有哪些國家以憲法規範其國家人權機構而言，經過聯合國之推動，已有許多國家設立某一類型之國家人權機構，但是其中只有菲律賓、泰國、南非、東加、迦納、烏干達、馬拉威、匈牙利、波蘭、斯諾伐尼亞（Slovenia）等國家之國家人權機構有憲法依據，而這些國家之共同特質是國家經歷民主化變動並制定新憲法。或許認為在經歷民主激烈轉型之國家才會以憲法規範其國家人權機構之說法是太過誇大的，但是事實上就實際憲政發展經驗觀之，似乎還沒有一個未歷經民主轉型之國家是以憲法規範國家人權機構之地位及職權。

　　不過或許我們應進一步瞭解各國以憲法規範國家人權機構之情形，以做為台灣之借鏡，茲舉幾個國家為例，作為討論之基礎。在亞洲部分，例如菲律賓於1987年以「人民力量」（People's Power）推翻馬可仕政權之後制定新憲法，其中第18條規範社會正義與人權（Social Justice and Human Rights），而第17項至第19項則是有關國家人權委員會之規範，第17項規定國家人權委

---

14 Mohammad-Mahmound Mohamedou, "The Effectiveness of National Human Rights Institutions," in Birgit Lindsnaes, Lone Lindholt and Kristine Yigen (eds.), *National Human Rights Institutions Articles and Working Papers* (Danish Centre for Human Rights, 2000), p. 51.

員會是獨立之委員會,且由一位主席及四位委員組成,並授權以法律規定委員之任期及資格等。比較特別的是本來菲律賓在總統府曾經設立過「總統府人權委員會」(Presidential Committee on Human Rights),憲法則明文規定在國家人權委員會成立之前,「總統府人權委員會」繼續其職權。第18項規定菲律賓國家人權委員會之職權,包括調查任何形式之違反人權事項、制定其內部規程及程序規程、訪視監獄及其他拘束人身自由之設施、進行人權教育及資訊提供、建議國會所應採取之有效人權保障之法律、監督政府是否實踐國際人權條約之義務等。而第19項則是授權國會得基於國家人權委員會之建議而增加國家人權委員會之職權。

如上所述,泰國也是歷經轉變才在1997年「人民憲法」規範成立國家人權委員會,其第八部分規範國家人權委員會,只有兩個條文。其中第199條規定,國家人權委員會包括一位主席及十位委員,由國王經國會之建議於具備人權之學識及經驗之人中選任之,人權委員之資格、選任等細節由法律定之。人權委員之任期為六年,不得連任。第200條則規定國家人權委員會之職權,包括:檢討法律是否違反人權或是符合泰國之國際人權條約義務、建議國會及行政機關以促進及保護人權、提倡人權教育研究與資訊、向國會呈遞年度報告、撰寫國家年度人權報告、其他法定職權。其同時明訂國家人權委員會有權力要求任何人出席作證或是提供文件及證據。

在非洲部分,南非於1993年廢除種族隔離之殘酷並制定新憲法,其中第115條至第118條是有關國家人權委員會之規定,第115條明訂人權委員會成員包括一位主席及十位委員,其有國會提名,總統任命。第116條規範其職權,包括促進及保障人權、發展南非之人權意識、向政府建議應採取之人權措施、人權研究及報告、要求政府提供有關人權保障之法律及措施等。南非國家人權委員會如果認為任何法律草案違反憲法或國際人權條約之人權規範,亦得向國會提出意見。同時南非國家人權委員會得主動依職權或被動依申請對違反人權事件進行調查。

第117條規定行政人員及預算,第118條則是要求國家人權委員會應至少每年向總統提出報告,並由總統將此報告轉交國會。

在東歐部分,波蘭也是歷經擺脫共產統治而產生新憲法,1997年波蘭訂定新憲法,其以5個條文規範民權保障委員,其中第208條規定民權保障委員

之職權為「保障憲法及其他法律所明定之個人及國民自由與權利。」並授權
國會以法律規定民權保障委員行使職權之範圍及方式。第209條則規定「民
權保障委員應由眾議院經參議院同意後，任命之，任期五年。」同時「民
權保障委員除任大學教授外，不得兼任他項職位，亦不得擔任他項專業職
務。」「民權保障委員不得隸屬於任何政黨、工會，並不得從事任何不符其
職位尊嚴之公開活動。」第210條規定，「民權保障委員應獨立行使職權，
並獨立於其他國家機關之外，並僅依法對眾議院負責。」第211條則是對民
權保障委員之保障，其規定「民權保障委員未經眾議院不應受任何刑事責任
追究，亦不得剝奪其自由。民權保障委員除現行犯，或其羈押係為保全正確
訴訟結果必要者外，不受羈押或逮捕。其羈押應即通知眾議院議長，議長得
命即刻釋放受羈押人。」第212條規定，「民權保障委員應每年就其活動及
國家維護人權及國民自由及權利之情況，向眾議院及參議院提出報告。」

　　南斯拉夫於1990年代開始分裂，而斯諾伐尼亞則是於1991年成立為新
的國家，於是其於同年制定新憲法，其中第159條第1項規定，「為了保障
人權及基本自由，免於國家機關、地方自治團體、其他公務機關之侵犯，
應依法設立公民權利監察使辦公室（Office of the Ombudsman for the Rights of
Citizens）。」而其第2項也特別規定，得以法律設立保障公民其他領域權利
之特別公民權利監察使。

　　茲將以上各國憲法規範列表如下：

國家	年代	機制類型	憲法內容
菲律賓	1987	國家人權委員會	憲法第18條第17項至第19項： 成員、獨立性、職權
泰國	1997	國家人權委員會	憲法第199條及第200條： 成員、選任方式、資格、任期、職權、獨立性
南非	1993	國家人權委員會	憲法第115條至第118條：委員會成員、選任方式、職權、行政人員、預算，報告義務
波蘭	1997	民權保障委員	憲法第208條至第212條： 職權、選任方式、獨立性、特權、報告義務
斯諾伐尼亞	1991	公民權利監察使	憲法第159條： 職權

　　從本書所歸類之五種類型國家人權機構觀之，是否要在憲法中規定國家人權機構之地位與一個國家採取哪一種模式之國家人權機構並沒有必然之關係，即使是採用人權監察使或是獨立人權委員會之模式，亦有許多國家並沒有經由修憲之方式成立之。雖然有極少數國家是以行政命令之方式設立國家人權機構，但是最多國家採用之方式是以國會通過法律而成立其國家人權機構。因此固然在憲法中規範國家人權委員會之地位應是最好之抉擇，但是由各國之經驗觀之，其實不論是採用哪一種類型之國家人權機構，絕大多數國家並沒有修憲納入國家人權機構之地位，而只是以法律規範之。

　　以我國而言，陳水扁前總統於2000年宣示設立國家人權委員會之政策，當時只有宣示要遵守國際準則，但是並沒有詳細之細節，後來經過總統府及行政院之規劃，擬定設立國家人權委員會之相關草案，[15]包括增訂總統府組織法第17條之一、國家人權委員會組織法草案及國家人權委員會職權行使法草案，並於2003年由行政院送立法院審議，其中規定國家人權委員會將設於總統府，類似中研院，但是賦予其獨立行使職權之地位，並明訂於總統府組織法第17條之一。[16]而國家人權委員會組織法草案第2條則規定國家人權委員會掌理事項如下：一、研擬及檢討有關促進及保障人權之政策與法令。二、製作年度國家人權報告書。三、推動人權教育，宣導人權理念。四、落實國際人權規範，促進國內外人權之交流與合作。五、處理重大人權事件。六、訪視有重大危害人權之虞之相關處所。七、其他促進及保障人權之相關事項。[17]因此其規劃方向是與監察院分離之獨立人權委員會，職權亦是全面性的，但是形式上隸屬於總統府。然而在2004年立法委員任期結束前都沒有通過立法程序，因為屆期不連續之原因，此草案失效，如果要以立法之方式設立國家人權委員會必須重新草擬法案，並再次送立法院審查。

　　後來陳水扁前總統於參加二二八事件五十八週年（2005年）中樞紀念儀式致詞中提到：「二二八事件是少數當權者權力的濫用，也可說二二八事件

---

15 有關總統府人權諮詢委員會推動設立國家人權委員會之歷程，請參閱蘇友辰，〈論國家人權委員會的角色與地位〉，《國家政策季刊》，第1卷第2期，2002年12月，頁1-32。

16 草案中的總統府組織法第17條之一規定為：「總統府設國家人權委員會，依法獨立行使職權，其組織及職權之行使，另以法律定之。」

17 值得一提的是，民間團體組成之「國家人權委員會」推動聯盟，其提出民間版國家人權委員會草案，亦是規劃將國家人權委員會設於總統府。

是人權事件，所以為了加強人權的保障，在未來的憲改工程中，要把國家人權委員會的設立基礎以憲法來規定，也就是可以把國家人權委員會入憲，並依據國際人權最高標準，充實憲法對人權的相關保障條款。」[18]由此可知現行政府是希望在未來憲改中，以新的憲法條文規範國家人權委員會之地位及職權等事項。

　　各國設立國家人權機構大致上可以分為五種模式，而陳前總統並沒有進一步闡明究竟是要採用哪一種模式設立台灣的國家人權委員會，或許於此我們可以先擱置人權諮詢委員會、人權研究中心及單一職權委員會三種模式，因為這三種模式各有其缺失，對於台灣而言，或許採用監察使及獨立委員會兩種模式是比較有可能的，因此以下就採用此兩種模式與憲政改革作進一步之探討。

　　筆者個人認為設立獨立且與監察使分離之國家人權委員會是最好的模式，如果參酌上述各國憲法規範國家人權機構之內容的話，我們可以發現比較完整的有關國家人權委員會憲法規範應包括此人權委員會之獨立性、職權、成員、選任方式、資格、任期等，如果未來要在新的憲法中規定國家人權委員會應該包括這些規範。因此筆者建議之憲法條文草案為：

　　國家人權委員會掌理事項如下：
　　一、研擬及檢討有關促進及保障人權之政策與法令。
　　二、製作年度國家人權報告書。
　　三、推動人權教育，宣導人權理念。
　　四、落實國際人權規範，促進國內外人權之交流與合作。
　　五、處理重大人權事件。
　　六、訪視有重大危害人權之虞之相關處所。
　　七、其他促進及保障人權之相關事項。
　　國家人權委員會置人權委員十五人，由總統提名經立法院同意後任命之。其中一人為主任委員，特任，綜理會務；一人為副主任委員，職務比照簡任第十四職等，襄助主任委員處理會務；其餘

---

18 陳水扁總統參加二二八事件五十八週年中樞紀念儀式致詞，2005年02月28日。

人權委員，職務比照簡任第十三職等。

人權委員任期四年，人權委員出缺時，其繼任人之任期至原任期
屆滿之日為止。

人權委員應具有下列各款資格之一：

一、對促進與保障人權或弱勢團體權益有特殊表現或貢獻者。

二、對人權議題之研究有專門著作。

人權委員應超出黨派之外，依法獨立行使職權，於任職期間不得
參與政黨活動。[19]

　　如果考量修憲之難度，而以一般法律規範國家人權委員會，同時又避免
將國家人權委員會設於總統府之獨立性疑義的話，或許我們可以考量設立獨
立之機關，中央行政機關組織基準法已公布施行，依該法第3條之規定，獨
立機關是指「依據法律獨立行使職權，自主運作，除法律另有規定外，不受
其他機關指揮監督之合議制機關。」而第6條規定，獨立機關之名稱為委員
會。但是第32條規定獨立機關總數以五個為限。而目前所規劃之五個獨立機
關為中央銀行、中央選舉委員會、公平交易委員會、金融監督管理委員會、
通訊傳播委員會，國家通訊傳播委員會組織法已於2005年10月25日通過，五
個獨立機關已額滿。因此如果是以獨立機關模式設立國家人權委員會的話，
恐怕必須要調整行政院組織法修正草案，並且可能要修改中央行政機關組織
基準法。而其實國家通訊傳播委員會會加上「國家」兩個字，某個層面來說
是希望擺脫被認定為是行政院轄下之獨立機關，或許這反而是促成台灣形成
獨立管制委員會之模式，而國家人權委員會亦可能尋此模式設立之。

四、國際面向

（一）聯合國協助

　　聯合國高級人權專員主要透過諮詢服務及技術合作兩種方式協助各國成

---

19 當然對於人權委員之人數、資格、任命方式、任期等應該會有不同之想法，這些都是應
　該持續辯論之議題。

立及加強國家人權機制，而且此協助不只是限於所謂的開發中或是未開發國家，既使是已開發國家亦接受此協助。

　　但可惜的是台灣不是聯合國的會員國，因此從我們開始思考建議設立國家人權委員會以來，均未曾受到聯合國特別是聯合國高級人權專員辦公室之協助，因此台灣只能邀請部分國家之國家人權委員會委員及學者專家到台灣交換意見，或是提供建言。

（二）參加國際機制

　　在聯合國鼓勵及協助之下，已有亞太國家人權機構論壇之區域組織及國家人權機制國際協調委員會之國際組織之產生，假設台灣的國家人權委員會順利成立之後，應該思考是否或是可不可能加入這些組織。

　　亞太國家人權機構之會員分為三種，即完整會員、備位會員及副會員。而其重點是申請者是否符合巴黎原則，因此台灣應先設立一符合巴黎原則之國家人權委員會，才可能申請成為完整會員，否則只可能申請為備位會員或是副會員，但是成為備位會員及副會員不就是證實台灣的國家人權委員會是不符合巴黎原則的嘛！因此不論從國內或是國際人權角度觀之，很顯然地台灣都不應成為備位會員及副會員。

　　亞太國家人權機構論壇是國家人權委員會之區域組織，其特色是其為國家級人權機構之組織，因此要成為其成員必須是「國家」人權委員會，當然台灣必須面對此項挑戰，也就是說亞太國家人權機構論壇之執行委員是否認為台灣所設立之國家人權委員會是國家級之人權機構，或是只是認定其為地區之人權機構。不過這是台灣無可逃避之難題，至少在人權領域是比較少政治爭議的，因此是相當值得我們努力之目標。如上所述亞太國家人權機構論壇鼓勵各國政府及非政府人權組織以觀察員之名義參加其會議，因此在台灣之國家人權委員會尚未成立之前，或是國家人權委員會成立之後成為亞太國家人權機構論壇完整會員之前，我們的政府應該積極參與亞太國家人權機構論壇之會議，同時鼓勵及協助非政府人權組織成為觀察員。

　　當然我們也可以考慮成為國家人權機制國際協調委員會之成員，如上所述其條件是除了符合巴黎原則之外，必須是由區域組織選出之，也就是說台灣如果不是亞太國家人權機構論壇之成員，就不可能是國家人權機制國際

協調委員會之成員，因此台灣如果要成為國家人權機制國際協調委員會之成員，必須先是亞太國家人權機構論壇之會員，因此對於我們而言此應是長遠之目標，非近期急迫要實踐之理想。但是如上所述國際協調委員會之主席則可在諮詢其他會員之後，給予非國際協調委員會會員之國家人權機構或任何人及機構觀察員之身分，因此或許第一步可嘗試由台灣的人權學者及民間團體先努力成為國家人權機制國際協調委員會之觀察員，第二步再使未來成立之台灣國家人權委員會成為觀察員，最後則是讓台灣國家人權委員會成為國家人權機制國際協調委員會之成員。

　希望台灣能盡快設立國家人權委員會，也盼望不久的將來台灣可以成為亞太國家人權機構論壇及國家人權機制國際協調委員會之會員。

相關參考文獻

壹、中文

Maurice Manning，〈新人權機構的成立－愛爾蘭經驗2000-2006〉，《國家人權機構研討會》，台灣國際法學會、台灣民主基金會主辦，2006年10月14日。

大英國協秘書處，《國家人權機構最佳作法》，大英國協秘書處，2001年。

黃　默，〈國家人權委員會、亞洲、與亞洲價值〉，國家人權委員會座談會，2000年2月19日。

黃　默，〈臺灣「國家人權委員會」的倡導、爭論與展望：一個非政府組織的觀點〉，《全國律師》，第7卷第12期，2003年12月，4至10頁。

廖福特，〈各國設立國家人權委員會之情形〉，《人權雜誌》，2002年秋季號，7至11頁。

廖福特，〈北愛爾蘭人權委員會及愛爾蘭國家人權委員會〉，《新世紀智庫論壇》，第9期，2000年4月，74至78頁。

廖福特，〈南韓國家人權委員會－國際人權在國內體制實踐〉，《台灣國際法季刊》，第6卷第1期，2009年3月，7至73頁。

廖福特，〈英國「平等及人權委員會」之研究〉，《台灣國際法季刊》，第四卷第二期，2008年6月，207至241頁。

廖福特，〈泰國國家人權委員會之設立及發展－在軍事政變與民主立憲之間〉，《中研院法學期刊》，第4期，2009年3月，1至79頁。

廖福特，〈馬來西亞國家人權委員會之研究〉，《臺北大學法學論叢》，第66期，2008年6月，77至137頁。

廖福特，〈創設國家人權機構－理想、類型及憲改〉，收錄於湯德宗、廖福特主編，《憲法解釋之理論與實務第五輯》，中央研究院法律學研究所籌備處，2007年3月，175至224頁。

廖福特，〈聯合國對國家人權委員會之推動與實踐〉，收錄於國史館主編，《人權理論與歷史論文集》，國史館，2004年，175至215頁。

蘇友辰，〈「國家人權委員會」的建構與展望－阿扁總統「人權立國」的落實與實踐〉，《全國律師》，2002年12月號，2002年12月，24至50頁。

蘇友辰，〈論國家人權委員會的角色與地位〉，《國家政策季刊》，第1卷第2期，2002年12月，1至32頁。

貳、英文

A Human Rights Commission for the United Kingdom, Response by Charter 88 to the Joint Committee of Human Rights, 27 June 2001.

A. S. Annand, "The Protection Role of the Indian Human Rights Commission," in Bertrand G. Ramcharan (ed.), *The Protection Role of National Human Rights Institutions* (Martinus Nijhoff Publishers, 2005), pp. 87-106.

Amanda Whiting, "Situating Suhakam: Human Rights Debates and Malaysia's National Human Rights Commission," 39 *Stan. J Int'l L.* 59.

Amnesty International, South Korea: Human Rights Commission must be independent, AI Index: ASA 25/014/99, 18 February 1999.

Amnesty International, South Korea: Making the National Human Rights Commission autonomous and effective, AI Index: ASA 25/004/2002, 24 April 2002.

Amnesty International, South Korea: Proposed Standards for a National Human Rights Commission, AI Index: ASA 25/16/98, 10 May 1998.

Amnesty International, Towards a comprehensive European human rights system The speech that Amnesty International would have made at the inauguration of the EU Fundamental Rights Agency, 1 March 2007.

Anna Bossman, "The Protection Role of the Ghana Human Rights Commission," in Bertrand G. Ramcharan (ed.), *The Protection Role of National Human Rights Institutions*, (Martinus Nijhoff Publishers, 2005), pp. 57-86.

APF, APF Chairperson to the Minister of Foreign Affairs and Trade of Korea concerning the National Human Rights Commission of Korea, 24 March 2009.

Asian Human Rights Commission, "Thailand's rights commission in limbo," 26 June 2008.

Aurn Kumar Palai, *National Human Rights Commission of India Formation, Functioning and Future Prospects* (Khama Publisher, 1998).

Australian Human Rights Centre and Human Rights Institute of the International Bar Association, "National Human Rights Institutions: An Overview of the Asia Pacific Region," (2000) *International Journal on Minority and Group Rights* 7.

Barbara von Tigerstrom, "Implementing Economic, Social and Cultural Rights: The Role of National Human Rights Institutions," in Isfahan Merali and Valerie Oosterveld (eds.), *Giving Meaning to Economic, Social and Cultural Rights* (University of Pennsylvania Press, 2001), pp. 140-154.

Bertrand G. Ramcharan (ed.), *The Protection Role of National Human Rights Institutions* (Martinus Nijhoff Publishers, 2005).

Birgit Lindsnaes and Lone Lindholt, "National Human rights Institutions: Standard-setting and Achievements," in Birgit Lindsnaes, Lone Lindholt and Kristine Yigen (eds.), *National Human Rights Institutions Articles and Working Papers* (The Danish Centre for Human Rights, 2000), pp. 1-48.

Brian Burdekin, "Human Rights Commissions," in Kamal Hossain, Leonard F. M. Besselink, Halie Selassie Gebre Selassie and Edmond Völker (eds.), *Human Rights Commissions and Ombudsman Offices National Experience Throughout the World* (Kluwer Law International, 2000), pp. 827- 835.

Brian Burdekin, *National Human Rights Institutions in the Asia-Pacific Region* (Martinus Nijhoff Publishers, 2007).

Brice Dickson, "The Contribution of Human Rights Commissions to the Protection of Human Rights," *Public Law*, [2003] Summer, 276.

Brice Dickson, "The Protection Role of the Northern Ireland Human Rights Commission," in Bertrand G. Ramcharan (ed.), The Protection Role of National Human Rights Institutions (Martinus Nijhoff Publishers, 2005), pp. 135-154.

Brigido R. Simon, Jr., Carlos Quimpo, Carlito Abelardo, Generoso Ocampo v. the Commission on Human Rights, G.R. No. 100150, January 5, 1994.

C. Raj Kumar, "National Human Rights Institutions: Good Governance Perspectives on Institutionalization of Human Rights," (2003) 19 *Am. U. Int'l L. Rev.* 259.

Canadian Human Rights Foundation and Philippine Commission on Human Rights, *National Human Rights Institutions at Work Regional Workshop in Economic, Social and Cultural Rights* (Canadian Human Rights Foundation and Philippine Commission on Human Rights, 2000).

Carolyn Evans, "Human Rights Commissions and Religious Conflict in the Asia Pacific Region," (2004) 53 *International and Comparative Law Quarterly* 713.

CESCR Committee, The role of national human rights institutions in the protection of human rights, 03/12/98.E/C.12/ 1998/25, CESCR General Comment 10.

Chairman Sedfrey A. Ordoñez, Comm. Samuel M. Soriano, Comm. Hesiquio R. Mallillin, Comm. Narciso C. Monteiro, Comm. Paulyynn Paredes-Sicam, the Commission on Human Rights v. Director of Prisons, G.R. No. 115576, August 4, 1994.

Christopher Boothman, "The Commission of Racial Equality," in Kamal Hossain, Leonard F.

M. Besselink, Halie Selassie Gebre Selassie and Edmond Völker (eds.), *Human Rights Commissions and Ombudsman Offices National Experience Throughout the World* (Kluwer Law International, 2000), pp. 691-732.

Christopher McCrudden, "The Commission for Racial Equality: Formal Investigations in the Shadow of Judicial Review," in Robert Baldwin and Christopher McCrudden (eds.), *Regulation and Public Law* (Weidenfeld and Nicolson, 1987), pp. 227-266.

Christopher McCrudden, "The Contribution of the EU Fundamental Rights Agency to Combating Discrimination and Promoting Equality," in Philip Alston and Oliver De Schutter (eds.), Monitoring Fundamental Rights in the EU The Contribution of the Fundamental Rights Agency (Hart Publishing, 2005), p. 138.

Colm O'Cinneide, "The Commission for Equality and Human Rights: A New Institution for New and Uncertain Times," (2007) 36 *Industrial Law Journal* 141.

Commission for Equality and Human Rights, *Towards the Commission for Equality and Human Rights* (Commission for Equality and Human Rights, 2007).

Commission of the European Communities, Communication from the Commission The Fundamental Rights Agency Public consultation document, Brussels, 25 October 2004, COM (2004) 693 final.

Commission of the European Communities, Press Releases, A European Union Agency to protect and promote fundamental rights, Brussels, 30 June 2005, IP/05/82.

Commission of the European Communities, Proposal for a Council Decision implementing Regulation (EC) No. 168 (2007) as regards the adoption of a Multiannual Framework for the European Union Agency for Fundamental Rights for 2007-2012, Brussels, 12 September 2007, COM (2007) 515 final.

Commission of the European Communities, Proposal for a European Union Agency for Fundamental Rights, Brussels, 30 June 2005, COM (2005) 280 final.

Commission on Human Rights Employees Association v. Commission on Human Rights, G.R. No. 155336, 21 July 2006.

Commission on Human Rights Employees' Association (CHREA) Represented by its President, Marcial A Sanchez v. the Commission on Human Rights, G.R. No. 155336, November 25, 2004.

Commission on Human Rights v. Civil Service Commission and Atty. Elias V. Pacete, R.R. No. 101207, October 1, 1993.

Commonwealth Secretariat, *Best Practice for National Human Rights Institutions*

(Commonwealth Secretariat, 2001).

Conclusions from the Second General Assembly of the Network of National Institutions for the Promotion and Protection of Human Rights in the Americas, San José, Costa Rica, 26-27 March 2003.

Council of Europe Secretary General: The new Agency should help the EU to better respect human rights, Press release – 102(2007).

Council Regulation (EC) No. 1035/97 of 2 June 1997 establishing a European Monitoring Centre on Racism and Xenophobia.

Council Regulation (EC) No. 168/2007 of 15 February 2007 establishing a European Union Agency for Fundamental Rights.

Dato' Siew Kioh Choo, "The Background, Structure, Functions and Perspective of the NHRC of Malaysia," paper presented to Conference on NHRIs in the Asia-Pacific, Taiwan Foundation for Democracy and Taiwanese Society of International Law, Taipei, 22 and 23 October 2005.

Department of Trade and Industry, Equality Impact Assessment on Proposals for Location of the Commission for Equality and Human Rights (Department of Trade and Industry, 2007).

E/CN.4/1994/45, 23 December 1993, Report of the second International Workshop on National Institutions for the Promotion and Protection of Human Rights.

E/CN.4/1996/81, 28 July 1995. Report of the third International Workshop in National Institutions for the Promotion and Protection of Human Rights.

Emerlynne Gil, "The Emergence of National Human Rights Institutions in Asia," in Forum Asia, Human Rights Milestones Challenges and Development in Asia (Forum Asia, 2009).

Equal Opportunities Commission, Response to the European Commission DG Justice and Home Affairs Fundamental Rights Agency for the European Union, 15 December 2004.

ERA Consumer Malaysia, Proceedings of Forum on Understanding the Human Rights Commission Act 1999 (ERA Consumer Malaysia, 2000).

ERA Consumer Malaysia, Proceedings of the National Consultation on "SUHAKAM after 3 Years" (ERA Consumer Malaysia, 2003).

ERA Consumer Malaysia, Proceedings of the National Consultation on "SUHAKAM after 4 Years" (ERA Consumer Malaysia, 2004).

ERA Consumer Malaysia, Proceedings of the National Consultation on "SUHAKAM after 2 Years" (ERA Consumer Malaysia, 2002).

ERA Consumer Malaysia, Proceedings of the National Consultation on "SUHAKAM after One Year" (ERA Consumer Malaysia, 2001).

ERA Consumer Malaysia, Proceedings of the National Consultation on "SUHAKAM after One Year" (ERA Consumer Malaysia, 2001).

Erica Howard, "The European Agency for Fundamental Rights," (2006) 11 *European Human Rights Law Review*, 451.

EUMC, Building an EU Fundamental Rights Agency on the EUMC's core competence on racism and xenophobia, EUMC Media Release, 29 October 2004.

European Economic and Social Committee, Opinion of the European Economic and Social Committee on the Proposal for a Council Regulation establishing a European Union Agency for Fundamental Rights, SOC/216, Brussels, 14 February 2006.

European Parliament, MEPs back EU Agency for Fundamental Rights for 2007, 15 September 2006.

European Policy Evaluation Consortium, *Preparatory Study for Impact Assessment and Exante Evaluation of Fundamental Rights Agency Analysis of Responses to Public Consultation* (European Policy Evaluation Consortium, 2005).

European Policy Evaluation Consortium, *Preparatory Study for Impact Assessment and Exante Evaluation of Fundamental Rights Agency Public Hearing Report* (Brussels: European Policy Evaluation Consortium, 2005).

European Union Committee, House of Lords, 29th Report of Session 2005-06, Human Rights protection in Europe: the Fundamental Rights Agency Report with Evidence, 4 April 2006.

Existing National Human Rights Institutions in Thailand, Information provided by the Department of International Organizations, Ministry of Foreign Affairs of Thailand for the Seventh Annual Meeting of the Asia-Pacific Forum of National Human Rights Institutions, 11-13 November 2002, New Delhi, India.

Export Process Zone Authority v. the Commission on Human Rights, G.R. No. 101476, April 14, 1992.

Feng-Jeng Lin, "The Role of NGOs in setting up a National Human Rights Commission in Taiwan", paper presented at the *International Conference on National Human Rights Commissions: Promoting and Protecting Human Rights*, Taipei, Taiwan, 2-4 January

2001.

Fort Fu-Te Liao, "Establishing a National Human Rights Commission in Taiwan: Role of NGOs and Challenges Ahead", *Asia-Pacific Journal on Human Rights and the Law*, Vol. 2, No. 2, 2001, pp. 93-106.

Forum-Asia, *Performance of National Human Rights Institutions in Asia 2006: Cooperation with NGOs and Relationship with Governments* (Forum-Asia, 2006).

FRA Fact Sheet European Union Agency for Fundamental Rights (FRA) Frequently Asked Questions.

Francesca Klug and Claire O'Brien, "Fairness for All"? An Analysis of Human Rights Power in the White Paper on the Proposed Commission for Equality and Human Rights," *Public Law*, Winter 2004, 712.

Gautheir de Beco, "National Human Rights Institutions in Europe," (2007) 7 *Human Rights Law Review* 331.

Gerard Savard, "Complaint Handling at the Canadian Human Rights Commission," in Kamal Hossain, Leonard F. M. Besselink, Halie Selassie Gebre Selassie and Edmond Völker (eds.), *Human Rights Commissions and Ombudsman Offices National Experience Throughout the World* (Kluwer Law International, 2000), pp. 459-510.

German Institute for Human Rights, Annual Report 2002.

Government of Malaysia, *Federal Constitution* (International Law Book Services, 2003).

Gráinne De Búrca, "New Modes of Governance and the Protection of Human Rights," in Philip Alston and Oliver De Schutter (eds.), *Monitoring Fundamental Rights in the EU The Contribution of the Fundamental Rights Agency* (Oxford: Hart Publishing, 2005), pp. 20-35.

High Commissioner for Human Rights/Centre for Human Rights, *Professional Training Series No. 4 National Human Rights Institutions for the Protection and Promotion of Human Rights*, (United Nations, 1995).

Hon. Isidro Cariño v. the Commission on Human Rights, G.R. No. 96681, December 2, 1991.

Human Rights Watch, *Protectors or Pretenders? Government Human Rights Commissions in Africa* (Human Rights Watch, 2001).

International Commission of Jurists, *The Failed Promise: Human Rights in the Philippines Since the Revolution of 1986* (International Commission of Jurists, 1991).

International Council on Human Rights Policy and Office of the United Nations High

Commissioner for Human Rights, *Assessing the Effectiveness of National Human Rights Institutions* (International Council on Human Rights Policy and Office of the United Nations High Commissioner for Human Rights, 2005).

International Council on Human Rights Policy, *Performance and Legitimacy: National Human Rights Institutions* (International Council on Human Rights Policy, 2000).

Irish Human Rights Commission, Annual Report 2003.

Irish Human Rights Commission, Annual Report 2004.

Irish Human Rights Commission, Annual Report 2006.

Irish Human Rights Commission, Annual Report 2007.

Irish Human Rights Commission, Conclusions and Summary of Recommendations contained in the Commission's Report to Government under Section 24 of the Human rights Commission Act, 2000.

Irish Human Rights Commission, Press Statement, Irish Human Rights Commission condemns proposed 24% cutback to its 2009 Budget Commission will be damaged irreparably by cut, 4 November 2008.

Irish Human Rights Commission, *Promoting and Protecting Human Rights in Irish Society-A Plan for 2003-2006* (Irish Human Rights Commission, 2003).

Irish Human Rights Commission, *Submission of the Irish Human Rights Commission to the UN Committee on the Elimination of Racial Discrimination in respect of Ireland's First National Report under the Convention on the Elimination of All Forms of Racial Discrimination*, (Irish Human Rights Commission, 2005).

Irish Human Rights Commission, *The Self-Employed and the Old Age Contributory Pension, Appendix I*, (Irish Human Rights Commission, 2007).

Ivan Bizjak, "The Human Rights Ombudsman of Slovenia," in Kamal Hossain, Leonard F. M. Besselink, Halie Selassie Gebre Selassie and Edmond Vőlker (eds.), *Human Rights Commissions and Ombudsman Offices National Experience Throughout the World* (Kluwer Law International, 2000), pp. 373-392.

Jackie Jones, "The Proposals for a Commission for Equality and Human Rights," (2005) 27 *Journal of Social Welfare and Family Law* 1, 91.

John von Doussa, "The Protection Role of the Australian Human Rights Commission," in Bertrand G. Ramcharan (ed.), *The Protection Role of National Human Rights Institutions* (Martinus Nijhoff Publishers, 2005), pp. 2-15.

Jose F. Castro Caycedo, "The Defender of the Public of Columbia," in Kamal Hossain,

Leonard F. M. Besselink, Halie Selassie Gebre Selassie and Edmond Völker (eds.), *Human Rights Commissions and Ombudsman Offices National Experience Throughout the World* (Kluwer Law International, 2000), pp. 289-298.

José Luis Soberanes Fernández, "The Protection Role of the Mexican Human Rights Commission," in Bertrand G. Ramcharan (ed.), *The Protection Role of National Human Rights Institutions* (Martinus Nijhoff Publishers, 2005), pp. 43-56.

Juan Vintŏ Castells, "The Ombudsman and Parliamentary Committees on Human Rights in Spain," in Kamal Hossain, Leonard F. M. Besselink, Halie Selassie Gebre Selassie and Edmond Völker (eds.), *Human Rights Commissions and Ombudsman Offices National Experience Throughout the World* (Kluwer Law International, 2000), pp. 384-395.

Kamal Hossain, Leonard F. M. Besselink, Haile Selassie Gebre Selassie and Edmond Völker (eds.), *Human Rights Commissions and Ombudsman Offices National Experience throughout the World* (Kluwer Law International, 2000).

Kofi Quashigah, "The Ghana Commission on Human Rights and Administrative Justice," in Birgit Lindsnaes, Lone Lindholt and Kristine Yigen (eds.), *National Human Rights Institutions Articles and Working Papers* (Danish Centre for Human Rights, 2000), pp. 199-208.

LIBERTÁS, "Old Challenges for a New Commission," in The Asian NGOs Network on National Human Rights Institutions (ANNI), *2009 ANNI Report on the Performance and Establishment of the National Human Rights Institutions in Asia* (ANNI, 2009).

Lim Tae Hoon, "Global Spotlight on Republic of Korea," in The Asian NGOs Network on National Institutions (ANNI), 2008 Report on the Performance and Establishment of National Human Rights Institutions in Asia (ANNI, 2008).

Linda C. Reif, "Building Democratic Institutions: The Role of National Human Rights Institutions in Good Governance and Human Rights Protection," (2000) 13 *Harv. Hum. Rts. J.* 1.

Lord Lester of Herne Hill and Kate Beattie, "The New Commission for Equality and Human Rights," *Public Law* Summer 2006, 197.

Louis Maiorano, "The Ombudsman Institution in Argentina," in Kamal Hossain, Leonard F. M. Besselink, Halie Selassie Gebre Selassie and Edmond Völker (eds.), *Human Rights Commissions and Ombudsman Offices National Experience Throughout the World* (Kluwer Law International, 2000), pp. 233-246.

Malayan Law Journal Sdn Bhd, MLJ Statute Series, *Human Rights Commission of Malaysia*

Act 1999 (Act 597) (Butterworths Asia, 2000).

Manfred Nowak, "The Agency and National Institutions for the Promotion and Protection of Human Rights," in Philip Alston and Oliver De Schutter (eds.), Monitoring Fundamental Rights in the EU The Contribution of the Fundamental Rights Agency (Hart Publishing, 2005), pp. 99-108.

Margaret Sekaggya, "The Protection Role of the Uganda Human Rights Commission," in Bertrand G. Ramcharan (ed.), *The Protection Role of National Human Rights Institutions* (Martinus Nijhoff Publishers, 2005), pp. 165-178.

Martin Scheinin, "The Relationship between the Agency and the Network of Independent Experts," in Philip Alston and Oliver De Schutter (eds.), *Monitoring Fundamental Rights in the EU The Contribution of the Fundamental Rights Agency* (Oxford: Hart Publishing, 2005), pp. 86-99.

Mauro Magtibay y Pentinio, Chairman Sedfrey A. Ordoñez, Comm. Narcisco C. Monteiro, Comm. Mercedes V. Contreras, Comm. Nasser A. Marohomsalic, Comm. Vicente P. Sibulo, Director Emmanuel C. Neri, the Commission on Human Rights v. Director Vicente Vinarao, Bureau of Corrections, G.R. No. 121424, March 28, 1996.

Michelle Falardeau Ramsy, "Canadian Human Rights Commission," in Kamal Hossain, Leonard F. M. Besselink, Halie Selassie Gebre Selassie and Edmond Völker (eds.), *Human Rights Commissions and Ombudsman Offices National Experience Throughout the World* (Kluwer Law International, 2000).

MINBYUN-Lawyers for a Democratic Society, "South Korea," in Forum-Asia, Performance of National human Rights Institutions in Asia 2006: Cooperation with NGOs and Relationship with Governments (Forum-Asia, 2006).

Mohammad-Mahmound Mohamedou, "The Effectiveness of National Human Rights Institutions," in Birgit Lindsnaes, Lone Lindholt and Kristine Yigen (eds.), *National Human Rights Institutions Articles and Working Papers* (Danish Centre for Human Rights, 2000), p. 51.

Morten Kjaerum, "The Protection Role of the Danish Human Rights Commission," in Bertrand G. Ramcharan (ed.), *The Protection Role of National Human Rights Institutions* (The Heague: Martinus Nijhoff Publishers, 2005), pp. 14-23.

Morten Kjærum, *National Human Rights Institutions. Implementing Human Rights* (Danish Institute for Human Rights, 2003).

Muhammed Tabiu, "National Huamn Rights Commission of Nigeria," in Kamal Hossain,

Leonard F. M. Besselink, Halie Selassie Gebre Selassie and Edmond Vőlker (eds.), *Human Rights Commissions and Ombudsman Offices National Experience Throughout the World* (Kluwer Law International, 2000), pp. 553-560.

N. Barney Pityana, "The South African Human Rights Commission," in Kamal Hossain, Leonard F. M. Besselink, Halie Selassie Gebre Selassie and Edmond Vőlker (eds.), *Human Rights Commissions and Ombudsman Offices National Experience Throughout the World* (Kluwer Law International, 2000), pp. 627-638.

National Human Rights Commission of Mongolia, Annual Activity Report 2004-2005, presented to Tenth Annual Meeting of the Asia Pacific Forum of National Human Rights Institutions, 24-26 August 2005, Ulaanbaatar, Mongolia.

National Human Rights Commission of Thailand, Annual Report 2008, presented at the 13th Annual meeting of the Asia Pacific Forum of National Human Rights Institutions, Kuala Lumpur, 28-31 July 2008.

National Human Rights Commission of Thailand, Annual Report 2008.

National Human Rights Commission of Thailand, Application for Membership of the Asia-Pacific Forum of National Human Rights Institutions, 24-27 September 2001, Colombo, Sri Lanka.

National Human Rights Commission of Thailand, Assessing Thailand's Compliance with the Obligations under the International Covenant on Civil and Political Rights, July 2005.

National Human Rights Commission of Thailand, Highlights of the NHRC's activities in 2003.

National Human Rights Commission of Thailand, Report of Activities in 2005.

National Human Rights Commission of Thailand, Report of the National Human Rights Commission of Thailand The First National Human Rights Commission of Thailand: Some Reflections of the Six-Year Experience, submitted at the 12th Annual Meeting of the Asia Pacific Forum of National Human Rights Institutions, Sydney, Australia, 24-27 September 2007.

National Human Rights Commission of Thailand, The NHRC condemns the violence used to disperse demonstration, 7 October 2008.

National Human Rights Commission of Thailand, The NHRC Opposing the Enforcement of the Emergency Decree on Public Administration in Emergency Situations in Bangkok, 2 September 2008.

National Human Rights Commission of the Republic of Korea, *A World of Dignity for All* (National Human Rights Commission of the Republic of Korea, 2006).

National Human Rights Commission of the Republic of Korea, *Annual Report 2000* (National Human Rights Commission of the Republic of Korea, 2001).

National Human Rights Commission of the Republic of Korea, *Annual Report 2002* (National Human Rights Commission of the Republic of Korea, 2003).

National Human Rights Commission of the Republic of Korea, *Annual Report 2003* (National Human Rights Commission of the Republic of Korea, 2004).

National Human Rights Commission of the Republic of Korea, *Annual Report 2004* (National Human Rights Commission of the Republic of Korea, 2005).

National Human Rights Commission of the Republic of Korea, *Annual Report 2005* (National Human Rights Commission of the Republic of Korea, 2006).

National Human Rights Commission of the Republic of Korea, *Annual Report 2006* (National Human Rights Commission of the Republic of Korea, 2007).

National Human Rights Commission of the Republic of Korea, *Our first 3 years & Challenges ahead* (National Human Rights Commission of the Republic of Korea, 2005).

National Human Rights Commission of the Republic of Korea, *Recommendation Proposal on National Action Plans for the Promotion and Protection of Human Rights (NAP)* (National Human Rights Commission of the Republic of Korea, 2006).

National Human Rights Commission of the Republic of Korea, *Report on Main Activities in 2002 & Plan in 2003* (National Human Rights Commission of the Republic of Korea, 2003).

Nayan Bahadur, "The Protection Role of the Nepalese Human Rights Commission," in Bertrand G. Ramcharan (ed.), *The Protection Role of National Human Rights Institutions* (Martinus Nijhoff Publishers, 2005), pp. 117-134.

Office of the High Commissioner for Human Rights, National Institutions Programmes, Europe, Central Asia and the Caucasus Regions National Institutions Regional Activities update, September 2003.

Office of the National Human Rights Commission of Thailand, *The National Human Rights Commission of Thailand* (Office of the National Human Rights Commission of Thailand, 2003).

Oliver De Schutter and Philip Alston, "Introduction Addressing the Challenges Confronting the EU Fundamental Rights Agency," in Philip Alston and Oliver De Schutter (eds.), *Monitoring Fundamental Rights in the EU The Contribution of the Fundamental Rights Agency* (Oxford: Hart Publishing, 2005), pp. 3-14.

Orest Nowosad, "Protection Role of National Human Rights Institutions," in Bertrand G. Ramcharan (ed.), *The Protection Role of National Human Rights Institutions* (Martinus Nijhoff Publishers, 2005), pp. 180-194.

OSCE Human Dimension, *Ombudsman and Human Rights Protection Institutions in OSCE Participating States* (OSCE Human Dimension, 1998).

Patricia Hewitt, "Launch of the White Paper on the Commission for Equality and Human Rights "Equality and Human Rights in the 21st Century,"" 12 May 2004, pp. 4-8.

Paulo Sergio Pinherio and David Carlos Baluarte, "The Role of National Human rights Institutions in State Strategies," Background Paper to the Human Rights Development Report 2000.

Peter Vedel Kessing, "Implementation of the Western Ombudsman Model in Countries in Democratic Transition," in Birgit Lindsnaes, Lone Lindholt and Kristine Yigen (eds.), *National Human Rights Institutions Articles and Working Papers* (Danish Centre for Human Rights, 2000).

Philip Alston, "The Contribution of the EU Fundamental Rights Agency to the Relization of Economic and Social Rights," in Philip Alston and Oliver De Schutter (eds.), Monitoring Fundamental Rights in the EU The Contribution of the Fundamental Rights Agency (Hart Publishing, 2005).

Philip S. Robertson Jr., "Setting the Facts Straight: the Critical Role of the NHRC in a Labor Solidarity Campaign," (2003) *Thailand Human Rights Journal* 145.

Presentation of National Human Rights Commission of the Republic of Korea at the 8th annual meeting of the Asia-Pacific Forum of National Human Rights Institutions, Kathmandu, Nepal, 16 February 2004.

Purificacion C. V. Quinumbing, "The Protection Role of the Philippines Human Rights Commission," in Bertrand G. Ramcharan (ed.), *The Protection Role of National Human Rights Institutions* (Martinus Nijhoff Publishers, 2005), pp. 155-164.

Purificacion C. Valera Quisumbing, Commission on Human Rights of the Philippines: "Significant Developments, Challenges and Prospects on the 20th Year, paper presented at the 12th Annual Meeting of the Asia Pacific Forum of National Human Rights Institutions, 24-27 September 2007, Sydney, Australia.

Purificacion C. Valera Quisumbing, Overview of the Major Accomplishments of the Commission on Human Rights of the Philippines, Report during the 8th Annual Meeting of the Asia Pacific Forum of National Human Rights Institutions, 17 February 2004, Kathmandu, Nepal.

Ramdas Tikamadas, "Government's Response to Suhakam Reports and Recommendations to Protect and Promote Human Rights," in ERA Consumer Malaysia, Proceedings of the National Consultation on "SUHAKAM after 4 Years" (ERA Consumer Malaysia, 2004).

Ramdas Tikamdas, "Evaluation of SUHAKAM," in ERA Consumer Malaysia, Proceedings of the National Consultation on "SUHAKAM after 2 Years" (ERA Consumer Malaysia, 2002).

Ramdas Tikamdas, "SUHAKAM: Analysis of Maiden Parliamentary Report," in ERA Consumer Malaysia, Proceedings of the National Consultation on "SUHAKAM after One Year" (ERA Consumer Malaysia, 2001).

Ravi Nair, "Benchmarks for Establishing a National Human Rights Commission: The Indian and Indonesian Experience in Perspective," paper presented to *International Conference on National Human Rights Commission: Promoting and Protecting Human Rights*, Department of Political Science, Soochow University, Taiwan, January 2-4, 2001.

Regulation (EC) No 1922/2006 of the European Parliament and of the Council of 20 December 2006 on establishing a European Institute for Gender Equality.

Report of the Secretary-General, National institutions for the promotion and protection of Human rights, A/54/336, 9 September 1999.

Saneh Chamarik, "The Role of the National Human Rights Commission of Thailand," (2003) *Thailand Human Rights Journal* 11.

Scottish Executive Justice Department, *The Scottish Human Rights Commission Consultation Paper* (Scottish Executive Justice Department, 2002).

Sebastiao Dias Ximenes, "The Background, Structure, Functions and Perspective of the NHRC of Timor-Leste," paper presented to Conference on NHRIs in the Asia-Pacific, Taiwan Foundation for Democracy and Taiwanese Society of International Law, Taipei, 22 and 23 October 2005.

Secretary of State for Trade and Industry and Secretary of State for Constitutional Affairs, *Fairness for All: A New Commission for Equality and Human Rights White Paper*

(Secretary of State for Trade and Industry and Secretary of State for Constitutional Affairs, 2004).

Seok Jun Lee, "The Background, Structure, Functions and Perspective of the NHRC of Korea," paper presented to Conference on NHRIs in the Asia-Pacific, Taiwan Foundation for Democracy and Taiwanese Society of International Law, Taipei, 14 and 15 October 2006.

Shaista Shameem, "The Protection Role of the Fiji Human Rights Commission," in Bertrand G. Ramcharan (ed.), *The Protection Role of National Human Rights Institutions* (Martinus Nijhoff Publishers, 2005), pp. 43-56.

Sonia Cardenas, "National Human Rights Commissions in Asia," in John D. Montgomery and Nathan Glazer (eds.), *Sovereignty under Challenge* (Transaction Publishers, 2002), pp. 65-77.

South Asia Human Rights Documentation Centre, *National Human Rights Institutions in the Asia Pacific Region* (South Asia Human Rights Documentation Centre, 1998).

Speech by DIHR-director, Mr. Morten Kjærum, at public hearing on the Agency on Fundamental Rights in Brussels, 25 January 2005.

Speech by Mary Robinson at National Human Rights Workshop, Surabaya, 22 November 2000.

Speech by the Taoiseach, Mr. Bertie Ahern, T.D., at the official opening of the new premises of the Human Rights Commission, Jervis House, Jervis Street, Dublin 1 on Wednesday, 10th December 2003, in Irish Human Rights Commission, Annual Report 2003, p. 66.

Stephen C. Neff and Eric Avebury, "Human Rights Mechanisms in the United Kingdom," in Kamal Hossain, Leonard F. M. Besselink, Halie Selassie Gebre Selassie and Edmond Völker (eds.), *Human Rights Commissions and Ombudsman Offices National Experience Throughout the World* (Kluwer Law International, 2000), pp. 670-684.

Stephen Livingstone and Rachel Murray, "The Effectiveness of National Human Rights Institutions," in Simon Halliday and Patrick Schmidt (eds.), *Human Rights Brought Home: Socio-Legal Perspectives on Human Rights in the National Context* (Hart Publishing, 2004), pp. 126-137.

Stephen Livingstone, "Academic Viewpoint: The Northern Ireland Human Rights Commission," (1999) 22 Fordham Int'l L. J. 1465.

Steve Gan, "Press Freedom: Three Things SUHAKAM can do," in ERA Consumer Malaysia, Proceedings of the National Consultation on "SUHAKAM after One Year"

(ERA Consumer Malaysia, 2001).

Steven Peers, "The Contribution of the EU Fundamental Rights Agency to Civil and Political Rights," in Philip Alston and Oliver De Schutter (eds.), Monitoring Fundamental Rights in the EU The Contribution of the Fundamental Rights Agency (Hart Publishing, 2005), pp. 120-133.

Suara Rakyat Malaysia (SUARAM), *Malaysia: Human Rights Report 2003* (Suaram Kommunikasi, 2003).

Suara Rakyat Malaysia (SUARAM), Malaysia: Human Rights Report 2004 (Suaram Kommunikasi, 2004).

Suara Rakyat Malaysia (SUARAM), *Malaysian Human Rights Report Civil and Political Rights in 2000* (Suaram Kommunikasi, 2000).

Suara Rakyat Malaysia (SUARAM), *Malaysian Human Rights Report Civil and Political Rights in 2001* (Suaram Kommunikasi, 2001).

Subhatra Bhumiprabhas and Pravit Rojanaphruk, "Turbulence in Thailand," in ANNI, *Report of the Performance and Establishment of National Human Rights Institutions in Asia* (ANNI, 2008).

SUHAKAM, Annual Report 2001 (SUHAKAM, 2002).

SUHAKAM, Annual Report 2002 (SUHAKAM, 2003).

SUHAKAM, Annual Report 2003 (SUHAKAM, 2004).

SUHAKAM, Annual Report 2004 (SUHAKAM, 2005).

SUHAKAM, Annual Report 2005 (SUHAKAM, 2006).

SUHAKAM, Human Rights and the Administration of Law: A Report of SUHAKAM's Conference held in conjunction with the Third Malaysian Human Rights Day (SUHAKAM, 2004).

SUHAKAM, Malaysian Human Rights Day 2002 Proceedings of the Conference on Human Rights and Education (SUHAKAM, 2004).

SUHAKAM, Report Round Table Discussion: Rights and Obligations Under CEDAW (SUHAKAM, 2004).

Surasee Kosolnavin, "The Background, Structure, Functions and Perspective of the NHRC of Thailand," paper presented to Conference on NHRIs in the Asia-Pacific, Taiwan Foundation for Democracy and Taiwanese Society of International Law, Taipei, 22 and 23 October 2005.

Tan Sri Harun Hashim, "SUHAKAM's Achievements in Monitoring Democracy and the

Rule of Law" in ERA Consumer Malaysia, Proceedings of the National Consultation on "SUHAKAM After 3 Years" Recommendations for Protection of Human Rights and the Government's Response (ERA Consumer Malaysia, 2003), pp. 8-14.

Thailand's National Human Rights Commission, Human Rights Features, HRF/76/03, 8 May 2003.

The 1990 Trust, Delivering Equality and Human Rights for Black and Minority Ethnic Communities: A Submission to the Joint Committee on Human Rights on The Commission for Equality and Human Rights (The 1990 Trust, 2004).

The Office of the National Human Rights Commission of Thailand, *National Human Rights Commission Act B.E. 2542(1999)* (Office of the National Human Rights Commission of Thailand, 2004).

The Office of the National Human Rights Commission of Thailand, *The National Human Rights Commission of Thailand* (Office of the National Human Rights Commission of Thailand, 2001).

Tom Hadden, "The Role of a National Commission in the Protection of Human Rights," in Kamal Hossain, Leonard F. M. Besselink, Halie Selassie Gebre Selassie and Edmond Völker (eds.), *Human Rights Commissions and Ombudsman Offices National Experience Throughout the World* (Kluwer Law International, 2000), pp. 786- 799.

United Nations, *Fact Sheet No. 19, National Institutions for the Promotion and Protection of Human Rights* (Centre for Human Rights, 1994).

United Nations, *Professional Training Series No. 4 National Human Rights Institutions* (Centre for Human Rights, 1995).

Vicent Pepito F. Yambao, Comparative Table of Domestic Human Rights Mechanisms (Philippines), in Taiwan Association for Human Rights and Forum Asia, 1st National Workshop of the Asian NGOs Network on NHRIs (ANNI), 26-27 March 2010.

Victor Ayeni, Linda Reif and Hayden Thomas, *Strengthening Ombudsman and Human Rights Institutions in Commonwealth Small and Island States The Caribbean Experience* (Commonwealth Secretariat, 2000).

Vijayashri Sripati, "India's National Human Rights Commission: A Shackled Commission?," (2000) 18 *B. U. Int'l L. J.* 1.

Vijayashri Sripati, "India's National Human Rights Commission: Strengths and Weakness," in Birgit Lindsnaes, Lone Lindholt and Kristine Yigen (eds.), *National Human Rights Institutions Articles and Working Papers* (Danish Centre for Human Rights, 2000), pp.

149-168.

Vincent Pepito Yambao, Jr., "The Philippines: A Hamstrung Commission," in The Asian NGOs Network on National Human Rights Institutions (ANNI), *2008 ANNI Report on the Performance and Establishment of the National Human Rights Institutions in Asia* (ANNI, 2008).

附錄一　關於促進和保護人權的國家機構地位的原則（亦稱巴黎原則）

註：

人權委員會1992年3月3日第1992/54號決議附件，（《經濟及社會理事會正式記錄，1992補編第2號》（E/1992/22）第二章，A節）；大會1993年12月20日第48/134號決議，附件。

權限與職責

應賦予國家機構促進和保護人權的權限。

應賦予國家機構盡可能廣泛的授權，對這種授權在憲法和立法案文中有明確規定，並具體規定其組成和權限範圍。

國家機構除其它外，應具有以下職責：

(a)應有關當局的要求，或通過行使其在不需向上級請示逕行聽審案件的權利，在諮詢基礎上，就有關促進和保護人權的任何事項，向政府、議會和任何其他主管機構提出意見、建議、提議和報告；並可決定予以公布；這些意見、建議、提議和報告以及該國家機構的任何特權應與以下領域有關係：

（一）目的在於維持和擴大保護人權的任何立法和行政規定以及有關司法組織的規定；為此，國家機構應審查現行的立法和行政規定，以及法案和提案，並提出它認為合適的建議，以確保這些規定符合人權的基本原則；必要時，它應建議通過新的立法，修正現行的立法以及通過或修正行政措施；

（二）它決定處理的任何侵犯人權的情況；

（三）就人權問題的一般國家情況和比較具體的事項編寫報告；

（四）提請政府注意國內任何地區人權遭受侵犯的情況，建議政府主動採取結束這種情況的行動，並視情況需要對政府要採取的立場和作出的反應提出意見；

(b)促進並確保國家的立法規章和慣例與該國所加入的國際人權文書協調，及其有效執行；

(c)鼓勵批准上述文書或加入這些文書並確保其執行；

(d)對各國按照其各自條約義務要向聯合國機構和委員會以及向區域機構提交的報告作出貢獻，必要時，在對國家獨立性給予應有尊重的情況下，表示對問題的意見；

(e)與聯合國和聯合國系統內的任何其他組織、各區域機構以及別國主管促進和保護人權領域工作的國家機構進行合作；

(f)協助制定人權問題教學方案和研究方案並參加這些方案在學校、大學和專業團體中的執行；

(g)宣傳人權和反對各種形式的歧視特別是種族歧視的工作，尤其是通過宣傳和教育來提高公眾認識以及利用所有新聞機構。

組成和獨立性與多元化的保障

國家機構的組成及其成員的任命，不論是通過選舉產生還是通過其他方式產生，必須按照一定程序予以確定，這一程序應提供一切必要保障，以確保參與促進和保護人權的（民治社會的）社會力量的多元代表性，特別是要依靠那些能夠促使與以下各方面代表，或通過這些代表的參與，建立有效合作的力量：

(a)負責人權和對種族歧視作鬥爭的非政府組織、工會、有關的社會和專業組織，例如律師、醫生、新聞記者和著名科學家協會；

(b)哲學或宗教思想流派；

(c)大學和合格的專家；

(d)議會；

(e)政府部門（如果包括它們，則它們的代表只能以顧問身份參加討論）。

國家機構應具備其能順利開展活動的基礎結構，特別是充足的經費。這一經費的目的是使它能有自己的工作人員和辦公房舍，以便獨立於政府，而不受可能影響其獨立性的財政控制。

　　為了確保國家機構成員的任務期限的穩定（沒有這一點就不可能有真正的獨立性），對他們的任命應通過一項正式法令來實行，這種法令應規定明確的任務期限。只要機構的成員多元化得到保證，這種任務期限可續延。

業務方法

　　在其業務範圍內，國家機構應：

(a)根據其成員或任何請願人的提議，自由審議屬於其權限範圍內的任何問題，不論這些問題是由政府提出，還是該機構無須向上級機構請示而自行處理的；

(b)為評估屬於其權限範圍內的情況，聽取任何人的陳述和獲得任何必要的資料及文件；

(c)特別是為了廣為公布其意見和建議，直接或通過任何新聞機構公諸輿論；

(d)定期並於必要時，經正式召集後召開有全體成員出席的會議；

(e)必要時建立成員工作小組，並設立地方或地區分機構，協助國家機構履行任務；

(f)與負責和促進保護人權的其他機構保持協商，不論它們是否有管轄權（特別是與監察專員、調解人和類似機構保持協商）；

(g)鑑於在開展國家機構工作的過程中非政府組織所發揮的根本作用，應同專門促進和保護人權、從事經濟和社會發展、與種族主義進行鬥爭、保護特別易受傷害群體（尤其是兒童、移徙工人、難民、身心殘疾者）或致力專門領域的非政府組織發展關係。

關於具有準管轄權的委員會的地位的附加原則

　　可以授權一國家機構負責受理和審議有關個別情況的申訴和請願。個人、他們的代表、第三方非政府組織、工會聯合會或任何其他代表性組織都可把案件提交此機構。在這種情況下，並在不損害涉及委員會其他權力的上述原則的情形下，交託委員會的職務可根據下列原則；

(a)通過調解，或在法律規定的限度內，通過有約束力的決定，或必要

時在保持機密的基礎上，求得滿意的解決；

(b)告訴提出請願一方其權利，特別是他可以利用的補救辦法，並促使他利用這種辦法；

(c)在法律規定的限度內，受理任何申訴或請願，或將它轉交任何其他主管當局；

(d)向主管當局提出建議，尤其是對法律、規章和行政慣例提出修正或改革意見，特別是如果它們已使為維護其權利提出請願的人遇到困難時。

附錄二　各國設立國家人權機構之情形

非洲

國家	機構名稱	等級
Algeria	National Human Rights Commission of Algeria	B
Angola	Provedor di Justiça di direitos	
Bénin	Benin Human Rights Commission	C
Burkina Faso	National Human Rights Commission of Burkina Faso	B
Cameroon	National Commission on Human Rights and Freedoms	A
Cape Verde	National Human Rights Commission	
Chad	Chad National Human Rights Commission	B
Congo	National Human Rights Commission	
Côte d'Ivoire	National Human Rights Commission	
Democratic Republic of the Congo	National Human Rights Observatory	A(R)
Djibouti	National Human Rights Commission	
Egypt	National Council for Human Rights	A
Ethiopia	Ethiopian Human Rights Commission	
Gabon	National Human Rights Commission	
Ghana	Commission on Human Rights and Administrative Justice	A
Kenya	Kenya National Commission on Human Rights	A
Madagascar	National Human Rights Commission	C
Malawi	Malawi Human Rights Commission	A
Mali	Commission nationale consultative des droits de l'homme	
Mauritania	National Human Rights Commission	B
Mauritius	National Human Rights Commission	A
Morocco	Human Rights Advisory Council	A
Namibia	Office of the Ombudsman	A

國家	機構名稱	等級
Niger	National Observatory on Human Rights and Fundamental Freedoms	
Nigeria	Nigerian Human Rights Commission	B
Rwanda	National Commission for Human Rights	A
Senegal	Senegalese Committee for Human Rights	A
Sierra Leone	Nigerian Human Rights Commission	
South Africa	South African Human Rights Commission	A
Tanzania	Commission for Human Rights and Good Governance	A
Togo	National Human Rights Commission	A
Tunisia	Higher Committee on Human Rights and Fundamental Freedoms	
Uganda	Uganda Human Rights Commission	A
Zambia	Permanent Human Rights Commission	A

美洲

國家	機構名稱	等級
Antigua and Barbuda	Office of the Ombudsman	C
Argentina	Defensoría del Pueblo de la Nación Argentina (Ombudsman)	A
Barbados	Office of the Ombudsman	C
Belize	Office of the Ombudsman	
Bermuda	Bermuda Ombudsman	
Bolivia	Defensor del Pueblo	A
Canada	Canadian Human Rights Commission	A
Colombia	Defensor del Pueblo de la República de Colombia	A
Costa Rica	Defensoria de los Habitantes	A
Ecuador	Defensor del Pueblo de la República de Ecuador	A
El Salvador C.A.	Procuraduría de Defensa de los Derechos Humanos	A
Guatemala	Procurador de los Derechos Humanos	A
Guyana	Office of the Ombudsman	

國家	機構名稱	等級
Haiti	Office de la Protection du Citoyen	
Honduras	Comisionado Nacional de los Derechos Humanos	A
Jamaica	Office of the Public Defender	
Mexico	National Human Rights Commission	A
Nicaragua	Procuraduría para la Defensa de los Derechos Humanos de Nicaragua	A
Panama	Defensoria del Pueblo de la Republica de Panama	A
Paraguay	Defensoria del Pueblo de la República del Paraguay	A
Peru	Defensoria del Pueblo de Perú	A
Puerto Rico	Oficina del Procurador del Ciudadano	C
Saint Lucia	Office of the Parliamentary Commissioner	
Trinidad and Tobago	Office of the Ombudsman of Trinidad and Tobago	
Venezuela	Ombudsman Institution of the Bolivarian Republic of Venezuela	A

亞太區域

國家	機構名稱	等級
Afghanistan	Afghan Independent Human Rights Commission	A
Australia	Human Rights and Equal Opportunity Commission	A
Fiji	Fiji Human Rights Commission	
Hong Kong SAR, China	Equal Opportunities Commission	C
India	National Human Rights Commission	A
Indonesia	National Commission for Human Rights	A
Islamic Republic of Iran	Islamic Human Rights Commission	C
Jordan	National Centre for Human Rights	A
Malaysia	Human Rights Commission of Malaysia (SUHAKAM)	A
Maldives	Human Rights Commission of the Maldives	B
Mongolia	National Human Rights Commission of Mongolia	A
Nepal	National Human Rights Commission of Nepal	A

國家	機構名稱	等級
New Zealand	Human Rights Commission	A
Palestine	Independent Commission for Human Rights/Palestine	A
Philippines	Commission on Human Rights	A
Qatar	National Committee for Human Rights	A
Republic of Korea	National Human Rights Commission	A
Sri Lanka	The Human Rights Commission of Sri Lanka	B
Thailand	The National Human Rights Commission of Thailand	A
Timor Leste	Office of the Provedor for Human Rights and Justice	A

歐洲

國家	機構名稱	等級
Albania	The People's Advocate	A
Armenia	Human Rights Defender of the Republic of Armenia	A
Austria	The Austrian Ombudsman Board	B
Azerbaijan	Human Rights Commission	A
Belgium	Centre for equal opportunities and opposition to racism	B
Bosnia and Herzegovina	The Human Rights Ombudsman of Bosnia and Herzegovina	A
Bulgaria	Bulgarian Parliamentary Ombudsman	
Croatia	Office of the Croatian Ombudsman	
Cyprus	National Institute for the Protection of Human Rights	
Czech Republic	Ombudsman	
Denmark	The Danish Institute for Human Rights	A
Finland	Parliamentary Ombudsman of Finland	
France	National Consultative Commission of Human Rights	A
Georgia	Office of Public Defender of Georgia	A
Germany	The German Institute for Human Rights	A
Greece	Greek National Commission for Human Rights	A
Hungary	Parliamentary Commissioner on the Rights of National and Ethnic Minorities	

國家	機構名稱	等級
Ireland	Irish Human Rights Commission	A
Italy	Commissione per i Diritti Umani - Présidence du Conseil des Ministres	
Kazakhstan	Commissioner for Human Rights (National Ombudsman)	
Kosovo	Ombudsperson Institution in Kosovo	
Kyrgyzstan	Ombudsman of the Kyrgyz Republic	
Latvia	Latvian National Human Rights Office	
Lithuania	The Seimas Ombudsmen	
Luxembourg	Consultative Commission of Human Rights	A
Macedonia	Human Rights Ombudsman of Macedonia	
Moldova	The Centre for Human Rights of Moldova	
Netherlands	Equal Treatment Commission	B
Northern Ireland, UK	Northern Ireland Human Rights Commission (NIHRC)	A
Norway	Norwegian Centre for Human Rights	A
Poland	Commissioner for Civil Rights Protection	A
Portugal	Ombudsman Office	A
Romania	Advocate of the People	
Russia	Commissioner on Human Rights in the Russian Federation	B
Serbia and Montenegro	Office of the Ombudsman of the Republic of Montenegro	
Slovakia	Slovak National Centre for Human Rights	B
Slovenia	Human Rights Ombudsman	B
Spain	The Office of the Ombudsman	A
Sweden(BO)	Children's Ombudsman	A
Sweden(DO)	The Swedish Ombudsman against Ethnic Discrimination (DO)	A
Sweden(HO)	The Swedish Disability Ombudsman	A
Sweden(JämO)	Ombudsman for Equal Rights	A
Switzerland	Federal Commission against Racism (FCR)	B
Ukraine	Ukrainian Parliament Commisioner for Human Rights	B
United Kingdom	Equality and Human Rights Commission	A

國家	機構名稱	等級
Uzbekistan	Authorized Person of the Oliy Majlis of the Republic of Uzbekistan for Human Rights	

＊說明

A：符合「巴黎原則」

A(R)：給予會員資格，尚未完全符合「巴黎原則」，但是不嚴重

B：給予觀察員資格，不完全符合「巴黎原則」

C：不符合「巴黎原則」之國家人權機構

空白：尚未申請評比

資料來源：National Human Rights Institutions Forum網站：http://www.nhri.net/nationaldatalist.asp

附錄三 2003年官方版草案

一、國家人權委員會組織法草案

國家人權委員會組織法草案總說明

國家人權委員會（National Human Rights Commission）是聯合國（United Nations）長期以來關注之議題。早在1946年經濟及社會理事會（Economic and Social Council）即討論有關國家人權委員會之問題，比大會宣布「世界人權宣言」（Universal Declaration of Human Rights）還早了兩年。同年經濟及社會理事會第二屆會議請各會員國「考慮宜否於各該國內設立資料組及地方性之人權委員會，並與之合作以便推進人權委員會之工作。」在1960年時有一項決議又重提此事，該決議確認國家機構在促進和保護人權方面可發揮重要作用，並請各國政府鼓勵這類機構之組成及延續，將一切有關資料提交秘書長。

聯合國人權委員會（Commission on Human Rights）在1990年舉行研討會，會議之結論為建立「關於國家促進及保護人權機構的地位及職權之原則」（Principles relating to the status and functioning of national institutions for protection and promotion of human rights），即通稱之「巴黎原則」（Paris Principles）。該項原則後來得到聯合國人權委員會第1992/54號決議採納，其後又經聯合國大會（General Assembly）1993年12月20日第48／134號決議贊同。

「巴黎原則」之內容主要分為四個部分，即（1）有關國家人權委員會如何「促進」及「保護」人權之權限與職責之具體規定；（2）有關國家人權委員會組成程序及其獨立性與多元化須有所保障之規定；（3）有關國家人權委員會得以採行各種業務方法之規定；（4）有關國家人權委員會得具有準司法權功能之規定。

聯合國不僅建立有關國家人權委員會之準則，亦努力推動在許多國家建立國家人權機構。因此已有許多國家設立其國家人權委員會，例如在亞太地

區有澳洲、紐西蘭、斐濟、韓國、菲律賓、泰國、馬來西亞、印度、印尼、尼泊爾、斯理蘭卡、蒙古等國家，而日本亦即將設立之。在美洲地區有加拿大、美國、墨西哥、百慕達、阿根廷、哥倫比亞、薩爾瓦多、巴西等國家；在歐洲地區有義大利、荷蘭、法國、愛爾蘭、英國、波士尼亞、捷克、斯諾伐克、比利時、拉脫維亞、丹麥、瑞典、匈牙利等國家已設立；在非洲地區已有阿爾及利亞、突尼西亞、摩納哥、烏干達、馬拉威、桑比亞、南非、克麥隆、貝林、查得、迦納、肯亞、賴比瑞亞、茅力塔尼亞、奈及利亞、盧安達、塞內加爾、獅子山、蘇丹、東加、中非共和國、薩伊等國家均已設立。總統於89年5月20日就職演說中曾宣示我國將遵守包括：「世界人權宣言」、「公民與政治權利國際公約」及維也納世界人權會議宣言及行動綱領；並將敦請立法院通過批准「國家人權法典」，使其國內法化；為實現聯合國長期所推動之主張，亦將設立獨立運作之國家人權委員會。總統復於90年元旦祝詞揭櫫政府在新世紀之六大施政課題，再次重申推動人權立法、建立人權指標，設立獨立運作之國家人權委員會，讓我國成為二十一世紀人權之新指標。

　　設立國家人權委員會應參酌聯合國已設立之準則、其他國家之法制及經驗，及我國之憲政情形，鑑於我國中央政府之行政、立法、司法、考試、監察各院之職權運作皆與人權保障息息相關，「國家人權委員會」（以下簡稱「本會」）宜設於總統府，且更應確保其職權之獨立、超然及公正。本會採委員制，以收集思廣益之效，並延聘民間對人權議題及工作著有研究及實踐人士為委員，探討我國人權發展，弘揚人權保障之價值，推進各項人權保障政策。爰擬具「國家人權委員會組織法」草案，其要點如下：

　　一、本法制定依據。（草案第一條）

　　二、本會職掌。（草案第二條）

　　三、本會委員員額、比照之官、職等、任命程序及任期。（草案第三條）

　　四、本會委員任命資格與審薦事宜，及超出黨派之外，依法獨立行使職權，且於任職期間不得參與政黨活動。（草案第四條）

　　五、本會委員會議召開程序等。（草案第五條）

　　六、年度國家人權報告書與專案人權報告書之提出程序。（草案第六

條）

　　七、本會設三處及其職掌。（草案第七條）

　　八、本會設秘書室及其職掌。（草案第八條）

　　九、本會設人事室、會計室及其職掌。（草案第九條、第十條）

　　十、本會員額及其官等、職等。（草案第十一條）

　　十一、本會有關人員職系之適用規定。（草案第十二條）

　　十二、本會得聘用人權調查員及人權研究員。（草案第十三條）

　　十三、本會得遴聘顧問、諮詢委員等。（草案第十四條）

　　十四、本法之施行日期。（草案第十五條）

國家人權委員會組織法草案

條　文	說　明
第一條　本法依中華民國總統府組織法第十七條之一規定制定之。	明定本法制定依據。
第二條　國家人權委員會（以下簡稱本會）掌理事項如下： 一、研擬及檢討有關促進及保障人權之政策與法令。 二、製作年度國家人權報告書。 三、推動人權教育，宣導人權理念。 四、落實國際人權規範，促進國內外人權之交流與合作。 五、處理重大人權事件。 六、訪視有重大危害人權之虞之相關處所。 七、其他促進及保障人權之相關事項。	國家人權委員會為補充現有機制不足之機構，參照「關於促進和保護人權的國家機構的地位的原則」（巴黎原則）及世界各國相關立法例，爰明定本會職掌，而這些職權範圍正是巴黎原則所強調，亦是各國國家人權委員會現今所努力實踐之範圍。因此亦應是我國努力追尋之目標。
第三條　本會置人權委員十一人，由總統任命之。其中一人為主任委員，特任，綜理會務；一人為副主任委員，職務比照簡任第十四職等，襄助主任委員處理會務；其餘人權委員，職務比照簡任第十三職等。 本會人權委員任期四年，人權委員出缺時，其繼任人之任期至原任期屆滿之日為止。	一、本會採委員制，由人權委員組成委員會作為本會之決策單位。 二、第一項明定本會人權委員之人數、比照之官、職等、任命程序。 三、第二項明定本會人權委員之任期及出缺遞補。

條　文	說　明
第四條　本會人權委員，應具有下列各款資格之一： 一、對促進與保障人權或弱勢團體權益有特殊表現或貢獻者。 二、對人權議題之研究有專門著作或特殊貢獻者。 本會人權委員審薦辦法，由總統府定之。 本會人權委員應超出黨派之外，依法獨立行使職權，於任職期間，不得參與政黨活動。	一、第一項明定本會人權委員任命資格，以發揮本會功能。 二、第二項明定本會人權委員之審薦事宜，另由總統府訂定辦法行之。 三、基本人權保障之範圍廣泛，人權委員應超出黨派之外，依法獨立行使職權，且於任職期間不得參與政黨活動，爰明定第三項。
第五條　本會定期舉行委員會議，必要時得召開臨時會議。 前項會議，以主任委員為主席，主任委員因故不能出席時，由副主任委員代理。主任委員與副主任委員均不能出席時，由出席人權委員互推一人為主席。 會議之決議，應有全體人權委員過半數之出席，及出席人權委員過半數之同意行之。 本會開會時，得邀請學者、專家及相關個人或機關、團體派員列席，陳述事實或提供意見。	一、第一項明定委員會議定期舉行，並得召開臨時會議，以應實際需要。 二、第二項至第四項明定人權委員會會議召開、議決等程序，及為謀會議之周延，得邀請學者、專家及個人、機關、團體派員列席，陳述事實或提供意見。
第六條　本會應於每年三月三十一日前，向總統及立法院提出上年度國家人權報告書。 本會得就特定人權事項，不定期向總統及立法院提出專案人權報告書。 本會應公布前二項之人權報告書，並送請相關機關參辦。	年度國家人權報告書與專案人權報告書之提出程序。
第七條　本會設三處，分別辦理第二條所列事項之行政事務，並得分科辦事。	本會設三處及其職掌。
第八條　本會設秘書室，掌理議事、公共關係、文書、檔案、印信、出納、事務管理、財產管理及不屬於其他各單位事項，並得分科辦事。	本會設秘書室及其職掌。
第九條　本會設人事室，置主任一人，職務列簡任第十職等至第十一職等，依法辦理人事管理事項；其餘所需工作人員，就本法所定員額內派充之。	本會設人事室及其職掌、編制。

條　文	說　明
第十條 本會設會計室，置主任一人，職務列簡任第十職等至第十一職等，依法辦理歲計、會計及統計事項；其餘所需工作人員，就本法所定員額內派充之。	本會設會計室及其職掌、編制。
第十一條 本會置主任秘書一人，參事一人或二人，處長三人，職務均列簡任第十二職等；副處長三人，職務列簡任第十一職等；專門委員二人，職務列簡任第十職等至第十一職等；科長七人或八人，職務列薦任第九職等；專員三人至五人，職務列薦任第七職等至第九職等；科員十一人至十三人，職務列委任第五職等或薦任第六職等至第七職等；辦事員二人至四人，職務列委任第三職等至第五職等；書記二人或三人，職務列委任第一職等至第三職等。	本會員額及其職等。
第十二條 第九條至第十一條所定列有官等、職等人員，其職務所適用之職系，依公務人員任用法第八條之規定，就有關職系選用之。	本會有關人員職系之適用規定。
第十三條 本會因業務需要，得依聘用人員聘用條例之規定，聘用人權調查員及人權研究員。	為應本會執行人權調查之專門性業務，及人權事項之研究工作，明定得聘用人權調查員及人權研究員。
第十四條 本會得視業務需要，遴聘學者、專家為顧問或諮詢委員，均為無給職。	為廣徵社會各界有識人士對於人權議題之意見，明定本會得聘請無給職之顧問或諮詢委員。
第十五條 本法施行日期，由總統府以命令定之。	本法施行日期由總統府以命令定之，以應籌備之期間。

二、國家人權委員會職權行使法草案

國家人權委員會職權行使法草案總說明

保障人權是世界潮流，設置國家人權機構則是聯合國長期推動保障人權之主張。總統於89年5月20日就職演說中曾宣示我國將遵守「世界人權宣言」、「公民與政治權利國際公約」以及維也納世界人權會議之宣言及行動綱領等國際人權文件，並將「國際人權法典」國內法化，同時為實現聯合國長期所推動之主張，亦將設立獨立運作之國家人權委員會，故為積極落實人權保障，應建構我國人權保障體系，制定「國家人權委員會組織法」，設立國家人權委員會。

鑒於「國家人權委員會組織法」所規定國家人權委員會之職權涵蓋研擬及檢討有關促進及保障人權之政策與法令、製作年度國家人權報告書、推動人權教育與宣導人權理念、落實國際人權規範與促進國內外人權之交流與合作、處理重大人權事件、訪視有重大危害人權之虞之相關處所及其他促進及保障人權之相關事項等，茲依據各項職權之特質，並參酌聯合國已設立之準則及其他國家之法制及經驗，訂定各項職權行使之方式及程序之規範。而在調查權部分，鑑於我國行政、立法、司法、監察、考試五院及各部會之職權運作，皆與人權息息相關，為維護我國五權分立之憲政體制健全運作，使機關職權各有分際，本草案所研擬規範之國家人權委員會職權，原則上不介入憲法或法律保障獨立行使職權機關調查中之事件，所調查之重大侵害人權事件，亦宜以具有普遍性影響者為限。但為使各項職權發揮探照燈之功能，發覺侵害人權之情事，職權行使之結果自應公布並建議改善，作適當處理，促使人權保障更為進步與普及，亦不致紊亂國家機關行使職權之機制。

爰秉持上開立法原則與特性，擬具「國家人權委員會職權行使法」草案，計二十三條，其要點如下：

一、本法制定依據。（草案第一條）

二、本會行使職權時，得要求有關機關提供必要之協助。（草案第二條）

三、有關機關就相關人權事項之說明義務。（草案第三條）

四、年度國家人權報告書之內涵。（草案第四條）

五、本會擬定人權教育計畫及推動人權教育之職權。（草案第五條）

六、本會關於人權事項受理之範圍及不受理之規定。（草案第六條）

七、人權調查得由個人或團體提出申請或陳情，及其申請或陳情之程式。（草案第七條）

八、人權調查之程序審查規定。（草案第八條）

九、對人權調查之決議不得聲明不服，及再行申請之限制。（草案第九條）

十、人權調查之執行人員。（草案第十條）

十一、人權調查之方式，及受調查者負有接受調查之義務。（草案第十一條）

十二、受調查者違反接受調查義務之行政罰。（草案第十二條）

十三、人權調查所得相關資訊之保密義務。（草案第十三條）

十四、人權委員行使職權時，發生適用憲法之疑義，得向司法院聲請釋憲。（草案第十四條）

十五、停止調查及終結調查之規定。（草案第十五條及第十七條）

十六、人權調查之處理期間。（草案第十六條）

十七、重大人權事件得進行和解、調解或仲裁。（草案第十八條）

十八、被調查人得由律師或輔佐人陪同之權利。（草案第十九條）

十九、人權調查結果應由委員會議決議並作成決議書，對外公布及通知申請人，並明定經決議認有侵害人權之情事者，其處理之方式及回報之督促機制。（草案第二十條）

二十、人權委員訪視有重大危害人權之虞之有關處所後，應提出訪視報告。（草案第二十一條）

二十一、調查或訪視之不公開原則，及對被調查人或訪視對象隱私、名譽及尊嚴之保障。（草案第二十二條）

二十二、本法之施行日期。（草案第二十三條）

國家人權委員會職權行使法草案

條文	說明
第一條　本法依中華民國總統府組織法第十七條之一規定制定之。 本法未規定者，適用其他法令之規定。	一、第一項明定本法制定依據。 二、本法未能規範所有事項，必須有其他法律作為補充規範，爰明定第二項。
第二條　國家人權委員會（以下簡稱本會）行使本會組織法第二條所規定之職權時，得要求有關機關提供必要之協助。 前項要求，有關機關應迅速協助，非依法律，不得拒絕。	一、本會行使職權時，或與其他機關之職掌有相關性，或因其他機關擁有之人力及資源，足以協助配合，為期能掌握時效，並避免人力、資源之浪費，本會行使職權時得要求有關機關就指定事項協助配合，爰為第一項之規定。 二、本會向有關機關要求協助調查時，為避免拖延、敷衍，爰於第二項明定，有關機關應依指定事項迅速協助配合，不得拒絕。
第三條　本會得要求有關機關就有關人權事項所職掌之法令、政策或行政措施有無侵害人權及其改進方案，提出說明。	本會職權之一為審視現行法規是否足以保障及促進人權，因此應賦予本會得要求有關機關就所職掌之法令、政策或行政措施有無侵害人權及其改進方案提出說明之職權。
第四條　本會應依照國際人權公約之有關原則，分別就公民權、政治權、經濟權、社會權及文化權等，製作年度國家人權報告書，客觀詳實評鑑國內每年人權狀況。	年度國家人權報告書應以國際人權標準為準據，並應至少包括公民權、政治權、經濟權、社會權與文化權等內涵。
第五條　本會得擬定人權教育計畫，推動人權教育，並得要求中央及地方教育主管機關就各級學校推動人權教育事項，提出說明。	本會得指定人權委員或人權調查員至各級學校，瞭解人權教育之推動。本會擬定人權教育計畫及推動人權教育之職權規範。
第六條　本會得依職權或申請，受理下列事項：一、法規、制度或措施之存在或不備，有侵害人權者。二、非屬監察院職掌調查之重大人權事件。	一、第一項明定本會關於人權事項受理之範圍。 二、本會為避免介入或干預司法權、監察權之行使，爰於第二項明定，事件如在偵查或審判程序進行中者，

條文	說明
前項第二款事件在偵查或審判程序進行中者，本會不予受理。其屬監察院職掌者，應即移送監察院。	本會不予受理。其屬監察院職掌者，應即移送監察院。
第七條　前條人權受害之個人或團體，得向本會申請調查，非事件當事人，亦得向本會陳情。 前項申請或陳情得以書面、傳真或電子文件為之，並應載明下列事項：一、申請人或陳情人之姓名或名稱及其代表人。二、住居所、事務所或營業所。三、人權受重大侵害之事由。四、有關文件及證據。 前項所定應載明事項之重要內容不明確或有疑義者，本會得通知申請人或陳情人限期補正。	一、第一項明定個人或團體得申請調查，並將申請調查及陳情並列，避免認為非直接被害人即無申訴管道。 二、申請或陳情案件，為使內容明確，便於處理，爰於本條第二項規定得以書面、傳真或電子文件為之，方予受理。 三、第三項明定前項所定應載明事項之重要內容不明確或有疑義者，如屬可補正之事項，本會得通知申請人或陳情人限期補正，以求時效，並保障其權益。至於補正之期限，由本會酌定之。
第八條　本會受理前條所定之申請或陳情後，應先指定人權委員一人審查有無違反前二條規定後，提請委員會議審議應否予以受理，並通知申請人或陳情人。	一、申請或陳情事件之程序審查及決議之處理。 二、個人或團體申請或陳情時，為免徒勞，並非隨即由人權委員進行實質調查，而應先指定人權委員一人進行程序審查。又審查委員應將上述程序審查之結果，敘明理由後，提請委員會議決議應否予以受理，並應將委員會議之決議情形，通知申請人或陳情人，使其知悉申請案之處理情形，爰為本條之規定。
第九條　申請人或陳情人對於委員會議不予受理之決議或對於受理之結果，不得聲明不服；同一事件非有新事實或新證據，不得再行申請或陳情。	一、對於申請事件決議之效力。 二、申請或陳情事件如經委員會議決議不予受理時，或對於受理之結果，實不宜再設救濟程序之規定，以免影響本會之運作及公信力；為期明確，避免爭議，特明定不得聲明不服。另就同一申請事件，除有新事實或新證據外，依一事不再理原則，不宜再行提出申請或陳情，以免重複審查而浪費人力及資源，爰為本條之規定。

條文	說明
第十條　委員會議決議受理者，應指定人權委員一人至三人進行調查。 調查事件，應由人權委員親自為之，並得指定人權調查員協助。	一、第一項明定委員會議決議受理調查時之處理情形及調查之人權委員人數。 二、委員會議決議應進行調查者，不論係人權委員依職權主動提請調查，或依個人、團體申請之調查，均應視該調查事項之繁簡，同時指定人權委員一人至三人進行調查。 三、第二項明定行使調查權之主體人員及協助人員。
第十一條　本會人權委員得以下列方式進行調查：一、向有關機關調閱卷宗及資料。二、要求申請人、陳情人、關係人或第三人提供必要之文書、資料或物品。三、通知申請人、陳情人、關係人或第三人到場陳述意見。四、實施勘驗。五、其他必要之調查方法。 為前項調查時，有關機關、團體或個人除有法律依據或其他正當理由外，不得規避、拒絕或妨礙。 本會人權委員或人權調查員依法執行職務時，應出示有關證明文件，其未出示者，受調查者得拒絕之。	一、調查方式及受調查者之義務。 二、本會人權委員依本法行使調查權時，為蒐集相關資料，以瞭解事實之真相，得向有關機關調閱卷宗及資料、要求申請人、陳情人、關係人或第三人提供必要之文書、資料或物品、通知申請人、陳情人、關係人或第三人到場陳述意見等，如有勘驗之必要，亦得實施勘驗，並得採行其他必要之調查方法，爰為第一項之規定。 三、為使本會人權委員得以順利行使調查權，爰於第二項明定，人權委員為第一項各款調查時，機關、團體或個人有接受調查之義務，除依法律或由本會認可之正當理由外，不得規避、拒絕或妨礙。 四、第三項明定有關出示證件之規定，旨在保障受調查之機關、團體或個人之權益。
第十二條　機關、團體或個人無正當理由，規避、拒絕或妨礙依前條第一項規定所為之調查者，處新臺幣三萬元以上三十萬元以下罰鍰，並得按次連續處罰。 依前項規定所處之罰鍰，經限期繳納，屆期不繳納者，依法移送強制執行。	第十一條第二項已明定受調查者有配合調查之義務，為使調查權得以順利行使，爰明定對無正當理由規避、拒絕或妨礙調查者，處予一定額度範圍之罰鍰，及罰鍰移送強制執行程序，以確保調查能順利進行。

條文	說明
第十三條 本會調閱之卷宗、資料或調查所得資訊，涉及國家機密或依法應保密者，負有保密義務。 前項保密措施，由本會另定之。	本會調閱之卷宗、資料或調查所得資訊，如涉及國家機密或依法規應保密者，自有保密之必要，爰於第一項明定，本會負有保密之義務。至於保密之相關措施，則授權由本會訂定相關規定行之。
第十四條 人權委員於其行使職權適用憲法發生疑義，或因行使職權與其他機關之職權發生適用憲法之爭議，或就其調查之事件對所適用法律或命令發生有無牴觸憲法之疑義者，得經委員會議決議後，由本會向司法院聲請解釋憲法。	本會行使職權之對象既是侵害人權之事件，而人權多屬憲法規範之內涵，故行使職權時，可能適用憲法發生疑義，亦可能於過程中因行使職權與其他機關之職權發生適用憲法之爭議，或就其調查之事件，對所適用法律或命令發生有牴觸憲法之疑義，而有違憲與否之疑義，為避免職權行使結果之認定因違憲而付之徒勞，實有賦予本會行使職權時，如有上揭情形，得聲請釋憲之權，亦可杜絕外界質疑本會委員會議或人權委員對職權行使之認定，是否合憲之疑慮。
第十五條 有下列情形之一，得提請委員會議決議停止調查；停止調查之期間，不計入調查期間：一、依前條規定聲請解釋憲法者。二、調查事件非詢問被調查人、證人或其他有關之人，無法提出調查結果，而該應受詢問人因事實上或法律上原因，不能受詢問者。三、證據送請鑑定中，而該鑑定與調查結果之完成有密切關係者。四、調查結果以其他法律關係為斷，而其訴訟程序尚未終結者。 依前項第三款、第四款規定停止調查事件，應函請有關機關、團體或個人儘速將結果通知本會。 事件停止調查後，應注意其停止原因是否消滅，並定期查詢。停止原因消	一、調查權一經發動，即應限期完成，並儘速提出調查結果，俾委員會議能做成適當之決議。惟調查過程如有法律上及事實上原因致無法繼續調查者，自應予停止調查，爰於第一項明定停止調查之情形及程序，且停止調查之期間，不計入第十六條之調查期間。 二、第一項第三款、第四款之停止調查，係因與調查結果有密切關係之證據尚在鑑定中，或為關鍵之法律關係（如民事、刑事、行政關係）尚未經權責機關決定或判決確定，爰於第二項明定，有此情形之停止調查事件，應函請有關機關、團體或個人儘速辦理鑑定或終結訴訟程序，並將結果通知本會，以便本案能儘速恢復調查。 三、按停止調查，僅係暫時不進行調查，與終結調查尚有不同，為避免事件於停止調查後，被無限期擱

條文	說明
滅後應即恢復調查。但已無繼續調查必要者，得經委員會議決議終結調查。	置，爰於第三項前段明定，事件停止調查後，應定期查詢及注意其停止原因是否消滅，停止原因消滅後應即恢復調查。停止調查期間內，如因情事變更，認為無繼續調查必要者，則應提請委員會議決議終結調查，以免造成調查延宕不決，損及本會形象及公信力，爰於第三項後段明定之。
第十六條　被指定調查之人權委員應自委員會議決議調查之日起三個月內提出調查結果。其未能於期限內提出調查結果者，應敘明理由，提請委員會議決議延長，延長期間每次以三個月為限。除特殊情況外，調查期限不得超過一年。	一、對人權事件進行調查，目的即在保障人權，故如本會受理之事件，無正當理由延宕不決，即與上開目的有違，爰明定其調查期間。但有正當理由而無法於期間內完成調查結果者，應循一定程序延長。 二、對未依限期提出調查結果或延長調查期間者，應敘明理由提請委員會議決議是否延長，延長期間每次以三個月為限。 三、為落實保障人權之目的，明定調查期限最長為一年，以避免程序拖延。但如有特殊情況，則不在此限。又所謂特殊情況，例如改派其他人權委員調查或其他適當之處理等。
第十七條　事件調查中，發現有第六條第二項所列情形，其屬監察院職掌者，應提請委員會議決議終結調查，並將事件移送監察院。	事件調查中，其屬第六條第二項後段狀況者，應終結調查之情形。
第十八條　本會受理第六條第一項第二款重大人權事件，依其性質，得進行和解、調解或仲裁。 前項和解、調解及仲裁等有關事項，準用仲裁法規定辦理。	如事件適合和解、調解或仲裁者，應得以非訴訟之程序進行，以避免曠日廢時。並明定準用仲裁法之規定。
第十九條　被調查人接受本會調查時，得由律師或輔佐人陪同。輔佐人之資格及權限，準用刑事訴訟法第三十五條規定。	被調查人接受本會調查時，應賦予被調查人由律師或輔佐人陪同之權利，以確保其應有之權利。並明定準用刑事訴訟法之規定。

條文	說明
第二十條　調查結果應作成書面，並研擬處理意見，提請委員會議決議後作成決議書，對外公布，並通知申請人或陳情人。但應保密之部分，不予公布及通知。 委員會議認有侵害人權之情事者，得為下列方式之處理：一、要求有關機關或團體採行必要之改進或補救措施。二、協助被害人進行必要之救濟。三、建議有關機關制（訂）定、修正或廢止法規、制度。四、認公務員有違法失職者，移送其主管機關或監察院依法處理。五、認有涉及犯罪嫌疑者，移送檢察機關依法追訴。六、其他適當之處理。 前項接受建議或移送之機關或團體，應於三個月內將處理情形通知本會。	一、為發揮探照燈功能，人權有無被侵害，其調查結果應作成書面，並研擬處理意見，供委員會議作成決議書，且應對外公布並通知申請人或陳情人。但如事件性質或其內容中有屬應保密者，則該保密部分不予公布及通知，以免影響人民權益或違反相關法律，爰為第一項規定。 二、事件調查結果，委員會議如認為有侵害人權之情事者，即應有所處理，以達保障人權之目的，惟鑒於侵害人權態樣繁多，且本會職權具有督促性質，本會組織法所定執掌亦有其範圍，故對侵害人權情事應移送有關機關處理，始不致影響國家權力分立原則。爰依侵害之性質及態樣，將決議方式予以類型化，於第二項分款明定，如認為人權侵害尚可對受害者補救，即責成有關機關或團體採行必要之改進或補救措施，並協助被害人進行必要之救濟；如侵害屬法規、制度或措施層面者，則建議有關機關制（訂）定、修正或廢止法規、制度；如調查結果認為侵害事件有公務員違法失職者，則移送其主管機關或監察院依法處理；如認為涉及犯罪嫌疑者，則移送檢查機關依法追訴；並另設第六款之概括規定，對不屬上揭情形者，委員會議尚可做其他適當之處理，以期周延。 三、為確保本會調查決議能落實執行，本條第三項爰明定受建議或移送之機關或團體，應於三個月內將處理情形通知本會，以建立回報之督促機制。
第二十一條　本會人權委員訪視有重大危害人權之虞之相關處所，應於一個月內向委員會議提出訪視報告。	人權委員訪視有危害人權之虞之有關處所後，應於一個月內向委員會議提出訪視報告。

條文	說明
第二十二條	本會進行調查或訪視時，以不公開為原則，並應尊重被調查人或訪視對象之隱私、名譽及尊嚴。	進行調查或訪視以不公開為原則，並尊重被調查人或訪視對象之隱私、名譽與尊嚴，此為本會人權委員與人權專員於執行職務時，必須嚴格恪遵，方不失為以保障人權為鵠的之宗旨。
第二十三條	本法施行日期，由本會以命令定之。	本法施行日期由本會以命令定之，以應籌備之需要。

《國家人權委員會組織法》草案總說明（2000.10.16）

（甲）設立國家人權委員會之立法緣由

1. 自1987年解嚴以來，人權議題已不再是禁忌，各種新社會運動的崛起，為爭取權利而努力不懈，台灣的人權狀況的確有相當的改進。政治犯和黑名單已經大致絕跡，思想、信仰、言論、集會、結社等自由和投票參選的政治權，有了相對穩固的基礎，甚至在某些社會權利（如健保）方面也踏出了第一步。和獨裁專政體制下的過去相比，這些誠然是可觀的進步。但是從比較寬廣、踏實的角度去看，台灣人權的保障的缺陷仍然是十分明顯的。舉例而言，人身安全迄今未能得到充分的保障；威權時期對人民財產權的侵害，也未見合理的處理或補償；勞工權益也未能得到適切的照顧，自然環境的破壞，對於人民所造成的傷害，也未能見到妥善的處理。而從國際人權的發展來看，台灣社會對人權的瞭解在範圍上仍過於偏狹，以目前近兩百種左右的國際人權公約為準，涉及範圍包括我們較熟悉的公民及政治權利之外，也包括要使該兩項權利具有實質意義的經濟、社會及文化權利，而關於這些權利的論述，在台灣社會仍屬陌生。究其原因，除了在威權統治之下，人權文化的孕育受到壓制之外，也來自於傳統價值觀念的侷限，使得人權理念不易進一步落實。

2. 中華民國自1971年退出聯合國，也同時退出了以聯合國為軸心的國際人權體系，而這三十年卻是人權準則大幅度國際條約化——尤其是機制化

與國際運動化的時期。威權體制的過去本來就已導致人權文化無由生根成長，長期的國際孤立更使台灣缺少人權進展所不可缺的國際參與、交流、刺激與壓力。在這樣的環境之下，台灣社會對於人權觀念感到陌生與對人權事務缺乏經驗，實是不難理解。

3. 上述歷史與國際處境的後果之一，是台灣缺少人權進一步發展的許多基本條件。人權的改善與進步有賴兩個主要因素的互動：人權意識的生根和保障機制的建立。而台灣有關人權知識和資訊皆極端缺乏；政府沒有負責人權的官員，更不用說人權政策與專司人權事務的機構。在目前這種狀況下，台灣的人權狀況如果要有更上層樓的進展，尤其是與台灣所具有的不少相對優越的條件成正比的進展，顯然必須在基本建設上，著手已經是遲來的努力。

4. 聯合國自1964年左右，即開始注意國際人權標準條約化後，將其機制化的落實問題。在國際、區域、非政府組織（聯合國自始即注重民間參與，見聯合國憲章第71條）和個別國家這四個層次裡，最重要的顯然是個別國家。1978年起聯合國更加緊推動各國以入憲或立法的方式，掀起第一波國家人權機構的設立。1993年聯合國大會通過了一組確保國家人權委員會之獨立與有效的設立準則（通稱「巴黎原則」）後，廣設全球與區域的推動組織與活動，更促動了各國設立的浪潮。即使是「亞洲價值」盛極一時的亞洲地區，目前也已有澳洲、菲律賓、紐西蘭、印度、印尼、泰國、斯里蘭卡等國設立；南韓、孟加拉和日本也在籌劃設立中。

5. 國家人權委員會雖然只是補正常司法之不足的機構，然其設立的必要性可以從其最常見的功能職權中看出：

　　（一）調查可能侵犯諸人權（尤其是歧視不公）的案件，進行調解、仲裁和裁定。必要時並得協助受害個人、社群或代理團體在法庭進行訴訟。

　　（二）依據憲法與國際人權標準，審查及研究國內既有法規與立法草案，提出修憲、修法及立法草案之建議。

　　（三）研究及規劃國家人權政策，並協助其他政府機構建立符合人權標準的程序與措施。

　　（四）規劃並推廣學校內外的人權教育及研究，以廣泛傳播人權價值與知識。

（五）定期提出「年度」與針對「特定人權議題」的國家人權報告，以瞭解及評估國內人權保護的情況，並對所發掘的人權問題提出改善、解決的建議。

（六）與國內各機關及民間組織團體、國際組織、各國「國家人權委員會」及非政府組織等合作，共同促進人權的保護。

6. 只要稍加審視，便可理解上述職能正是我國至今尚無卻又不可或缺的推展人權的基本建設，因此設立國家人權委員會，正可以協助解決前文所提我國所面臨的促進與保障人權的瓶頸問題，並且使我國的人權水準和促進與保障機制，可以開始趕上文明國際社會的層次。

7. 基於這樣的理念，民國88年12月6日，由含括婦女、兒童、勞工、環保、殘障弱勢、人權、司法改革、律師及學術等二十二個民間團體，發起成立「國家人權委員會推動聯盟」，隨即組成秘書處、推動小組及組織法草案研究起草小組，積極展開作業，其間並獲得總統候選人陳水扁、連戰、許信良的連署贊同。陳水扁總統在5月20日就職演說中並正式昭告中外，台灣將設立「國家人權委員會」及訂定「台灣人權法典」，積極投入國際人權活動行列，以促進國內人權狀況之改善，提升台灣的國際地位。聯盟經過半年的研究討論，除參酌「巴黎原則」之外，並參考國際特赦組織的「AI原則」，並旁及政府間（intergovernmental）及國際非政府組織（NGOs）有關國家人權委員會的討論；並從事對其他已設各國法律與實務的比較研究，以及針對國內特殊歷史、制度及法律環境的研究下，終於完成國家人權委員會組織法草案，於2000年6月4日正式對外發表。

（乙）立法原則與草案的特色

一、立法原則

本聯盟認為，基於聯合國通過的「巴黎原則」，以及已設各國所累積的實務經驗，我國如果要設立，應該掌握以下幾個基本原則：

（一）國家人權委員會應在法律地位、組成、組織、財政上，保障其能

夠獨立有效的運作。

（二）為確保其獨立超然的地位，理想而言，應類似菲律賓，將國家人權委員會獨立於五院之外；但鑑於當前修憲不易，也可退而求其次，類似於中央研究院的設計，組織上隸屬總統府，但獨立運作，不受總統的指揮、監督或干預。

（三）委員會的委員應具有促進與保障人權的專長與經驗，並有反應公民社會的多元代表性，包括非政府組織、專業組織和學術團體。

（四）委員由總統與立法院各任命若干名，其任期、任免、積極的特殊權力與消極的免責權應有法定明文的保障。

（五）委員會應有使其能獨立有效運作的人力與其他資源，其所提出的預算，行政院不得刪減，但送立法院審議時得加註意見。

（六）委員會應有獨立調查及資料調閱權，並可傳喚證人。

（七）委員會針對特定人權議題的調查報告及其所作建議，於送達相關政府機構後，各該機構必須於法定時限內提出回應報告。

（八）設立之後，委員會應對國內人權問題（尤其是弱勢社群的人權環境）進行全面性的總體檢，並提出特別報告。

二、草案特色

（一）國家人權委員會設立的目的，在落實憲法對人民權利之維護，建立普世的人權的價值及規範，奠立促進及保障人權的基礎條件，促進社會公平正義之實現。

（二）如上所言，聯盟所研擬提出的組織草案，一方面參考「巴黎原則」與國際特赦組織的建言，以及各國設立國家人權委員會的經驗，尤其是鄰近的亞洲國家；另一方面，也關注台灣當前的社會、政治現況，以及可預見的將來可能的發展。在這樣的背景之下，本草案有下列三個特色，第一，明確的職權。唯有國家人權委員會被賦予明確的任務與工作，才可能發揮作用。因此本草案對於國家人權委員會的職權作了相當明確的規定。第二，獨立與有效的運作。國家人權委員會不受任何政黨、政府的干涉，同時每一個委員都有個別的運作能力，在預算方面有獨立的權限，同時人事的任用也受

到保障。本草案設計下的國家人權委員會，組織力求精簡，與現有保障人權的機構是居於輔助地位。第三，國家人權委員會應該廣納民間社會的力量，尤其是那些長期為弱勢族群爭取權益，有特殊貢獻的人士，應該盡量被納入組織之內，只有這樣才能對人權的尊重與保障發揮實質的作用。

　　（三）歸納以上所說，國家人權委員會對人權事務具有整合的功能，包括建議政府立法與修法，以符合國際社會的人權標準，協助人權教育的推動，加強國際間的合作，共同促進人權的保護等等。對於我國落實保障人權，並與國際人權的發展接軌，具有實質的幫助。

（丙）組織的定位、職權、功能，以及與其他機關的互動關係

1. 究竟「國家人權委員會」設置在何處為宜，可說是見仁見智。基於「獨立、超然、有效」的原則考量，應該獨立於政府、政黨之外。然聯盟有鑑於當前修憲困難，乃依照上述「巴黎原則」的精神，選擇設置於總統府之下獨立運作，委員不以政黨比例分配，而由總統及立法院分別遴選八人及七人任命，具有朝野制衡作用，符合獨立、超然的精神。

2. 至於「國家人權委員會」的職能，以及其行使的權限，是否與現有人權保障機關，產生諸多重疊，以致具有僭越司法權之疑義，則是對本草案內容有所誤解。事實上，人權議題以及國際人權法典的實質內容及範圍相當廣泛，非現有的政府機關所能涵蓋。若從本草案所列舉的職能來看，除第一項之外，其餘各項積極性的職能（包括規劃或制定國家人權政策，規劃及推動人權教育及國際人權事務交流合作，提出年度人權調查報告及建議等），皆非現有司法、監察機關所能達成或取代。至於接受重大侵犯人權事件之申訴及調查，祇是國家人權委員會的職掌之一，屬於消極性防弊之功能，而且其與現有保障人權之機構的關係是居於輔助的地位。換句話說，一項侵犯人權事件，倘若權責機關敷衍塞責，未作全盤性調查處理，對於已受侵害的居民也未作進一步的保護措施，任其損害繼續擴大時，國家人權委員會才會主動介入採取行動調查處理，尋求救濟方案，或協助採取集體訴訟，對政府機關的怠惰所造成之損害進行求償，以防止損害的擴大，同時對違法失職的公務員，可移送監察

院彈劾或逕送公懲會來審議懲戒。此項填補及輔助之功能，對人權保障之促進將可發揮積極的監督與催化作用，而不至與現有機構發生疊床架屋的問題。

3. 展望未來，政府的精簡是大勢所趨，也是社會的共識。因此對若干人士來說，再設立一個新的政府組織（即使是獨立運作，而且是不重複官僚體制覆轍的機構來說），顯然不符合精簡原則，不值得提倡。然而所謂精簡應該從一個積極的、動態的角度來看，而不限於消極的、靜態的觀點來理解。換句話說，精簡不等於刪減，精簡應該被解讀為在有需要、有充分理由時，增設有助於社會進步、有助於政治結構改革的機構，同時淘汰、廢除阻撓社會進步、沒有效率，被公認為不合時宜的機構。所以，當我們在增設必要機構的時候，也正是針對當前積弊已久的制度，進行大刀闊斧改革，以使社會向前邁進的良機，這才是政府再造的真意。因此，為了達成上述人權促進和保護的任務，提升台灣國際人權形象及地位，一個僅有不到百人的組合，應該是合理的投資。

4. 推動聯盟的最終關懷，是亟求人權與基本自由的尊重與保障。期盼透過國家人權委員會的設立，能實質地為每個人帶來幸福與有尊嚴的生活。當然，引進國際人權標準，並設立國家人權委員會，將有助於提升台灣在國際社會的地位，並給中國大陸政府一定程度的壓力。對於台灣在國際社會地位的提升，當然是我們所樂見的，但給予中國大陸政府的壓力，卻不是我們最初的訴求。然而我們也願意再度重申我們的看法，人權、民主、與平等已經是普世的價值，不問哪一個的政府，都不可能不受到它的約束，國際社會，尤其是國際民間人權團體，就台灣與中國大陸人權狀況作一比較，並對中國大陸政府有所批判實不難理解，而為求長治久安，中國大陸政府將不能不面對來自國內，以及海外民運人士對人權、自由與民主的追求。

中華民國總統府組織法

修正條文

修正條文	第十七條 中央研究院、國史館、國父陵寢管理委員會隸屬於總統府，其組織均另以法律定之。 總統府另設國家人權委員會，獨立行使職權，其組織另以法律定之。
原有條文	第十七條 中央研究院、國史館、國父陵寢管理委員會隸屬於總統府，其組織均另以法律定之。
立法理由	聯合國「巴黎原則」、國際特赦組織之「國家人權委員會準則」及各國國家人權委員會之實踐情形均強調國家人權委員會之「獨立、超然、有效」特質，而愛爾蘭、北愛爾蘭、印度、澳洲、紐西蘭、加拿大、美國、百慕達、南非等國家之人權委員會均於既有之行政、立法及司法體系外設立之，且這些國家多於監察使之外設立人權委員會。 因而理想狀況應是於我國之五院制度之外，另設獨立之國家人權委員會，但是有鑑於目前修憲之困難，乃依照「巴黎原則」，選擇設置於總統府之下，然而明訂國家人權委員會獨立行使職權，為符合此目的，乃增訂中華民國總統府組織法第十七條第二項。

國家人權委員會組織法

草案

條文內容	第一條（立法目的及依據） 為落實憲法對人民權利之維護，奠定促進及保障人權之基礎條件，確保社會公平正義之實現，建立普世人權之價值及規範，特依中華民國總統府組織法第十七條第二項設立國家人權委員會（以下簡稱本會）。 第二條（職權） 本會之職權如左： 一、對侵犯人權之重大事件進行調查，並提出報告，必要時得協助處理及救濟。 二、依據國際人權標準，針對國內憲法及法令作有系統之研究，以提出必要及可行修憲、立法及修法之草案及建議。 三、研究及規劃國家人權政策，並提出建議。 四、規劃並推廣人權教育及研究，以廣泛傳播人權價值及知識。 五、提出人權報告，以瞭解及評估國內現今人權保護之情況。 六、與國內各機關及民間組織團體、國際組織、各國國家人權委員會及非政府組織等合作，共同促進人權之保護。 七、本法或其他法律所賦予之職權。

立法理由	明定國家人權委員會組織法（以下簡稱本法）之立法目的及依據。由聯合國「巴黎原則」、國際特赦組織之「國家人權委員會準則」、各國國家人權委員會之實踐情形及台灣之特殊處境而言，本會之實踐目標應是於國內落實憲法對人民權利之維護，奠定促進及保障人權之基礎條件，確保社會公平正義之實現，另一方面則是依據國際人權標準建立普世之人權價值及規範，以彌補過去之侷限。 明定本會之職權範圍，其內涵則參考聯合國「巴黎原則」中有關促進和保護人權的國家機構之權限與職責、國際特赦組織之「國家人權委員會準則」及各國國家人權委員會之實踐情形，期盼能符合國際上已建立之基本規範，使本會有明確的職權範圍，同時使此職權範圍對人權事務具有整合的功能。
條文內容	第三條（職權之行使） 本會得受理個人或團體對侵犯人權之重大事件之申訴，其辦法由本會定之。 本會對於前項之申訴，或主動認定侵犯人權重大事件，得進行調查，作成專案報告，送請相關機關處理或救濟，各該相關機關應將其處理及救濟之情形通知本會，必要時本會得請總統協調處理。 前項情形涉及損害賠償，得先行和解或仲裁，如雙方當事人同意接受和解或仲裁者，對於和解或仲裁結果不得聲明不服或提出司法救濟。 前項和解或仲裁結果應為金錢給付或為一定行為者，具有執行名義，得移送法院執行之。 第四條（偵查及懲戒之移送） 本會處理前條侵犯人權事件，其行為涉有刑事責任者，應移送該管轄檢察機關偵辦，涉及公務人員違法失職者，應移送司法院公務員懲戒委員會懲戒處分。
立法理由	聯合國「巴黎原則」、國際特赦組織之「國家人權委員會準則」及各國國家人權委員會之實踐情形，均強調應賦予國家人權委員會調查權。 本條文就本會第二條第一款之職權行使為細部規範，明定本會調查權之行使範圍及程序，其範圍及於侵犯人權之重大事件，此事件，而所謂重大事件可以具有「集體性」、「爭議性」、及「國際性」之特質者為標準，其程序則賦予本會得先行和解或仲裁之權力，作為和平處理事件之基礎，同時減輕訟源。如無法和解或仲裁，則由本會作成專案報告，送請相關機關處理或救濟，必要時移請總統協調處理，作為相關機關之參考，尋求由司法、立法及行政管道妥善處理事件之礎石。 本會處於輔助的地位，並非取代司法體制，乃明定行為涉有刑事責任者，應移送該管轄刑事或軍事檢察機關偵辦，涉及公務人員違法失職者，應移送司法院公務員懲戒委員會懲戒處分。
條文內容	第五條（管轄衝突之避免） 本會依第三條受理申訴及主動調查人權侵害事件，如遇有相關主管機關已著手處理者，得停止調查或協助處理，相關主管機關應將其處理之結果通知本會。

	第六條 （建議及報告） 本會應於每年四月三十日前，向總統及立法院提出上一年度之國家人權狀況報告，另應就第二條第二、三、四、六、七款職權事項，每兩年向總統及立法院提出建議及報告。 本會得就特定人權事項不定期提出專題報告。 本會應出版及公布前兩項建議及報告，並廣為宣傳之。 第七條 （調查及調閱資料權） 本會為行使職權，具有獨立調查及調閱資料權。 委員及調查人員於行使職權時，得知會憲警機關或其他相關單位，請其為必要之措施與協助。 本會於必要時得委託其他機關、團體、學者或專家為調查。
立法理由	聯合國「巴黎原則」、國際特赦組織之「國家人權委員會準則」均認為應避免各相關機關之管轄衝突，因而明定本會調查人權侵害事件時如有管轄衝突時之處理程序，本會得停止調查或協助處理，而相關主管機關應將其處理之結果通知本會。使本會之職權行使不與其他機關衝突，同時本會可瞭解各事件之處理結果，以便對立法及政策為建議。 進一步規範本會就第二條各款職權行使之內容，即本會應定期提出於上一年度之國家人權狀況報告，以瞭解及評估國內現今人權保護之情況，使各機關得於下一年度編列預算以落實人權保障。本會另應就第二條第二、三、四、六、七款職權事項，每兩年提出建議及報告，作為人權教育及人權國際化之基礎。其次，除了定期報告之外本會亦得就特定人權事項提出專題報告。再者，本會有出版及公布本會之建議及報告，並廣為宣傳之義務，使人民有機會瞭解國內人權保護之現況及未來可能之發展。 聯合國「巴黎原則」、國際特赦組織之「國家人權委員會準則」均認為調查及調閱資料權對於一個國家人權委員會而言是非常重要的，而愛爾蘭、北愛爾蘭、印度、澳洲、紐西蘭、加拿大、美國、百慕達、南非等國家之人權委員會均有調查及調閱資料權。因此明定本會行使本法第二條之職權時得進行調查及調閱資料，以利於本會提出報告並為建議。其次，授權本會得要求相關單位為必要之措施與協助。同時本會於必要時得委託其他機關或個人為調查，以協助本會更有效及專業地行使職權。
條文內容	第八條 （到場詢問及提供意見） 本會為行使職權，得於必要時以書面通知相關人員，至指定場所接受詢問或提供意見，被通知人無正當理由不得拒絕。 第九條 （罰則） 對於違反前兩條規定之人員，本會得處以新台幣一萬元以上一千萬元以下之罰鍰，並得按次連續處罰之。 前項罰鍰拒不繳納者，移送法院強制執行。

	第十條（委員會之設置） 本會由十五位委員組成，其中一人為主任委員，擔任委員會會議主席，並綜理委員會事務，另設副主任委員二人，襄助主任委員處理委員會事務。 委員由總統遴選任命八人，立法院選任七人，主任委員及副主任委員由委員互選之。 委員不得兼任其他公職或執行業務。
立法理由	明定本會得以書面通知當事人、證人及相關人員至指定場所接受詢問或提供意見之權利，以利本會探究事實。聯合國「巴黎原則」、國際特赦組織之「國家人權委員會準則」均認為賦予一個國家人權委員會詢問相關人員之權利是必要的，而愛爾蘭、北愛爾蘭、印度、澳洲、紐西蘭、加拿大、美國、百慕達、南非等國家之人權委員會均有詢問相關人員之權利。 明定本會對違反前兩條規定之人員得處與罰鍰，同時此罰鍰具有執行名義，以利本會調查及調閱資料權與要求相關人員接受詢問或提供意見權力之行使。 就本會之架構，委員之組成、選任及任期，主任委員及副主任委員之職責及選任方法為規範。其中委員分別由總統及立法院選任，同時配合部分改選任之制度以避免特定機關對本會之過度影響，或因政治變動而使本會委員全面更換，且兼顧經驗之傳承，以維持本會之獨立性及穩定性。其次，主任委員及副主任委員由委員互選之，以利於委員會合議制度之實行，避免因主任委員及副主任委員之直接任命，而產生行政上之主導及干預。再者，明定本會委員不得兼任其他公職或執行業務，以維持其專職之特性。
條文內容	委員均為特任官，任期六年，得連任一次，但第一次任命及選任委員時，總統及立法院應各指定三位委員之任期為三年。 有委員辭職、被免職或無法執行職權時，由總統及立法院分別任命或選任新委員，其任期至原有任期為止。 第十一條（委員之資格） 委員應由具有左列資格者選任之： 一、對促進及保障人權與弱勢族群權益，有特殊表現或貢獻者。 二、對人權議題研究或教學，有專門著作或特殊貢獻者。 三、曾任法官、檢察官、律師或從事其他司法工作，對人權維護有重要貢獻者。 委員之任命及選任應注意公民社會多元性之平衡。 第十二條（預算獨立） 本會之年度概算，行政院不得刪減，但得加註意見。

立法理由	本條文規範本會委員之資格，委員應由對人權議題及保護有專門研究或貢獻之學者專家、公民社會團體及相關法律從業人員選任之，避免政治任命，並且使委員之組成具備專業性及多樣性。同時第二項特別著重於公民社會多元性之平衡，已要求總統及立法院於任命及選任委員時應注意此要項。 預算獨立為本會獨立行使職權之基礎，因而明定本會之年度概算行政院不得刪減，但得加註意見，並由立法院為預算之決定，以避免行政權對本會之過度干擾，同時維持立法院之預算審查權。
條文內容	第十三條（委員獨立行使職權） 委員須超出黨派以外，於任職期間不得參與政黨活動，並依據法律獨立行使職權，不受任何干涉。 第十四條（委員之保障） 委員非受刑事或懲戒處分或禁治產宣告不得免職。 委員在委員會內所為之言論及表決，對會外不負責任。 第十五條（專門委員會） 本會為行使職權，得視需要設立各種專門委員會。 第十六條（諮詢顧問） 本會得遴聘國內外諮詢顧問，其辦法由本會定之。
立法理由	進一步規範本會委員獨立行使職權之內容，即一方面委員應於任職期間不得參與政黨活動，另一方面委員應依據法律獨立行使職權，不受任何干涉，以避免委員因黨籍不同而有所偏頗，同時避免委員受政黨等因素之干預而影響其獨立性。 本會委員之身份保障及言論免責權為本會獨立行使職權之重要基礎，委員有此兩項保障方能避免其不必要之顧忌，且此兩項保障之賦予符合國際準則及各國實踐。 明定本會得視需要設立職司各項人權保障議題之專門委員會，以期隨時代演進提昇人權保障之水準，並使各項人權議題得到專業及全面之保障。 因本會之職權涉及國內人權保障、加入國際人權條約與組織及國際連繫，可能需要特定專業人士之協助，乃賦予本會遴聘國內外諮詢顧問之權利，並由本會訂定辦法為細部規範。
條文內容	第十七條（助理人員） 本會應為每位委員聘任公費助理人員四至六人，由委員任免，與委員同進退。

	第十八條 （各處室之設置及編制） 本會設左列處室，掌理相關事務： 一、秘書處 二、業務處 三、企劃研究處 四、人事室 五、會計室 本會置處長三人，職務列簡任第十二至十三職等，主任二人，職務列簡任第十至十一職等，科長七人，職務列薦任第八至第九職等，科員十八人，職務列委任第五職等至薦任第七職等。
立法理由	為協助委員行使職權，並能與委員密切配合，期盼以委員及其助理人員為本會行使職權之核心，以提高效能，避免行政官僚化，促使本會職權之有效行使，乃明定本會應為每位委員聘任公費助理、專員或研究員等人員，其人數為四至六人，由委員任免，與委員同進退。 明定本會設置三處二室，掌理相關事務，協助本會委員及各委員會行使職權。各處室之人員編制及職等亦明確規範，期盼以最精簡之行政編制達到最高之行政效能。
條文內容	第十九條 （議事程序及辦事規則） 本會之議事程序及辦事規則，另以會務規程定之。 第二十條 （施行細則） 本法施行細則由本會定之。 第二十一條 （施行日期） 本法自公布日施行。
立法理由	本會為合議制，諸多事項需由全體委員會、各專門委員會及其他會議討論合議之方式行使職權，如由本會制定各項程序及規則更能符合行使職權之需要，因而授權本會訂定議事程序及辦事規則之權利，作為本會之議事依據，同時規範會內之事務處理規則。 明定授權本會訂定本法施行細則之權利，以進一步規範與本法有關之細則。 明定本法之施行日期。

兩公約之後──儘速成立國家人權委員會

今年3月31日立法院批准了聯合國兩項公約：〈公民與政治權利國際公約〉（International Covenant on Civil and Political Rights）與〈經濟、社會與文化權利國際公約〉（International Covenant on Economic, Social and Cultural Rights），並通過國內施行法，明定兩公約不必送到聯合國存放即有國內法的效力。

聯合國兩公約與〈世界人權宣言（Universal Declaration of Human Rights）〉，合稱國際人權憲章（International Bill of Human Rights）。相對於其他的人權公約，具有某種母法的地位。台灣雖不屬聯合國人權體系，卻自發性簽署兩公約且有施行法配套，展現單邊、自願遵照國際人權標準之決心，這不僅是我國人權的重大進展，也是國際上難得一見的案例。

然而，正因為我國無法適用於聯合國公約下的各種監督機制，兩公約之落實，更仰賴於執政者的意志，與公民社會的持續監測。立法院批准兩項國際公約之後，公民社會已立即回應，應儘速落實聯合國另一項推廣多年的理念：設立國家人權委員會，作為我國下一步人權政策。[1]聯合國所推廣的人權保障理念，強調在規範的建立（norm setting）後，須繼之以機構的設置（institution building），才能完整落實。設立國家人權委員會，才不會讓兩公約所主張的人權保障淪為一番美意，卻難以永續性、常態性的實現。

設立國家人權委員會乃國際人權潮流

國家人權委員會（National Human Rights Institution）為聯合國倡導多年的理念。聯合國最早於1946年在經濟及社會理事會（Economic and Social Council, ECOSOC）中，對於此一議題便有所討論，幾乎與〈世界人權宣言〉的研議與起草同時。

---

1 〈批准兩公約的時代意義〉，《中國時報》，黃文雄，2009年4月1日。〈落實兩項人權公約〉，《自由時報》，蔡季勳，2009年4月4日。「如何落實兩公約，國際社會都在看」，台灣人權促進會，2009年5月13日，http://www.tahr.org.tw/index.php/article/2009/05/14/691/

聯合國認為國際人權標準的落實，必須有「國際－區域－國家」之多層次設計，在這些層次中，國家的責任尤其重要。根據《聯合國國家人權機構專業訓練手冊》：「普遍的人權標準和準則如今在多數國家的國內法律中有所反映，不過若沒有提供一切必要的法定權力和體制來確保這些權利得到落實的話，有了一條法律來保護某些權利常常是不夠的。[2]」可見「普遍的準則」要反映在「國家」層次，「一切必要的法定權利和體制」扮演十分重要的角色。

聯合國於1978年在日內瓦舉辦的「關於促進與保護人權的國家機構和地方機構」研討會上，通過了一組設立準則，確認國家人權機構的職能。此準則促進了1980年代第一波國家人權委員會之建立，其中有許多是在聯合國人權事務中心（United Nations Center for Human Rights）支持下成立的[3]。1990年聯合國於巴黎舉行了第二次研討會，會中則將上述準則，更具體化為〈關於國家促進及保護人權機構的地位及職權之原則（the Principles relating to status of national institutions）〉，即〈巴黎原則〉（Paris Principle），並經聯合國大會於1993年12月20日決議認可。〈巴黎原則〉促成1990年代後各國設立國家人權機構的第二波浪潮。目前全世界194個國家中，已有近120個國家（含主權領域）成立國家人權機構[4]。

以亞太區域而言，1999年之前已有澳洲、菲律賓、紐西蘭、斯里蘭卡、印尼、印度等國設立國家人權機構；2000年之後，則有超過11個國家，包括孟加拉（1999）、尼泊爾（2000）、馬來西亞（2000）、泰國（2001）、韓國（2001）、蒙古（2001）、阿富汗（2002）、約旦（2002）、卡達（2002）、東帝汶（2004）、馬爾地夫（2006）等國成立了國家人權機構。尤其以韓國為借鏡，韓國的民主化歷程與我國相似，其國家人權委員會成立於2001年，也約莫是我國推動成立的契機。2001年迄今將屆十年，我國設立國家人權委員會一事遲遲未有進展，而南韓國家人權委員會已在國際及區域

2　《聯合國國家人權機構專業訓練手冊》(*National Human rights Institutions - A Handbook on the Establishment and Strengthening of National Institutions for the Promotion and Protection of Human Rights*), Professional Training Series No. 4, United Nations, 1995.

3　出處同上，Annex III: Information Note on the Technical Cooperation Programme of the United Nations Centre for Human Rights as It Related to National Institutions

4　http://www.nhri.net/default.asp?PID=237&DID=0, National Human Rights Institutions Forum

間，廣受高度評價，被視為「亞洲最佳模範人權機構」[5]。

我國籌設之經過

　　我國在此一議題之關注，由民間率先倡議。1999年12月，22個人權、律師、司法改革、婦女、勞工及公民團體成立了「國家人權委員會推動聯盟」。除於2000年提出民間版國家人權委員會組織法草案，並遊說當時國民黨、民進黨兩黨總統候選人支持此一主張。連戰先生及陳水扁先生皆先後表示支持，連戰先生將之納入其「民主優質化」主張之中，陳水扁先生亦於當選後，在就職演說中將之列為新政府人權政策之一。

　　2001年，由當時總統府人權諮詢小組主導，開始官方版「國家人權委員會組織法草案」之研修與起草；幾經波折，方於2002年5月30日完成「總統府組織法第17條之一修正案」、「國家人權委員會組織法草案」及「國家人權委員會職權行使法草案」等三項草案，並於8月23日函送立法院審議。草案研修期間，監察院唯恐國家人權委員之調查權與監察權互有競合，產生相當大的反彈風波；而三項法案送入立院後，也受到杯葛與擱置；一再拖延下，便因立法院屆期不續審未完成立法，官方的運作亦自此告一段落。

　　官方的推動停下來，民間的倡議沒有停下。2006年10月，台灣國際法學會、台灣民主基金會主辦策畫了「國家人權委員會國際研討會」，邀請了菲律賓、阿富汗、韓國、蒙古、愛爾蘭等國家人權委員會之代表與會，與台灣交流。台灣人權促進會亦與其他19個亞洲非政府組織，於2006年共同組成了「亞洲非政府組織監督國家人權委員會網絡」（Asian NGOs Network on National Human Rights Institutions, ANNI），是目前全球唯一以監督國家人權機構表現為職責的區域性網絡。

　　2004年至2006年，總統府、外交部與監察院曾組成代表團，以政府觀察員之身份，參與「國家人權機構亞太區域論壇」（Asia Pacific Forum of National Human Rights Institutions, APF）[6]。台灣民間組織方面，也沒有缺

5　〈人權機構與國際交流－大韓民國國家人權委員會之經驗〉，柳南榮，2008年第一屆台韓人權論壇，2008年10月4日。

6　8th Annual Meeting, Kathmandu, Nepal, 16-18 February 2004, Asia Pacific Forum of National

席，2004年起皆有民間代表出席此一重要區域論壇外，2006年官方代表團參與被拒後，民間仍然持續以非政府組織的身分參與迄今，繼續為台灣發聲。

〈巴黎原則〉與國家人權機構的職責角色

〈巴黎原則〉由聯合國大會於1993年12月20日決議認可，用以規範國家人權機構的結構與職能準則，也是國際體系用以評比國家人權機構之標準。

在結構部分，〈巴黎原則〉強調國家人權機構應具有「獨立性」（independence）與「多元性」（pluralism）。「獨立性」指透過憲法或法律，保障其預算、人事、運作的獨立性。「多元性」則指國家人權機構的組成及後續參與，必須要反映公民社會之社會力量（social forces of civil society）的多元代表性。

職能部分，在《聯合國國家人權機構專業訓練手冊》所擘劃的理想中，國家人權委員會應扮演人權之促進者（promoter）、保護者（protector）、與橋樑（bridge）等三種角色。國家人權委員會以從事人權教育並建立人權文化為手段，從事具有預防性質之人權工作，而不侷限於事後救濟之傷害彌補的人權促進者；而相對地，於人權迫害事件發生後得以阻止違反人權事件之發生並實踐國際人權標準為手段的人權救濟目的言，國家人權委員會適足成為所謂的人權保護者。另外，國家人權委員會之功能尚可作為一種聯繫之手段，用以聯繫民間團體、國家、區域組織及國家組織之人權促進機制，而成為橋樑之作用。

根據〈巴黎原則〉，國家人權機構具有以下職責：

- 向政府、國會和其他法定機構提出有關人權的意見、建議、提議和報告。
- 促進國家的法規及實踐符合國際人權標準。
- 推動國際人權標準的批准與落實。
- 協助製作（但不直接編寫）國際人權公約所要求的國家人權報告。
- 協助人權教育與研究計畫的規劃與落實，以及透過資訊傳播與教育增

Human Rights Institutions, http://www.asiapacificforum.net/about/annual-meetings/8th-nepal-2004/downloads/participants.pdf

　進公眾之人權意識。

・與聯合國、區域組織及其他國家之人權機構就人權議題進行合作。

・就人權侵犯事件進行調查、調解與協助的準司法權（quasi-judicial competence）。

　聯合國並特別強調戰後的人權發展中，國民所應享有的權利已不再限於個別國家憲法所保障的國民權利，尚且涵蓋國際人權習慣法與條約法所保障的普世人權；而人權也不再僅屬一國的國內事務，同時應受到國際社會之關切與監督。因此國家人權委員會的功能，除了顧及國內、也特別著重國際接軌的面向。

國家人權委員會作為參與國際社群之平台

　台灣於1971年被迫退出聯合國時，同時也離開了國際人權體系。之後38年，台灣從來不曾在聯合國針對人權議題投票；人權相關的會議、計劃、調查、人權條約的建議與監督機制等等，台灣政府與非政府組織一律被迫缺席。上述各種參與模式所能帶來的豐沛經驗和知識累積，當然也付之闕如。

　批准兩公約、並加上國內施行法，是積極正面的一步，但上述與國際接軌的落差，無法只靠單邊的國內施政去滿足。人權乃是普世價值，且國家人權委員會的半官方（semi-governmental）色彩，對缺乏國際參與管道的我國而言，特別具有促進區域與國際合作的優點。

　國際層次的平台，有依據聯合國決議而設立的「國家促進及保護人權機構國際協調委員會（International Co-ordinating Committee of National Institutions for the Promotion and Protection of Human Rights）」，此委員會雖非聯合國下屬組織，但秘書處設於聯合國人權高級事務專員辦公室（Office of the High Commissioner for Human Rights, OHCHR），亦與聯合國相關機制具有平行合作關係。此協調委員會的主要任務，是固定評鑑各國／地區的國家人權機構，依照其設立與表現符合「巴黎原則」之程度，分為A、B、C級，評鑑結果對於聯合國有建議的功能。此評鑑委員會並固定舉辦研討會、論壇由各國家人權機構代表參與。

　區域層次的平台，則有成立於1996年的「亞太國家人權委員會論壇

（Asia-Pacific Forum on National Human Rights Institutions, APF）」，是亞太地區唯一的半官方區域性組織，秘書處設於澳洲，以各國之國家人權委員會為會員。目前會員包括下列17國／地區之國家人權委員會：印度、尼泊爾、斯里蘭卡、馬爾地夫、馬來西亞、蒙古、泰國、東帝汶、印尼、菲律賓、韓國、阿富汗、約旦、卡達、巴勒斯坦、澳洲、紐西蘭。

　　「亞太國家人權機構論壇」亦積極促進各國國家人權委員會之間的合作，尤其在特定的區域性議題如移民、難民、保障人權捍衛者（human rights defender）等，成立工作小組（working group）由相關各國國家人權委員會參與，謀求區域合作。「亞太國家人權機構論壇」以人權為核心，是政治作用力較低之外交場域。此組織鼓勵區域內國家與地區成立國家人權機構，對於台灣亦抱持友善支持態度。該組織於今年（2009）於約旦召開的年度會議上，表示只要台灣官方表態邀請，樂於安排專家來台，提供相關事務之諮詢與建議。

台灣成立國家人權委員會

　　距離台灣上一次討論成立國家人權機構，已經是十年前。十年來對於國家人權機構應如何設置、擔負何種職責最能符合〈巴黎原則〉，並呼應台灣的時空背景與當下環境，民間與官方雖有共識、也有歧見。然不論設置形式、職責功能應如何，值此兩公約通過的時間點，各方咸認，推動設立國家人權委員會，是兩公約通過、且國內施行法生效後的當務之急。

　　國家人權委員會正式成立之前，需要一定時間讓官方民間共同審議，討論最好的設置方式；但要展開一連串的催生計畫跟時間表，勢必也要政府正式表態。總統於去年12月10日「國際人權日」表示盼能通過聯合國兩公約，也確實於今年落實此一政見，實屬典範。今年的國際人權日，乃距此宣示一周年，亦為兩公約施行法即將生效之際，公民社會希望總統能在人權政策上，作出進一步宣示，尤其著眼以下各項：

　　體認到兩公約的貫徹，應該要落實在常態性、持續性的檢視之中，因此必須由一專責機關主責相關業務；

　　宣示將推動成立一符合〈巴黎原則〉的國家人權委員會，扮演人權的促

進者、保護者與橋樑，以執行「增進人權意識」、「向政府提供人權施政建議」、及「調查侵犯人權狀況」等任務；

確認公民社會在國家人權委員會的推動與成立上，扮演重要角色，將廣邀民間相關學者專家、社團組織參與，並徵詢意見；

宣示國家人權委員會之籌劃業務，與兩公約之國內法規檢視作業同步，以兩年為期，於民國100年12月10日國際人權日前，設立國家人權委員會。

國家人權委員會法　草案

條文	說明
第一條　立法目的 為落實憲法保障人民基本權利及遵守國際人權規範，推動人權政策與立法，以弘揚人性尊嚴與生命價值，特依中華民國總統府組織法第十七條第二項設立國家人權委員會（以下簡稱本會）。	明定國家人權委員會組織法（以下簡稱本法）之立法目的及依據。由聯合國「巴黎原則」、國際特赦組織之「國家人權委員會準則」、各國國家人權委員會之實踐情形及台灣之特殊處境而言，本會之實踐目標是於國內落實憲法對人民權利之維護，奠定促進及保障人權之基礎條件，確保社會公平正義的實現，另一方面則是依據國際人權標準建立普世的人權價值及規範，以彌補過去之偏限。
第二條　職權 本會之職權如下： 一、對侵犯人權或構成各種形式歧視之重大事件進行調查，並提出報告，必要時得要求相關機關處理或改正，或協助被害人進行救濟。 二、研究及規劃國家人權政策，並提出建議。 三、提出人權報告，以瞭解及評估國內現今人權保護之情況。 四、依據國際人權標準，針對國內憲法及法令作有系統之研究，以提出必要及可行修憲、立法及修法之草案及建議。 五、規劃並推廣人權教育及研究，以普及人權理念，廣泛傳播人權價值及知識。 六、與國內各機關及民間組織團體、國際組織、各國國家人權委員會及非政府組織等合作，共同促進人權之保護。	明定本會之職權範圍，其內涵則參考聯合國「巴黎原則」中有關促進和保護人權的國家機構之權限與職責、國際特赦組織之「國家人權委員會準則」及各國國家人權委員會之實踐情形，期盼能符合國際上已建立之基本規範，使本會有明確的職權範圍，同時使此職權範圍對人權事務具有整合的功能。

條文	說明
七、本法或其他法律所賦予之職權。 立法院就有關人權事項之法律案，應於一讀前附知本會，本會得提出相關人權意見。	
第三條　委員會之設置 本會置委員十一人，均為專任，其中一人為主任委員，特任，對外代表本會；一人為副主任委員；副主任委員及委員職務皆比照第十四職等。 本會委員由總統遴選六人，立法院遴選五人，由總統任命之。主任委員及副主任委員由委員互選產生後任命之。 委員任期六年，不得連任，但第一次任命之委員，總統應自其所遴選之委員中指定其中三位委員之任期為三年，立法院應自其所遴選之委員中指定其中三位之任期為三年。 委員辭職、出缺或因故無法行使職權時，由原遴選機關分別遴選新委員，其任期各別計算。	就本會委員之組成、選任及任期為規範。其中委員分別由總統及立法院、司法院、考試院、監察院選任，同時配合設計部分改選制度，以避免特定機關對本會有過度影響，或因政治變動而使本會委員全面更換，以致不能兼顧經驗傳承，或無法維持本會之獨立性。 委員職等皆為十四職等。
第四條　委員之資格 委員應由具有下列資格者選任之： 一、參與民間團體之工作，對促進及保障人權與弱勢族群權益有特殊表現或貢獻者。 二、對人權議題研究或教學，有專門著作或特殊貢獻者。 三、曾任法官、檢察官、律師或從事其他司法工作，對人權維護有重要貢獻者。 委員之遴任應注意公民社會多元性平衡。委員會之中，其單一性別名額不得少於全體委員人數之三分之一。 總統及立法院遴選之委員中，具有第一項第一款之資格者，其名額不得少於二分之一。	本條規範本會委員之資格，委員應由對人權議題及保護有專門研究或貢獻之學者專家、公民社會團體及相關法律從業人員中選任之，並求委員之組成具備公民社會多元性。 為保障婦女名額，特於法條中明定單一性別名額不得少於全體委員之三分之一。
第五條　獨立行使職權 本會依法獨立行使職權。 本會委員應超出黨派以外，獨立行使職權，於任職期間應謹守利益迴避原則，不得參加政黨活動，或兼任政府機關或公營事業之職務或顧問。	本條規定本會依法獨立行使職權，委員不得參加政黨活動，或兼任政府機關或公營事業之職務或顧問。
第六條　申訴及調查 本會得受理個人或團體對侵犯人權或構成各種形式歧視之重大事件之申訴，其辦法由本會定之。	規定本會接受申訴及主動調查之程序，及對於調查結果之處理。

條文	說明
本會得依申訴或主動依職權就其認為侵犯人權或構成各種形式歧視之重大事件，進行調查，作成專案報告，要求相關機關處理或改正，並得協助被害人進行救濟。各該相關機關應將其處理及改正之情形通知本會。	
第七條　偵查及懲戒之移送 本會處理侵犯人權事件，發現其行為涉有刑事責任者，應移送該管檢察機關偵辦；涉及公務人員違法失職者，應移送相關機關懲處。	本會處於輔助的地位，並非取代司法體制，乃明定發現行為涉有刑事責任者，應移送該管轄刑事或軍事檢察機關偵辦；涉及公務人員違法失職者，應送請監察院審查或逕送司法院公務員懲戒委員會審議。
第八條　管轄衝突之避免 本會受理申訴及主動調查事件，如發現有相關主管機關已著手處理者，得停止調查或協助處理，相關主管機關應將其處理之結果通知本會。	聯合國「巴黎原則」、國際特赦組織之「國家人權委員會準則」均認為應避免各相關機關之管轄衝突，因而明定本會調查人權侵害事件遇有管轄衝突時，本會得停止調查或協助處理，而相關主管機關應將其處理之結果通知本會，使本會之職權行使不與其他機關衝突，同時本會可瞭解事件之處理結果，以便對立法及政策為建議。
第九條　調查及調閱資料權 本會為行使職權，具有獨立調查及調閱資料權。 本會委員及調查人員於行使職權時，得請司法警察機關或其他相關單位，為必要之措施與協助。	規定本會有獨立調查權限，且本會委員及調查人員於行使職權時得請求相關單位協助。
第十條　調查之程序 本會依本法為調查時，得依下列程序進行： 一、通知當事人及關係人到場陳述意見。 二、通知有關機關、團體、事業或個人提出文件及其他必要之資料或證物。 三、派員前往有關團體或事業之事務所、營業所或其他場所為必要之調查。 執行調查之人員依法執行公務時，應出示有關執行職務之證明文件；其未出示者，受調查者得拒絕之。	參考公平交易法之規定，規定本會為調查時所得進行之程序，以及拒絕調查之處罰。

條文	說明
本會依前二項規定進行調查時，受調查者於期限內如無正當理由拒絕調查、拒不到場陳述意見，或拒不提出有關資料或證物者，處新台幣二萬元以上二十五萬元以下罰鍰；受調查者再經通知，無正當理由連續拒絕者，本會得繼續通知調查，並按次連續處新台幣五萬元以上五十萬元以下罰鍰，至接受調查、到場陳述意見或提出有關資料或證物為止。 前項罰鍰拒不繳納者，移送法院強制執行。	
第十一條　建議及報告 本會應於每年四月三十日前，向總統及立法院提出上一年度之國家人權報告。 本會就第二條所訂之職權事項，每年向總統及立法院提出建議及報告。 本會得就特定人權事項不定期提出專題報告。 本會應公布並出版前三項建議及報告。	為踐行本會依第二條各款所定之職權，本會應定期提出上一年度之國家人權狀況報告，以瞭解及評估國內現今人權保護之情況，使各機關得於下一年度編列預算以落實人權保障。本會另應就第二條第二、四款職權事項，每兩年提出建議及報告，作為人權政策及人權國際化之基礎。再者，本會有公布本會之建議及報告並廣為宣傳之義務，使人民有機會瞭解國內人權保護之現況及未來可能之發展。
第十二條　預算獨立 本會之年度概算，行政院不得刪減，但得加註意見。	預算獨立為本會獨立行使職權之基礎，因而明定本會之年度概算，行政院不得刪減，但得加註意見，交由立法院為預算之決定，以避免行政權對本會之過度干預。
第十三條　委員之保障 委員非受刑事或懲戒處分或禁治產宣告不得免職。 委員在委員會內所為之言論及表決，對會外不負責任。	本會委員之身分保障及言論免責權為本會獨立行使職權之重要基礎，委員有此兩項保障方能避免其有不必要之顧忌，且此兩項保障之賦予符合國際準則及各國實踐。
第十四條　委員會運作 本會應定期舉行委員會議。必要時，並得召開臨時會議。 委員會議，由主任委員為主席，主任委員因故不能出席時，由副主任委員代理；主任委員、	本條規定委員會之運作方式。

條文	說明
副主任委員均不能出席時，由其他委員互推一人為主席。會議之決議，應以委員總額過半數之同意行之。各委員對該決議得提出協同意見書或不同意見書，併同會議決議一併公布之。 本會得經委員會議決議，召開分組委員會議。 本會委員應依委員會議決議，按其專長及本會職掌，專業分工督導本會相關會務。 委員會議開會時，得邀請學者、專家與會，並得請相關機關、事業或團體派員列席說明、陳述事實或提供意見。	
第十五條　諮詢顧問 本會得遴聘諮詢顧問，其辦法由本會定之。	因本會之職權涉及國內人權保障、加入國際人權組織及國際連繫，可能需要特定專業人士之協助，乃賦予本會遴聘國內外諮詢顧問之權限。
第十六條　各處室之設置及編制 本會設下列處室，掌理相關事務： 一、秘書處 二、調查處 三、企劃研究處 四、人事室 五、會計室 本會為行使職權，得甄選調查人員協助進行調查事務。調查人員之甄選規則由本會另定之。	本條明定本會設置三處二室，掌理相關事務，協助本會委員行使職權。
第十七條　議事程序及辦事規則 本會之議事程序及辦事規則，另以會務規程定之。	本會為合議制，諸多事項需由全體委員會、各分組委員會及其他會議以合議方式行使職權，是有由本會制定各項議事程序及規則之需要，因而授權本會訂定議事程序及辦事規則，作為本會之議事及事務處理依據。
第十八條　施行細則 本法施行細則，由本會定之。	明定授權本會訂定本法施行細則，以進一步規範與本法有關之細則。
第十九條　施行日期 本法自公布日施行。	明定本法之施行日期。

國家圖書館出版品預行編目資料

國家人權委員會／廖福特著. ─ 初版. ─
臺北市：五南，2011.01
　　面；　　公分

ISBN 978-957-11-6158-7（平裝）

1.人權 2.機關團體

579.2706　　　　　　　　　　　99022618

1R21

國家人權委員會

作　　者 ─ 廖福特

發 行 人 ─ 楊榮川

總 編 輯 ─ 龐君豪

主　　編 ─ 劉靜芬　林振煌

責任編輯 ─ 李奇蓁　王政軒

封面設計 ─ P.Design視覺企劃

出 版 者 ─ 五南圖書出版股份有限公司

地　　址：106台北市大安區和平東路二段339號4樓

電　　話：(02)2705-5066　傳　　真：(02)2706-6100

網　　址：http://www.wunan.com.tw

電子郵件：wunan@wunan.com.tw

劃撥帳號：01068953

戶　　名：五南圖書出版股份有限公司

台中市駐區辦公室/台中市中區中山路6號

電　　話：(04)2223-0891　傳　　真：(04)2223-3549

高雄市駐區辦公室/高雄市新興區中山一路290號

電　　話：(07)2358-702　傳　　真：(07)2350-236

法律顧問　元貞聯合法律事務所　張澤平律師

出版日期　2011年1月初版一刷

定　　價　新臺幣500元